UTB **2491**

Eine Arbeitsgemeinschaft der Verlage

Beltz Verlag Weinheim · Basel
Böhlau Verlag Köln · Weimar · Wien
Wilhelm Fink Verlag München
A. Francke Verlag Tübingen und Basel
Haupt Verlag Bern · Stuttgart · Wien
Verlag Leske + Budrich Opladen
Lucius & Lucius Verlagsgesellschaft Stuttgart
Mohr Siebeck Tübingen
C. F. Müller Verlag Heidelberg
Ernst Reinhardt Verlag München und Basel
Ferdinand Schöningh Verlag Paderborn · München · Wien · Zürich
Eugen Ulmer Verlag Stuttgart
UVK Verlagsgesellschaft Konstanz
Vandenhoeck & Ruprecht Göttingen
Verlag Recht und Wirtschaft Heidelberg
WUV Facultas Wien

Siegfried Heusinger

Die Lexik der deutschen Gegenwartssprache

Eine Einführung

WILHELM FINK VERLAG MÜNCHEN

Bibliografische Informationen Der Deutschen Bibliothek

Die Deutsche Bibliothek verzeichnet diese Publikation in der Deutschen Nationalbibliografie; detaillierte bibliografische Daten sind im Internet über http://dnb.ddb.de abrufbar.

© 2004 Wilhelm Fink Verlag GmbH & Co. KG
Jühenplatz 1, D-33098 Paderborn
ISBN 3-7705-3937-0

Internet: www.fink.de

Printed in Germany
Einbandgestaltung: Atelier Reichert, Stuttgart
Herstellung: Ferdinand Schöningh, Paderborn

UTB-Bestellnummer: ISBN 3-8252-2491-0

INHALT

VORWORT

Die Wörter (besser: die Lexeme) der Lautsprache bilden die Existenzformen der begrifflichen Bedeutungen, mit denen in Denkprozessen und kommunikativen Handlungen operiert wird. Dieses Leistungsvermögen der Lexik darf uns nicht dazu verleiten, den Anteil der grammatischen Bedeutungen am Inhalt einer Äußerung gering zu schätzen. Denken wir nur an die semantische Differenzierung von Singular und Plural durch morphologische Mittel oder an das kommunikative Gewicht eines Lexems, das durch seine Anordnung im Satz erreicht wird. Wenn ich mich dennoch ausschließlich der Lexik (dem Wortschatz, dem Lexikon der Sprache) zuwende, dann mit dem Wissen darum, dass nur ein gewichtiger Teilbereich unserer Sprache in seinen systeminternen Beziehungen und in der kommunikativen Verwendung der Lexeme näher betrachtet wird.

Der Titel „Die Lexik in der deutschen Gegenwartssprache" soll darauf aufmerksam machen, dass sich die Lautsprache nicht in ihrem Wortschatz erschöpft. Das Lexem wird erst in seiner grammatischen Organisation und mit seiner phonetischen bzw. graphemischen Realisierung in einem sprachlichen und situativen Kontext kommunikativ wirksam.

Die Idee zu diesem Buch wie auch die Konzeption dazu entstanden während meiner mehrjährigen Professur an der Universität Ljubljana. Dort habe ich neben „Lexikologie der deutschen Sprache" auch das Studienfach „Pragmalinguistik/ Stilistik" vertreten, und manche Berührung beider Disziplinen wie auch Konfrontatives zur Lexik der slowenischen Sprache haben zu weiterweisenden Fragen und Antworten geführt; und manche nützliche Anregung, für die ich an dieser Stelle sehr danke, kam aus der seminaristischen Arbeit mit meinen Studenten, Magistranden und Promovenden.

Das Buch will hauptsächlich Lehrenden und Lernenden eine Arbeits- bzw. Informationshilfe sein; es sucht seinen Leserkreis aber nicht nur unter Lehrerinnen/Lehrer und unter Studentinnen/Studenten der Germanistik im Ausland oder im deutschsprachigen Raum. Es will überhaupt auch Interesse an der Lexik wecken. Um eine wissenschaftliche Diktion, die stets lesbar bleibt, hat sich der Autor sehr bemüht.

Die Lexik wird aus synchronischer Sicht behandelt, ohne aber den diachronischen Aspekt zur Erklärung von Zusammenhängen ganz ausschließen zu können.

Für problematisierende und für kritische Hinweise bin ich sehr dankbar.

Ich danke Herrn Prof. Dr. Raimar Zons für seine weiterweisenden Anregungen zur Gestaltung des Buches.

Siegfried Heusinger   Magdeburg im März 2003

1. IM ANFANG WAR DAS WORT. –
HYPOTHESEN ZUM URSPRUNG DER SPRACHE

Faust in der gleichnamigen Tragödie von J.W.Goethe überträgt das sprachliche Original der christlichen Bibel in sein „geliebtes Deutsch":

> *„Geschrieben steht: Im Anfang war das W o r t !*
> *Hier stock ich schon! Wer hilft mir weiter fort?"*
> (Werke Bd. 10, 1962, 44)

Faust' Zweifel sind berechtigt, wenngleich wir über die Entstehung der menschlichen Sprache „streng genommen nichts wissen" (G.F. Meier/ B. Meier 1979, 17). Nach der mehr oder weniger gesicherten genealogischen Klassifikation unterscheiden Meier/Meier 41 Sprachfamilien (darin enthalten auch Gruppen- und Einzelsprachen ohne bisher nachweisbare verwandtschaftliche Bindung, ebd. 1979, anliegende Karte 1). Die Sprachentstehung vollzog sich in vorhistorischer Zeit aus vermutlich objektbezogenen Lallformen, die sich syntaktisch auch noch nicht gliedern ließen, also weder Wort noch Satz waren. Über Form, Intonation und Formenstabiltät dieser frühen Ausdrucksmittel kann nur spekuliert werden. Annahmen darüber müssen fragwürdig bleiben, weil die archäologischen und anatomischen Befunde keine wissenschaftlich gesicherte Rekonstruktion einer Ursprache möglich machen. Auch die Annahme nur einer Ursprache ist sehr umstritten. Wir können lediglich Begriffe im Rahmen der menschlichen Sprache definieren, z.B. „sprachliches Zeichen", „2. Signalsystem" (im Unterschied zu tierischen Signalsystemen), „Wort", „Lexem" und andere Grundbegriffe der Linguistik.

Wollten wir beispielsweise „Wort" definieren, ist uns das in Bezug zur lexikalisch-semantischen, grammatischen und phonetischen Ebene der Sprache möglich. Danach ist ein Wort der kleinste selbstständige, im Satz isolierbare und morphologisch angepasste Redeteil, der in der Kommunikation eine Bedeutung realisiert und eine phonetisch wie intonatorisch bestimmbare Form hat.

a) Die theistische Erklärung der Sprachentstehung

Die Frage nach der Sprachentstehung ist weniger ein von Linguisten als vielmehr ein von Philosophen diskutierter Gegenstand. Die Anregung dazu dürfte aus gesellschaftlichen Bedürfnissen erwachsen und auch in der christlichen Bibel zu suchen sein. Im ersten Buch Mose, 1. und 2. Kapitel, steht geschrieben:

„Und Gott nannte das Trockene Erde, und die Sammlung der Wasser nannte er Meer. (...) Denn als Gott der Herr gemacht hatte von der Erde allerlei Tiere auf dem Felde und allerlei Vögel unter dem Himmel, brachte er sie zu den Menschen, das er sähe, wie er sie nennte; denn wie der Mensch allerlei Tiere nennen würde, so sollten sie heißen." (Bibel 1816, 5 – 7)

Aus dieser Sicht wird die Entstehung der Sprache mythologisch gedeutet als Schöpfung Gottes und nach seinem Geheiß auch als Schöpfung des Menschen. Der englische Philosoph John Locke (1632 – 1704) schreibt dazu:

*„Da Gott den Menschen zu einem geselligen Wesen bestimmt hatte, so erschuf er ihn nicht nur mit der Neigung und versetzte ihn nicht nur in die Notwendigkeit, mit seinen Artgenossen Gemeinschaft zu pflegen, sondern stattete ihn auch mit der Sprache aus, die das hauptsächliche Werkzeug und das gemeinsame Band der Gesellschaft werden sollte. Deshalb sind die menschlichen Organe von Natur so eingerichtet, dass sie fähig sind, artikulierte Laute zu bilden, die wir Wörter nennen. Das genügte jedoch nicht, um eine Sprache zu erzeugen. Denn auch Papageien und verschiedenen anderen Vögeln kann man beibringen, deutlich hinreichend artikulierte Laute hervorzubringen, obgleich sie keineswegs der Sprache fähig sind."**

In seinen weiteren Darlegungen hebt J. Locke die angeborene Fähigkeit des Menschen hervor, die Wörter *„zu Kennzeichen für die in seinem eigenen Geist vorhandenen Ideen zu machen"* und sie als abstrahierende Elemente zu verwenden, die *„mehrere einzelne Dinge zusammenfassen"*. In den Wörtern sieht er deshalb auch die wichtigsten Elemente der Sprache, und es sei die Aufgabe der Logik, die Natur der Zeichen zu untersuchen (1962, 1ff.).

Nicht also das System sprachlicher Zeichen (die Langue) ist nach der Position von J. Locke ein Akt göttlicher Schöpfung, sondern der Mensch und die ihm angeborene Sprachfähigkeit. Damit widerspricht er dem Bibelwort nicht grundsätzlich. Vielmehr spricht daraus der philosophische Versuch, Glaube und Vernunft nicht einander entgegenzusetzen.

Zu dieser Position bekennt sich auch der Sprach- und Kulturtheoretiker Wilhelm von Humboldt (1767 – 1835). *„Die Sprache muss, meiner vollsten Überzeugung nach, als unmittelbar in den Menschen gelegt angesehen werden, denn als Werk seines Verstandes in der Klarheit seines Bewusstseins ist sie durchaus unerklärbar."* Im Unterschied zu J. Locke misst er nicht dem Wort als selbständigen *„Träger einer Idee"* eine herausragende Stellung in der

---

* Zitate werden – ungeachtet der Quelle – nach den orthographischen Empfehlungen der Reform von 1998 wiedergegeben, wenn der zeitliche Abstand zur Gegenwart nicht betont werden muss.

Sprache bei, sondern der Sprache in ihrer Ganzheit als *wahrgenommene* „*verbundene Rede*": „*Es gibt nichts Einzelnes in der Sprache, jedes ihrer Elemente kündigt sich nur als Teil eines Ganzen an*" (1963, Bd. 3, 10).

Teile des Ganzen sind auch die Sekundärformen, die aus der Sprache immer wieder neu entstehen, z.b. aus **greifen > begreifen, Begriff, begrifflich** usw. Mit der Sicht auf das Ganze wird die Sprache in ihrer Veränderung und Entwicklung gesehen, als „*etwas beständig und in jedem Augenblicke Vorübergehendes*". *(...) Ihre wahre Definition kann daher nur eine genetische sein. Sie ist nämlich die sich ewig wiederholnde Arbeit des Geistes, den artikulierten Laut zum Ausdruck des Gedanken fähig zu machen*" (1963, Bd. III, 418).

b) Die Nachahmung von Naturlauten als theoretischer Ansatz zur Erklärung
   der Sprachentstehung

Es liegt nahe, die Anfänge der Sprache mit der Nachahmung von Naturlauten in Verbindung zu bringen. Abwertende Einwände dagegen wie „Buh-Buh-Theorie", „Wau-Wau-Theorie" (Max Müller; vgl. dazu K. Ammer 1958, 39) oder gar Pfui-Pfui-Theorie sind sicherlich unangemessen, denn manch eine Benennung wird wahrscheinlich auf einen nachgeahmten Naturlaut zurückgehen und im Laufe der vieltausendjährigen Sprachentwicklung Veränderungen erfahren haben. Es ist aber auch zu bedenken, dass der Naturlautnachahmung durch den Menschen anatomische Grenzen in der Stimmbildung gesetzt sind. Der nachgeahmte Laut wird nur in wenigen Fällen dem Naturlaut ganz und gar entsprechen können. Man denke beispielsweise an das leise, hell knackende Geräusch von verbrennendem Holz im Kamin, das wir mit „knistern" wiedergeben. Wir verbalisieren das helle Geräusch mit einem kurzen, offenen [i] und das Knacken oder Zerspringen des Holzes mit dem stimmlosen Frikativlaut [s]. In der uns eng verwandten englischen Sprache wird mehr das Knackgeräusch verbalisiert: [krækl], schriftsprachlich „crackle". Es sind Lautabstraktionen, die nicht vor allem dem Naturlaut, sondern dem Zeichencharakter sprachlicher Symbole gerecht werden müssen. Die Verallgemeinerung in Form und Bedeutung erlaubt es dem Sprecher „knistern" auf mehrere Denotate zu beziehen: *Es knistert im Kamin, im Gebälk; das Papier knistert; es knistert die Stille.*

Zu bedenken ist des Weiteren, dass Naturlaute nicht Lautvorbilder zur Benennung aller Denotate in der materiell-praktischen und geistigen Tätigkeit des Menschen sein können. Abstrakta wie *Theorie, Begriff, Idee, Schuld* können auch in ihren Entstehungsformen nur als Produkte einer kreativ-geistigen Tätigkeit des Menschen begriffen werden. Schließlich besteht die Lexik unserer Sprache auch nicht nur aus den bisher berücksichtigten Autosemantika. Die kleinere Gruppe der Synsemantika wie Präpositionen, Pronomina, Artikel im Deutschen, viele Adverbien sind als Lexeme mit lexikalisch-grammatischer Funktion sicherlich nicht auf Naturlaute zurückzuführen.

Die Nachahmung von Natur- und Empfindungslauten hat in den Anfängen des Werdens der menschlichen Sprache gewiss kommunikative Funktionen erfüllt, so dass die sich darauf gründende Naturlaut- und Interjektionstheorie nach meiner Überzeugung nicht gänzlich zurückgewiesen werden kann. Diese Position ist in der Sprachwissenschaft auch keineswegs umstritten:

> *„Hinsichtlich der Vorstufen der menschlichen Rede in Bezug auf die akustischen Elemente, aus denen sie entstanden sind, sagt uns der linguistische Befund verhältnismäßig wenig aus. Als bekannter Einwand (...) wird ins Treffen geführt, dass sich im tatsächlichen Wortbestand der uns bekannten Sprachen verhältnismäßig wenige solcher Wortbildungen finden. Der Hund heißt eben in keiner Sprache ‚Wau-Wau‘, und Schmerz wird auch nicht von einem Ausdruck ‚Au!‘ abgeleitet usw. Lediglich der Kuckuck wird übereinstimmend in vielen Sprachen nach seinem Rufe benannt. (...)Das Wort Hund führt uns auf eine Grundform ku/kwo zurück, die sehr wohl einmal eine Imitation des Hundegebells gewesen sein könnte (...) Wenn etwa 'Wolf' heute im Bereiche der indoeuropäischen Sprachen im Allgemeinen als der 'Reißer' (zur Wurzel welk – ziehen, schleppen, reißen) bezeichnet wird, so macht das sicherlich den Eindruck eines Decknamens, der tabuisierend verwendet wurde, um nicht durch den ursprünglich vielleicht wirklich lautlich motivierten Namen des Tieres dieses anzulocken bzw. zu reizen"* (K. Ammer 1958, Bd. 1, 39 f.).

Viele der heute als Onomatopoetika empfundenen Geräuschlexeme sind relativ junge Bildungen, z.B. „knistern", die nicht auf eine Urperiode zurückgeführt werden können. Dieses sprachliche Material zeigt uns einerseits an, dass die natürliche Motivation zur Bildung von Lexemen auch für die Urzeit nicht auszuschließen ist, sie liefert uns aber auch eine Erklärung dafür, warum vergleichbare Geräuschlexeme in mehreren Sprachen meistens recht verschiedene Lautformen haben. Allerdings haben auch die den einzelnen Sprachen eigenen Lautentwicklungen zu den heute auffälligen Verschiedenheiten geführt.

Der Vergleich slowenischer und deutscher onomatopoetischer Verbalbildungen von M. Zorman (1995, 135 ff.) erbrachte in einem Korpus von etwa 700 Verben nur wenige Belege für eine annähernd übereinstimmende Onomatopöie. Vergleichbar sind auch nur die Stammmorpheme. Zehn der partiell übereinstimmenden Verbalbildungen führe ich an:

Slowenisch   Deutsch
blebetuljiti/ brbljati   *plappern/ babbeln*

cingljati	*klingeln*
cviliti	*quietschen*
frifljati	*flattern*
gagljati/ kokotljati	*gackern*
mrmljati	*murmeln*
muliti	*muhen*
šešljati	*zischen*
pikljati	*picken*
totorati	*tuten*

M. Zorman betont, dass Onomatopoetika keine Synonyme ausbilden, wohl aber onomatopoetische Varianten, mit denen der Sprecher einen anderen Gehöreindruck demonstriert (1995, 141). Solche Varianten sind auch in verschiedenen Dialekten einer Sprache zu finden. Ein etymologischer Nachweis für das Indoeuropäische, Urslawische oder Germanische bzw. Gotische ist nur für wenige der oben angeführten Belege möglich.

c) Soziale Konvention als theoretischer Ansatz zur Erklärung der Sprachentstehung

Ohne Zweifel entstand die Sprache als ein spezifisch menschliches Kommunikationsmittel mit der Notwendigkeit und dem Bedürfnis zur Kommunikation. Dieser Urgrund wiederum setzte die Existenz einer sozial organisierten Gruppe von Lebewesen mit intellektuellen und physiologischen Fähigkeiten zur Bildung und zum Gebrauch eines sprachlichen Instrumentariums voraus. Wenn man auch annehmen kann, dass die ersten Sprachäußerungen auf einer noch sehr primitiven Entwicklungsstufe im langen Prozess der Anthropogenese vieles bedeuten konnten, also semantisch weniger differenziert waren als heute, so waren es doch schon Verständigungssignale, die auf intellektueller Vereinbarung und nicht mehr auf instinktivem Verhalten beruhten. Auf diesen Urgrund, der nicht die Sprachentstehung selbst, sondern die ursächlichen Voraussetzungen zur Sprachentstehung erklärt, verweist Friedrich Engels. Das Bedürfnis zur Kommunikation erwuchs aus der gemeinsamen (der gesellschaftlichen) Arbeit:

> *„Das Bedürfnis schuf sich sein Organ: Der unentwickelte Kehlkopf des Affen bildete sich langsam aber sicher um durch Modulation für stets gesteigerte Modulation, und die Organe des Mundes lernten allmählich einen artikulierten Buchstaben nach dem anderen auszusprechen.“* (F. Engels 1962, 447).

Nach der Konventionstheorie war es aber letztlich der Mensch selbst, der – wie Johann Gottfried Herder schreibt – sich seine Sprache erfand *„vermöge* *der eigentümlichen Kraft des Verstandes"*. Alles Natürliche, das der Mensch erkannte, regte seine *„inneren Kräfte"* an, es zu benennen: Die Sprache ward an *„Gegenständen, sie anerkennend, erfunden"* (J. G. Herder, 1853, Bd. 37, 136).

Die sprachschöpferische Kraft des menschlichen Geistes zu betonen genügt allein sicherlich nicht zur Erklärung der Sprachentstehung. Was vielleicht einmal individuell hervorgebracht wurde, musste auch über die soziale Kommunikation verbreitet sein. Erst dann wurde es zum sprachlichen Zeichen. Insofern ist die Sprache bereits in ihren Anfängen nur als soziales Phänomen zu begreifen. *„Sprache, im weitesten Sinne des Wortes, ist der Ausdruck unserer Gedanken durch willkürliche Zeichen"*. Diese Anmerkung Johann Gottlieb Fichtes (1982, Bd. 3, 97) bezieht „Ausdruck" auf den kommunikativen Akt der Entäußerung von Gedanken, und sie kennzeichnet die Lautform als nicht motiviert und willkürlich.

Gewiss könnte es so sein, dass die lautliche Bildung vieler sprachlicher Primärformen willkürlich (arbiträr) hervorgebracht wurde, z.B. *Mama* (als kindersprachliches Lallwort), *Haus* (zu ide. *[s]keu : bedecken, umhüllen); zumeist sind es einsilbige Wörter, die einen Teil des Kernwortschatzes* ausmachen.

Etymologisch motiviert hingegen und insofern nicht arbiträr sind affixlose Ableitungen z.B. zu *Haus: Haut, Hose, Hort, Hütte*. Häufig erfolgte die Ableitung in ide. Zeit oder auch noch früher durch Wurzeldeterminative, z.B. durch s- oder t-Erweiterung bei *Haut, Hose, Hütte*. Das Lexem *Hort* aus ide. *kuzdho- zeigt neben der s-Erweiterung auch grammatischen Wechsel. Oft aber ist es schwer, arbiträr gebildete Formen von motivierten abzugrenzen, weil uns sichere Kenntnisse zu willkürlich gebildeten Lautformen lexikalischer Zeichen fehlen. Man muss bedenken, dass sichere Erkenntnisse nur aus schriftlichen Quellen geschlossen werden können, und die ältesten sind etwa 6000 Jahre alt, sofern man die phonetisierte Wortbildschrift (Keilschrift, ägyptische Hieroglyphen, chinesische Schrift) und die Anfänge der Lautschrift (semitische und griechische Schrift) als Untersuchungsgrundlage wählt.

Die erste Stufe des homo sapiens in der Anthropogenese (nach Meier/Meier 1979, 21) begann vor etwa 700 000 Jahren (der Petralona-Mensch, Fundort Saloniki). Die Anfänge der menschlichen Sprache dürften aber nach neuesten Erkenntnissen „erst" 200 000 Jahre zurückliegen, als sich mit dem aufrechten Gang der Rachenraum ausreichend vergrößert hatte und der Rückenmarkkanal genügend weit war für die biologisch notwendigen Nervenbahnen. Unsere Sprache ist uns nicht nur Mittel der Verständigung, sie ist für uns auch ein Medium zur verallgemeinernden Denktätigkeit.

---

*   Zum Kernwortschatz des Deutschen rechne ich die Primärstammwörter des Grundwortschatzes

Die Frage, ob ein Lexem motiviert oder nicht motiviert (arbiträr) ist, ist für die Gegenwartssprache von sekundärem Belang. Ferdinand de Saussure gebraucht diese Unterscheidung als Klassifikationskriterium für *„lexikologische"* und *„grammatikalische"* Sprachen. Sprachen wie das Deutsche mit einem Maximum an motivierten Lexemen nennt er grammatische Sprachen. Hingegen ordnet er das Englische den lexikologischen Sprachen zu (1967, 156 ff.). Aus Sicht der Textrezeption ist vor allem die morphematische Motivation von Bedeutung, weil über die **Morpheme** eines Wortes seine Semantik erschlossen werden kann, z.B. *Wieder-er-kenn-ung-s-wert* (im Kontext von Marketing und Werbung der Besitzwert [der Kaufreiz], den ein Produkt für den potenziellen Käufer annimmt, dass er aus der Werbung bereits kennt).

Die Konventionstheorie, nach der die kommunizierende menschliche Gemeinschaft – bei Anerkennung auch des individuellen Beitrags – die menschliche Sprache hervorgebracht hat, sie von Generation zu Generation überliefert und entwickelt, wird auch von der modernen Sprachwissenschaft nachhaltig vertreten. Unbestritten ist auch, dass einzelne Lexeme aus lautmalenden Nachbildungen hervorgegangen sind, z.B. *Kuh, Kuckuck* und andere. Die Kenntnis ihrer Herkunft steht nicht im Widerspruch zur Konventionstheorie.

Zusammenfassung

Wenn Wilhelm v. Humboldt in der Sprache „das Umschaffen der Welt in das Eigentum des Geistes" sieht, dann werden wir aufmerksam nicht nur auf die Bindung unserer Begriffe an Lautformen, sondern auf Funktionen, die die Sprache im Gespräch zwischen Menschen, aber auch in unserer Denktätigkeit und für die Entwicklung der menschlichen Gesellschaft erfüllt. Was uns heute wie selbstverständlich von den Lippen geht, hat sich in langen Zeiträumen herausgebildet und in diesem evolutionären Prozess immer wieder verändert. Besonders auffällig sind die Veränderungen der lexikalischen Lautformen und der Bedeutungen.

Im vorangegangenen Kapitel sind drei Hypothesen zum Ursprung der Sprache genannt worden: Die theistische Erklärung, die Naturlauttheorie und die Konventionstheorie.

Fragen bewegen uns: Hat der Mensch die Sprache erfunden, wie J. G. Herder meint? Könnte es jemals eine Ursprache gegeben haben oder haben sich menschliche Sprachen an unterschiedlichen Orten und zu unterschiedlichen Zeiten herausgebildet? Waren Wörter die ersten sprachlichen Elemente?

2. DAS LEXIKALISCHE TEILSYSTEM DER SPRACHE UND SEINE GLIEDERUNG

2.1. Die wechselseitige Beziehung von Sprachsystem und Äusserung

Die Vorstellung, dass die verfügbaren sprachlichen Elemente bzw. Mittel intern geordnet sind, ist für die wissenschaftliche Beschreibung der Sprache wesentlich. Wir gebrauchen den Begriff „Sprachsystem" und vertreten die Position, dass jede natürliche Sprache ihr eigenes System von Elementen und Beziehungen hat. Die Übertragung des Systembegriffs aus der Mathematik und den Naturwissenschaften auf die wissenschaftliche Erklärung und Beschreibung der Sprache wird auf den Schweizer Gelehrten Ferdinand de Saussure (1857 – 1913) zurückgeführt. John Lyons nennt ihn den *„Begründer der modernen Linguistik"* (1995, 39). Sein wissenschaftliches (von seinen Studenten aus Vorlesungsmitschriften rekonstruiertes) Hauptwerk *„Cours de linguistique générale"* hat die Sprachwissenschaft selbst unterschiedlicher Schulen direkt oder indirekt beeinflusst, dennoch teilen wir heute kaum noch seine statische Auffassung vom System der Sprache. Mit Bezug auf heute vorherrschende Positionen definiere ich „Sprachsystem" als eine d y n a - m i s c h sich verändernde Ordnung sprachlicher Elemente (Phoneme, Morpheme, Lexeme, Satzstrukturmodelle), die untereinander paradigmatisch, syntagmatisch und funktional aufeinander bezogen sind und in Relationen zu sozialen, dialektalen, fachsprachlichen und anderen Subsystemen der Sprache stehen.

Auch die Erkenntnis paradigmatischer (bei de Saussure assoziativer) und syntagmatischer Relationen im Sprachsystem geht auf de Saussure zurück (vgl. 1967, 147 ff.), wobei er allerdings im Sprachsystem (sein Langue-Begriff) nur paradigmatische, d.h. assoziative, durch Austauschrelationen (z.B. im Wortfeld) auf vertikaler Ebene definierte Beziehungen akzeptiert. Syntagmatische Beziehungen in seiner Auffassung sind Verknüpfungs- und Anreihungsbeziehungen auf syntaktischer Ebene, wie sie in Äußerungen notwendig sind, z.B. Kasusrelationen. Im Gegensatz zu F. de Saussure betrachten wir die syntagmatischen Beziehungen nicht nur auf der Ebene der Parole (der realisierten mündlichen oder schriftlichen Äußerung), sondern auch auf der Ebene der Langue. Sie sind im Sprachsystem potentiell angelegt, z.B. in den realisierbaren Kasusrelationen der Verben und Präpositionen. Aber auch kollokative Beziehungen sind syntagmatischer Art.

Die Erkenntnis auch funktionaler Beziehungen richtet sich einerseits gegen jeden Atomismus in der Sprachbetrachtung, und sie zielt andererseits auf die in den sprachlichen Elementen angelegten systeminternen funktionalen Relationen wie auch auf Leistungspotenzen in der kommunikativen Realisierung. Ich erwähne hier nur die Perspektive der funktionalen Grammatik (vgl. u.a. W. Schmidt 1977; W. Admoni 1966), die kommunikativ-pragmatische Orientierung der neueren Stilistik (vgl. u.a. B. Sandig 1986; W. Fleischer/ G. Michel/ G. Starke 1993), und die Betonung funktional-semantischer Potenzen der Affixbedeutungen (vgl. W. Fleischer/ I. Barz 1992, 20). Es geht letztlich um das „Funktionsprinzip" der modernen Sprachbeschreibung (vgl E. Coseriu 1992, 73 ff.).

Zur Gliederung des Sprachsystems gibt es keine einheitliche Auffassung, ich halte aber eine Dreigliederung in grammatisches, phonetisches und lexikalisches Teilsystem für ausreichend. Das lexikalische Teilsystem mit seinen übergreifenden Beziehungen zu den anderen Teilsystemen umfasst die Lexeme (Wort, Phraseologismus) mit ihren Subelementen, den Morphemen, und die Relationen zwischen ihnen.

Die Grundrelationen, beispielsweise im **lexikalischen Teilsystem** der Sprache, sind sowohl formal als auch semisch angelegt. Aus der Vielzahl solcher Relationen wähle ich nur wenige aus:

– syntagmatisch-formale Beziehungen über gemeinsame Morpheme: *beraten, beklagen, befragen; fröhlich, Frohsinn, Frohnatur*
– syntagmatisch-formale Beziehungen über Kompositionen und Derivate: *Kleinkind, Kindergarten, Kindfrau, kindlich, kindgerecht*
– paradigmatisch-formale Beziehungen zwischen formal gleichen, etymologisch verwandten, aber semantisch verschiedenen Lexemen: *Laut* (Substantiv), *laut* (Adjektiv), *laut* (Präposition), *laut(en)* (Verb)

Formale Beziehungen im System weisen es letztlich als dynamisches Ordnungssystem aus, denn mit einer endlichen Zahl von Formativen können unendlich viele Lexeme für jeweils aktuelle kommunikative Erfordernisse hervorgebracht werden. Die Form erfüllt aber letztlich nur ihren Zweck über die daran gebundene Semantik. Es ist ihre Funktion, für bedeutungsvolle Äußerungen verfügbar oder in ihnen wirksam zu sein. Sie erfüllt aber auch die Funktion der semantischen Differenzierung, z.B. *Kleinkind, Schulkind; kindlich, kindisch.*

Über die notwendige Bindung der Semantik an eine Form sind semische Relationen im System angelegt, zum Beispiel:

– paradigmatisch-semische Beziehungen innerhalb eines Wortfeldes: *laufen, gehen, eilen, rennen, hasten, rasen, spurten*
– paradigmatisch-semische Beziehungen zwischen Lexemen mit etymologisch gleichen Wortsegmenten: *Lehrer, Lerner, Bäcker, Tischler, Böttcher* (Nomen agentis: Personenbezeichnung für den Träger einer Handlung)

Ergänzend zu den Grundrelationen beispielsweise im lexikalischen Teilsystem können weitere subsequente Relationen angenommen werden:

– koordinativ: *Kind – Eltern*
– antithetisch: *Kind – Erwachsener*
– kollokativ (semantisch verträgliche Bindung): *Kleinkind, Kind erziehen, Kind bekommen*
– hyperonymisch-hyponymisch (Ober-Unterbegriffsbeziehung): *Mensch-Kind*
– vergleichend: *Tierkind*
– different: *Mädchen – Junge*
– synonym: *Junge – Knabe*

Die Frage nach einer Differenzierung der paradigmatischen Relationen des Lexikons wird in der Linguistik keineswegs einheitlich beantwortet. Aus der Sicht des lexikalischen Strukturalismus unterscheidet O. Reichmann zwischen ausdrucksparadigmatischen und inhaltsparadigmatischen Relationen. Für die ausdrucksorientierte Paradigmatik geht er vom Prinzip der etymologisch bedingten formalen Ähnlichkeit aus, wie es sich beispielsweise innerhalb einer Wortfamilie zeigt. Er betont, dass die Ausdrucksparadigmatik bisher keine Berücksichtigung in einer lexikologischen Theorie gefunden habe (1976, 11 ff.).

In der Lexikologie dominiert nach O. Reichmann die Beschreibung der paradigmatischen Inhaltsrelationen aus der Perspektive der Form (*„der substanzgebundenen Ausdrucksform"*) und des Inhalts (der Substanz bzw. der *„geformten Ausdruckssubstanz"*) (1976, 13 ff.). Th. Schippan konzentriert ihre Darlegungen zum lexikalischen Gefüge (dem *„lexisch-semantischen System"* – 1992, 188) auf das semantische Beziehungsgeflecht und entwickelt sowohl die syntagmatischen als auch die paradigmatischen Beziehungen (1992, 196 ff.). *

Das in der Sprachwissenschaft häufig verwendete Synonympaar „Mittel" – „Element" kann bei strikter Trennung von Langue und Parole (Begriffe bei F. de Saussure) nicht gleichermaßen systembezogen und äußerungsbezogen verwendet werden; denn als Einheit des Systems ist beispielsweise das Lexem **Element** einer Ganzheit; als Teil einer Äußerung ist es **Mittel** zum Ausdruck oder auch nur zur Formierung eines Gedankens. Mit dieser Position, die Ge-

---

* Auf eine nur informative oder auch konfrontative Betrachtung von Lexik und Sprachsystem in verschiedenen Lexikologie- bzw. Semantikkonzepten kann hier verzichtet werden. Ich verweise aber auf Th. Schippan (1992, 28 ff.), G. Kleiber (1993), W. Motsch/D. Viehweger (1983). Für die moderne Lexik-Forschung ist die funktionale Betrachtung und die pragmatische Beschreibung der Lexik, wie Th. Schippan betont, unverzichtbar (1992, 30).

genstand einer kritischen Würdigung F. de Saussures ist (vgl. B. Bartschat 1996, 65 ff.), wird verkannt, dass auch das System ein für Erweiterungen wie auch für Entwicklungen offenes, der Kommunikation dienendes und in dieser Hinsicht funktionales Instrumentarium darstellt.

Die Einheiten des Systems sind Elemente und Mittel zugleich, was aber nicht heißen soll, dass die Termini bei jedweder Beschreibung beliebig austauschbar sind. Aus den Vorbehalten gegen das terminologische Paar wurde später, vor allem von der generativen Grammatik, das Kategorienpaar „Kompetenz" – „Performanz" (Sprachgebrauch) eingeführt.

Der Kompetenz-Gedanke unterstellt nicht nur dem gesellschaftlichen Sprachträger (nur so allerdings bei N. Chomsky) gemeinschaftliches Wissen über die Sprache, er verweist auch auf individuell ausgebildetes mentales Sprachwissen, das gegenüber dem vollständigen Wissen einer Sprachgemeinschaft natürlich unvollkommen und reduziert ist. Der Kompetenzgedanke schließt auch Wissen über die Regeln einer korrekten Sprachverwendung, über Tendenzen der Sprachentwicklung und über die Erweiterungsmöglichkeiten des sprachlichen Potenzials ein, z. B. durch Wortbildungen.

Ein häufig verwendetes Synonym für „Lexik der Sprache" bzw. „Lexikon" ist der Begriff **„Wortschatz"**. Er ist insofern ungenau, als „Schatz" die Dynamik ausschließt, die aber ein wesentliches Merkmal für die Lexik einer Sprache ist. Andererseits sind Bedeutungen keine unveränderlichen Entitäten; auch Bedeutungsveränderungen oder gar -wandlungen sind kennzeichnend für die Lexik. Ein „Schatz" ist aber auch etwas Kostbares, das man hüten muss. Diese wertende Konnotation haftet dem Sprachbegriff im Volksverständnis an. Sie zu hüten, meint sowohl den behutsamen Umgang mit der Sprache als auch ihre Behandlung als kultureller Besitz einer Sprachgemeinschaft. Dieser Doppelaspekt ist dem linguistisch definierten Begriff vom Sprachsystem durchaus immanent. Seiner Dynamik verdankt das System die immerwährende Nutzung der Mittel und Möglichkeiten in der Kommunikation.

Eine korrekte Äußerung (der mündlich oder schriftlich geäußerte Satz bzw. Text) kann als segmentierbares Zeichengeflecht zum Ausdruck eines Gedankens oder einer Gedankenfolge definiert werden. Der mehr in der Didaktik als in der Linguistik verwendete Begriff „Ausdruck" assoziiert den Zusammenhang zwischen Möglichkeit und Realisierung. Das hat wohl auch Karl Bühler so gesehen, als er in seiner überarbeiteten Fassung des Organon-Modells (1934/1965, 28 f.) das Darstellen der Gegenstände und Sachverhalte mittels sprachlicher Zeichen durch den Sender *Ausdruck* nannte. Die gewählten Zeichen werden in kommunikativen Handlungen zu Symptomen des Inhalts. Das ist, wie wir es in Anlehnung an Karl Bühlers Organon-Modell (Zeichen- und Kommunikationsmodell) mit Bezug auf den Sender auch sagen können, die **Symptom-Funktion der Elemente** des sprachlichen Systems (vgl. auch E. Coseriu 1981, 53 ff.).

Die Elemente des lexikalischen Teilsystems lassen sich gleichfalls nach Form, Semantik und Funktion behandeln, wenn wir akzeptieren, dass Semantik und Funktion potenziell vorhanden sind und erst im Kontext bzw. in der Äußerung ihren realisierbaren Ausdruck finden. Zu Recht wandte sich schon W. v. Humboldt gegen eine isolierte Betrachtung der sprachlichen Elemente.

> *„Gerade das Höchste und Feine lässt sich an jenen getrennten Elementen nicht erkennen oder kann nur in der verbundenen Rede wahrgenommen oder geahnt werden.* * (...) *Das Zerschlagen in Wörter und Regeln ist nur ein totes Machwerk wissenschaftlicher Zergliederung"* (1963 [Erstdruck 1836], 419).

Der Potenz-Gedanke (das vom System her Mögliche und das in der Äußerung Wirkliche) ist eine theoretische Hilfe bei plausiblen Erklärungen, die aber auch nicht jeden konkreten Ausdruck voraussagen können. Dafür ein Beispiel für die semantische Behandlung eines Systemelements:

In Dietrich Schwanitz' Roman „Der Campus" (1996, 145) schreibt er über die Figur des Chefredakteurs: *„Sein blinder Blick richtete sich auf Martin Sommer."*

Im Kontext ist es nicht der Blick eines Erblindeten, sondern die Kopfhaltung eines angestrengt konzentrierten Menschen mit geschlossenen Augen, deren Lider in die Richtung des Martin Sommer gesenkt sind.

Die semantische Element-Beschreibung wird zunächst (bei mehrdeutigen Wörtern), die Polysemie des Lexems *Blick* herausarbeiten – analog zur lexikographischen Behandlung in Bedeutungswörterbüchern. *Blick* kann bedeuten:

1. kurzes Hinschauen: *Liebe auf den ersten Blick; den Blick abwenden*
2. Aussicht, Fernsicht: *Einen herrlichen Blick auf die Stadt haben*
3. Ausdruck der Augen: *Ein Blick sagt mehr als tausend Worte; ein dankbarer Blick*
4. Erfahrungen, Urteilsvermögen: *Einen Blick dafür haben*

Aus der semischen Analyse kann auf folgende **Seme** (Bedeutungselemente) als Ergebnis einer Konstituentenanalyse geschlossen werden:

a) mit den Augen [allgemeines Sem in den Bedeutungen 1 bis 4]
b) auf etwas (kurz oder anhaltend) sehen/schauen [nur 1, 2 und 4]
c) sein Inneres anzeigen [nur 3]
d) urteilen/begutachten [nur 4]

---

* bei W. v. Humboldt „geahndet werden" mit dem in Klammern gesetzten Hinweis, dass die eigentliche Sprache nur in dem Akt des wirklichen Hervorbringens liege

In der akollokativen Verbindung *sein blinder Blick* steht *Blick* nicht für „sehen, blicken", sondern für die Richtung, in die die geschlossenen Augen weisen. Es ist im Kontext ein „blickloser Blick". Eigentlich widersinnig, vermag es der Leser dennoch, das Gemeinte zu erfassen. *Blick* wurde mit metonymischer Bedeutung gewählt für (Blick-)Richtung. Auch andere Bedeutungsübertragungen, z.B. nichtlexikalisierte Metaphern, sind denkbar, aber nicht unbedingt als potenzielle Bedeutungen vorhersagbar (Metapher: *Sein Blick gab ihm Recht # Sein Urteil war richtig*). Das lässt den Schluss zu, dass die Elementsemantik im System nur eine indefinite, aber im kommunikativen Akt konkretisierbare Größe ist. Erst die aktualisierte Semantik wird zum Ausdruck des Gedankens. Der Philosoph L. Wittgenstein leitet aus seinen Erkenntnissen zur Systemsemantik die bekannte Aussage her: *„Die Bedeutung eines Wortes ist sein Gebrauch"* (1975, § 43).

Jedes Wort habe seine Bedeutung, die ihm zugeordnet sei. Aber es könne nicht die Rede davon sein, was Bedeutung ist, sondern nur *„wie das Wort gebraucht wird"* (ebenda, § 1) Allerdings verkennt er, dass die Systemsemantik nicht unbestimmt (indefinit) im Sinne von „ohne Zweck, ohne Funktion", sondern indefinit im Sinne von „noch nicht konkret" ist. Sie ist offen für Konkretisierungen (Aktualisierungen) einer Basissemantik. Die Semantik von *blicken* im lexikalischen System hat eben die Basissemantik *„mit den Augen etwas wahrnehmen"*.

Es ist zunächst festzuhalten: Vermittelt über die Form des Lexems (**dem Formativ**) werden die lexikalischen Elemente des Systems zu Mitteln in der Kommunikation. In ihr aktualisieren sie eine bestimmte Bedeutung, **das Semem**. Ein Semem ist nach Th. Schippan *„eine dem Formativ zugeordnete Bedeutung. Bezieht sich ein Formativ auf mehrere Sememe, handelt es sich um Polysemie"* (1992, 144). Aus strukturanalytischer Sicht ist es *„ein Bündel von Semen, das eine Lesart konstituiert"* (P.R. Lutzeier 1995, 164). Dieser Definition liegt zugrunde, dass eine aktualisierte Bedeutung semisch strukturiert ist, z.B. in dem Satz „Sein Blick sagt mehr als tausend Worte" ist die Semantik von *Blick* beschreibbar: (1) mit den Augen – (3) sein Inneres anzeigen.

Wird die Struktur verändert, ändert sich auch das Semem (die jeweils aktualisierte Bedeutung). „**Lesart**" als Synonym für „Semem" trifft nicht das Wesen der Lexemsemantik im Text, denn Bedeutungen gehen auf soziale Konventionen zurück. Die „Lesart" aber ist im allgemeinen Verständnis eine Deutung, eine Auslegung durch den Rezipienten. Das kann für ein konkretes Lexem, eine nichtlexikalisierte Metapher, vom Sprecher/Schreiber durchaus gewollt sein. Die poetische Kommunikation fordert den Leser zu Lesarten heraus. Mehrere Lesarten sind der Einzelfall und nicht die Regel.

H. Pelz setzt „Semem" und „potenzielle Lexembedeutung" gleich, wenn sie definiert: *„Der semantische Gehalt eines Lexems ist sein Semem"* (1998, 195). Ich schließe mich dieser Auffassung nicht an, sondern bestimme – wie auch Th. Schippan – das Semem als die im Text oder Kontext aktualisierte Bedeutung eindeutiger oder polysemer Lexeme. Auch G. Wotjak betonte schon in frühen Arbeiten, dass einem *„Semem eine Einheit und nur eine Einheit auf der Ausdrucksebene entspricht"* (1977, 37), also eine der Bedeutungen, die ein Lexem in kommunikativen Handlungen annehmen kann.

Freilich, diese Definition ist einfach und praktikabel, aber sie lässt auch die Probleme einer Bedeutungsbestimmung mit Bezug auf beide Ebenen, der der Langue und der der Parole, durchscheinen. Die Basis-Semantik der lexikalischen Langue-Einheit und die darin verborgenen Potenzen einer Aktualisierung sind nur annähernd genau zu bestimmen, weil das sprachliche System offen ist für Wandlungen, Umdeutungen, Bedeutungsübertragungen, individuelle Modifizierungen. Ebenso ist zu bedenken, dass von uns auf der Parole-Ebene zunächst eine Formativ-Kette wahrgenommen wird, der ein Satz- oder Textinhalt entspricht. Dieser Inhalt ist kaum selektierbar und auf Sememe zu verlagern. Das heißt, unsere Sememdefinition ist eine vereinfachend praktische, aber keine ausreichend theoretische Lösung. Dafür sprechen auch die verschiedenen theoretischen Erklärungsansätze und Bedeutungskonzeptionen. *

Eine frühe theoretische Darlegung mit exemplarisch-praktischer Beweisführung enthält die Habilitationsschrift von Wilhelm Schmidt (1967). Er unterscheidet zwischen lexikalischer und aktueller Bedeutung. Zur Abgrenzung schreibt er:

> *„Ich bezeichne deshalb die eindeutig determinierte Wortbedeutung im Kontext als aktuelle Bedeutung und verwende für den komplexen Inhalt des Wortes als Bestandteil des Systems der Sprache den Terminus lexikalische Bedeutung"* (1967, 24).

Im Hinblick auch auf handlungstheoretische (pragmalinguistische) Beschreibungen der Semantik sind theoretische Ansätze weiterweisender, die die Dynamik des Systems und den Handlungscharakter sprachlicher Kommunikation betonen. Aus dieser Sicht unterscheide ich zwischen potenzieller Semantik der Lexeme sprachlicher Zeichen im System und der durch den Kontext/Text aktualisierten Bedeutung, bzw. zwischen potenzieller Bedeutung und Semem.

Als Einheit des Systems, als Lexikon-Einheit, ist auch **Lexem** zu bestimmen (zu griech. lexis „Ausdruck", „Wort"). Vor dem Hintergrund der bilateralen Auffassung vom Wesen sprachlicher Zeichen vereinigt es in sich Formativ und Semantik. Wie oben ausgeführt, kann die Semantik mehrere Sememe ausgebildet haben oder auch nur aus einem Semem bestehen. Ich

---

* Ich verweise unter anderen auf Th. Schippan 1992 (Seiten 121 – 131); G. Wotjak 1977 (Kap. 2 und 3) und 1989 (Seiten 462 – 490); P.R. Lutzeier 1985 (Kap. 4)

meine aber, dass die Einheit von Form und Bedeutung im Sprachgebrauch keine absolute, sondern eine relative Bindung darstellt. Beispielsweise wird bei metaphorischer Verwendung einem Lexem eine Bedeutung zugeordnet, die es im Allgemeinen nicht hat: In dem Satz *Die Bienen schwärmen in Trauben* wird der Schwarm-Verbund mit einer Traube verglichen. Das Lexem „Traube" hat zeitweilig eine metaphorische Bedeutung angenommen. Bedeutungswandel, Umdeutungen (*cool, geil* in der Sprache der Jugend), hyperbolische Ausdrücke (*oberaffengeil*)*, Modewörter (*außen vor* sein) und andere (nicht nur zeitweilige) Veränderungen belegen, dass auch die Bindung von Form und Bedeutung der systeminternen Dynamik unterworfen ist. „Relative Bindung" meint den Einfluss der System-Dynamik auf die Bedeutungs-Form-Beziehung des Lexems, nicht aber die Auflösung der historisch gewachsenen Verbindung beider Seiten des Lexems.

Von einer anderen Position geht E. Agricola aus. Er bestimmt das Lexem relational als Wortform und der von ihr hervorgerufenen gesamten semantischen Bedeutungsanteile. Entsprechend unterscheidet er zwischen einseitigen und wechselseitigen Relationen des Formativs zur Semantik (das heißt, zwischen Monosemie und Polysemie in ihrer Relation zur jeweiligen Wortform) (1975, 17). Danach ist das Lexem eine Einheit des Lexikons, die eine Bedeutung oder mehrere Bedeutungen signalisiert. Im Zentrum steht also nach dieser unilateralen Bestimmung des sprachlichen Zeichens allein die Wortform (besser: das Formativ). Pragmalinguistische Bestimmungen gehen grundsätzlich vom unilateralen Wesen des sprachlichen Zeichens aus.

Eine mehr semantisch bezogene Bestimmung des Lexem-Begriffs geben W./Fleischer/ I. Barz. Danach ist ein Lexem eine „im Wortschatz gespeicherte *semantische Einheit, die als Benennung einen Begriff repräsentiert und syntaktisch autonom ist*" (1992, 23). Das Merkmal „im Wortschatz gespeichert" schließt nichtlexikalisierte Elemente, insbesondere Okassionalismen, einmalige Metaphern und Metonymien, aus. Ich begreife den Wortschatz als systematisch geordnetes, für Erweiterungen offenes und dynamisches Instrumentarium, das hauptsächlich der geistigen Tätigkeit und dem kommunikativen Handeln dient.

Aus dieser Sicht übernehmen auch Okkasionalismen und andere nicht lexikalisierte Elemente zeitweilig die Funktion eines Lexems, ohne aber bereits Element des Wortschatzes zu sein. Ich gebrauche die Begriffe „Wortschatz" und „lexikalisches Teilsystem" nicht synonym, denn das Teilsystem schließt auch Elemente ein, die syntaktisch nicht autonom sein können. Der Begriff „lexikalisiert" wird von dieser Auffassung insofern berührt, als dass als lexikalisiert all jene lexikalischen Neuerungen angesehen werden, die bereits durch

---

* Von hyperbolischen Ausdrücken spricht auch M. Buschmann in seiner Analyse zur Jugendsprache (1994, 220)

gelegentlichen Sprachgebrauch usualisiert sind. Die Registrierung im Wörterbuch ist kein ausreichendes Kriterium für eine Qualifizierung als „lexikalisiert". Einem Lexem kommen nach meiner Auffassung folgende Merkmale zu:

– Element des lexikalisches Teilsystems der Sprache,
– bestehend aus Formativ und Semantik, das
– syntaktisch autonom (Wort, Phraseologismus) ist.

Morpheme im lexikalischen Teilsystem sind Strukturelemente von Lexemen, deren Formative syntaktisch nicht autonom sind. Sie binden an sich Stamm- oder Ableitungsbedeutungen. In synchronischer Sicht trägt der Wortstamm den konkretisierenden Teil der begrifflich-lexikalische Bedeutung, z.B. -les- in den Lexemen *lesen, Leser, leserlich, lesbar, Lesbarkeit, Leserschaft, Lesung.* Im Hinblick auf divergierende Auffassungen zum Stammbegriff, wonach auch die Ableitungsbasis als Wortstamm angesehen wird, z.B. *lesbar* als Ableitungsbasis zu *Lesbarkeit,* bevorzuge ich den Begriff „Grundmorphem". Aus synchronischer Sicht ist das Grundmorphem lexikalisch-semantisch nicht weiter auflösbar. Neben freien Grundmorphemen treten auch gebundene Grundmorpheme auf, sog. Konfixe, z.B. *bio-, tele-, Stief-.* Ich verweise auf detailliertere Darlegungen bei W. Fleischer/ I. Barz (1992). Träger von Ableitungsbedeutungen sind Affixe. Ihre Semantik ist weniger begriffsbestimmend als die der Grundmorpheme. Sie tragen einen hohen Allgemeinheitsgrad, z.B. *be-, -er, -ung* in *belesen, Leser, Lesung* (vgl. ebenda, 25 ff.).
    Die Triade von Formativ, Bedeutung und Funktion bei der Betrachtung lexikalischer Elemente verlangt noch nach ausstehenden Erörterungen zur **Funktion** lexikalischer Elemente. Sie hat einen engen Bezug zum aktualisierten Semem in der sprachlich-kommunikativen Handlung; denn in ihr werden im System angelegte mögliche Funktionen aktiviert, die die Lexeme durch einen sich wiederholend bestimmten Gebrauch in kommunikativen Handlungen angenommen haben. Eine Sache beim traditionellen Namen zu nennen oder ihr aus anderer Intention heraus einen neuen Namen zu geben, z.B. *Glücksstein* oder *Hühnergott**, eine Beziehung auszudrücken, z.B. *aber* (als adversativer Bezug zur vorausgegangenen Aussage), oder einen Vorgang zu benennen, z.B. *geben,* zeigen Funktionen an, die sprachliche Elemente im Prozess der Kommunikation realisieren. Ihre Wahl im Akt der Kommunikation wird von Intentionen des Sprechers/Schreibers gelenkt und zielt darauf, dass die Äußerung vom Empfänger so verstanden wird, wie es der Sender beabsichtigt hat. Die Funktion des Bedeutens, das Semem, das das Lexem im Kontext mit anderen Lexemen in der Kommunikation realisiert, nenne ich die semantische Funktion des sprachlichen Zeichens. K. Bühler spricht von der Darstel-

---

* eine Wortbildung des Berliner Übersetzers Thomas Reschke (vgl. R. Reiher/R. Läzer 1997) lungsfunktion, der eigentlich kennzeichnenden und gleichzeitig wichtigsten Funktion der Sprache (1934/ 1965, 28). R. Jakobsen nennt sie vermittels der Referenz des Zeichens auf Sachverhalte, Gegenstände die *referenzielle Funktion* (nach E. Coseriu 1981, 57). O. Reichmann unterscheidet zwischen Darstellungs- und Erkenntnisfunktion des Wortschatzes (1976, 11 ff. und 47 ff.).

Über die semantische Funktion wird der wechselseitige Zusammenhang von Sprachsystem und Äußerung besonders deutlich.

Aber sprachliche Zeichen funktionieren noch weitergreifender. Über die Textstruktur der Äußerung geben sie Intentionen (Absichten) zu verstehen: Aus der Äußerung kann beispielsweise geschlossen werden, dass sie appellieren, interessieren (für etwas in der Werbung), normieren, belehren oder einfach nur informieren will, wobei Sender- und Empfängerintentionen nicht unbedingt übereinstimmen müssen. Über die Stilgestaltung (aber nicht n u r über den Stil) werden Wirkungen erzielt, z.B. Distanz oder Zuneigung anzeigen; Informationen exponieren, abschwächen; eine Aussage satirisch oder ironisch gestalten; sich „locker" äußern. Angemessenheitserwartungen können bewusst oder unbewusst unterlaufen werden. Es werden eben auch Funktionen erst im kommunikativen Handeln der Gesprächspartner hervorgerufen, die nicht im System angelegt sind, obwohl immer auch Beziehungen zur semantischen Funktion sprachlicher Zeichen eine Rolle spielen. Ich nenne diese im Prozess des Kommunizierens hervorgebrachten Funktionen pragmatisch (zu griech. pragma, „das Handeln").

Zusammenfassung

Wir unterstellen, dass die im Sprachsystem zum Ausdruck unserer Gedanken verfügbaren sprachlichen Mittel (Wörter, feste Wortverbindungen, Morpheme) Elemente eines Systems sind, d.h., einer Ordnung bzw. Struktur, in der sie durch syntagmatische (anreihende) und paradigmatische Relationen verbunden sind, aber auch funktionale Beziehungen eingehen können. Lexeme, die in paradigmatischer Relation zueinander stehen, sind semantisch aufeinander bezogen, z.B. Synonyme, Antonyme, aber auch die Personalpronomina u.a.m.
Diese Sicht auf die Sprache wirft viele **Fragen** auf:
Was wollen wir eigentlich zum Ausdruck bringen, wenn wir den Systemgedanken mit dem Attribut „dynamisch" verbinden?
Sind „studieren" und „lernen" semantisch austauschbar? Welche syntagmatischen Beziehungen geht das Lexem „Studium" potenziell im Sprachsystem ein? Sind „Wortschatz" und „Lexembestand" absolute Synonyme? Täglich werden neue Wörter gebildet. Sind auch diese Neologismen Elemente des Sprachsystems?

2.2. Die Gliederung der Lexik

In der Sprachwissenschaft sind zahlreiche verschiedene Ordnungssysteme bekannt, die aus einer ganz bestimmten Sicht auf die Sprache oder aus Erklärungsbedürfnissen hervorgegangen sind. Eine universelle Gliederung der Lexik ohne gerichtete Zweckbestimmung gibt es deshalb nicht. Einige der möglichen lexikalischen Gliederungen führe ich nachfolgend an:

(1) Eine diachronisch orientierte Gliederung nach allgemein gebräuchlichem „**Grundwortschatz**" und „**übrigem Wortbestand**" nahm in den 40er Jahren der russische Philologe W. W. Winogradow vor (1952, 129 ff.).

(2) Ein nach Subsystemen gegliedertes Lexikon gründet sich auf verschiedene Aspekte (der „**Wortschatz als System von Systemen**" – P. R. Lutzeier 1995, 15) und dient unterschiedlichen Zwecken. Ich verweise auf Aussagen zur stilistischen Markierung bei W. Fleischer/ G. Michel/ G. Starke (1993, 79 – 131), auch S. Heusinger (1995, 123 ff.).

(3) Aus der Gliederung nach Subsystemen lassen sich auch duale Systeme herleiten, z.B. „fachsprachliche und gemeinsprachliche Lexik", „heimische und fremde Lexik", „hochsprachliche und umgangssprachliche Lexik".

(4) Unter semantischem Aspekt kann auf **Wortfelder,** beispielsweise auf **synonymische** und **antonymische Felder** geschlossen werden.

(5) Unter onomasiologischem Aspekt lassen sich Sachbezüge herstellen (Wie wird eine Sache bezeichnet?). F. Dornseiff führte den Begriff „Sachgruppe" für **Bezeichnungsfeld** ein (1964). Auf diese Weise vermitteln auch Bildwörterbücher allgemein gebräuchliche und fachspezifische Benennungen.

(6) Unter etymologischem Aspekt kann vornehmlich die autosemantische Lexik zu **Wortfamilien** geordnet werden.

Andere Gliederungsmöglichkeiten ergeben sich aus grammatischer und grammatisch-semantischer Sicht. Ich führe hier nur die Möglichkeit einer Differenzierung nach Wortarten und einer Differenzierung der „Wörter" nach **Autosemantika** und **Synsemantika** an. Eine syntaktische und morphologische Abgrenzung hat zur Differenzierung der Wörter nach **Wortarten** geführt. Der Versuch, die Wortarten auch semantisch zu bestimmen, überzeugt nicht, wenn kein ausreichend hoher Allgemeinheitsgrad angenommen wird. Alle Lexeme, die zum Beispiel der Wortart Numerale zugeordnet werden können, sind grammatisch Substantive, Adjektive und Adverbien. Das Problem der Wortarten erörtern unter anderen B. Schaeder und C. Knobloch (1992).

Neuere Untersuchungen wählen häufiger statt „Wortschatz" die Termini „Lexik" oder „Lexikon" (ich verweise auf H. E. Brekle 1974 [3. Aufl. 1992] und auf G. Grewendorf/ F. Hamm/ W. Sternefeld 1996), weil sie auch die Phraseologismen einschließen und dem dynamischen Wesen der Lexik besser entsprechen. Aber es gibt gute Gründe, auch vom „Wortschatz" oder „Wortgut" zu sprechen, wenn der **sprachkulturelle Aspekt** hervorgehoben werden soll. Die Ausgliederung eines „Grundwortschatzes" aus dem lexikalischen Inventar folgt anthropogenetischen, aber auch didaktischen Überlegungen. P.R. Lutzeier definiert Grundwortschatz als Ansammlung morphologisch einfacher Wörter zur Bezeichnung von Körperteilen, als Nomina für Nahrungsmittel, Farben, Pflanzen, Tiere, Himmelskörper (1995, 158). Die Themenbreite ist gewiss noch weiter, aber sie verweist auf den häufig eng gewählten Rahmen in der Alltagskommunikation. In der Anthropogenese war stets ein relativ stabil bleibender, allgemein gebräuchlicher Grundwortschatz für kommunikative Grundbedürfnisse notwendig. Das hat sich bis in unsere Gegenwart erhalten. Ich möchte den Grundwortschatz nicht mit dem Basic English (850 Wörter, darunter 18 Verben) gleichsetzen oder ihm eine soziale Dimension verleihen (analog zu Thesen B. Bernsteins und anderer Soziolinguisten in den USA; dazu N. Dittmar 1973, besonders Kapitel 1 bis 4); denn künstlich angelegte Wortschatzreduktionen (Basic English) oder sozial bedingte Restriktionen gehen auf äußere Einflüsse zurück. Ich wähle den Begriff „Grundwortschatz" für jenen Teil der Lexik, der in der Sprachgemeinschaft allgemein gebräuchlich ist, sich in Form und Semantik über mehrere Generationen wenig verändert und vorzugsweise der Alltagskommunikation dient. Darin schließe ich auch geläufige Entlehnungen ein, z.B. *Auto, Politik, Radio, Team, Crew.*

W. W. Winogradow unterschied

– **Primärstammwörter** (vom Standpunkt der Gegenwartssprache zumeist einsilbige durch Wortbildung noch nicht abgeleitete Wörter, z.B. die Grundzahlwörter eins bis zehn; formal und semantisch wenig veränderte Lexeme aus vorgermanischer und germanischer Zeit zur Bezeichnung von Grundbedürfnissen wie *Haus, Vieh, Tier, Horn, Met* [für Honigwein]; Dimensionsadjektive wie *breit, tief, hoch, weit;* Verwandtschaftsbezeichnungen wie *Vater, Mutter, Bruder;* auf Gemeinschaft und Gesundheit bezogene Lexik wie *hehr* [ehrwürdig], *heil* [gesund], *Frau, Weib* und viele andere Lexeme). Das Merkmal „nicht abgeleitet" ist sprachhistorisch nicht korrekt, weil viele dieser Lexeme bereits durch Wurzeldeterminative oder Suffixe abgeleitet sind: *Mutter* zu dem Lallwort *ma* mittels Suffix *-ter.* Allerdings werden diese Ableitungselemente heute kaum noch als solche wahrgenommen, z.B. n-Suffix in *Horn,* Wurzeldeterminativ *-s* in *Haus.*

– **Sekundärstammwörter** (allgemeingebräuchliche Lexik, die durch Wortbildung aus Primärstammwörtern hervorgegangen ist: *hoch > Hochzeit*
[eigentlich „hohe, würdige Zeit"], *Tier > tierisch, Horn > hornig, Hörn-
chen, Hornisse*).

Primär- und Sekundärstammwörter bilden zusammen den **Grundwortschatz**. Nach W. Schmidt kennzeichnen ihn folgende Merkmale: (a) Unent-
behrlichkeit und Allgemeingebräuchlichkeit in der Sprachgemeinschaft, (b)
Stabilität durch mehrere Epochen der sprachlichen Entwicklung, (c) Eignung
als Basis für weitere Wortbildungen, (d) stilistische Neutralität, (e) Fähigkeit
zur Mehrdeutigkeit (Polysemie), (f) Verwendung als Grundlage stehender
Wortverbindungen (W. Schmidt 155, 530 ff.).
– **übriger Wortbestand** (Fachlexik; Fremdlexik; Neologismen; Modewörter; spezielle Lexik sozialer Gruppen, z.B. der Jugendsprache)

Diese Abgrenzung des Grundwortschatzes vom übrigen Lexeminventar fordert zu Diskussionen heraus, denn er muss vor allem mit Blick auf kommunikative Bedürfnisse definiert werden. Viele technische Neuerungen und soziale Veränderungen des ausgehenden 20. Jahrhunderts sind längst allgemein
bekannt und mit Namen in die Alltagskommunikation eingegangen, z.B.
viele Bezeichnungen, die mit der Computer- und Mobilitätstechnik zusammenhängen. Ebenso sind Lexeme wie *Wohngemeinschaft, Lebenspartner, er-
werbslos, Kick, Kid* keinesfalls Modewörter.

Auch der Begriff „Fremdwort", einst von H. Paul gebildet, ist in die Kritik geraten, denn mit der Globalisierung der nationalen Wirtschaften und der
damit verbundenen Internationalisierung vollziehen sich interkulturelle und
interlinguale Entwicklungen. A. Greule hat die Extension des Terminus
„Lehnwort" auch auf Lexeme aus anderen Sprachen ausgedehnt, die sich
nicht in Lautung, Schriftbild und Flexion der aufnehmenden deutschen Sprache angepasst haben, aber „mehr oder weniger gut" integriert sind (1984,
210). Ich halte diese Lösung für entwicklungsgemäß. Weniger glücklich gewählt ist der Vorschlag „*ausländisches Wort*" für „Fremdwort" (in Tageszei-
tung „Die Zeit" vom 27.09.1996, S. 58), weil Sprachen nicht an Länder, sondern an Menschen, an Sprachgemeinschaften, gebunden sind.

Ausgehend von didaktischen Intentionen für den Muttersprach- oder
Fremdsprachenunterricht bilden den Grundwortschatz die *„gebräuchlichs-
ten Wörter einer Sprache"*, zusammengestellt *„über statistische Erhebungen,
Auszählungen, Aufstellung von Wortlisten"* (W. Ulrich 1979, 59 f.). Aus an-
derer didaktischer Sicht wird die für die Kommunikation über *„vielfältige
Themen des Alltags"* notwendige Lexik als Grundwortschatz bezeichnet (K.
István 1980, 6). K. István führt in seinem „Minimum-Wörterbuch" 3000
Wörter an.

Für eine mögliche Gliederung der Lexik nach Subsystemen gehe ich von folgenden Aspekten aus:

1. In der gegenwärtigen Standardsprache der allgemeinen Verständigung dienende Lexik: **allgemeines Wortgut** und **Phraseologismen; Neologismen, Modewörter; Okkasionalismen, Lexik mit übertragener Bedeutung**
2. Archaisches und auf historische Sachverhalte bezogenes Wortgut: **Archaismen** und **Historismen**
3. Sonderlexik für die fachliche Kommunikation: **Fachlexik**
4. Aus anderen Sprachen übernommene Lexik: **Lehnwörter**
5. Sonderlexik sozialer Gruppen und Randgruppen: **Jargonismen, Soziolektismen, Argot-Lexik**
6. Regionale Lexik: **Dialektismen, Regionalismen, umgangssprachliche Lexik** (vgl. auch S. Heusinger 1995, 123)

Diese Gliederung ist für die möglichen Subsysteme nicht stringent, weil Bedürfnisse, Intentionen und Erwartungen (auch situative Erwartungen) in der Kommunikation den Zugriff auf eine zweckmäßige, aber auch multifunktional verwendbare Lexik erfordern. Selbst Fachlexik wird nicht nur für die fachsprachliche Kommunikation gewählt, und Entlehnungen bilden streng genommen kein eigenes Subsystem, sondern sie sind Elemente auch anderer Subsysteme, weil sie in allen Existenzformen der Sprache (Standardsprache, Dialekt, Umgangssprache, Sondersprachen) vorkommen und in allen Bereichen der Kommunikation gewählt werden. Aber gerade Entlehnungen, die sich dem Deutschen nicht in Lautung, Flexion und Schriftbild angepasst haben, werden aufmerksamer und oft auch kritischer als die heimischen Lexeme behandelt. Puristen sehen die Gefahr der „Überfremdung", andererseits bereichern Entlehnungen die Wahlmöglichkeiten zur gezielten kommunikativen und stilistischen Gestaltung von Texten (vgl. auch W. Fleischer/ G. Michel/ G. Starke 1993, 85 ff). Ich fasse sie deshalb auch zu einer Subgruppe zusammen, zumal die „mehr oder weniger integrierten Entlehnungen" einen wesentlichen Teil des lexikalischen Teilsystems der deutschen Sprache ausmachen.

Die Bildung der Subgruppen basiert auf den vorgenannten Existenzformen der Sprache, auf die zeitliche Dimension (nicht mehr gebräuchliche Lexik; zur Kommunikation über historische Sachverhalte noch gebräuchliche Lexik; gegenwärtig gebräuchliche Lexik) und auf die Herkunft (entlehnte Lexik – heimische Lexik).

Ich wende mich nun den Subgruppen näher zu.

Zusammenfassung:

Je nach Ziel und Zweck treffen wir in der linguistischen Literatur auf unterschiedliche Gliederungen des Wortschatzes. Wer sich der Beschreibung des Fachwortschatzes zuwendet, kommt nicht umhin, die Unterscheidung „Fachsprache" und „Gemeinsprache" zu treffen. Der Versuch einen Grundwortschatz zusammenzustellen, kann wiederum mit historischer oder aktueller Sicht erfolgen. Die nach WINOGRADOW vorgestellte Gliederung wurde unter historischem Aspekt vorgenommen. Die Wortschatzgliederung, der das Buch folgt, ist an den verschiedenen sprachlichen Existenzformen wie der Standardsprache, der Umgangssprache, den Dialekten, den Fachsprachen und den Gruppensprachen orientiert. Aber es bleiben **Fragen** offen, z.B. nach der Zweckmäßigkeit, einen Grundwortschatz anzunehmen, der auf die aktuellen Alltagsbedürfnisse bezogen ist. Lassen sich Grenzen ziehen zwischen dem Sonderwortschatz der Jugend und der umgangssprachlichen Lexik?

2.2.1. In der Hoch- und Schriftsprache der allgemeinen Verständigung dienende Lexik

Im Spektrum der nationalsprachlichen Existenzformen unterliegt die **Standardsprache** weitgehender Normierung in Grammatik, Aussprache und Orthographie. Sie dient der gemeinsprachlichen Kommunikation und wird im Unterschied zu den Dialekten und der Umgangssprache überregional, aber auch (mit Einschränkungen) sozial neutral verwendet. Ihre Lexik ist zur allgemeinen Verständigung geeignet; ihr Gebrauch in fachsprachlicher und wissenschaftlicher Kommunikation ist nicht terminologisch gebunden.

Eine schichtenspezifische Kennzeichnung des Standards als Sprache der sozialen Mittel- und Oberschicht (vgl. H. Bußmann 1990, 732) ist problematisch, wenn folglich die Sprache der sog. Unterschicht als defizitär abgewertet wird. In der Tat kann die Sozialstruktur zu defizitärem Sprachvermögen geführt haben, sie auch defizitär zu verwenden kann aber in bestimmten kommunikativen Situationen beabsichtigt und angemessen sein. Der verfügbare Wortschatz liegt bei sog. Unterschichtsprechern im Allgemeinen zwar unter dem Durchschnitt, was aber nicht bedeuten muss, dass auch die Rede sprachlich weniger korrekt ist und die gewählte Lexik Defizite im individuellen Potenzial vermuten lässt (vgl. auch N. Dittmar 1973, Kap. 2.5 und 3).

Die standardsprachliche Lexik für die gemeinsprachliche Kommunikation ist größtenteils in Wörterbüchern erfasst, und sie ist Grundlage für Neubildungen und Bedeutungsübertragungen. Darin inbegriffen sind auch viele der zahlreichen Phraseologismen. Für diese Subgruppe ausgenommen ist die umgangssprachliche Lexik. Auch sie dient der gemeinsprachlichen Kommunikation, aber vorzugsweise im Alltag in mündlicher Form. Ihr Verwendungsradius ist gegenüber der hochsprachlichen Lexik eingegrenzt durch regional bevorzugte Lexik. Ihre Verwendung auch in schriftlichen Texten wird als stilistisch markiert empfunden. Ich komme darauf noch zurück.

Der Gebrauch auch von Neologismen und Okkasionalismen zeugt von der Dynamik innerhalb der allgemein verwendeten standardsprachlichen Lexik, und er zeigt Möglichkeiten zum kreativen Umgang mit der Sprache an. Nach V. Jesenšek (1998, 24 f.; 34 ff.) – sie setzt sich unter Bezugnahme auf vorherrschende linguistische Positionen zur Unterscheidung von Neologismen und Okkasionalismen mit der Abgrenzungsproblematik auseinander – ist „Neologismus" kein Oberbegriff für lexikalische Neuerungen, in die Okkasionalismen einbegriffen sind. Neologismen sind zu einem mehr oder weniger geringen Grad (im Sprachbewusstsein, selten bereits im Wörterbuch) lexikalisiert und in dieser Hinsicht auch usualisiert.

Solche neueren Lexeme aus momentaner Sicht sind *Blauhelm* (Metonymie für „UNO-Soldat"), *Telematik* (Kontermination aus *Telekommunikation* und *Informatik*), *Telemedizin* (über Computer ferngesteuerte medizinische Behandlung), *Diätenanpassung* (dem allgemeinen Preisanstieg angepasste Abgeordneten-Bezüge), *Steuerblockade* (Verhinderung einer Steuerreform) *Reformstau* (nicht veranlasste anstehende Reformen), und viele andere durch die Medien verbreitete, häufiger gebrauchte Lexeme. Es sind in jeweils jüngster Zeit standardsprachlich geprägte lexikalisierte Neuerungen, sog. **Neologismen**. Sie sind vom individuell geprägten zunächst erstmals verwendeten lexischen Element allmählich in den allgemeinen Gebrauch übernommen worden.

Aber irgendwann wird ein lexisches Element erstmals verwendet. Zu diesem Zeitpunkt ist es nicht lexikalisiert und folglich nicht usualisiert. Diese Einmalbildungen bzw. Einmalbedeutungen, auch **Okkasionalismen** genannt, gehören noch nicht zum Lexikon der Sprache, obwohl sie in der Regel in der Kommunikation durchaus verständlich sind, weil ihre formale Basis auf bereits vorhandenes Sprachmaterial zurückgeht. In der künstlerischen Literatur können sie kommunikative Effekte hervorrufen, z.B. in Arno Schmidts Erzählung „Rivalen" (die Okkasionalismen sind unterstrichen):

> „Die Hohlkeule seiner Hand: Langmichel Grinsemaul fläzte mir das Diner auf den Tisch. (...) Gaffte an das Holz der Theke. Sonnenpolygone lagen überall. Sah mich an, eine unschuldige gelbe Kartoffel auf der Gabel, umgeben von schwarzem Mundrahmen" (1998, 618).

Zur theoretischen Behandlung des Neologismus gibt es verschiedene Auffassungen. Die mit dem Begriff benannte „Neuheit" verleitet zu einer engen oder weiten Auffassung. Ich vertrete die enge Auffassung, indem ich – wie auch V. Jesenšek – dem Neologismus die Merkmale „bereits lexikalisiert", „bereits usualisiert" zuordne. Einen anderen, ebenfalls engen Rahmen zieht B. Sowinski (1991, 126), indem er als Neologismen die „noch nicht geläufigen" Neubildungen bezeichnet, sie also den Okkasionalismen gleichsetzt (so auch G. Grewendorf u.a. 1996, 265 ff.). Nach einer heute nur noch selten vertretenen weiten Auffassung wird jedes relativ neue oder momentan geprägte (Neuprägung) selbständige lexikalische Element (Wort, Phraseologismus) als Neologismus bezeichnet, z.b. bei R. Conrad (1985, 161): *Ein Neologismus ist „jedes zu einer bestimmten Zeit neu gebildete Wort".*

In praxi ist es nur schwer möglich, zwischen lexikalisierten und nicht lexikalisierten Elementen zu unterscheiden, weil beispielsweise Okkasionalismen aus dem Kontext in der Regel durchaus verständlich sind und ihre „Einmaligkeit" im Moment der Wahrnehmung nicht nachgewiesen werden kann bzw. vom Rezipienten auch nicht unbedingt als „einmalig" empfunden wird (vgl. dazu auch I. Barz 1996, 299 ff.).

Ad hoc geprägte bzw. hervorgebrachte lexikalische Elemente in der Kommunikation, so auch Okkasionalismen, sind (noch) keine Einheiten des Wortschatzes, sie haben aber eine Mitteilungsfunktion, oder erfüllen sogar durch ihre Einmaligkeit eine Reizfunktion. Häufig zielt ihre Verwendung auf Effekte beim Rezipienten. Da sie (noch) keine Elemente des Lexikons sind, werden sie konsequenterweise (vgl Kapitel 2.1) nicht den Lexemen zugerechnet. Werbetexte kommen offenbar heute nicht mehr ohne „Reizlexik" aus. Nachstehender Auszug aus einer schriftlichen Buchpräsentation (Zeitschrift „Focus" Nr. 36/1998, Seite 126) belegt die werbende Intention: *Die Geschichte „ist angesiedelt irgendwo zwischen rührender Krankheitsgeschichte à la ‚Schmetterling und Taucherglocke', grishamähnlichem Thriller und pferdeflüsternder Esoterik"* (zum Roman „Das Lazarus Kind" von Robert Mawson). – Der Okkasionalismus „pferdeflüsternd" in der akollokativen Verbindung *pferdeflüsternde Esoterik* vermittelt zwar den Reiz des sprachlich Ungewöhnlichen, bleibt aber auch im größeren Kontext ohne fassbaren Sinn. Nicht der Sinn-Bezug, die Darstellungsfunktion der Sprache (nach Karl Bühler), sondern die Funktion, durch Ungewöhnliches Aufmerksamkeit zu wecken, zu „reizen", kann den Schreiber/ Sprecher zur Prägung des Okkasionalismus veranlasst haben.

Die in der Standardsprache geführte Kommunikation schließt auch **Modewörter** ein. Es handelt sich um verbreitet umlaufende Lexeme, die in gewisser Zeit häufig gebraucht werden. Sie sind meist neu gebildet oder entlehnt, oder sie sind mit neuer Bedeutung versehen. Viele der Modewörter sind Neologismen, doch die Bezeichnung „Modewort" ist negativ konnotiert. Meines Wissens geht der Begriff auf G. Wustmann zurück, der sie in seinem Buch „Allerhand Sprachdummheiten" (in erster Auflage 1890, in dritter Auflage 1903 erschienen) als *„namentlich durch die Jugend und durch die Unge-*

bildeten verbreitet", abwertend behandelt (1903, 355 ff.). Sie treten nicht nur als einzelnes Wort, sondern auch als feste Fügung auf. Aktuelle Beispiele für Modefügungen sind „etwas bleibt *außen vor"*, „das *macht keinen Sinn"*. Wortbelege: *geil, Action, cool, super, irre, Typ, Feeling, Lover.* Viele der Modewörter sind entlehnt und haben ihren Ursprung in der Jugendsprache oder in der Sprache der Werbung.

Einige der Modewörter von einst, die der Sprachpfleger G. Wustmann (1903, 355 ff.) noch kritisch behandelt hat, sind heute bereits Elemente des allgemein gebräuchlichen Wortschatzes. Aus der Sprachentwicklung sind uns Beispiele bekannt, die erst dann, als sie mit veränderter Bedeutung verwendet wurden, ihre negative Konnotation verloren haben und nicht mehr als Modewörter empfunden werden. Dazu gehört das Lexem *bedeutsam*, das in seiner Verwendung als Synonym zu *bedeutungsvoll* berechtigter Kritik ausgesetzt war (das Suffix *-sam* referiert semantisch auf „selbst"). Mit veränderter Bedeutung wird *bedeutsam* heute im Unterschied zu *bedeutungsvoll* mit emotionaler Konnotation und subjektbezogen verwendet: *ein bedeutungsvoller, ein historisch bedeutender Tag; er warf ihr bedeutsame Blicke zu.*

Das Modewort *geil* in der heute fast ausschließlich verwendeten Bedeutung „prima, hervorragend, wunderbar" ist in der Jugendsprache umgedeutet worden. Die noch in den 70er Jahren des 20. Jahrhunderts vorherrschend gemeinsprachliche Bedeutung „üppig, lüstern, geschlechtlich erregt" (zu ide. *ghoilos* „aufschäumend, heftig, lustig") wird mehr und mehr zurückgedrängt.

G. Wustmann fügt dem Begriff „Modewort" ergänzend hinzu: *„Dass es Sprachmoden gibt so gut wie Kleidermoden, und Modewörter so gut wie Modekleider, Modefarben und Modefrisuren, darüber kann gar kein Zweifel sein"* (1903, 355). „**Modewort**" ist keine eindeutig abgrenzbare (und folglich wissenschaftlich bestimmbare) lexikalische Kategorie, so dass der Begriff in der linguistischen Beschreibung der Lexik meistens gemieden wird. W. Glück und W.W. Sauer setzen dagegen Hohl- und Hehlwörter (1990, 37 ff.), führen aber auch Euphemismen an. Gewiss, es ist Mode, zu einzelnen Grundwörtern Reihen von Lexemen zu bilden, die semantisch unbestimmt, ungenau und in den internen Beziehungen ihrer Komponenten als akollokativ, denn semantisch verträglich empfunden werden:

– *Fragebedarf, Handlungsbedarf, Kommunikationsbedarf, Beratungsbedarf, Zuwendungsbedarf, Finanzbedarf, Rüstungsbedarf* (Belege bei W. Glück/ W.W. Sauer 1990, 39)
– *Wohngefühl, Lustgefühl/Unlustgefühl, Fahrgefühl, Fluggefühl, Lebensgefühl*

Gemeinsprachliche Lexeme können aber auch z.B. in Werbetexten durch ihren unbestimmten Gebrauch zu Modewörtern semantisch verblassen: Die

Mode- und Kosmetikbranche, selbst Hersteller von Toilettenpapier werben mit dem Lexem *Wohlgefühl.*
– *Der Schuh zum Wohlfühlen*
– *samtweich, ein Wohlgefühl*
– *Unser Toilettenpapier gibt Sicherheit und Wohlgefühl*
– *bio Norm Diät zum Wohlfühlen**

Es gibt mehrere Gründe, die ein Wort zum Modewort werden lassen. In spontaner mündlicher Kommunikation, die nicht viel Zeit zum Nachdenken über ein treffendes deutsches Lexem lässt, kann schnell etwas als *cool, super* bewertet oder aus den Medien aufgegriffen und verbreitet werden. Entlehnungen aus Nachbarsprachen mit weiter Extension, die zudem noch in ihrer Form kurz und leicht auszusprechen sind, finden schnell Verbreitung. *Cool* im Englischen bedeutet nicht nur „kühl", „frisch". Es steht dort auch für „kaltblütig", „gleichgültig", „unverfroren", „frech".

   Oder ein weiteres Beispiel: *Mega* (zu griech. *megas* „groß", als Maßeinheit für das Millionenfache) wird als Bestimmungswort mit elativischer Bedeutung in *megastark* nicht mehr nur jugendsprachlich verwendet (in der Jugendsprache auch *megageil, megacool, megamäßig*). Das entlehnte Lexem wurde in seiner Bedeutung erweitert.

   Die Übernahme semantisch nicht spezifischer Lexik aus anderen Sprachen bzw. ihre Verwendung mit veränderter Bedeutung hat den Vorteil, dass ihre Bedeutung gegenüber heimischen Lexemen weniger allgemein bekannt, auch weniger kontrollierbar und deshalb leichter zu erweitern bzw. zu variieren ist. Dieser Vorzug begünstigt die Entscheidung für die Entlehnung, und es finden sich sehr schnell viele Nachahmer, denn die Print- und Telemedien mit ihrer Flut von Informationen über Action-Filme (vornehmlich aus den USA), Werbespots, Kommentaren und Shows sind die Multiplikatoren zur Verbreitung eines einmal neu eingeführten Wortes. .

   Eine weitere Ursache für das Aufkommen von Modewörtern ist die gedankenlose Generalisierung der Lexem-Semantik, indem eine gesellschaftlich überlieferte Anwendungsbreite (Extension) für die Verwendung der Lexeme über den verträglichen Rahmen hinaus ausgeweitet wird. M. Buschmann spricht von „extrem weiten Assoziationshöfen" (1994, 220). „ *Viele ihrer Vokabeln klingen mehr nach ‚Mache' als nach ‚Machen'* ", beklagt R. Jogschies. Er wertet diese Mode als „Boulevardisierung" und „Personalisierung" der Sprache, denn die Medien drücken die Hochsprache auf das Niveau einer „Alltagsgeschwätzigkeit". „ *Die Worte sagen mehr als sie bedeuten. Und nichts liegt ihnen ferner als die präzise Aussage* " (R. Jogschies 1995, 28).

---

* Die werbenden Firmen wurden bewusst nicht genannt

R. Grosskopff spricht von „Blähdeutsch", von „Plastiksprache", die sich *„gegenwärtig besonders rapide ausbreitet"* (1997, 3). Er nennt diese Erscheinung „Entleerung", auch „Entwertung". Er schreibt: *Zum Beispiel „das Wort ‚gestalten', ursprünglich durchaus aussagekräftig, aber inzwischen dadurch völlig entwertet, dass alles gestaltet wird, vom Gottesdienst über die Zeitung, den Roman und die Steuerreform bis zum Staatswesen sowieso"* (ebenda).

Als Modeerscheinung wird auch das Eindringen von i-Suffigierungen in die Pressesprache empfunden: *Krimi, Stasi, Kombi, Uni, Abi, Mini/Maxi.* Auch Produktnamen werden immer häufiger mit i-Suffix gebildet: *Nuggeroni* (Nougatplättchen), *Nussini* (Nussschnitten), *Schokini* (Gebäck mit Schokolade). Die Bildungen dringen aus der Umgangs- und Jugendsprache in die Hoch- und Mediensprache ein (ausführlich bei A. Greule 1984, 207 – 217).

Von der Modeerscheinung auszunehmen sind Lehnlexeme mit ausgehendem i/y im hochsprachlichen Lehnwortschatz: *Kiwi* (hühnergroßer Vogel, nach ihm auch eine eigroße grünliche Frucht benannt < aus der Sprache der Maori, Neuseeland), *Mahagoni* (Holzart < über das Engl. ins Dt. gelangt), *Bikini* (zweiteiliger Damenbadeanzug < über das Engl.-Amerik. ins Dt. gelangt).

Mit den gesellschaftlichen Veränderungen wandelt sich auch die Sprache. Innovationen weltweit in Wissenschaft, Technik, Landwirtschaft; Neuerungen im Sozialbereich, auch soziokulturelle Strömungen bringen neue Bezeichnungen hervor, die durch die Medien schnell verbreitet werden. Bei unspezifischer Verwendung können sie zu Modewörtern verblassen.

Das im Sozialbereich verwendete Lexem *Szene* aus der Umgangssprache ist längst zu einer hochsprachlichen Vokabel geworden. Entlehnt wurde es aus dem Engl.-Amerik. *scene* in der Bedeutung „soziales, kulturelles Milieu", „milieugeprägte Erscheinungen, Aktivitäten". Mit der aktuellen Bedeutungsangabe „Bereich (in dem etwas vorgeht)" (U. Hermann/ L. Götze 1996, 907) ist es in seiner Semantik weitreichend generalisiert, was wiederum das Aufkommen zahlreicher differenzierender Komposita erklärt: *Szenekneipe, Szenekaffee, Gewaltszene, Szenestreit, Drogenszene, Szenegänger, Szenejargon, Szenetreff.*

Zu einem Modewort verblasst ist auch *Crash* (aus dem Engl. „krachen, zerbrechen, einstürzen"). Aktuell steht es für negative Entwicklungen an der Weltbörse (*Börsencrash*), aber auch für eine intensiv geführte berufliche Weiterbildung (*Crashkurs*). In der entlehnten Bedeutung steht es für *Computercrash*. Wie selbstverständlich die Presse das Modewort aus der umgangssprachlichen Alltagskommunikation aufgreift und als auflockerndes Stilelement einsetzt, verdeutlicht folgender Auszug:

> *„Am 25. Oktober 1929 brachen die Kurse an der Wall Street zusammen. Der <u>Megacrash</u> beendete einen zehnjährigen Höhenflug, der selbst*

schlichte Arbeiter zu Spekulanten gemacht hatte. Der Zusammenbruch zog auch den Rest der Welt in die tiefste Depression" (aus dem Nachrichtenmagazin „Focus" 36/98, Seite 243).

Locker und ungezwungen ist die Sprache unserer Zeit, sofern es auch die kommunikative Situation erlaubt. Es ist der Stil an der Wende zum neuen Jahrtausend, dem die Medien folgen und von dem sich die Werbung Wirkung verspricht. Es ist Zeitstil, der gleichfalls als weitere Ursache für den Gebrauch von Modewörtern anzusehen ist. Natürlich wirft ihr Eindringen in (auch schriftsprachliche) Medien der offiziellen Nachrichtenübermittlung Fragen nach der lexikalisch-semantischen Norm, im weiteren Sinne auch der Sprachkultur auf.

Dem Zeitstil entspricht ebenfalls die Neigung zu metaphorischer Ausdrucksweise. Die **Metaphorik** in unseren Äußerungen ist eher etwas Natürliches und nicht etwas Besonderes, denn in ihr drückt sich der Versuch des Sprechers aus, beim Rezipienten über das ihm bereits Bekannte veranschaulichende Bilder aufzubauen, Vorstellungen zu wecken, Assoziationen auszulösen. Viele der Metaphern sind lexikalisiert, was heißen soll, sie sind als Lexeme Elemente unseres gebräuchlichen Wortschatzes:

Wir gebrauchen wie selbstverständlich das Lexem *wasserdicht* als Metapher für „juristisch nicht antastbar": *der wasserdichte Vertrag, die juristisch wasserdichte Liste der Beschuldigten, ein wasserdichtes Alibi.* Der äußere Vergleich mit einer Weintraube lässt die Bienen in *Trauben* schwärmen. Viele technische Bezeichnungen sind uns als lexikalisierte Metaphern selbstverständlich: *Maul*schlüssel, Bild*schirm* (zu ahd. *skirm* „Schutz"), Ton*träger,* Computer*maus,* Torten*diagramm/ Säulen*diagramm, *Kran* (zum Vogel „Kranich"), *Wanze* (Abhörgerät zu „Wanze"/ „Wandlaus"). Der Vergleich, dass nicht nur die Wiese, sondern auch die Phantasie *blüht,* geht auf ide. *bhel „aufblasen, aufschwellen" zurück, so auch *Ball, blähen.*

Viele unserer Lexeme sind „gefrorene Bilder", die wir kaum noch als Metaphern erkennen. Das aus dem Spätlateinischen entlehnte Lexem *Kopf* (zu cuppa, „Becher") erinnert an das Ritual, gefangene römische Krieger zu enthaupten, vom Haupt die Hirnschale abzutrennen und sie als Trinkgefäß zu gebrauchen. Infolge der 2. Lautverschiebung von p > pf entstand bereits im 8. Jh. die gebräuchliche Wortform (cuppa > kopf). Die Ausgangsbedeutung von Kopf (Becher), noch im Englischen „cup" und im Niederdeutschen „Tassenkopf", wurde auf den Körperteil übertragen. Allmählich verdrängte die Metapher das geläufige Lexem „Haupt" (ahd. houbit).

Die Semantik im Verb *klettern* geht etymologisch auf das Bild „anhaften, kleben" zurück; die Semantik im Substantiv *Steuer* (Abgabe an den Staat) beruht auf dem Bild „sich auf einen Stab stützen". Der Gebrechliche, Kranke, Erschöpfte benötigt einen Stab als Gehhilfe. In Phraseologismen sind vermittels der Kontexte die Bilder noch lebendig: *Die Flinte ins Korn werfen, ins Schwarze treffen, in die Schusslinie geraten.* (Ich verweise auch auf O. Behagel 1968, 101 bis 126; auf W. Fleischer 1997)

Die auf Wirkung zielende Sprache bringt immer wieder neue Bilder hervor. Das lebendige Bild löst nicht nur Vorstellungen und Assoziationen aus, es unterstützt das Ziel der Äußerung, denn der Sprecher will vermittels des Bildes so verstanden werden, wie es in seiner Intention liegt: eindeutig, zweideutig, mit Ironie untersetzt, humorvoll gelockert, provozierend. Der intentionale Hintergrund lässt sich beliebig erweitern. Die nachstehenden Metaphern habe ich dem Nachrichtenmagazin „focus" entnommen (Ausgabe 36/1998, Seiten 243 – 252):

– *Reagiert die Börse verschnupft, vermuten Pessimisten sogleich eine zweite Weltwirtschaftskrise.*
– *Milliardengrab Moskau* (Schlagzeile)
– *Sogar Börsenguru George Soros musste in ...*
– *Die Börse ist keine Einbahnstraße* (Textüberschrift)
– *Freitag war es am Neuen Markt, dem Lieblingsspielplatz vieler Neubörsianer zu ...*
– *Strategie im Zinstal* (Schlagzeile)
– *... waren die gesetzlich Versicherten an ein enges Kostenkorsett gebunden*
– *Privilegien bröckeln* (Schlagzeile)

Diese **nicht lexikalisierten Metaphern** sind als Einmalkomposita (*Zinstal*) oder Einmalbedeutungen (*Einbahnstraße, bröckeln, Lieblingsspielplatz* in obigen Kontexten) gleichfalls Okkasionalismen, aber doch mit den zusätzlichen Merkmalen, dass die Semantik vermittels zweier bekannter Lexeme aufgrund gleicher oder ähnlicher semantischer Merkmale (die Vergleichsbasis, das Tertium comparationis) ein übertragenes Bild assoziiert: Die *Börse* als *Lieblingsspielplatz*. Oder auf eine Formel gebracht: $L_1 — TC \longrightarrow L_2$. *

Zusammenfassung:

Die Standardsprache unterliegt weitgehender Kodifizierung durch grammatische, lexikalische, phonetische und orthographische Normen. Sie wird offiziell schriftsprachlich gebraucht und als Hochsprache im Lehrervortrag, in Vorlesungen, Seminaren, aber auch in der gemeinsprachlichen Kommunikation gewählt. Sie ist offen für die Wahl auch umgangssprachlicher Lexeme und Modewörter (wenn sie angemessen verwendet wer-

---

* Es bedeuten L (Lexem), TC (Tertium comparationis). Der Pfeil zeigt die Bedeutungsübertragung an.

den), für Neubildungen (Neologismen, Okkasionalismen) und Entlehungen. Sie wird sehr von der Sprache der Medien und der Werbung beeinflusst. Im positiven Sinne kann das die Rede auflockern. Modewörter sind oft kurzlebig. Wie sollten wir uns Modewörtern gegenüber verhalten? Gehen wir kritisch mit unserem Sprachgebrauch um?

2.2.2. Archaisches und auf historische Sachverhalte bezogenes Wortgut

W. Ross vermerkt humorvoll: *„Der Linguist ist ein verspäteter Arzt, der nachträglich den Totenschein ausstellt"* für ein »verstorbenes« Wort (1993, 8). Im „Kölner Stadtanzeiger" (vom 26.6.1985) schrieb H. Daiber einen „Nachruf" auf den Archaismus *Sommerfrische.* Auch für Linguisten von Interesse ist in dem wenig geänderten Feuilleton die Geschichte des Wortes:

> *„Geboren wurde es in Bozen. Im sommerlich stickigen Bozen wurde es schon im Mittelalter üblich, auf dem Hochplateau des Ritten Frische zu suchen. Bald bekamen auch andere Städte in Südtirol ihre ‚Frischen'. Um 1600 gingen Sommer und Frische eine feste Verbindung ein, und diese Zusammensetzung machte Karriere. Allmählich suchten uberall die Städter Sommerfrische. Als Witzwort kam Sommerfrischling hinzu. Noch 1896 setzte Fontane das noch immer als ungewöhnlich empfundene Wort ‚Sommerfrischler' in Anführungszeichen. (...) Warum ‚Sommerfrische' so schnell veraltete, lässt sich erklären: Der Begriff wurde zu eng, als das Verreisen zum Wintersport (‚Winterfrische') immer beliebter wurde und schließlich Urlaubsreisen das ganze Jahr hindurch üblich geworden sind. (...)"*

Heute fahren wir in den *Urlaub* oder machen einfach *Ferien.*

Im wiedergegebenen Teil des Feuilletons wird ein wesentlicher Grund für das Veralten von Lexemen genannt. Die bezeichnete „Sache" (das Denotat) änderte sich, und mit dem neuen bzw. veränderten Denotat wurde ein neues Lexem populär oder ein bereits vorhandenes erweiterte sein Sememenpotenzial, indem es nunmehr auch zur Bezeichnung des Neuen gewählt wurde. Solch ein bereits im Sprachgebrauch vorhandenes Lexem war *Urlaub,* das schon im Mittelalter in den Bedeutungen verwendet wurde: „Erlaubnis, sich zu entfernen"; „zeitweilige Freistellung vom Dienst". Die heute noch usualisierte Bedeutung „dienst-, arbeitsfreie Zeit; Ferien" nahm das Wort *Urlaub* in der ersten Hälfte unseres Jahrhunderts an, und man kann am gegenwärtigen Sprachgebrauch bereits beobachten, das es immer mehr von dem Wort *Ferien* verdrängt wird und in seiner Semantik enger gefasst ist: Man erholt sich in den Ferien; man nimmt sich ein paar Tage dienstfrei, d.h. Urlaub. Mit solchen Archaisierungs- bzw. Erneuerungsprozessen bleibt das Sprachsystem für eine angestrebte eindeutige Verständigung intakt.

Die Veränderung der zu bezeichnenden Denotate oder weitgreifender: die **Veränderung der kulturgeschichtlichen Bedingungen** (so auch N. Osman 1993, 245) als Ursache für das Veralten von Lexik ist vielfach belegbar. Der *Dampfpflug*, das *Dampfgewehr*, das *Dampfgeschütz* erinnern heute lediglich an eine längst überholte Technik. Ebenso das *Waschbrett*, der *Vorderlader*, die *Pferdebahn* (von Pferden gezogene Straßenbahn), der *Wasserhammer*, das *Hammerwerk*.

Mit der überholten Technik sind auch viele Lexeme für technische Details überflüssig geworden: *Tender* (zur Dampflok), *Wasserkran* (zur Entnahme von Wasser für Dampflokomotiven), *Hammerbär* (Metall- bzw. Schmiedeblock im Hammerwerk), *Walkhammer* (für ein heute veraltetes Verfahren zur Leder- und Textilbearbeitung).

Auch Berufsbezeichnungen sind mit der technischen Entwicklung veraltet: *Hammerschmied, Wäscherin, Wagner, Frischer* (der unter den Bedingungen einer veralteten Technologie durch Zusätze Eisen zu Stahl veredelt, auch Veredler von Glas oder Zucker), *Walkmüller* (Betreiber einer Wassermühle zur Textil- oder Lederbearbeitung). *

Zwar sind die Lexeme mit den Denotaten veraltet, aber sie sind für historische Darstellungen noch immer unentbehrlich. Nach ihrer Referenz sind es **Historismen.**

Durch puristische Bemühungen, aber auch durch formale Kürzungen gebräuchlicher Lexeme wie auch infolge der sich ausweitenden internationalen Zusammenarbeit veralteten geläufige Wortformen (Formative), die Semantik blieb aber erhalten, z.B. *Vormund* statt des noch im 18. Jh. gebräuchlichen *Fürmund*, ebenso *Postkarte* statt der älteren Fremdform *Correspondenzkarte*. Ökonomische Gründe führen heutzutage zur Bevorzugung kurzer Formen, z.B. *Vita* (eigentlich „Lebensbeschreibung") für *Lebenslauf*.

Die **puristischen Bestrebungen** namentlich der Sprachgesellschaften des 17. Jh. und der fortgesetzt anhaltenden Bemühungen im 18. und 19. Jh. waren Ausdruck des erwachenden Nationalbewusstseins der Deutschen. Sie hatten sich die Pflege und Entwicklung der deutschen Sprache und Literatur zum Ziel gesetzt. Ihre Bestrebungen richteten sich gegen den verballhornten Sprachgebrauch im Allgemeinen und gegen Entlehnungen im Besonderen. Oft waren Äußerungen bis zur Unverständlichkeit von Entlehnungen durchsetzt:

---

* Die Lexeme habe ich dem „Neuen vollständigen kritischen Wörterbuch der englischen und deutschen Sprache" von F.W. Thieme, Leipzig 1846, entnommen.

„Monsieur, mon très honoré, hochgeehrter Patron, Seine hohen mériten, dadurch er mich á l'extrème ihm verobligiret, causiren mich, demselben mit diesen Zeilen zu serviren. (...)"* (in der Übersetzung: Mein Herr, mein sehr geehrter Bruder, hochgeehrter Gönner, seine hohen Verdienste, durch die er mich aufs Äußerste sich verpflichtet hat, veranlassen mich, demselben mit diesen Zeilen zu dienen) (nach Autorenkollektiv, federführend H. Schilling 1955, 301).

Die „**Fruchtbringende Gesellschaft**", gegründet in Weimar 1618, formulierte in ihren Satzungen den Anspruch, dass sich

„ein iedweder in dieser Gesellschaft (...) verträglich in worten und werken sein (solle und das) man die Hochdeutsche Sprache in ihrem rechten wesen und stande, ohne einmischung frembder ausländischer Wort aufs möglichste und thunlichste enthalte, und sich sowohl der besten aussprache im reden, als der reinsten art im schreiben und reimedichten befleißige" (K. Gysi u.a. 1962, Bd. 5, 129).

Wenn man einmal absieht von der Überbewertung des Deutschen gegenüber den romanischen Sprachen, dann haben sich zahlreiche, mit den Möglichkeiten der deutschen Sprache neu gebildete Wörter gegenüber entlehnten Wörtern durchgesetzt und bis heute erhalten:
Umschlag (für das heute noch geläufige Kuvert), *Einschreiben* (für rekommandieren), *Eilbote* (für Expressbote), *Bahnsteig* (für Perron), *Fahrkarte* (für Billet), *Abteil* (für Coupé), *Vertrag* (für Kontrakt), *Schaffner* (für Conducteur), *Postkarte* (für Correspondenzblatt).

Für die deutsche Rechtschreibung bildeten die Philologen Christian Queintz und Justus Georg Schottel unter anderen *Vorwort, Wortforschung, Mitlaut, Selbstlaut, Hauchlaut, Doppellaut, Zeitwort, Geschlecht, Endung, Doppelpunkt* (ebd., 138).

Auch im 18./19. Jh. veralteten Entlehnungen, und es setzten sich deutschsprachige Äquivalente durch: *Diener* (für Domestik), *Partner(in)/Vertraute(r)* (für Gespons/Gesponsin), *Fußball* (für Ballon). Aber auch die gegenläufige Erscheinung ist zu beobachten. **International verbreitete Lexeme** ersetzten heimische Entsprechungen. Das einst gewohnte heimische Lexem veraltete: *Exponat* (für Schaustück), *Prototyp* (für Urmuster), *Maut* (für Wegezoll/Brückenzoll), *Hobby* (zunächst im 18. Jh. „hobby horse" für Steckenpferd), *Korrektor* (für Berichtiger), *Cousin/Cousine* (auch Kusine für „Vetter" und „Base").

Dieser Formenwandel (T. Schippan nennt die veralteten Formen „formativische Fossilien", 1992, 248) ist auch heute noch zu beobachten, wenngleich damit eine Bedeutungsdifferenzierung verbunden sein kann, z.B. *Computer* steht als Nomen für das veraltete (Elektronik-) *Rechner*; Großanlagen zur Datenverarbeitung werden weiterhin „Rechner" genannt.

Mehr einer Mode als der Tendenz zur Internationalisierung von Benennungen (vor allem im Zusammenhang mit der Bedeutung des Englischen als internationale Sprache) folgt die Verbreitung solcher Ersatzformen wie *Kids* (für Kinder), *Bike* (für Fahrrad), *Fete* (schon im 18. Jh. zu franz. fête für „Fest").

Auch die Wortform selbst kann zu ihrem Veralten geführt haben. So ist beispielsweise die deutsche Berufsbezeichnung *Wechsler* unter dem Einfluss des ital. „Bank" zu *Bankangestellter* (auch franz. *Bankier*) neu gebildet worden. Aber die Wortlänge wurde schließlich unter dem Einfluss des Englischen zu *Banker* verkürzt (mit englischer Aussprache). Noch ist die hybride Bildung „Bankangestellter/Bankfachmann" als Synonym gebräuchlich, während „Bankier" kaum noch verwendet wird. Als **Archaismen** werden ebenso *Geldschrank* und *Panzerschrank* empfunden. Dafür stehen heute die kürzeren Formen *Safe* und *Tresor*.

Eine andere Wortgeschichte hat *Felleisen*. Das aus dem oberitalienischen Dialektismus „valissa" (für Koffer) hergeleitete Wort wurde in Anlehnung an „Fell" und „Eisen" ins Deutsche übertragen (vermutlich nach der Bauart des Behältnisses). Um 1700 wurde es durch *Ranzen*, im 19. Jh. durch *Rucksack* ersetzt; eine andere, verbesserte Bauart hat zu dem neuen Wort geführt.

Als **Archaismen** gelten alle veralteten Lexeme aus historischer Zeit, die auch zur Bezeichnung von Personen, Gegenständen, Erscheinungen, Beziehungen nicht mehr gewählt bzw. gemieden werden. *Verdeutscher* als Bezeichnung für jemanden, der aus einer anderen Sprache ins Deutsche übersetzt (um 1850 noch geläufig), ist längst durch allgemeinere Bezeichnungen ungebräuchlich geworden. Es ist ein veraltetes Wort, ein Archaismus.

Die mittelalterliche Stoßwaffe *Hellebarde* behält als Relikt einer vergangenen Zeit ihren Namen. Er ist ein **Historismus**, denn er hat einen kulturgeschichtlichen Wert. Viele der Lexeme, die zu Archaismen geworden sind, sind nur deshalb veraltet, weil sich für das zu bezeichnende Designat ein neuer Namen durchgesetzt hat (vgl. auch Autorenkollektiv 1987, 64). Die Archaisierung von Lexemen ist ein allmählich verlaufender Prozess.

Kurze Wortformen werden eher angenommen und finden auch schneller Verbreitung als längere Äquivalente (siehe auch oben!). Sie sind im Sprachgebrauch ökonomischer. Das erklärt die Vielzahl von Entlehnungen mit kürzerer Form und von Kurzformbildungen, z.B. für lange Parteinamen.

Man denke beispielsweise an die einst gebräuchlichen Lexeme *Automobil* und *Omnibus*. Aus dem Französischen „voiture omnibus" (Wagen für alle) entlehnt, entstand zunächst das Synonym *Autobus*, das zu Beginn des 20. Jh. zu *Bus* verkürzt wurde. Auch *Foto*, *Kilo* und viele andere Lexeme in der Gegenwartssprache sind **formale Kürzungen**. Noch im 19. Jh. gebrauchte man neben anderen die Lexeme *Verbündnis* (für Bündnis), *vergeringern* (für verringern), *Verhaltung* (für Verhalten), *Beibringung* (für Beibringen), *beineben* (für neben), *Kneipschenke* (für Kneipe, Schenke), *herausrufen* (für ausrufen). Gegenüber den gekürzten Formen sind die nicht mehr gebräuchlichen Langformen als Formarchaismen anzusehen.

Neben kulturgeschichtlichen Veränderungen haben auch gewandelte gesellschaftliche Verhältnisse zu einem Veralten von einst gebräuchlicher Lexik geführt. In der europäischen wie in der deutschen Geschichte haben sich mehrfach markante **sozialhistorische Veränderungen** vollzogen. Neues wurde benannt, Altes im historischen Bewusstsein bewahrt, neu bewertet oder auch verworfen.

Mit dem Zerfall des Lehnssystems, der Herrschaft des Feudaladels und dem Aufkommen der Söldnerheere im ausgehenden Mittelalter wurde das <u>Rittertum</u> überflüssig. An diese Zeit vor dem Zerfallsprozess erinnern *Ritter, Kreuzritter, Lehen (Feudum), Vasall, Knappe/Schildknappe, Schwertleite, ritterbürtig, Harnisch, Lanze, Barde* (in der Bedeutung „Sattelunterlage"), *frech* (in der Bedeutung „mutig, tapfer, verwegen"), *Minne, höfisch, Ritterfräulein, Jungfer* (in der mhd. Form „juncfer" zu „juncvrouwe"), *Kammerjungfer, Junker* (in der mhd. Form „juncherre" > junger Herr). Der herrschende adlige Stand hatte seine Standeslexik: *dero* (jungen Herrn Sohn), *wohlgeboren, hochwohlgeboren, hochwürdig, Herrschaft* (in der Bedeutung „vornehme Person/ Familie"), *Frauenzimmer, Edelfräulein, Gebieter.* Wer nicht dem Adel angehörte, wurde in der dritten Person angesprochen: *„Rufe Er eine Anzahl Knechte!"* Die Sprachregelung folgte den Gesetzen der Standesordnung: *Magd, Weib, hörig* (in der Bedeutung „abhängig vom adligen Herrn, leibeigen), *Bastard* (außerehelich geborenes Kind eines Adligen mit einer Frau niederen Standes).

Einschneidende gesellschaftliche Veränderungen mit neuer Sprachregelung brachte auch die **Zeit des Nationalsozialismus** in Deutschland. Unter der Überschrift „Heroismus" schreibt Victor Klemperer im Vorwort zu seinem Buch „LTI" (Lingua Tertii Imperii – Sprache des Dritten Reichs):

> *„... am Nazismus ist Deutschland fast zugrunde gegangen; das Bemühen, es von dieser tödlichen Krankheit zu heilen, nennt sich heute Entnazifizierung. Ich wünsche nicht und glaube auch nicht, dass das scheußliche Wort ein dauerndes Leben behält; es wird versinken und nur noch ein geschichtliches Dasein führen, sobald seine Gegenwartspflicht erfüllt ist"* (1990 [Erstausgabe 1946], 7).

Manch Lexem dieser Zeit ist semantisch geprägt von der Rassenideologie und dem Herrschaftsanspruch des Nazismus, aber nicht immer sind es Neubildungen, sondern oft auch Neubedeutungen und neu konnotierte Sememe, beispielsweise *völkisch* (diese um 1600 bereits geläufige Bildung wurde mit dem Machtanritt des Faschismus ideologisch neu besetzt), ebenso *arisch*, das mit Bezug auf *Arier* dem Sanskrit entlehnt wurde und auf ide. *ario- „Herr, Gebieter" zurückgeht. Es wurde zum Namen der Indogermanen auf iranischem und indischem Boden. Nach der nationalsozialistischen Ideologie diente der Begriff „Arier" der Einteilung der Menschheit nach Rassen. *Arisch* galt als Synonym für: der *Herrenrasse* zugehörig, *deutschblütig, germanisch*. Wissenschaftlich ist diese Kategorialbezeichnung unhaltbar. Ideologisch markierte Lexeme sind ebenso *artfremd, niederrassig* (d.h. nicht von edler Rasse); und manch ein in vornazistischer Zeit konnotations- oder ideologiefreies Lexem wurde mit seiner Verwendung im formelhaften Kontext ideologisch „aufgeladen". Solche Kontexte waren *Blut und Ehre; Blut und Boden; unsere Ehre heißt Treue; Volks- und Rassenseele.* Über den wiederholt formelhaften Gebrauch wurde *Blut* zum positiv wertenden Synonym für „Rasse", „Herrenmensch", *Treue* gleichbedeutend mit opferwillig für *Führer, Volk und Vaterland; Ehre* signalisierte das Treuebekenntnis zur faschistischen Ideologie. V. Klemperer schreibt dazu:

> *„Das Dritte Reich hat die wenigsten Worte seiner Sprache selbstschöpferisch geprägt, vielleicht, wahrscheinlich sogar überhaupt keines. (...) Aber sie ändert Wortwerte und Worthäufigkeiten, sie macht (...) die Sprache ihrem fürchterlichen System dienstbar"* (1990, 21 f.).

Der ideologiegesteuerte Fanatismus der Machthaber brachte diskriminierende Bezeichnungen hervor: *Verjudung* (mit Bezug auf schriftliche Werke von Wissenschaftlern jüdischer Herkunft oder kritischer Äußerungen zum Nationalsozialismus), *judenreines* Haus, *Untermensch,* die *plutokratischen* Mächte (diskriminierendes Synonym für das Judentum und die finanzkräftigen Gegner des Faschismus).

Viele der Propaganda- und Gesinnungsvokabeln entstehen durch Komposition zum Beispiel mit den Determinanten *Volk-, Groß-, Reich-:*
– *Volksgenosse, Volkskanzler, Volkssprache, volksnah, volksfremd, Volksschädling, Volksseele*
– *Großoffensive, Großangriff, Großkampftag, Großdeutsches Reich, Großkundgebung*
– *Reichsarbeitsdienst, Reichstreuhänder, Reichsminister, Reichsfinanzminister, Reichsbeamter, Reichsleiter, Reichsbund, Reichsgau, Reichsleistungsgesetz* *

---

* Quellen sind unter anderen die „Deutsche Gemeindebeamten-Zeitung", hrsg. vom Hauptamt für Beamte im Reichsbund der Deutschen Beamten. Berlin Friedrichstraße; V. Klemperer: LTI. Leipzig 1990 (Erstauflage 1946)

Neubildungen werden positiv konnotiert vermittels *Treue* in *Bodentreue*, „Blitz" (als Elativ) in *Blitzkrieg*, „End-" in der Tautologie-Bildung *Endsieg*. Der Aufwertung diente auch das Kompositionsglied *Sturm*: *Sturmabteilung (SA), Sturmstandarte (SS), Volkssturm*.

Der Manipulation des Denkens dienten ebenso Euphemismen: *Rückschlag* (für Niederlage), *Frontverkürzung, Frontbegradigung* (für Gebietsverluste), *sich freikämpfen* (für gelungene Flucht aus dem Kessel), *Gefolgschaft* (für die zur Arbeit verpflichtete Arbeitnehmerschaft), *Konzentrationslager* (für Vernichtungslager), *Endlösung der Judenfrage* (für die Tötung von Menschen jüdischen Glaubens).

Historismen für technische Neuerungen sind unter anderen *Sturzkampfflugzeug (Stuka), Jagdbomber, Bordwaffe*. Auch der Krieg selbst bringt Bezeichnungen für neue Denotate hervor: *Bombenteppich, ausgebombt, fliegergeschädigt, Entwarnung, Winterhilfswerk, entbittern* (von Kastanien, eine neue Nahrung).

Die sozialhistorische Lexik steht für einen Zeitraum in der gesellschaftlichen Entwicklung, und sie wird deshalb unter der Sammelbezeichnung „Historismen" zusammengefasst. Viele Lexeme der „Gesinnungs- und Propagandalexik" werden aber eher als Archaismen empfunden, weil wir sie bewusst meiden oder verdrängen, z.B. *Verjudung*. Auch in Geschichtsdarlegungen werden sie aus pädagogisch-psychologischen und anderen Gründen kaum angeführt; ihre diskriminierende, manipulierende und menschenverachtende Wirkung haben sie nicht verloren. Von daher ist es zu erklären, dass sie für alle Zeit in den „Sprachmüll" getan und besser geächtet und mit der Zeit vergessen werden. Aber das macht die Geschichte nicht ungeschehen, deshalb werden wir den „Müllgeruch" wohl eine Zeit lang noch um uns haben.

Das Ende der faschistischen Diktatur brachte in Deutschland wie in anderen Ländern Europas eine Wende in den Machtverhältnissen, die wiederum zu einem veränderten kommunikativen Verhalten wie auch zu innovativen und archaischen Veränderungen im lexikalischen Teilsystem der Sprache geführt hat, allerdings mit Unterschieden in Ost- und Westdeutschland. Im Osten Deutschlands wurden durch administrative Entscheidungen die Besitzstände und die Rechtsverhältnisse verändert. In der öffentlichen wie auch in der internen Kommunikation wurden solche Lexeme wie *Landarbeiter, Fremdarbeiter, Industrieller, Rittergut, Lebensraum, Mischehe, artfremd, arisch, völkisch, Führer* zunächst gemieden, dann allenfalls für die als historisch empfundenen Denotate gewählt.

Mit der Neubelebung der privaten Landwirtschaft und Industrie im Westen gab es weiterhin den *Landarbeiter*, den *Industriellen*, die *Körperschaft*, die *Körperschaftsteuer*, das *Kartell*, den *Juniorpartner*, die *Firma* (im Osten Deutschlands als „veraltend" empfunden). Unterschiede in den politisch-sozialen Veränderungen über einen Zeitraum von 50 Jahren in Ost- und Westdeutschland führten zu einer sich teilweise unterscheidenden politisch-sozialen Lexik, die es aber niemals rechtfertigte, *Ostdeutsch* und *Westdeutsch* als zwei Sprachen oder sprachliche Varietäten anzunehmen.

Mit der politischen Wende im Osten Deutschlands 1989/90 veraltete fast von heute auf morgen die sozialspezifische Lexik in der nach offizieller Staatsbezeichnung *Deutschen Demokratischen Republik (DDR)*. Manche dieser nach 1945 erst entstandenen Lexik veraltete schon wenige Jahre nach der Gründung der DDR: *Neubauer, Altbauer,* ebenso *Altlehrer/Neulehrer, Mittelschule* (mit der Entwicklung des Schulwesens in der DDR durch „zehnklassige polytechnische Oberschule" und in der BRD durch „Realschule ersetzt), *Volksschule* (ersetzt durch *Grundschule*).

Nicht immer war die Ursache für die Archaisierung in der verschieden geprägten Gesellschaftlichkeit zu suchen. Auch durch technische Neuerungen und neue wissenschaftliche Erkenntnisse veralteten Lexeme: *Löhnung, Lohntüte, Ferment* (heute *Enzym*), *Ringlager* (heute *Radiallager*), *Schallplatte* (heute CD [Compact – Disc]), entsprechend *Plattenspieler* (heute CD-Player). Zu den technischen Weiterentwicklungen kamen Neuentwicklungen, auf die ich hier nicht weiter eingehen möchte.

Die in der ehemaligen DDR geprägte oder aus dem Russischen entlehnte sozialhistorische Lexik lässt sich **Benennungsfeldern** zuordnen (vgl. auch Autorenkollektiv 1987, 38 ff.). Die Entlehnungen aus dem Russischen sind bis auf wenige Lexeme (z.B. *Sputnik, Kosmonaut, Subbotnik*) **Lehnübersetzungen:**

Neuerer (russ. nowator), *Stoßarbeiter* (russ. udarnik), *Verdienter Lehrer des Volkes* (russ. saslushennyi utschitel naroda), *Betrieb der sozialistischen Arbeit* (russ. sawod sozialistitscheskogo truda), *Fünfjahrplan* (russ. pjatiletnii plan), *innerbetrieblicher Wettbewerb* (russ. wnutrisawodskoje sorewnowanije), *Held der Arbeit* (russ. geroj sozialistitscheskogo truda), *Kulturhaus* (russ. dom kultury), *Wandzeitung* (russ. stengaseta).[*]

Zahlreiche Benennungsfelder spiegeln den politisch-sozialen Inhalt, aber auch die neuen Machtverhältnisse im Leben der Menschen und ihrer Kommunikation wider. Eines der Archilexeme solcher Felder ist „Kollektiv", das auf Gemeinschaftlichkeit in der Arbeitsorganisation und der Freizeit orientierte:

Arbeitskollektiv, Kollektivbewusstsein, Kollektiverziehung, Lehrkollektiv, Kollektiveigentum, Betriebskollektivvertrag, Jugendforscherkollektiv, Kollektiv der sozialistischen Arbeit (als Auszeichnung verliehener Titel), *kollektivieren, FDJ-Kollektiv* (mit Bezug auf die Freie Deutsche Jugend, die Jugendorganisation der DDR), *Kollektivität* (als Moralprinzip der Zusammen-

---

[*] Wiedergabe in der Umschrift aus dem Kyrillischen ins Deutsche nach Steinitz

arbeit, entsprechend *kollektive Leitung* in der Gruppenorganisation), *Kollektivvertreter*.

Viel Aufmerksamkeit im Prozess der ideologischen Ausrichtung durch eine so genannte sozialistische/kommunistische Erziehung galt der heranwachsenden Jugend in der DDR:

Jugendausschuss (Organ innerhalb gewerkschaftlicher Grundorganisationen), *Jugendpolitik, Jugendbrigade, Jugendforschung, Jugendhilfe, Jugendklub, Jugendkommission, Jugendobjekt* (der Jugend übertragene Schwerpunktaufgabe zum Aus- und Aufbau von Wirkungsstätten, z.B. der Rostocker Hafen), *Jugendsport, Jugendhochschule* (höchste politische Bildungsstätte zur Heranbildung von Jugendfunktionären), *Jugendtourist* (Eigenname des Reisebüros der Jugendorganisation), *Jugendwerkhof* (Umerziehungsstätte kriminell gewordener Jugendlicher), *Erfinderwettbewerb der Jugend, Kinder- und Jugendspartakiade.*

Zahlreiche Formen der Aus- und Weiterbildung wurden durch die Zusätze „Akademie" oder „Seminar" aufgewertet, obwohl sie nicht auf eine universitäre Vereinigung zu beziehen waren:

Elternseminar, Elternakademie, Frauenseminar, Kooperationsakademie, Seminar junger Neuerer, Dorfakademie.

Die ideologische Grundhaltung im Ausdruck sozialer und länderübergreifender Beziehungen vermitteln unter anderen nachstehende Lexeme:

Bruderland, Waffenbrüderschaft, sozialistische Staatengemeinschaft, Freundschaft (als Verbandsgruß der FDJ und Gruß auf internationalen Treffen), *Jugendfreund* (für Verbandsmitglieder der FDJ), *Hausgemeinschaft, Patenschaft/ Patenschaftsvertrag* (zwischen einer Betriebsbrigade und einer Schülergruppe), *Bürgerforum, Verbandsfreund* (Verband der Kleingärtner, Siedler, Kleintierzüchter), *Sportfreund* (im Verband des Sportbundes der DDR). In dieses Feld gehören auch Anreden und Grußformen, z.B. *mit sozialistischem Gruß* (in offiziellen Briefen) wie auch das Vermeiden und Veralten geläufiger Anrede- und Grußformen aus der Zeit vor der Gründung der DDR: *Hochachtungsvoll, Verehrter ..., Werter ..., mit vorzüglicher Hochachtung.* Anrede und Gruß *Werter, Hochachtungsvoll* wurden allerdings bei betonter Distanz (z.B. bei Ablehnung einer Eingabe) noch gewählt.

Archilexeme in Benennungsfeldern waren auch *Wettbewerb (Schülerwettbewerb, sozialistischer Wettbewerb ...); Klasse (Klassenbruder, Klassenbewusstsein, klassenlose Gesellschaft ...); Plan (Plankommission, Klassenleiterplan ...); Kampf (Kampfkraft* der Partei, *Kampfgruppen* als militärische Einheiten in Betrieben); der Gattungsbegriff *Weltanschauung* wurde in zahlreichen Wortgruppen zur deutlichen politischen und ideologischen Abgrenzung verwendet (*sozialistische, marxistisch-leninistische, idealistische, faschis-*

tische, unwissenschaftliche/wissenschaftliche, progressive, fortschrittliche, revolutionäre Weltanschauung, Weltanschauung der Arbeiterklasse).

Zum historischen Wortschatz gehören zwar die Wortgruppen, nicht aber ihre Wortbestandteile, z.B. *sozialistisch, Wettbewerb, revolutionär, Weltanschauung*, so dass wir von **Form-** bzw. **Wortgruppen-Historismen** sprechen müssen.

Charakteristisch für den offiziellen Sprachgebrauch waren formelhafte Fügungen aus Substantiv und zugeordnetem Attribut, die Stefan Heym (1977, 104 ff.) glossierte:

Veränderung – tiefgreifend	*Vertrauensverhältnis – unzerstörbar*
Verwirklichung – zielstrebig	*Bekenntnis – eindrucksvoll*
Gedankenaustausch – umfassend	*Verwirklichung – vollinhaltlich*
Atmosphäre – schöpferisch	*Stärkung – allseitig*
Anliegend – vorrangig	*Anerkennung – weltweit*
Voraussetzung – grundlegend	*Beratung – eingehend*
Fundament – unerschütterlich	*Wachstum – dynamisch*
Beschluss – weitreichend	*Zustimmung – millionenfach*

St. Heym schreibt dazu: *„Die Sprache ist Hoch-DDR'sch, gepflegt bürokratisch, voll hochtönender Substantiva, die mit entsprechenden Adjektiven verbrämt werden* (vgl auch S. Heusinger 1994, 232 f.). Veraltet sind die Formeln und der darin eingebundene Sinngehalt, noch im Gebrauch aber sind ihre lexikalischen Elemente.

Nun ist **Formelhaftes** in der politischen Sprache nichts Ungewöhnliches. In Deutschland noch aktuelle Formeln wie *freiheitlich demokratische Grundordnung, demokratischer Rechtsstaat* gehören zum Fachlexikon der politischen Sprache. Nur in der DDR sind sie durch ihren fast rituellen Gebrauch nach und nach zu semantisch leeren Formeln erstarrt. Nachgebildete Formeln gab es auch in der Alltagskommunikation, z.B. *Es geht alles seinen sozialistischen Gang.* W. Fleischer spricht von kommunikativen Formeln (1997, 130 ff.). Die Formeln in der offiziellen Sprache der DDR hatten eine andere Funktion. Als „gebrauchsfertige" Stereotype dienten sie der Ausrichtung des Denkens in Bezug auf bestimmte politische und soziale Inhalte. Die veralteten Formeln der offiziellen politischen Sprache sind **Formhistorismen**, denn sie sind als syntaktisch gebundene Formen veraltet. Aktuell ist nach wie vor die umg. Wendung *Es geht alles seinen Gang.*

Historismen in ihrer Form und Bedeutung, die spezifische Sachverhalte der DDR benennen, sind z.B. *Republikflüchtling, Kaderdirektor, Hausbuch.*

Das Lexem *Freundschaft* wiederum ist als Verbandsgruß, nicht aber als Bezeichnung für zwischenmenschliche Beziehungen veraltet. Auch *Kollektiv, kollektivieren* hatten im Wortschatz der DDR eine spezifische, heute in diesem Sinn veraltete Bedeutung (Arbeits-, Produktionsgemeinschaft). Es sind **Bedeutungshistorismen.**

Eine Spezifik sprachlicher Benennungen bilden Eigennamen, weil sie Einmaliges identifizieren. Sie haben die Funktion, das Individuelle zu benennen, Generationslinien (besonders über Familiennamen) anzuzeigen und auf Erhaltenswertes im Rückblick auf die Geschichte aufmerksam zu machen. Die DDR verstand sich als Staat und Macht ausübendes Instrument in der Tradition der kommunistischen und vorkommunistischen deutschen wie auch internationalen Bewegung. Die Eigennamen *Feuerbachstraße, Karl-Marx-Platz, Thälmannstraße, Wilhelm-Pieck-Platz, Olga-Benario-Straße* signalisieren dieses politisch-ideologische Verständnis. Wiederum Geschichtsträchtiges an humanistischen, wissenschaftlichen und ereignisreichen Überlieferungen wurde vermittels Eigennamen bewahrt: *Humboldt-Universität, Otto-von-Guericke-Universität, Hohenstaufenring, Geschwister-Scholl-Platz, Friesenstraße.*

Kaum eine onymische Benennung aber ist dadurch veraltet, dass sie nun gänzlich gemieden wird. Käte Kollwitz, Karl Liebknecht, Ernst Thälmann, Wilhelm Pieck erinnern als Namengeber für Straßen, Gebäude u.a. an kommunistische Bewegungen in der deutschen Geschichte, auch an die DDR und ihre politischen Ziele. Lediglich von allgemein sehr negativ bewerteten DDR-Politikern entlehnte Personennamen für Gebäude, Straßen u.a. sind getilgt worden, z.B. *Walter-Ulbricht-Straße, Kombinat „Walter Ulbricht".* Getilgt wurden auch die Namen mit Bezug auf DDReigne Ereignisse und Einrichtungen, die von nur geringer historischer Bedeutung sind: *Straße des X. Parteitages, Straße der Thälmann-Pioniere.* Namen noch lebender Persönlichkeiten durften in der DDR nicht für Schulen, Straßen, Gebäude u.a. gewählt werden.

Zu Historismen wurden mit der politischen Wende auch staatliche Titel, Namen von Parteien, Medaillen und Orden:

> *Verdienter Lehrer des Volkes, Meister des Sports, Sozialistische Einheitspartei Deutschlands, Liberal-Demokratische Partei Deutschlands, Medaille für vorbildlichen Grenzdienst, Medaille ausgezeichnetes Volkskunstkollektiv der DDR, Nationalpreisträger der DDR, Hufeland-Medaille, Karl-Marx-Orden, Vaterländischer Verdienstorden.*

An die Geschichte der DDR erinnern *Nationale Volksarmee, Nationale Front der DDR, Nationaler Sicherheitsrat* und viele der hier nicht genannten DDRspezifischen Eigennamen. In den Namen spiegeln sich Positionen, z.B. zum Begriff der Nation. Die DDR bestand auf Eigenstaatlichkeit und eigene Staatsgrenzen, und sie bezog „Nation" allein auf den Teil des deutschen Volkes, der in diesen Staatsgrenzen lebte: *Sozialistische deutsche Nation* als Abgrenzung *zur Bürgerlichen deutschen Nation.* Das war die in Publikationen häufig vertretene Version (der offizielle Eigenname *Sozialistischer Staat deutscher Nation* wurde auf außenpolitischen Druck hin mit der Änderung der DDR-Verfassung 1975 gestrichen, aber die Eigennamen wie *Nationale Volksarmee* blieben erhalten). Nach den Positionen der BRD war auch das Volk der DDR ein Teil der deutschen Nation.

Der Wortbestand hat sich zu jeder Zeit als dynamisch und als anpassungsfähig an kommunikative Erfordernisse wie auch an politische, versus ideologische Erwartungen erwiesen.

Zusammenfassung:

In jedem unserer heute veralteten oder als veraltet empfundenen Wörter ist uns der Blick zurück in die Geschichte des Volkes, seiner Kultur, der Entwicklung des Wissens und Könnens erhalten geblieben. Deshalb wird man kaum eindeutig Archaismen und Historismen voneinander unterscheiden können. In Zeiten bedeutender gesellschaftlichen Veränderungen sind auch die Veränderungen im Wortschatz groß, zumal wir wissen, dass nicht jedes neu eingeführte Wort aus kommunikativen Bedürfnissen heraus entsteht. Auch politisch motivierte Sprachregelungen verändern den Wortschatz.

Dazu zwei **Fragen**: Können Sie bereits aus Ihrer Erfahrung Wörter nennen, die wir schon nach kurzer Zeit nicht mehr verwenden oder verwenden wollen? Warum sind diese Wörter veraltet?

2.2.3. Sonderlexik für die fachsprachliche Kommunikation

2.2.3.1. Gemeinsprache vs. Fachsprache

Ein Fachgespräch unter Experten, die durch Ausbildung und Berufserfahrung dasselbe Fachgebiet beherrschen, unterscheidet sich bekanntlich im gewählten sprachlichen Sonderwortschatz von einem Gespräch unter Laien zum gleichen Denotat. Eine dritte denkbare Konstellation ist die zwischen Fachmann und Laie. Der Fachmann wird dem Laien manches umschreiben (paraphrasieren) und unter Verwendung von gemeinsprachlichen Synonymen erklären müssen, wenn er sein Ziel, das annähernd eindeutige Verständnis des Rezipienten vom Denotat der Kommunikation, erreichen will. Während sich also Experten in ihrer Fachsprache äußern können, wird das Gespräch zwischen Laien oder mit einem Fachmann hauptsächlich die Mittel und Möglichkeiten der Gemeinsprache nutzen müssen. Allerdings wird in hoch entwickelten Industrieländern erwartet, dass nahezu jeder Erwachsene einen fachbezogenen Grundwortschatz und die für eine sachgemäße Äußerung angemessene Grammatik beherrscht. Die Grundlagen dafür hat die Schulbildung mit ihrem Spektrum an schulischen Fächern gelegt.

Aus unseren kommunikativen Erfahrungen wird deutlich, dass die **Fachsprache** eine Sondersprache ist für eine eindeutige und widerspruchsfreie Kommunikation unter Fachleuten eines Fachgebietes, deren Funktionieren durch eine vereinbarte bzw. per definitionem festgelegte Terminologie und durch eine für die jeweilige Fachsprache charakteristische Grammatik wie auch Textstruktur entscheidend unterstützt wird.

Die noch verbreitete Auffassung, dass sich die Fachsprache von der Gemeinsprache nur durch die Terminologie abhebt, ist unter dem Einfluss pragmalinguistischer Untersuchungen nicht mehr aufrecht zu erhalten. Die zahlreichen Fachtextsorten beispielsweise *Anklageschrift, Werkvertrag, Mietvertrag, Gutachten*, (standardisierter) *Unfallbericht* haben ihre an einer Prototypik orientierte und branchenübliche linguale Spezifik. Vielfach sind Textstrukturen vorgegeben, die über Computersoftware verbreitet werden. Hinzu kommen internationale Verbindlichkeiten. Der für Deutschland vorgegebene *Unfallbericht* ist – um ein Beispiel anzuführen – mit völlig identischer Textgestalt und -struktur, mit gleichem Inhalt, lediglich in anderer Sprache, auch in Slowenien gültig (Poročilo o prometni nezgodi – Bericht über den Verkehrsunfall).

Die grammatische und stilolinguistische Beschaffenheit der Fachtexte zielt auf eine sachbetonte, passivische und eindeutige Darstellung, die allein den Fachgegenstand behandelt und einen subjektiv-personellen Bezug weitgehend ausschließt. Das jedenfalls entspricht den europäischen Erwartungen. Davon abweichende Textgestaltungen sind relativ selten. Wenn man sie dennoch registrieren kann, sind sie meistens populärfachlich orientiert und auf einen bestimmten Empfängerkreis gerichtet.

Ich führe zum Vergleich zwei in ihrem Stil gänzlich verschiedene Textauszüge an, die repräsentativ sind für den Ganztext. Ihr fachlich behandelter Gegenstand ist das mentale Lexikon:

(1) *„Die Verwendung der Konzepte Schema, frame oder script für Phänomene der menschlichen Gedächtnistätigkeit ist in neuerer Zeit wiederholt kritisiert worden. (...) Wir stimmen der dort geführten Diskussion im Wesentlichen zu und wollen sie deshalb nicht wiederholen. Der Kern der Kritik besteht im Vorwurf einer ungenügenden Trennung von Annahmen zur Struktur der Repräsentation von Informationen und Annahmen zu Prozessen der Informationsverarbeitung“* (J. Hoffmann, Die Welt der Begriffe. Berlin 1986, Seite 128).

(2) *„Ist das mentale Lexikon eine rationelle, wohldurchdachte Einrichtung? Oder ist es, wie die Orchideen im obigen Zitat, ein im Verlauf der Evolution zusammengewürfeltes Potpourri? (...) Insgesamt ist die Sprache ein evolutionärer Mischmasch. ‚Die Sprache ist geworden wie eine große*

*Stadt. Kammer an Kammer ... Haus an Haus, Straße an Straße ... und das
alles ist ineinander geschachtelt, miteinander verbunden, durcheinander
geschmiert'"* (J. Aitchison, Wörter im Kopf. – Eine Einführung in das
mentale Lexikon [aus dem Englischen von M. Wiese übersetzt]. Tübingen
1997, Seite 290).

Für Buch und Text unter (1) charakteristisch ist der hochfrequente Gebrauch
von Nominalisierungen, nachgestellten substantivischen Attributen, den Inhalt komprimierenden Komposita. Passiv bzw. Passiversatzformen (dazu
auch das unbestimmte *Wir*, eher fälschlich als Pluralis majestatis bezeichnet)
„neutralisieren" den Inhalt.

Buch und Textauszug (2) veranschaulichen den Sachbezug durch Alltags-
vergleiche, und es wird ein recht lockerer Stil unter Einschluss von Lexemen
gewählt, die für fachliche Aussagen ungewöhnlich sind, selbst in populärwissenschaftlichen Abhandlungen. Beide Bücher sind für Fachwissenschaftler
und Studenten gedacht.

Unbestritten bleibt für die Fachsprache, dass *„die Terminologie den harten
Kern einer jeden Fachsprache bildet. Termini sind kondensierte Texte, indexi-
kalisch auf fachlich modellierte Gegenstände und Sachverhalte bezogen und
fungieren in der fachlichen Kommunikation gleichsam als kognitive Kürzel"*
(B. Schaeder 1994, 128).

Betrachtet man allerdings die Fachtexte unter dem Gesichtspunkt der
Häufigkeit an Termini, ist ihre Quantität vergleichsweise gering. Auch in den
oben angeführten beiden Textauszügen sind in einer Aufzählung (TA 1) die
Termini *Schema, frame, script* und mit Bezug auf den thematischen Kern des
Buches (TA 2) lediglich *mentales Lexikon* als Terminus gewählt worden. Das
Lexem *Sprache* (TA 2) ist in seiner konkreten Verwendung im Textauszug
nicht terminologisch („Langue", System im Sinne F. de Saussures), sondern
gemeinsprachlich verwendet worden („beziehungsreiches Instrumentarium
im Kopf, das zur Verständigung eingesetzt wird"). Häufig gewählt werden
Nomina, die nach ihrer funktionalen Klassifikation

– abstrakte Eigenschaften im Gegenstandsbereich hervorheben (*Phänomene, Konzepte, Annahmen, Struktur der Repräsentation; rationelle Einrichtung*),
– für Relationen und Vergleiche stehen (*Sprache = große Stadt*),
– Temporales und Modales anzeigen (*in neuerer Zeit, im Wesentlichen; im
  Verlauf der Evolution*),
– evaluative Einstellungen, Meinungen vermitteln (*Vorwurf; Mischmasch,
  Potpourri*),
– den fachlichen Gegenstand betreffende Aktivitäten, Prozessuales benennen (*Gedächtnistätigkeit, Diskussion, Kritik, Trennung von Annahmen,
  Prozesse, Informationsverarbeitung; Zitat*).

Auch einige der hier nicht aufgeführten Autosemantika lassen sich Klassen eines nicht terminologischen, aber für die fachliche Abhandlung funktional bestimmten Wortschatzes zuordnen (ausführlicher bei P.G. Meyer 1994, 79 f.). Wie genau man allerdings zwischen terminologischem und nicht terminologischem, aber fachlich funktional bestimmtem Wortschatz differenzieren kann, bleibt eine offene Frage, auf die weiterführende Untersuchungen vielleicht eine Antwort geben können. Festzuhalten ist bisher, dass sich die Fachsprache nicht diametral zur Gemeinsprache verhält, sondern

(1) die Mittel und Möglichkeiten der Gemeinsprache einsetzt für die fachliche Behandlung eines Gegenstandes, einer Idee, eines Prozesses u.a.m.,

(2) dass die Fachsprache in ihrem Kernbereich über eine nach Fachgebieten differenzierte Terminologie verfügt, die teils aus der Gemeinsprache hergeleitet oder teils aus anderen Sprachen entlehnt ist (entlehntes Wortgut wird als semantisch weniger festgelegt empfunden als gemeinsprachliche Lexik: *Appendix* > dt. Wurmfortsatz, zu lat. appendix > Anhang, Zugabe; *Typhlon* > dt. Blinddarm, zu griech. typhlos „dunkel, unsichtbar, geheim"),

(3) dass die Fachsprache aus der Gemeinsprache funktionale (nicht terminologische) Lexik für fachlich darzulegende Sachverhalte wählt,

(4) dass sie auch mit künstlichen Symbolen und Formeln (z.B. in der Chemie, in der Mathematik) umgeht, wobei chemische Zeichen den Wert von Termini haben, z.B. H für Wasserstoff, O für Sauerstoff, H_2O für Wasser),

(5) dass sie sich in der Realisierung als Text grammatisch und stilistisch von der gemeinsprachlichen Realisierung abhebt, z.B. der Plural von Stoffbezeichnungen (die *Milchen* > Plural zu *Milch*), aber weitgehend auch grammatisch der Gemeinsprache folgt.

Die **Gemeinsprache** ist die allgemein mündlich oder schriftlich gebräuchliche, aber nicht ausschließlich speziell zur fachlichen Kommunikation verwendete Sprache. Unter den nationalsprachlichen Existenzformen ist sie Standardsprache (Hochsprache und Schriftsprache) und/oder Umgangssprache (Alltagssprache). Die Lexik der Umgangssprache behandele ich noch ausführlich.

2.2.3.2. Die fachsprachliche Terminologie

Mit der Zuordnung der Fachsprache zu den Sondersprachen der nationalsprachlichen Existenzformen wird auch ihre Lexik als Sonderlexik bezeichnet. Gemeint ist ihre Terminologie. Sie wird ausführlich beschrieben bei Th. Schippan (1992, 231 f.). Daraus lässt sich zusammenfassend herleiten:
Termini sind im Rahmen einer Theorie begrifflich definierte Fachwörter, deren Invarianten (Seme, Bedeutungselemente) das Bezeichnete inhaltlich

umgrenzen und gegenüber gemeinsprachlichen oder entlehnten formgleichen Lexemen wie kondensierte Texte zu begreifen sind, und sie sind in ihrer Funktion als Fachlexem folglich monosem (begrifflich eindeutig). Innerhalb einer Reihe formgleicher Varianten müssen sie als Homonyme aufgefasst werden.

Ein Beispiel soll das verdeutlichen: An das Formativ *Fuchs* können die Bedeutungen (Sememe) gebunden sein: (1) Tier der Gruppe hundeartiger Raubtiere; (2) rotbraunes Pferd; (3) in der Umgangssprache Mensch mit rötlichblondem Haar; (4) schlauer, listiger Mensch; (5) Student im ersten und zweiten Semester, der einer studentischen Verbindung angehört. Die Bedeutungen weisen *Fuchs* als **polysemes Wort** aus. Die einzelnen Sememe sind über gemeinsame Merkmale miteinander verbunden.

Aber *Fuchs* kann auch ein Terminus sein: für den Tagfalter mit rötlichbuntgefleckten Flügeln (Vanessa urticae und V. polychloros; nach neuerer Terminologie auch Aglais urticae und Nymphalis polychloros); für eine im 17. Jh. in Westfalen geschlagene Kupfermünze; für den zum Schornstein führenden Abzugskanal. Der Tiername *Fuchs* ist als Terminus zur eindeutigen Bezeichnung nicht ausreichend (nach W. Schmidt [1969, 20] auch mit dem Begriff „Fachjargonismus" belegt), so dass speziellere Artbezeichnungen erforderlich sind: *Rotfuchs* (Vulpes vulpes), *Polarfuchs* (Alopex lagopus), *Silberfuchs* (Vulpes fulva argentata).

Die gleiche Wortform ist also kein ausreichendes Merkmal für die Einheit des Lexems. Es handelt sich in unserem Beispiel um ein polysemes Wort mit den berücksichtigten Sememen (1) bis (5), wobei das Semem (5) zur Gruppensprache der Studenten (einem Soziolekt) gehört und in der Lexikographie auch so näher bestimmt wird. Die angeführten Termini dagegen müssen als **Homonyme** aufgefasst werden, denn sie sind nicht über ein gemeinsames Sem miteinander verbunden bzw. eine sprachhistorisch begründbare semische Gemeinsamkeit wird vom Sprachträger nicht empfunden.

In der Tat könnte ursprünglich einmal die rötlich-buntgefleckte Färbung im Vergleich mit dem Rotfuchs das Sem zur Benennung des Tagfalters abgegeben haben. Unsere ide. Vorfahren haben den Fuchs nicht nach der Farbe, sondern nach dem buschigen Schwanz benannt (zu ide. *puk- oder *peuk „dicht behaart, buschig"). In der Lexikographie wird *Fuchs* für Tagfalter auch gesondert als Lemma in Wörterbüchern aufgeführt.

Innerhalb der Fachsprache eines Fach- oder Wissenschaftsgebietes können aus unterschiedlicher theoretischer Sicht auch mehrere terminologische Systeme entwickelt sein. Die Semantiktheorie beispielsweise gebraucht *Sem* als Terminus für Bedeutungselement, d.h. Grundeinheit der semantischen Analyse im Sinne kleinster, distinktiver Einheiten zur Beschreibung der Bedeutung.

Die Noematik hingegen zielt auf eine Beschreibungssprache, die explizit und sprachunabhängig ist, so dass sie in der maschinellen Übersetzung zweifelsfrei mehrdeutige Lexeme und Texte eindeutig beschreiben kann. Mit diesem Ziel- und Theoriebezug steht für Bedeutungselement der Terminus *Noem*. Bei oberflächlicher Gegenüberstellung werden *Sem* und *Noem* wie absolute Synonyme behandelt, bei eingehender theoriebezogener Betrachtung ist diese absolute Gleichsetzung auszuschließen. Ich wollte damit deutlich machen, dass Termini immer auch Elemente eines terminologischen Systems sind.

Als Fachbegriffe im rationalen Denken sind Termini über die sie sprachlich vermittelnde Wortform frei von Konnotationen und in ihrer Verwendung insofern stilistisch neutral, als sie sich allein auf die Sache des fachlichen Gegenstandes beziehen. Allerdings lässt sich auch belegen, dass Termini beispielsweise in der Geschichtswissenschaft Konnotationen einschließen können. N. Hudelja führt dafür *Dritte Welt, Dritte Kraft, Eiserner Vorhang* an. Er nennt sie „Wendungen mit fachspezifischem Charakter" (1997, 38 ff.). Die *Dritte Kraft* steht für einen gänzlich neuen politischen Weg, die *Dritte Welt* für die Gesamtheit der Entwicklungsländer, der *Eiserne Vorhang* für die bis 1989 stark bewachte Grenze des sowjetischen Machtbereichs gegen die übrige Welt. An die Begriffe sind wertende Konnotationen gebunden.

Für den Laien schwer zu erfassen ist die fachspezifische Verwendung gemeinsprachlicher Lexeme, z.B. der fachspezifische Gebrauch der modalen Hilfsverben *können, sollen, müssen, dürfen* in der Jurisprudenz. In ihrer Graduierung haben sie eine eigene rechtssprachliche Semantik.

Andere gemeinsprachliche Begriffe mit direktiver Bedeutung in der Jurisprudenz sind *Bestimmung/bestimmen, Regel, Vorschrift, Erfordernis, (un)zulässig, gewährleisten, gestatten, verboten sein, vorgeschrieben sein, gelten für, erforderlich sein, rechtliche Folgen, verpflichtet sein, Pflicht, wirksam sein, Wirkung haben, maßgebend sein, berechtigt sein, beschränkt sein, Anwendung finden...*

Oft wird es deshalb notwendig, die fachspezifische Semantik gemeinsprachlicher Lexeme zu definieren: *Fahrlässig handelt, wer die im Verkehr erforderliche Sorgfalt außer acht lässt* (§ 276, 1, Satz 2 im BGB; ich verweise auch auf A. Gruntar Jermol 1999, 65 ff.).

Nicht alle Fachbezeichnungen genügen den Erwartungen nach eindeutiger begrifflicher Prägung. Der fachbezogene Grundwortschatz der allgemein bildenden Schule enthält neben Termini auch solche Fachbezeichnungen wie *Tätigkeitswort, Eigenschaftswort, Zeitwort, Hauptwort.*

Nun steht ein *Tätigkeitswort* nicht nur für Verben, die nach grammatischer Definition eine Tätigkeit bezeichnen, sondern auch für Verben, die Vorgänge, Handlungen und Zustände ausdrücken. Als „Tätigkeitswörter" könnten auch außerhalb der grammatischen Bestimmung substantivische Tätigkeitsbezeichnungen verstanden werden: *Arbeit, Bäcker, Ernte, Einfriedung.* Hinter *Tätigkeitswort* verbirgt sich kein eindeutiger Begriff, so dass das Lexem als Terminus auch nicht geeignet ist.

Diese Erfahrung hat zu mehreren Versuchen geführt, den fachlichen Wortschatz zu schichten: Ansätze für eine kommunikativ orientierte Schichtung mit den Kriterien (a) Abstraktheit, (b) Tätigkeitssituation, (c) Kommunikationspartner, (d) syntaktische Form und (e) lexikalische Zuordnung zur nationalsprachlichen Existenzform* nahm L. Hoffmann vor (vgl. 1984, 70).

Für seine vertikale Gliederung setzt er fünf Schichten an, die ich hier nur mit Bezug auf (b), (c) und (e) wiedergebe:

1. (obere) Schicht: (b) Sprache der theoretischen Grundlagenwissenschaften, (c) Wissenschaftler, (e) künstliche Symbole für Elemente und Relationen
2. (dazu untergeordnete) Schicht: (b) Sprache der experimentellen Wissenschaften, (c) Wissenschaftler und Techniker, (e) künstliche Symbole für Elemente, natürliche Sprache für Relationen
3. Schicht: (b) Sprache der angewandten Wissenschaft und der Technik, (c) Wissenschaftler und technische Leiter, (e) sehr hoher Anteil an Fachterminologie,
4. Schicht: (b) Sprache der materiellen Produktion, (c) wissenschaftliche und technische Leiter, Meister, Facharbeiter, (e) hoher Anteil an Fachterminologie
5. (unterste) Schicht: (b) Sprache der Konsumtion, (c) Leiter, Meister, Facharbeiter der materiellen Produktion in Kommunikation mit Konsumenten der Produkte und des Handels, (e) einige Fachtermini, größere Anzahl von Jargonismen.

Schon die Übersicht macht deutlich, dass hier die Tätigkeitsbereiche Wissenschaft, Technik, materielle Produktion berücksichtigt werden. Dienstleistung und Handel sind offensichtlich mitgemeint, aber es ist jedenfalls versucht worden, die Fachsprache und die populärfachliche Sprache in ihrer Beschaffenheit und Anwendung als Kommunikationsmittel unter denkbaren situativen Bedingungen ganzheitlich und nicht nur hinsichtlich ihrer Lexik zu differenzieren. Eine Beschreibung der Fachsprache aus allgemeiner Sicht und ohne das sie determinierende soziale und situative Bedingungsgefüge ist offensichtlich wissenschaftlich nicht haltbar. Bei jeder fachsprachlichen Kommunikation stehen auch die Vergewisserungsfragen im Raum:

– Mit wem kommuniziert der Facharbeiter, der Ingenieur, der Wissenschaftler?
– Unter welchen Tätigkeitsbedingungen und mit welchem Ziel kommunizieren sie? (in Gestalt eines Aufsatzes für eine wissenschaftliche oder populärwissenschaftliche Zeitschrift; in einem Werkstattgespräch zur Durch-

---

* L. Hoffmann umschrieb die Kriterien: Abstraktionsstufe, Milieu, Kommunikationsteilnehmer, äußere Sprachform (dazu auch die 1. Auflage 1979, 184 ff.)

führung eines Experiments; vor dem Gericht zur Entlastung des Angeklagten u.a.m.).

Danach richtet sich schließlich auch die Wahl der Lexik.

Mit dem Blick auf die kommunikative Verwendungssphäre ist immer wieder versucht worden, die jeweils angemessene Lexik zu klassifizieren. L.
Hoffmann unterscheidet (a) Fachtermini, (b) Jargonismen, (c) Lexik der natürlichen Sprache. „Natürliche Sprache" steht hier als Synonym für „Gemeinsprache".

Die quantitativen Zuordnungen „sehr hoher Anteil", „hoher Anteil" an
Fachtermini und „einige Fachtermini" sind auch mit Bezug auf Durch-
schnittswerte relativ und vermutlich nicht ausreichend geprüft (ich verweise
auf neuere weiterreichende Untersuchungen im Aufsatz von P.G. Meyer
1994, 79 f.). Unstrittig aber ist, dass in der Fachkommunikation mit Laien
Jargonismen und Paraphrasen zur Behandlung der Fachgegenstände gewählt
werden.

Unstrittig bei der Vielfalt wissenschaftlicher Beschreibungen ist ebenfalls,
dass innerhalb des fachsprachlich-lexikalischen Bestandes eine Klasse von inhaltlich genormten, durch den Norm-Kontext monosemen Lexemen geschaffen wurden, die gemeinhin Termini oder auch Professionalismen genannt werden. Ihre Begrifflichkeit (die in der Regel dem Substantiv eigen ist)
bringt es mit sich, dass in dieser Klasse nur wenige Verben vorkommen. H.
Pelz nennt die Termini „metasprachlich", weil sie nur verständlich sind,
wenn die ihnen zugrunde liegende Definition bekannt ist (1998, 31).

Verben in der Terminologie sind häufig Ableitungen zu Nomen: *substanti-
vieren, monosemieren, immunisieren*. Vergleichsweise nur wenige Verben
wie *kaltfließpressen, kaltpressschweißen, reibschweißen* gehören ebenfalls
zum Kernbereich des Fachwortschatzes. In Texten stehen letztere als Infinitiv, Perfektpartizip oder substantiviertes Verb, denn sie sind nicht konjugier-
bar: ich kaltpressschweiße – ich pressschweiße kalt?

Eine häufig zitierte Einteilung des Fachwortschatzes nach (a) Termini, (b)
Halbtermini und (c) Fachjargonismen geht auf W. Schmidt zurück (1969, 20).
Er unterscheidet nochmals zwischen standardisierten und nicht standardisierten Termini, denn oftmals sieht sich der Gesetzgeber genötigt, die Definition eines Terminus unter DIN (Deutsches Institut für Normung e.V.) oder
im Rahmen eines Gesetzestextes, z.B. des Bürgerlichen Gesetzbuches, vor-
zugeben. Solch ein standardisierter Terminus ist beispielsweise *Schadenersatz*: „Schadenersatz ist der auf Vertrag oder gesetzlicher Norm beruhende
Ausgleich des Nachteils, den jemand durch das Tun oder Unterlassen eines
anderen erleidet" (BGB § 249). Weiterführende Bestimmungen zu *Gelder-
satz, Entschädigung* nehmen die §§ 250 und 251 des BGB auf.

Definitionen* oder Begriffsbestimmungen nicht standardisierter Termini beruhen auf Vereinbarung und Anwendung, und sie sind durch Fachwörterbücher lexikalisiert, z.b. im „Lexikon der Sprachwissenschaft" von H. Bußmann (1990). Dort heißt es unter dem Stichwort „Terminologie": „Gesamtheit der innerhalb eines wiss. Systems definierten Fachausdrücke, die sich von umgangssprachlicher Verwendung durch exakte Definition innerhalb eines bestimmten Systems unterscheiden" (1990, 775).

Recht unbestimmt ist die Unterscheidung von „Halbterminus" und „Fachjargonismus". Der Begriff „Jargon" steht für eine (auch derbe) Ausdrucksweise in sozialen und beruflichen Gruppen (nach Wahrig). Der Duden (1996) bestimmt „Jargon" als Sondersprache einer Berufsgruppe oder Gesellschaftsschicht. H. Bußmann definiert „Jargon" als speziellen gruppen- oder fachspezifischen Wortschatz, dem es an Allgemeinverständlichkeit mangelt; im engeren Sinne auch auffällige Ausdrucksweise mit spielerischer Verwendung standardsprachlichen Vokabulars (1990, 360). Aus dieser Gesamtsicht ist Jargon sowohl ein Soziolekt als auch eine fachsprachennahe bzw. an Berufe gebundene Ausdrucksweise. Ich halte es für sinnvoll, zwischen Soziolektismen und Fachjargonismen zu unterscheiden und solche Lexeme als **Fachjargonismen** zu bezeichnen, die nicht eindeutig fachliche Sachverhalte benennen.

Fachjargonismen, auch **Berufsjargonismen** genannt, sind weit verbreitet, weil sie für den Laien eher verständlich sind als Termini. Der Mediziner diagnostiziert gegenüber seinem Patienten einen *Tennisarm* (Terminus: *Epikondylitis*), eine *Bauchspeicheldrüsenentzündung* (T.: *Pankreatitis*), eine *Nervenentzündung* (T.: *Neuritis*) bzw. eine Veranlagung zu *Nervenleiden* (T.: *Neuropathie*), die *Röteln* (T.: *Rubeola*).
   Der Sprachlehrer vornehmlich in der Grundschule bezeichnet die Wortarten als *Hauptwort, Eigenschaftswort, Zeitwort, Verhältniswort.* Er wählt die Begriffe *Tatform, Leideform, Beugung, Beifügung.* Noch heute spricht man im Alltag von *Gänsefüßchen* (Anführungsstriche), *Strichpunkt* (Semikolon), *Beistrich* (Komma).
   Viele Fachjargonismen sind als metaphorische Synonyme entstanden. Beispielsweise ist die Benennung der Stelle am Magen, an der die Speiseröhre

---

* Definitionen in der Art von Real- bzw. Sachdefinitionen sind Textsorten, die eine überlieferte Struktur haben: Das Definiendum (der zu definierende Begriff) ist gleich dem Definiens, dessen Struktur aus dem Gleichsetzungsverbum, dem Oberbegriff und dem artbildenden Unterschied gebildet ist, z.B. *Ein Morphem* (Definiendum) *ist* (Gleichsetzungsverbum) *die kleinste sprachliche Einheit, die eine Bedeutung trägt.* In dem Definiens ist sprachliche Einheit der Oberbegriff. Die Definition besteht aus nur einem Satz. Begriffsbestimmungen hingegen sind der Struktur nicht unterworfen. Oft sind zur Erläuterung Beispiele und ergänzende Hinweise aufgenommen.

einmündet, als *Magenmund* geradezu bildlich und für den Laien einfacher zu verstehen als der Terminus *Cardia* (für griech. „Herz"). Auch das *Gänsefüßchen* ist zweifellos eine **Metapher**.

Andererseits gehören zum terminologischen Vokabular der Fachsprachen auch Fachmetaphern. Der Baufachmann kennt die *Flucht*schnur zum Ein*fluchten* von Gebäudeteilen (zu „fliehen", „fliegen"), die *Flecht*erzange (mit Bezug auf die Form ihrer *Schenkel* zu „flechten"), bestehend aus *Maul, Backe* und Scharnier. Sie gehört zu den *Beiß*zangen. Der Tischler arbeitet mit dem *Schlicht*hobel (zu „schlichten" in der Bedeutung „glätten"), bestehend aus *Nase, Wange,* Hobel*maul, Sohle* (zu lat. solum „Boden"). Es sind terminologische Metaphern zur Semantik gemeinsprachlicher Lexeme. Als Termini sind sie Homonyme mit gleicher Form in der Gemeinsprache.

Der terminologische Wortschatz setzt sich nicht nur aus Entlehnungen und aus Homonymen zu gemeinsprachlichen Formen zusammen. Er schließt auch gemeinsprachliche Lexeme ein, deren Bedeutungen nicht neu festgelegt werden müssen und die auch nicht als Homonyme anzusehen sind.

Das ist beispielsweise in der Geografie der Fall. Es sind **standardsprachliche Termini**: *See, Meer, Tal, Gebirge, Landschaft, Berg, Sand, Wald.* Dazu auch Komposita: *Bergstock, Wattenmeer, Auenwald, Gebirgsklima, Hochgebirge, Mittelgebirge.* Ihre begriffliche Festlegung unterscheidet sich von der gemeinsprachlichen Semantik nicht oder kaum, so dass sich eine Definition oder Begriffsbestimmung eigentlich erübrigt (vgl. auch W. Ebert 1970, 227 ff.). Dennoch ist sie in der Fachliteratur zu finden. Danach ist ein *Gebirge* ein Gebiet der Erdoberfläche, das über seine Umgebung durch endogene Vorgänge herausgehoben wurde und durch exogene Vorgänge reliefiert wird. Als Oberbegriff steht *Gebirge* nach der vorherrschenden Großformung für *Kettengebirge, Kammgebirge, Plateaugebirge.* Nach der tektonischen Entwicklung steht es für *Faltengebirge/ Bruchfaltengebirge, Schollengebirge* u.a.

Die weitaus meisten Termini sind nur in jeweils einem Fachgebiet gebräuchlich.

Ein geringerer Teil der Termini ist mit gleicher (auch modifizierter oder einem terminologischen System angepasster) Definition fachsprachlich-universell oder in mehreren Fachsprachen anzutreffen: *System, Struktur, These, Antithese, Theorie, Empirie, Entität, Evolution, Falsifikation, Funktion, Individuum, Klasse, Kategorie, Methodologie, Modell, Objekt* und viele andere.

Im Allgemeinen sind die Fachbezeichnungen aus natürlichen Sprachen hervorgegangen, aber auch Kunstwörter werden geschaffen, weil die natürliche Lexik durch gemeinsprachliche Bedeutungen belastet ist. Der Anteil der Wortschöpfungen ist sehr gering, sie gibt es beispielsweise in der Syllogistik: *Celarent, Bamalip, Baroco.*

Die schriftliche und mündliche fachliche Kommunikation schließt Laien und Hobbyisten ein, denn auch sie müssen verstehen können, was die Fachfrau/ der Fachmann ihnen mitzuteilen hat. Wir dürfen aus Beobachtung und Erfahrung wohl zu Recht annehmen, dass jedem Terminus ein gemeinsprachliches (und deshalb nicht immer eindeutiges) Synonym beigeordnet ist bzw. als Paraphrase im Sprechakt hervorgebracht werden kann. Fachspezifische Synonyme sind – wie oben bereits ausgeführt – in der Mehrzahl Fachjargonismen. Das Synonym zu dem Begriff, auf den sie sich beziehen, ist nicht standardisiert, auch nicht (oder nur sehr selten) definiert, aber auch die synonymische Bezeichnung kann durch eine Begriffsbestimmung eindeutig umrissen sein. Solche fachspezifischen Synonyme im Sprachunterricht der Schule sind *Fürwort, Satzaussage, Satzgegenstand, Beifügung* (für „Pronomen", „Prädikat", „Subjekt", „Attribut").

Nun haben Lehnbezeichnungen den Vorzug, dass ihre Polysemie in der Herkunftssprache die Monosemie des in der Form gleichen Terminus kaum überlagert. *Prädikat* beispielsweise zu lat. praedicare „öffentlich ausrufen, verkündigen, bekannt machen, laut sagen/aussagen, äußern"; auch zum Part. Perf. Neutr. [praedicatum] in der Bedeutung „Rangbezeichnung" ist von seiner herkömmlichen Mehrdeutigkeit als Lehnwort im Deutschen semantisch kaum beeinflusst. In der Gemeinsprache steht es für „Titel", „Rangbezeichnung" (Adelsprädikat) oder für „Beurteilung/Zensur" (Prüfung abgelegt mit dem Prädikat „gut"). Als grammatischer Terminus ist es definiert.

Das heimische Synonym, der Fachjargonismus *Satzaussage,* hingegen kann ohne ausreichenden Kontext mehrdeutig verstanden werden: Satzinhalt, das Wesentliche der Satzinformation. Die Gefahr der Demonosemierung ist neben der Tradition, die vor allem das Griechische und Lateinische als Quelle für terminologische Benennungen hat, einer der Gründe, warum noch immer in den Fachsprachen die Wahl sehr häufig auf Entlehnungen fällt.

Es gibt auch noch andere Gründe für den Vorzugsstatus der Entlehnung: Die Fachsprachen tendieren zu einer international verständlichen Terminologie. Viele Termini beispielsweise der Medizin, der Botanik, der Linguistik, der Philosophie und anderer Fachgebiete sind in gleicher Form und Bedeutung international verbreitet. Aber auch sprachökonomische Überlegungen und die Namengebung durch den Urheber der Innovation sind Gründe für die Wahl der Fachbezeichnung.

In neuerer Zeit, in der das Englische aus der Weltsprache, die sie immer war, zu einer internationalen Sprache aufgerückt ist, werden viele Termini auch aus dem Englischen hergeleitet. Das deutsche Wort *Rechner* (heute nur noch selten für spezielle Computer verwendet) ist dem lateinisch-englischen Wort *Computer* gewichen. Es ist verwandt mit engl. „computable" (berechenbar), „compile" (zusammenstellen, programmieren) und bedeutet heute mehr als nur ein programmgesteuertes Rechnen. Es ist die Bezeichnung für eine elektronisch gesteuerte Datenverarbeitungsmaschine. Der Begriff „Rechner" als Nomen Actionis zum Verb „rechnen" kann diese Bedeutung nicht mehr vermitteln. Ein neues Wort aus deutschen Morphemen zusammenzustellen und es dem **Internationalismus** *Computer* entgegenzusetzen wäre weder ökonomisch noch trüge es der Internationalisierung der Fachsprachen Rechnung.

Die englisch-amerikanische Terminologie findet weite Verbreitung vor allem für Neuentwicklungen, und sie erobert die Bezeichnungsfelder in den noch relativ „jungen" Wissenschafts- und Fachsprachen.

Das *Mountainbike* ist ein spezielles, für Geländefahrten konstruiertes Fahrrad; der Zahnmediziner entscheidet sich für eine *Jacketkrone* (obwohl in der Fachsprache der Medizin Termini lateinischer und griechischer Herkunft unangefochten vorherrschen). Die Psycholinguistik umreißt Standardannahmen über menschliches Wissen mit den Termini *Default Knowledge* (vorgegebenes Wissen), *Frames, Scrips*. In der EDV (elektronische Datenverarbeitung), die bereits den Berufsalltag erobert hat und zum Fachwissen vieler Berufsgruppen gehört, sind die Termini zumeist englischer Herkunft: *Internet* (Silben-Kurzwort für „International Computer Network"), *Intranet* (für ein per Satellit mit dem Internet verbundenes Computernetz), *compact disc (CD), ROM* (read-only memory), *World Wide Web, E-Mail, Mailbox, Homepage, Online, Adobe Typ Manager, Dialog Editor*. Die EDV „strahlt" auf terminologische Systeme anderer Fachgebiete aus, z.B. *Homebanking* im Bankwesen, *Definite-Clause-Grammar* in der Computerlinguistik (Formalismus zur Analyse und Generierung von Sätzen).

Auch für die „jungen" Wissenschafts- und Fachsprachen ist die Lexik der deutschen Gemeinsprache gleichfalls eine Quelle für die Terminologisierung. Termini sind *Netzwerk, Tintenstrahldrucker, Festplatte*. Zu beobachten ist allerdings, dass „Drucker" schon durch *Printer* ersetzt wird (*Tintenstrahldrucker* durch *ink jet printer*). Termini in der Linguistik sind *Satz, Satzglied* (und andere Komposita mit dem Grundmorphem „Satz"), *Sprache, Kurzwort, Silbe* und andere.

Zusammenfassende Übersicht:

Lexik der Fachsprachen
1. a) **Quellen:** ° heimische Gemeinsprache, vornehmlich Standardsprache
   ° Entlehnungen aus anderen Sprachen
   b) **Form der Lexeme:** ° Beibehaltung der übernommenen bzw. entlehnten
   Formen, z.B. *Gebirge, frame*

    ° Wortbildung, z.B. *Schichttafelgebirge*
    ° Wortgruppenbildung, z.B. *Lupus vulgaris* (Form der Hauttuberkulose)
    ° Kurzwortbildung, z.B. *Internet, ROM*
    ° künstliche Symbole, Formeln, Kunstwörter

c) **Designation:**   ° Beibehaltung eines übernommenen bzw. entlehnten Semems
            ° Modifizierung des Semems oder Neufestlegung der Semantik durch Definition oder Begriffsbestimmung

2. Differenzierung der in Fachtexten verwendeten Lexik:

a) **Termini** ⟶ Homonyme, Fachmetaphern, standardsprachliche Termini, künstliche Symbole/Kunstlexeme, Formeln

aa) standardisierte Termini (Normierung durch DIN, per Gesetz)

ab) nicht standardisierte Termini (Definition oder Begriffsbestimmung, in Fachwörterbüchern lexikalisiert)

b) **Fachjargonismen** ⟶ Synonyme zu Termini, Homonyme, Metaphern, z.B. *Tätigkeitswort* (zum Terminus *Verb*)

c) **gemeinsprachliche Lexik zur Unterstützung der differenzierten und präzisen fachsprachlichen Behandlung des Denotats** durch Lexeme, Wortgruppen, Paraphrasen

3. Merkmale des Terminus

– Monosemie durch den textexternen Kontext der Definition oder Begriffsbestimmung (standardisierte oder nicht standardisierte Normung)

– Element eines terminologischen Systems

– Vermeidung von Konnotation (es gibt Ausnahmen, z.B. *Eiserner Vorhang*), in hohem Maße anpassungsfähig an rasante, innovative Entwicklungen

Das innovative Streben der Menschen führt unaufhaltsam zu neuen Erkenntnissen, zu Neuentwicklungen, zur Erweiterung des Wissens und folglich zu neuen Inhalten der Fachkommunikation. In diesem Prozess veralten Termini mit der Veränderung der Denotate und Neues wird neu benannt oder ein bereits vorhandener Terminus wird in seinem Inhalt neu bestimmt.

Der reiche linguistische Fachwortschatz ist in Fachlexika aufgenommen und definiert bzw. erklärt worden. Ich nenne als Nachschlagewerke nur

– Glück, Helmut (als Hrsg.): Metzlers Lexikon Sprache. Stuttgart, Weimar (Metzler) 2000[2]

– Bußmann, Hadumod: Lexikon der Sprachwissenschaft. Stuttgart (Kröner), 2002[3]

Fragen: Arbeiten Sie mit linguistischen Termini oder auch Halbtermini, die in die Lexika noch nicht aufgenommen worden sind? Auf welchem Spezialgebiet der Linguistik werden sie gebraucht? Wie erklären Sie sich die „Lücke"?

2.2.4. Entlehnungen im Wortbestand der Sprache

Viele Völker sprechen viele Sprachen. In dieser banalen Wahrheit ist der rationale Kern enthalten, dass die Vielfalt an überlieferten Erfahrungen und Kulturen in den Sprachen bewahrt ist. Aufschluss darüber können uns die Motive geben, die einst zur Benennung der Denotate geführt haben. Ich möchte wenige Beispiele aus dem Slowenischen anführen, denn diese südslawische Sprache ist vielen Menschen weniger bekannt als etwa das Englische, Deutsche oder Französische. Das Wort für Getreide (*žito*) ist auf „Leben" motiviert. Die gemeinsame Wurzel ist ži- (*živeti* „leben"). Getreide ist im historischen Bewusstsein des slowenischen Volkes das wertvollste Nahrungsmittel zum Erhalt des Lebens

Das frühe Bekenntnis zum Christentum und seine Gebote, z.B. den siebenten Tag heilig zu halten und zu ruhen, findet sich in der Etymologie zum Namen für den Sonntag: *nedelja* (nicht arbeiten: zu „ne" nicht, „delo" Arbeit); der Montag danach: *ponedeljek* (nach dem Nichtarbeitstag); Dienstag: *torek* geht etymologisch auf „drugi" zurück, der zweite (Tag); Freitag: *petek* – der fünfte Tag. In der christlichen Bibel, im ersten Buch Mose, sind die sechs Tage zur Erschaffung der Welt gleichfalls nach Zahlen geordnet.

Eine Sprache, die wir nicht kennen, ist für uns fremd, eine „Fremdsprache". Ebenso behandeln wir die Lexik und nennen das von unserer dominierenden Lautung und Form abweichende Lexem: „Fremdwort". Dieser einst von H. Paul gebildete Begriff wird heute nicht mehr ohne weiteres akzeptiert, denn das Adjektiv bzw. das Bestimmungswort „Fremd-" wird in den Bedeutungen „nicht bekannt, nicht vertraut" (Fremdartigkeit), „anders als das uns Vertraute" (Fremdsprache), „nicht integriert" (das Fremde) verwendet. Aber viele der so genannten Fremdwörter sind für uns bekannte und geläufige Lexeme, die wir wie selbstverständlich in der Kommunikation gebrauchen. Sie sind uns also nicht fremd.

Die noch immer gelehrte und deshalb verbreitete Wesensbestimmung des Terminus „Fremdwort", es sei nicht deutschstämmig (H. Pelz 1998, 214), es habe sich (noch) nicht nach Lautung, Orthographie und Flexion in das System der Sprache (hier der deutschen Sprache) eingepasst (H. Bußmann 1990, 253) steht gänzlich im Widerspruch zur Semantik von „fremd". Nicht die morphophonemische und graphemische Systemanpassung, auch nicht die Geläufigkeit des Gebrauchs, schon gar nicht die „Deutschstämmigkeit" können ausschlaggebende Kriterien dafür sein, welches Wort als fremd anzusehen ist.

Ein Lexem, dass in den Wortbestand bereits eingebunden ist und mehr oder weniger häufig der fachsprachlichen oder gemeinsprachlichen Kommunikation dient, ist der Sprachgemeinschaft nicht (mehr) fremd. Ich behandele diese Lexeme als Entlehnungen (vgl. auch A. Greule 1984, 210).

Anders zu behandeln ist die Frage nach der Bewertung von Entlehnungen. Die Flut beispielsweise von Anglizismen, die unangemessen für gleichwertige heimische Ausdrücke verwendet werden, um einer Mode zu genügen oder sich Werbewirksamkeit zu versprechen, ist negativ zu bewerten. Denken wir nur an das aus dem Englischen (eigentlich dem Slang) entnommene *Kids*, das wohl wegen seiner Kürze das deutsche Wort *Kinder* zu verdrängen scheint. Ähnlich verhält es sich mit dem aus der englischen Umgangssprache (der Alltags-, nicht der mündlichen oder schriftlichen Standardsprache) hergeleiteten Wort *bike* (zu *bicycle*), das das deutsche Wort *Fahrrad* mehr und mehr verdrängt.

Unbegründet dringen auch Fremdwörter in Texte ein und werden in die deutsche Grammatik eingepasst: „sie *meeten* sich" (sie treffen sich), „alles *easy?*" Hier gebrauche ich den Begriff „Fremdwort" als Terminus, denn beide Lexeme gehören (noch) nicht zum Wortbestand für die deutschsprachige Kommunikation.

In der künstlerischen Literatur können Fremdwörter als **Exotismen** sehr effektvoll Besonderheiten im Wesen und Verhalten einer Figur herausheben oder das für uns Exotische einer uns nicht vertrauten Kultur zeichnen. Auch Distanz in den Beziehungen zwischen Menschen kann das fremde Wort ausdrücken. In dem Roman „Materada" von F. Tomizza, der die Probleme der einst in Gemeinschaft lebenden Kroaten und Italiener in dem armseligen istrischen Hinterland nach dem Sieg der Armeen Titos erzählt, ist die Flucht vieler Istrianer nach Italien ein zentrales Thema. An der Grenze passieren die Flüchtlinge den serbischen Zoll: Ein Zöllner befahl Milio, alles auszupacken. Milio fragt ihn: „*Hoćete i cipele?*" – *Wollen Sie auch die Schuhe? Der Zöllner sah ihn finster an. „I cipele" – Auch die Schuhe. Und Milio zog sich gemächlich einen seiner Latschen aus, ..."* (1993, 163).

Die in serbischer Sprache formulierten Fragen verstärken den Ausdruck von Distanz und Willkür in der Haltung der Sieger gegenüber den Flüchtenden. Während das Lehnwort bereits mehr oder weniger in das aufnehmende Sprachsystem integriert ist, hat es sich für das fremde Wort (noch) nicht geöffnet.

Entlehnungen wie *Exponat, Demokratie, Offerte, Opposition, Debatte* sind allein durch ihre Geläufigkeit in der gemeinsprachlichen Kommunikation integriert, und das kann auch orthographische, ebenso morphophonemische Anpassungen und semantische Veränderungen zur Folge haben. *Exponat* ist beispielsweise aus dem Lat. zu „exponere" nicht direkt entlehnt worden, sondern vermittels Lehnsuffix -at durch Wortbildung entstanden. Seine Semantik (Ausstellungsstück) ist über das russ. „eksponat" zu uns gelangt. *Debatte* hingegen entspricht mit orthographischer Anpassung, aber ohne semantische Veränderung dem franz. Lexem „débats" (hier in der Form des Plurals).

Aus diesen Beobachtungen ist es zweckmäßig, für die **lexikalische Entlehnung** zwei Gruppen anzunehmen:

(1) Frühe Entlehnungen etwa vor der dem 1. Jahrtausend nach Chr.; viele von ihnen wurden durch die erste und zweite (die hochdeutsche) Lautverschiebung formal verändert. Dazu gehören zahlreiche Entlehnungen aus dem Keltischen und Lateinischen:
Eisen, Reich, Amt, Küche, Pfund, Kessel, Mauer, Kalk, Fenster, Spiegel, Schemel, Kerze, Pfahl, kaufen, Münze, Korb, Sack, Wein, Winzer, Pfeil, Kampf, Straße, Meile.

Die Entlehnungen zeugen von den vielerlei Beziehungen der Germanen zu den Kelten und Römern. Die Römer hatten bereits einen hohen Stand in ihrer sozialen Entwicklung erreicht, während die Germanen noch in der Gentilordnung lebten. Ackerbau, Viehzucht, Bauwesen, Militärwesen, Weinbau, Seefahrt, Fischfang, Verwaltung, Handel sind einige der bei den Kelten und Römern höher entwickelten Gebiete ihres Gemeinwesens, die die Germanen zunächst im Kampf mit den Römern später in ihren Diensten kennen lernten. W. Schmidt spricht von über 500 Entlehnungen aus dem Lateinischen, die sich aus dieser Zeit im Germanischen nachweisen lassen. Er führt dafür zahlreiche gesicherte Belege an (1972, 140 ff.).

(2) Entlehnungen etwa in der Zeit nach dem 1. Jahrtausend nach Chr.[*] Es ist die Zeit des hochmittelalterlichen Deutsch bis zur Gegenwart. Entlehnungen aus dieser Zeit in den deutschsprachigen Raum sind mit der Entwicklung der kulturellen und wirtschaftlichen Beziehungen zu Nachbarregionen und anderen Ländern zu uns gelangt. Über die Erweiterung der Handelsbeziehungen sind mit den erworbenen Waren auch ihre Namen in das Deutsche eingeführt und verbreitet worden. Entlehnungsvorgänge sind aber auch auf die Nachahmung von Modeerscheinungen und auf die Vorbildwirkung beispielsweise der französischen feudalen Lebensweise zurückzuführen.

Die Angabe „deutschsprachiger Raum" ist ungenau, denn beispielsweise im 12. Jh. wurde „deutsch" mit dialektaler Prägung im eigentlichen Königreich Deutschland gesprochen (mit den ursprünglichen Besitzungen Sachsen, Friesland, Thüringen, Franken, Lothringen, Schwaben [darin auch der Elsass und die heute deutschsprachigen Gebiete der Schweiz] und Bayern [einschließlich Südtirol]) wie auch in den eroberten Gebieten der Markgrafschaf-

---

[*]　Die Meinungen über die Periodengliederung in der Sprachgeschichte gehen auseinander. Häufig wird das Ende der althochdeutschen Periode auf das Jahr 1050 festgelegt, so bei H. Eggers, L.E. Schmitt, S. Sonderegger, W. Schmidt (vgl. F. Hartweg/ K.-P. Wegera 1989, 18)

ten Österreich, Steiermark, Kärnten, Krain und im lehnsabhängigen Königreich Böhmen.

Die Nachahmung der Lebensformen des französischen Rittertums durch den deutschen Adel (begünstigt durch den engen Kontakt während der Kreuzzüge im 11./12. Jh.) brachte der deutschen Sprache die heute in ihrer Form veränderten Entlehnungen *Palast* (zu „palais"), *fein* (zu „fin"), *blond*, *Abenteuer* (zu „aventure"), *Lanze, Quartier, Turnier* (zu altfrz. „tornoi"), *Harnisch* (zu „harnais"), *Sold* und viele andere (hingegen ist *Soldat* erst im 16. Jh. aus dem Ital. „soldato" ins Deutsche übernommen worden).

Das Vorbild der französischen Sozialordnung und der ihr angepassten Lebensweise führte auch in den folgenden Jahrhunderten immer wieder zu Schüben von Entlehnungen. Der Luxus des französischen Hochadels und seine Lebensformen in der Zeit des Absolutismus (16. bis 18. Jh.) regten den deutschen Hochadel zur Nachahmung an. Entlehnungen fanden Eingang in die deutsche Sprache. Nicht immer übernahm man das Wort in seiner Einheit von Form und Bedeutung. Es konnten auch sog. **Bedeutungsentlehnungen** sein. Ein Beispiel dafür ist die Entlehnung *galant*. Das ital. „galante" fand schon im 17. Jh. Eingang in den deutschen Wortschatz mit der Bedeutung „sich vergnügen, munter". Aus dem Frz. wurde „galant" im 18. Jh. in der Bedeutung entlehnt: „geschmackvoll, elegant, von feiner Lebensart" auch „zu Liebesabenteuern aufgelegt, höflich zu Frauen". Die zunächst aus dem Ital. übernommene Bedeutung veraltete sehr schnell.

Aus dieser Zeit noch im Sprachgebrauch sind die Entlehnungen aus dem Frz. *absolut* (im Sinne politischer Herrschaft), *agil, Allee, Boulevard, Chaussee, barock, Allianz, Baron, Bataillon, Billard, Mode, Bordüre* (als Element der Kleidermode), *Facette, Gobelin, brünett, Bürokratie* (zu „bureaucratie" nach dem Vorbild der franz. aristokratischen Verwaltung), *charmant, dezent, elegant, extravagant, Dame, Grazie* (zu frz. „grâce"), *graziös* (zu frz. „gracieux", das auf lat. „gratiosus" zurückgeht), *Service* (Tafelgeschirr) und viele andere.

Als vorbildlich für die sich entwickelnde preußische Militärmacht erwies sich das französische Militärwesen in der Zeit des Absolutismus, und so gelangten viele Entlehnungen im 17. und 18. Jh. in den deutschen **militärischen Fachwortschatz**: *Grenadier, Füsilier, Gamasche* (zu veraltetem franz. „gamache"), *Chef* (im franz. Heer der militärische Vorgesetzte, der Anführer), *Bulletin* (der offizielle Bericht über die militärische Lage), *Rapport, Deserteur, Eskorte, Brigade* (zu franz. „brigade" aus ital. „brigata"), *Attacke, Front, Flanke, Barriere, Bastion, Batterie, Bombe* (zu franz. „bombe" aus ital. „bomba"), *arrangieren* (zu franz. „arranger" >einordnen, in Reihe antreten<), *Kanonier* (zu franz. „canonnier"), *Korps* (zu franz. „corps" >Heeresabteilung), *Rendezvous* (Ort, an dem sich die Soldaten zu versammeln hatten), *Reserve* (die zurückgehaltenen, zum Kampf bereiten Streitkräfte).

Einige der schon früher im Deutschen belegten Lexeme wurden erst mit der franz. Revolution von 1789 bis 1794 populär, beispielsweise *Barrikade, Revolution, Bourgeoisie.* Mit der sich herausbildenden bürgerlichen Demokratie in Frankreich nach 1794 wurde *Demokratie* (bereits Ende des 16. Jh. über das Lat. „demokratia" ins Deutsche entlehnt), dazu wurden auch ihre Antonyme *Monarchie* (aus dem Lat., 16. Jh.), *Despotie* (aus dem Griech. um 1790) und *Tyrannei* (aus dem Griech. im 15. Jh.) sehr populär. Auch **Lehnübersetzungen** wurden gebildet: *Halbwelt* aus franz. „demi-monde", im 19. Jh. als wortwörtliche Übersetzung entlehnt. *Tagesordnung* (nach franz. „ordre du jour"), *Gesetzentwurf* (zu franz. „Projet de loi"), *Verfassung* (zu „constitution").

Mit der Herausbildung multinationaler Truppenverbände im 16. und 17. Jh. sind Entlehnungen aus der französischen, italienischen und ungarischen Militärlexik ins Deutsche übernommen worden: *Offizier* (zu franz. „officier" >Beamter<, das im 30-jährigen Krieg populär wurde), *Leutnant, Ordonanz, Kanone, Infanterie, Kavallerie, Korporal, Schwadron* (zu ital. „squadrone"), *Husar* (zu ung. „huszár").

Für den deutschen Adel und das sich herausbildende Großbürgertum galt es als vornehm, nach französischer Art zu speisen, **Getränke und Gerichte** der Franzosen zu übernehmen. Bereits im 16. und 17. Jh. gelangten ins Deutsche: *delikat, Dessert, Droge* (für Gewürz allgemein), *Ragout, Frikassee* und wenige andere Lexeme für Gaumenfreuden. Weitaus zahlreicher wurden derlei Entlehnungen in das Deutsche im 18. und 19. Jh. aufgenommen: *Kotelett, Aspik, Ragout fin, Krokette, Croûton, Filet, Omelett, Mayonnaise, Kognak, Mokka* (zu franz. „moka" nach dem arabischen Ausfuhrhafen „Muha"), *Fondant, Fond* (Bratensaft), *Languste, Mandarine, Margarine, Diner, Fondue, pikant, panieren* und andere. Nicht selten bedient man sich noch heute in Deutschland der französischen Sprache auf Speisekarten: *ragoûts á l'aspic.*

Die sich ausweitende Handelstätigkeit im frühen Mittelalter und zu späterer Zeit über Land- und Wasserwege brachte der deutschen Sprache mit neuen Waren auch deren fremdländische Benennungen. Die meisten Namen sind erst über Mittlersprachen ins Deutsche gekommen. *Karawane* wurde mit den Kreuzzügen bekannt und erscheint bereits im Mhd. in der Bedeutung „Heeresgepäck". Die heute noch verbreitete Bedeutung „Kamelzug und die sich mit Kamelen fortbewegende Reisegesellschaft" erreichte das Deutsche über das Italienische im 15. Jh. Ins Ital. wiederum wurde es aus dem Persischen entlehnt (zu pers. „karwan" in der Bedeutung „Kamelzug"). Die *Banane* und ihr Name gelangten über das Portugiesische ins Deutsche. Die portugiesischen Eroberer übernahmen die Bezeichnung vermutlich aus der Bantu-Sprache Guineas bzw. des Kongo.

Mit dem Handel wuchs auch das Interesse an Reisen in fremde Länder, so dass sich die Entlehnungen nicht nur auf Handelsgüter beziehen. Bei den nachfolgend aufgeführten Entlehnungen führe ich – soweit bekannt – die Mittlersprachen nicht an.

Der **Handel mit Italien** brachte uns Entlehnungen schon im 13. Jh., z.B. *Dattel,* doch die Handelstätigkeit entfaltete sich erst später (im 16. und 17. Jh.). Aus dieser Zeit sind neben vielen anderen Lexemen ins Deutsche aufgenommen worden:

Indigo, Marone, Orange, Wirsing, Sardine, Salami, Tarantel; im 15. Jh. bereits *Zitrone, Porzellan, Kaper* (Gewürz). Aus dem **Spanischen** gelangten zu uns im 16. und 17. Jh. *Kakao* (von den Spaniern dem Aztekischen entlehnt), *Schokolade, Mais,* (eigentlich aus dem Taino/ Haiti), *Tabak, Kanarien*(vogel), *Moskito, Savanne, Mulatte, Kannibale.* Bereits im 13. Jh. war *Barchent* als dicht gewebtes Baumwollgewebe mit Name und Produkt im Oberdeutschen bekannt. Die Spanier hatten die Gewebeart den Arabern abgesehen. Aus dem **Arabischen** wurden unter anderen entlehnt *Safran, Kampfer, Haschisch* (über das Englische vermittelt), *Harem, Gazelle.*

Aus dem **Persischen** wurden unter anderen entlehnt: *Jasmin, Moschus, Salmiak, Kaviar, Baldachin, Saffian, Taft, Basar.* Aus dem **Türkischen** ins Deutsche gelangten beispielsweise *Kaffee, Sultan, Joghurt;* aus dem **Ungarischen** *Kutsche, Tollpatsch, Paprika;* aus dem **Portugiesischen** *Ananas, Jaguar, Marmelade, Neger.*

Der entfaltete **Europa- und Orienthandel** im 16. und 17. Jh. spiegelte sich sprachlich in „Lehnschüben"; aber auch schon vor und nach dieser Zeit wurde das Deutsche – nur weniger zeitlich konzentriert – durch Handels- und Reiselexik bereichert. Beispielsweise war den Bayern und Sachsen *Pfeffer* (ahd. „pheffur") schon im 8. Jh. bekannt. *Spinat,* eine Gemüsepflanze aus dem Iran, ist seit dem 14. Jh. nachweisbar. Bereits im 6. Jh. wurde Seide auch in Europa gewonnen. Um 1000 ist *Seide* (ahd. „sida") im Deutschen belegt. Im 20. Jh. bekannt geworden sind *Safari* (aus dem Arab.), *Sauna* (finn.), *Sex* (engl.), *Spaghetti* (ital.), *Stress* (amerik.-engl.), *Anorak* (grönl.), *Bikini* (amerik.-engl.), *Jeep* (amerik.-engl.), *Knüller* (sensationelle Sache, jidd.) und viele andere heute im Deutschen allgemein gebräuchliche Lexeme.

Entlehnungen aus slawischen Sprachen sind weniger zahlreich. Aus dem **Slowenischen** sind *Stieglitz,* österr. *Keusche* (deutsch *Kate*) und *Jause* belegt. Dem **Russischen** entlehnt sind *Zobel, Schaschlik, Soljanka, Sputnik**, *Steppe, Wodka, Datsche, Dolmetscher* (aus dem Türk. über das Russ. entlehnt), *Machorka* (russischer Tabak) und wenige andere Lexeme.

Dem **Polnischen** wurden *Gurke, Kalesche, Ulan,* dem **Tschechischen** *Trabant, Tornister, Halunke, Roboter* und wenige andere Lexeme entlehnt.

---

* Hier nicht erwähnt werden die zahlreichen, nur kurzlebigen Lehnübersetzungen aus dem Russischen, die nach 1945 in Ostdeutschland verbreitet waren.

Der **Seefahrt** und dem hoch entwickelten Schiffbau der **Niederlande** verdankt das Deutsche einen Entlehnungsschub im 16. und 17. Jh. aus der niederländischen Sprache: *Boot, Kogge* (beide Lexeme bereits im 15. Jh. entlehnt), *Jacht, Jolle, Koje, Geest, Gezeiten, Hai, Kai, Harpune, Helling, Holm* (Flussinsel), *Matrose, Maat, Kladde, Kakerlak, Knaster* (schlechter Tabak), *kapern* (Schiff aufbringen), *Heck* (im Deutschen erst im 18. Jh. belegt).

Italien war im 15. Jh. in seiner wirtschaftlichen Entwicklung den anderen Staaten vorausgeeilt. Die Ware-Geld-Beziehung nahm neue Organisationsformen an. Wenngleich Italien diese Fortschritte gegenüber den anderen west- und mitteleuropäischen Ländern nicht behaupten konnte, wurde es doch zum Vorbild für das sich entwickelnde **Finanzwesen**. Das Deutsche und andere europäische Sprachen entlehnten im 15. bis 17. Jh. italienische Lexeme der Finanzwirtschaft. Im Deutschen wurden unter anderen bekannt: *Kredit, Bilanz, blanko, brutto, netto, Kasse, Diskont, Kataster* (in der Bedeutung „Zinsregister"), *Konto* (in der Bedeutung „Rechnung"). *Bank* als Institution für den Geldverkehr ist eine **Rückentlehnung** zu deutsch „Bank" (germ. *bankiz* „Sitz aus Holz"). Im Ital. war es zunächst der „Tisch der Geldwechsler".

Zahlreiche Bildungen zu *Bank* wurden ins Deutsche übernommen, zum Beispiel *Bankier* (ital. banchiere), *Bankrott, Bankett* (die kleine Bank für ein Festmahl), und aus dem Engl. *Banknote, Banker, Banking*. Der besondere Fall der Rückentlehnung verweist nicht nur auf enge Sprachkontakte. Er ist dort zu beobachten, wo Sprachgemeinschaften über längere Zeiträume in Beziehung getreten waren.

Rückentlehnungen sind beispielsweise:
Banner (zu germ *bannan* „unter Strafandrohung etwas ver- oder gebieten"; ins Franz. aus dem Fränkischen entlehnt in der Bedeutung „Feldzeichen, Heerfahne" [franz. bannière]; im 12. Jh. ins mhd. rückentlehnt); *gravieren* (zu ahd. graban „graben"; ins altfranz. entlehnt mit der Bedeutung „einen Scheitel ziehen", ab 15. Jh. auch „in Metall, Stein, Glas etwas schneiden, ritzen"; in dieser Bedeutung wird es im 18. Jh. ins Deutsche rückentlehnt);
Schick, auch *Chic* (wird in der Bedeutung „Geschick, Talent" in der ersten Hälfte des 19. Jh. aus dem Oberdeutschen ins Franz. entlehnt. Dort nimmt es die Bedeutung „ohne Modell zu malen; anspruchsvolle, besondere Eleganz" an und gelangt in dieser Bedeutung in der 2. Hälfte des 19. Jh. zurück ins Deutsche. Die ursprünglich deutsche Bedeutung gilt heute als veraltet);
Morast (das westgerm. Wort *marisk* „sumpfiges Gebiet" wird ins Franz. mit der Bedeutung „Sumpf, Moor" übernommen. In merowingischen und karolingischen Urkunden ist es latinisiert zu „mariscus". Unter dem Einfluss des niederdt. „mor" gelangt es im 18. Jh. zurück ins Deutsche).

Ein anderer Entlehnungsvorgang ist die Bedeutungsentlehnung (auch mit dem Terminus „Lehnübertragung" belegt). Sie übernimmt die Bedeutung in freier Übertragung, z.B. *Wolkenkratzer* (zu engl. „sky-scraper).

Der Zustrom von Anglizismen in die deutsche Gegenwartssprache wird – und nicht nur über die Medien – oft beklagt. Wer hier urteilt, muss differenzieren. Gewiss ist nicht einzusehen, warum ein Friseurgeschäft ein *Hair Studio* genannt, Kinderbekleidung als *kids fashion* bezeichnet, der Anstieg der Geburtenrate mit *Baby-Boom* überschrieben werden muss. G. Gringmuth-Dallmer bringt es auf den Punkt, wenn er schreibt: „Die größten Multiplikatoren von Trends in der Gesellschaft, die Medien, und mit ihnen die Werbung, können sich ohne die Hilfe des Englischen nicht mehr verständlich machen. *Layouter, Cutterinnen* und *Reporter* sind im *Teamwork* damit beschäftigt, ihren *Time Planer* zu begreifen. Die Fernsehsender jagen in der *Prime-Time* den Zuschauern hinterher, damit die Industrie *Spots* schaltet. (...) Die Zukunft wird uns mit *Teleshoping* und *Video on demand* beglücken" (1995, 29).

Für eine derart zu beobachtende Überfremdung und Vermischung zweier Sprachen gibt es keine sachlichen Gründe. Andererseits ist es für globale Entwicklungen nicht förderlich, wenn Innovationen in jeder Sprache anders benannt werden. Die allgemeine Tendenz zur Internationalisierung der Fachsprachen ist eine Folge globaler Entwicklungen in Wissenschaft, Technik, Wirtschaft und auch in Bereichen der Kultur und des Sports.

Waren einst Latein und Griechisch die Sprachen der Wissenschaften in Europa (die Terminologie mehrerer Wissenschaften folgt noch heute dieser Tradition), so ist das Englische heute die Hauptsprache der internationalen Verständigung. Die Sprache eines Volkes leidet nicht darunter, wenn sie Termini entlehnt. Bereits im 19., mehr noch im 20. Jh. wurde vornehmlich von der Jugend Neues in Sport, Musik, Tanz und Geselligkeit aus dem **Amerikanisch-Englischen** nachgeahmt und mit der fremden Bezeichnung übernommen:

> *Blues, Boogie-Woogie, Beat, Breakdanc, Swing, Band, Bowling, Bridge, Lightshow, Bottleparty, Brunch, Smoking, Snowboard, Bungeejumping, Flying Dutchman, Football, Jeep, Thriller.*

Es ist müßig zu fragen, warum das *Snowboard* nicht mit der Übersetzung „Schneebrett" oder *Flying Dutchman* mit der freien Bezeichnung „Zweier-Segelsportboot" bzw. „Schwertboot" übernommen werden kann. Das „Worten" bzw. die Benennung wird immer auch von globalen und interkulturellen Entwicklungen mitbestimmt.

Bereits im ausgehenden 19. Jh. beklagte G. Wustmann den Einfluss des „Fremdwortes" auf die deutsche Sprache. Damals schrieb er:

> *„Bei dem Kampfe gegen die Fremdwörter, der seit einiger Zeit wieder in Deutschland entbrannt ist, handelt sichs natürlich nicht um die große*

Zahl zum Teil internationaler technischer Ausdrücke, sondern vor allem um die verhältnismäßig kleine Zahl ganz entbehrlicher Fremdwörter, die namentlich unsere Umgangssprache und die Sprache (...) der Geschäftsleute, der Zeitungsschreiber entstellen" (1903, 413).

Auch die für Entlehnungen sehr offene deutsche Sprache (im Unterschied zum Finnischen oder Französischen) wird wohl kaum *Smoking, Software, Hardware* in der Standard- und Fachsprache entbehren wollen. Wohl aber wären *Time, soft* und viele andere in der Gemeinsprache verbreitete Anglizismen, für die das Deutsche allgemein gebräuchliche eigne Lexik bereit hat, entbehrlich.

Zu einem Problem wurde die Rückübersetzung der bereits als heimisch empfundenen Entlehnungen im 16./17. Jh. in die heimische Sprache. Ich meine die **Sprachgesellschaften**. So verdienstvoll auch ihr puristischen Mühen um den Erhalt und die Pflege der nationalen Sprache war, nicht immer konnte es erfolgreich sein. Waren die geläufigen Entlehnungen weitgehend eingedeutscht wie *Nase, Grotte* und viele andere, waren sie in Lautung, Orthografie auch einfach zu sprechen und zu schreiben, so gab es keinen hinreichenden Grund für eine Übersetzung. Auch auf Konnotation und Wortästhetik der Neuerung reagierte die Sprachgemeinschaft sensibel. Das mag wohl auch eine Erklärung dafür sein, warum sich z.B. Georg Philipp Harsdörffers (1607 – 1658) Schöpfungen *Leichentopf* für *Urne, Lusthöhle* für *Grotte* und viele andere nicht durchsetzen konnten.

Dennoch war nicht immer vorhersehbar, welche Übersetzungen sich letztlich behaupten werden. G. Wustmann beispielsweise schloss es gänzlich aus, dass die „Fehlübersetzungen" *Fahrkarte* und *Abteil* zu „Billett" und „Coupé" jemals angenommen werden könnten (1903, 414 f.). Er hat sich geirrt.

Zusammenfassung:

Angrenzende, aber auch ferne Völker und Kulturen haben mit ihren Sprachen in bestimmten Zeiten den deutschen Wortschatz bereichert. Wir haben im Verlaufe der Geschichte für die uns einst unbekannten Designate (das zu Bezeichnende) ihre Lexeme übernommen, sie oftmals formal verändert und in das deutsche lexikalische System eingepasst, oder es wurde auch nur die fremde Bedeutung auf eine deutsche Wortform übertragen. Nicht zu jeder Zeit waren Entlehnungen willkommen, weil sie nationalen Interessen zuwiderliefen.

Die Ursachen für Entlehnungen sind wirtschaftliche und kulturelle Kontakte, die Zusammenarbeit vieler Länder auf wissenschaftlichem und technischem Gebiet, der globale Informationsaustausch; auch politische Einflüsse und Nachahmungsbedürfnisse haben zur Übernahme fremden Wortgutes geführt.

Frage: Sehen Sie – wie oft zu hören ist – eine Gefahr der Überfremdung mit Anglizismen des in der deutschen Gemeinsprache gebräuchlichen Wortschatzes?

2.2.5. Sonderlexik sozialer Gruppen und Randgruppen

Untersuchungen zum Sprachgebrauch sozialer Gruppen und Randgruppen zielen sowohl auf schichtenspezifische verbale Codes als auch auf gruppenspezifische Sprachverwendungen. Beide Untersuchungsrichtungen berühren sich kaum, sie gehören aber zum Gegenstandsbereich der Soziolinguistik. Nach dem Zweistufenmodell von B. Bernstein verwenden Unterschicht- und Mittelschichtsprecher eine gemeinsame Basissprache, abgehoben in den Varianten „restringierter Code" (restricted code; vormals „public language") und „elaborierter Code" (elaborated code, vormals „formal language"), das heißt, Unterschichtsprecher gebrauchen die Sprache mit Bezug auf die Norm der Hochsprache reduziert und defizitär. Da beide Codes vornehmlich grammatisch, nicht aber durch eine Sonderlexik beschrieben werden können, bleiben sie in diesem Kapitel unberücksichtigt. (Ich verweise auf B. Bernstein 1961, 169 f. und 1972, 242 ff. in der Vermittlung von N. Dittmar 1973, 22 ff.).

Gruppensprachen, darunter auch sprachliche Besonderheiten von Parteien, sind nach H. Pelz (1998, 223), W. König (1991, 11), H. Glück (1993, 563) **Soziolekte**, denn sie sind für Gruppen charakteristische Sprachvarietäten. W. Kesselheim betont, dass die Zuordnung eines Individuums zu Gruppen nicht von vornherein feststeht, denn sie „ist nichts von der Natur oder der Gesellschaft Vorgegebenes" (1998, 132). Aus dieser Sicht stehen Soziolekte für ein Sprachverhalten, das so und nicht anders von der Gruppe erwartet wird. Begibt sich das Individuum in eine andere Gruppe, ändert es auch sein Sprachverhalten. Die Zugehörigkeit zu Alters- und ethnischen Gruppen (ebenda 132) bedarf einer Interpretation. Altersgruppen bilden sowohl Heranwachsende, die in ihrer ontogenetischen Entwicklungsphase die Sprache erst erwerben, als auch Jugendliche, die durch ein auffälliges – auch verbales – Erscheinungsbild ihre Zugehörigkeit zur Gruppe durch sprachliche Verhaltensbesonderheiten (unter anderem) demonstrieren. Allein über den erreichten ontogenetischen Entwicklungsstand lassen sich soziale Gruppen nicht definieren.

Ethnisch definierte Gruppen in einer Gesellschaft sind zweifellos auch soziale Gruppen, aber ihre Mitglieder kommunizieren innerhalb der Gruppe nicht vermittels eines eigenen Soziolekts. Das schließt ihre Zugehörigkeit auch zu anderen sozialen Gruppen, in denen vermittels Soziolekte interagiert wird, nicht aus. W. Kesselheim muss ich insofern widersprechen, als die Zugehörigkeit zu einer ethnischen Gruppe sehr wohl durch die Sozialstruktur vorgegeben ist.

M. Uesseler unterscheidet zwischen Soziolekten und Gruppensprachen. Er definiert: „Soziolekt ist die durch eine soziale Klasse oder soziale Schicht determinierte Variante des Sprachgebrauchs, die für bestimmte soziale Gruppierungen und Gesprächssituationen typisch ist" (1982, 171). Auch mit dieser Wesensbestimmung impliziert ein Soziolekt ein bestimmtes Sprachverhalten, das für Gruppen innerhalb einer Prestigehierarchie (z.B. Arbeiter, Intelligenz) unterschiedlich ist. Gruppensprachen hingegen sind nach M. Uesseler (1982, 162) „Sondersprachen, d.h., im wesentlichen oder ausschließlich (definiert über den) Wortschatz einer sozial eng zusammengehörigen Gruppe von Menschen, die für die verschiedensten Dinge eigene Beziehungen entwickelt haben (Rotwelsch, Soldatensprache, Schülersprache etc.). Ziel der Gruppensprachen ist es, sich gegenüber Außenstehenden abzugrenzen, zu verhüllen."

Offenkundig bei M. Uesseler werden die verschieden gearteten sozialen Abhängigkeiten, in die die Menschen auf jeder konkreten gesellschaftlichen Entwicklungsstufe gestellt sind und die ihr Sprachverhalten lenken. In der entwickelten bürgerlichen Gesellschaft wird das Sprachverhalten je nach konkreter kommunikativer Situation vom Eingebundensein in eine soziale Prestigehierarchie, also von der sozialen Stellung in der Gesellschaft, und natürlich auch von der Zugehörigkeit zu einer Berufsgruppe, Gemeinschaft, Clique bestimmt. Daraus verschiedene Sprachvarietäten herzuleiten und sie zu beschreiben, ist zweifellos sehr schwierig, weil Eigentümlichkeiten und Besonderheiten in der Sprechweise (Stil, Interaktion), in der Grammatik und in der Lexik (z.B. ein Sonderwortschatz) herangezogen werden müssten. Ich bezeichne die sozialen Varietäten im Unterschied zur Differenzierung M. Uesselers generell als Soziolekte.

Nach N. Dittmar sind **Varietäten** „konventionell festgelegte und verbindliche Sprechweisen bzw. Typen der Sprachverwendung in einer Sprachgemeinschaft" (1991, 30). Es handelt sich um tendenziell offene Systeme mit sprachinternen Beziehungen zur Standard- und zur Umgangssprache, seltener auch zu den Dialekten.

Soziale Gruppen mit eigenem Sonderwortschatz sind beispielsweise
– Berufsgruppen, z.B. Bauern, Seeleute, Zimmerleute, Lehrer (sie gebrauchen Fachsprachen und die ihr zugehörenden Fachwortschätze);
– Freizeit- und Interessengruppen, z.B. Sportgruppen, Fan-Gruppen, Briefmarkensammler;
– Religionsgemeinschaften (sie gebrauchen ihre religiöse Terminologie, Sozialdeikta [vgl. S. C. Levinson 1994, 91 ff.] rituelle Wendungen);

- Politische Parteien und Gesinnungsgruppierungen (sie haben einen politischen Sonderwortschatz ausgebildet, der auch über die Gruppierungen hinaus verwendet wird);
- durch gemeinsame Erfahrungen in einem erreichten Lebensalter spezifizierte soziale Gruppen (Jugendliche unter sich gebrauchen beispielsweise einen „Jugendlekt");
- soziale Randgruppen, z.B. die Szene-Gruppen, die Spontis (sie verwenden Sonderlexik und in einzelnen Gruppen auch eine restringierte Grammatik); eine heute nicht mehr aktuelle Sprache ist das Rotwelsch (die „alte Sprache, der Gauner, Dirnen und Vagabunden" [R. Girtler 1998]).

Hier nicht erwähnt sind soziale Schichten und Klassen, z.B. die Schicht der Intelligenz und die Arbeiterklasse. Sie gebrauchen ihre Sprache situationsabhängig, d.h. vorzugsweise Umgangssprache (die vom Standard mehr oder weniger abgehobene Sprache des Alltags), Standardsprache oder Dialekt. Die Schichten und Klassen in der Sozialhierarchie auf eine eigene Sprache oder Sprechweise festzulegen, ist für die deutsche Sprache nicht aufrecht zu erhalten. Untersuchungen in der DDR (vgl. D. Faulseit/ G. Kühn 1974) zur Sprache des Arbeiters sind in Frage zu stellen, weil es sich nicht um die Sprache einer Klasse handelt – wie oft betont –, sondern um Lexik im Dienst der Anklage, des Protestes und der Ideologie. Natürlich ist nicht auszuschließen, dass Menschen mit sehr niedrigem Bildungsniveau, aber unabhängig von ihrer Zugehörigkeit zu einer Klasse oder Schicht einen restringierten Code gebrauchen, der jedoch nicht als Soziolekt gelten kann.

Hier auch nicht berücksichtigt habe ich die soziale Gruppe der Familie. Eigenheiten einer Familiensprache werden heute unter dem Begriff **„Familekt"** zusammengefasst, z.B. *Schankedöhn* (für Dankeschön), *Schitteböhn* (für Bitteschön), ebenso Familiäres für Anreden, Begrüßungen, Aufforderungen.

Soziolekte sind Medien der Gruppenkommunikation. Häufig behandelte Gruppenmedien sind das Rotwelsch und die Sprache der Jugend. Die Sprachen von Berufsgruppen sind Quellen, aus denen insbesondere Lexik in die Umgangs- und Standardsprache eingegangen ist, z.B. *abhauen* zu „abheuern" aus der Sprache der Seeleute. Ich komme darauf noch zurück.

Aber auch aus dem **Rotwelsch** sind viele Lexeme in die Umgangssprache eingegangen: *Fusel* (Bezeichnung für „Schnaps", im 18. Jh. besonders in Norddeutschland verbreitet, vermutlich zu lat. fundere „fließen"; heute: minderwertiger Trinkalkohol); *Ganove* (Dieb zu jidd. gáneff, schon um 1700 im Rotwelsch, im 20. Jh. auch in der Standardsprache); *Kaschemme* (vermutlich aus poln. karczma „Kneipe, Schenke", seit dem 19. Jh. auch in der Umgangssprache).

Das Rotwelsch war in den sog. Randkulturen zu Hause. Heute sind es nicht mehr die „Gauner, Dirnen und Vagabunden" sondern die *Fixer, Hippies, Pen-*

ner, Stricher und Strichmädchen. Doch es ist ein nur vager Vergleich, weil die Gruppen heute unter ungleich anderen sozialen Verhältnissen zurechtkommen müssen. Neue Gruppen sind hinzugekommen, andere haben sich geteilt. *Hippies* (aus dem amerik. Slang zu „hip" in der Bedeutung „klug, erfahren") bilden eine Gruppe mit antibürgerlicher Orientierung. Sie lehnen jede Gewalt ab, versetzen sich aber mit bewusstseinserweiternden Drogen, rhythmischen Bewegungen und melodischer Untermalung in Trancezustände. Dirnen heute nennen sich selbst *Huren,* konnotieren ihre Berufsbezeichnung aber positiv. Viele unter ihnen grenzen sich von *Strichmädchen* ab. Alle diese Randgruppen werden im öffentlich-sozialen Kontext negativ bewertet.

Der Begriff „**Randgruppe**" als Hyperonym schließt auch extreme politische Gruppierungen ein, die im mehrheitlichen gesellschaftlichen Verständnis und wohl auf Grund historischer Erfahrungen abgelehnt werden. Es sind vor allem die *Skinheads* (dem Rechtsextremismus nahestehende gewalttätige Jugendliche mit gleichem äußerem Erscheinungsbild; zu engl. „Kahlkopf") und die *Punker* (als Mitglieder einer dem Linksextremismus nahestehende Protestgruppe Jugendlicher mit äußerst brutalem Erscheinungsbild). Die Soziolekte aller Randgruppen werden mit Bezug auf die ihnen eigene saloppe Ausdrucksweise **Jargons** oder – moderner – und mit Bezug auf den Handlungsort der Gruppen als **Szenesprachen** zusammengefasst. Das Synonym **Milieusprache** ist vornehmlich auf das sog. „Rotlichtmilieu" bezogen.

Doch kehren wir zum „Rotwelsch" zurück. Es lebt mit zahlreichen Lexemen in der teils niederen, teils in der allgemeinen Umgangssprache und weniger jedoch in der Hochsprache weiter.* Allerdings lassen sich auch die Wortschätze der deutschen Umgangssprachen nicht sicher vom Sonderwortschatz des Rotwelsch trennen, wie etymologische Erhebungen zeigen. Beispielsweise wird das auf das Indoeuropäische zurückführbare Wort *geil* dem Rotwelsch zugeschrieben (vgl. R. Girtler 1998, 181), obwohl es bereits seit dem 11. Jh. in der Bedeutung „Begierde, Fleischeslust" bekannt ist. In der Hochsprache war es lange Zeit ein Tabuwort, nicht so in der Umgangssprache. Dort und nicht nur in der Rotlichtszene ist es weiterhin geläufig. In der Sprache der Jugend ist es geradezu ein „Kernwort" mit jedoch anderer Bedeutung.

In der n i e d e r e n Umgangssprache der ostfälischen Region sind noch folgende Lexeme (in einer Auswahl) gebräuchlich, die (nach R. Girtler 1998) dem Rotwelsch zugeschrieben werden:

---

* Die niedere Umgangssprache ist ein Realisierungsmedium mit oft unvollständiger syntaktischer Struktur. Saloppe und vulgäre lexikalische Ausdrucksmittel, auch Dialektismen und Regionalismen werden häufiger als in der allgemeinen Umgangssprache gewählt. Die allgemeine Umgangssprache hingegen ist das in einer Region allgemein verbreitete Medium zur Verständigung im Alltag. Unvollständige syntaktische Strukturen werden gemieden, saloppe und vulgäre Ausdrucksmittel kommen seltener vor. Die Sprache wird der jeweiligen kommunikativen Situation entsprechend angemessen verwendet.

Mischpoke (für Verwandtschaft, Bekanntschaft), *feiner Pinkel* (für den gut gekleideten Herrn), *Schickse* (Frau), *malochen* (arbeiten), *Moos, Kies* (für Geld), *Riese* (für 100 Euro), *Aasgeier* (für Geldverleiher und Gewinner auf Kosten anderer Leute Arbeit), *stieben* (schnell wegrennen), *mach 'ne Fliege* (verschwinde!), *Plempe* (Bier), *Fleppe* (Ausweis, Führerschein), *Arschkriecher, Wichser* (hinterhältiger, auch feiger Mensch), *Scheißhausfliege* (beschimpfter Mensch auf der Gefängnistoilette), *Fraß* (Essen), *Flossen* (Hände), *den Löffel abgeben* (sterben), *Balkon* (Brüste), *Nudel* (Penis), *Schmiere stehen* (zum Schutz der Diebe aufpassen), *Ramsch* (Erlös aus der Diebesbeute, heute billige Ware), *verpfeifen* (verraten), *singen* (gestehen, auch verraten), *Kurve kratzen* (fliehen), *filzen* (nach Verbotenem untersuchen).

In der a l l g e m e i n e n Umgangssprache, das heißt in der Alltagskommunikation der ostfälischen und den angrenzenden Regionen, werden heute noch die folgenden ausgewählten, dem Rotwelsch (nach R. Girtler 1998) zugeschriebenen Lexeme verwendet:

Kredithai (Wucherer), *Tippelbruder, Penner* (für Landstreicher, zunehmend auch für Obdachlose), *abgefackt* (verwahrlost), *Schnorrer* (Bettler), *Puff* (Bordell), *jemanden linken* (ihn betrügen, hineinlegen), *ein gutes Gespann sein* (Partnerschaft), *mosern* (schimpfen), *Tinnef* (Unnötiges), *blau sein* (betrunken), *blau machen* (nicht zur Arbeit gehen), *Negerschweiß* (dünner Kaffee), *Kokser* (der Kokain nimmt), *Schnee* (Kokain), *spannen* (beobachten), *bibbern* (frieren, zittern), *marod* (ermattet, erschöpft), *Bordsteinschwalbe* (Dirne, Stricherin), *zocken* (spielen, zumeist um Geld), *abzocken* (um Geld betrügen).

Wenige Lexeme des Rotwelsch gelangten auch in die Hochsprache:

plaudern (erzählen, unterhalten, auch: Anvertrautes preisgeben), *Bembel* (im Rotw. noch Bier, heute Weinkrug), *Besteck* (Zubehör mit Spritze für Drogen), *Spanner* (Beobachter), *Ranzen* (Rucksack), *schachern* (handeln, feilschen), *Schlamassel* (Unglück, Missgeschick), *den Hahn abdrehen* (Geldquelle abschneiden).

Die wenigen hier angeführten und noch gebräuchlichen Lexeme einer sehr alten Gruppensprache lassen noch immer die sozialen Motive ihrer einstigen Sprecher durchscheinen: Die Sprache mit ihrer teils metaphorisch verwendeten, teils entlehnten Lexik entzieht (besser: entzog) sich der allgemeinen Verständlichkeit und funktioniert so als „Geheimcode". Über ihn ist es möglich, dass sich die Gruppe sozial abgrenzt, auch schützt, aber sich ihren Sprechern öffnet.

Die Nähe des Rotwelsch zum Jiddischen erklärt R. Girtler – auch mit Bezug auf andere Quellen – mit engen Kontakten zwischen Vagabunden und

jüdischen Kaufleuten wie auch jüdischen Hausierern. Die über Jahrhunderte
während Unterdrückung der Juden hatte dazu geführt, dass sich einige von
ihnen den umherziehenden Vagabunden und Gaunern anschlossen (1998, 23
f.).

Es sei hier nur erwähnt, dass das Rotwelsch auch einen schriftlichen Geheimcode ausgebildet hat, die Jadzinken (zu jidd. *Jad*, „die Hand", auch
Gaunerzinken genannt). Auf die Nähe des Rotwelsch zum Argot, einer Sondersprache der französischen Bettler und Gauner im Mittelalter, sei lediglich
verwiesen.

Über die Geschichte des Rotwelsch ist nicht sehr viel bekannt. „Rot" ist
wohl zurückzuführen auf „Rotte", denn das Volk der bettelnden Landstreicher zog in sehr kleinen Gruppen durch die Lande, eine „abgeteilte kleine
Schar". Ihre nur in der Gruppe verwendete Sprache empfanden Außenstehende als „welsch" (als fremd). R. Girtler umschreibt sie als „betrügerische
Sprache eines fahrenden Volkes", zu dem Bettler, Dirnen, Ganoven, manchmal auch Zigeuner und Handwerksburschen gehörten. Ihre Geschichte geht
vermutlich bis ins 13. Jh. zurück (R. Girtler 1998, 20 f.).

Weniger der Drang, im Schutz der Isolation zu agieren, als vielmehr er-
wachtes Selbstbewusstsein zu demonstrieren ist einer der Hintergründe für
die Herausbildung der sog. **Jugendsprache**. Die gemeinsamen sozialen Interessen erwachsen nicht – wie bei den Bettlern, Dirnen, Vagabunden – aus einer fragwürdigen Überlebenskunst, sondern aus den Ansprüchen Jugendlicher gegenüber den Vorschriften und Lebensgrundsätzen der Erwachsenen.
Die Jugendsprache mit ihrem Sonderwortschatz und ihrer Stiltypik signalisiert den Willen zur sozialen Eigenständigkeit der Sprecher, und sie markiert
deren soziale Bindung an die Gruppe. Jugendsprache wird deshalb nur innerhalb der Gruppe gesprochen.

Allein die Tatsache, dass die Jugend im übergreifenden Rahmen der gesellschaftlichen Kommunikation auch einen eigenen, von der Norm der Standardsprache abweichenden Stil realisiert und einen Sonderwortschatz bereit-
hält, der von Außenstehenden oft nicht verstandenen wird, bringt ihren Willen zu sozialer Sonderstellung und zur Selbstprofilierung zum Ausdruck. Es
ist kein offener Protest vermittels Sprache, sondern Manifestation erwachten
Selbstbewusstseins, aber auch der Selbstfindung in der Gesellschaft. Es gibt
keinen Grund, ihre Sprecher zu verurteilen, weil sie einen Soziolekt als
„Sprache unter sich" gebrauchen, Schrilles und Grelles mögen, Techno-Mu-
sik lieben.

Nur verhältnismäßig wenige Jugendliche entscheiden sich für den offenen
Protest. Er entlädt sich über ein demonstrativ vorgeführtes abnormes Outfit,
z.B. grell gefärbte Haare, geschlitzte Hosen, zerrissene Kleidung, ungewöhnliches Piercing (Ringe, Sicherheitsnadeln u.a. durch Lippen, Wangen, Nase),
verbale Beleidigungen, rüdes Benehmen. Protest und Provokation liegen eng

beieinander, und es sind Ergebnisse aus Beobachtungen, wenn eine Zunahme von „aggressiven Brutalismen, Grobianismen und vulgären Fäkalismen" (H. Ehmann 1992, 10) registriert werden muss. Eine Form der Provokation ist es, Außenstehende zu schockieren, z.B. durch abgewandelte Slogans und veränderte Logos von Topmarken auf T-Shirts: *Leck mich* (mit dem Werbelogo von Langnese); *Nimm mich 2 Mal* (Bonbon-Werbung „Nimm 2 !"); *VICK DICH BLAU – EISBÄRENGEIL* (Werbung für Bonbons „Wick blau – eisbärenstark"), *Condom – Nur lieben ist schöner* (Werbung für Condor: Nur fliegen ist schöner); *Jung kaputt – spart Altersheime; Für die einen ist es nur eine Glatze, für die anderen die längste Stirn der Welt* (Nach Duplo-Werbung für die längste Praline der Welt) (gesammelt von M. Šlamberger 1998, 41 ff.).

Diese belegbaren Auswüchse im Protestverhalten zeigen an, dass differenziert werden muss, wenn man über Jugend und ihre Sprache urteilt. Natürlich kann man „Jugendsprache" auch als „Gesamtheit hochgradig inhomogener Stile einer Generationspopulation mit spezifischen/typischen sprachlichen Abweichungen" auffassen (vgl. M. Buschmann 1994, 219), nur werden dann Unterschiede verwischt, die zwischen einer traditionellen Jugendkultur bestehen (die Musisches ebenso einschließt wie sprachliche Originalität) und einem Underground-Milieu mit offenem Protest, Provokation und Aggression.

Der **„Jugendlekt"** dient dem Kreis der Jugendlichen als mündliches Medium. Schriftliche Belege finden sich allenfalls in persönlichen Briefen, in Schüler- und Studentenzeitschriften, aber auch dort, wo um Jugend geworben wird. Diese Quellen vermitteln nur wenig von der Stiltypik, und auch die lexikalische Ausgestaltung ist „ausgedünnt". Einige Textbelege mögen das verdeutlichen:

– *Salü! Zwei völlig durchgeknallte Power-Girls suchen abgespackte Typen zwichen 14 und 16. Partymäßig geht's bei uns voll ab! Schlaffis können's Porto sparen!*

– *Ciao! Funsport ist alles, Image ist nichts. Wo bist du? Megamäßig gut drauf, durchtrainiert, Superbody und trotzdem was in der Birne. Wenn du dich angesprochen fühlst, schreib mir gleich!*

(Kontaktanzeigen in der Zeitschrift „Bravo Girl", gesammelt von M. Šlamberger 1998, 15)

– *Es ist heute total cool, echt lässig, die Leute flippen, wie wir es gewohnt sind, volles Haus, wie eh und je, sogar Leute aus dem Ausland sind hier* (aus Schülerzeitung „Radioaktiv" des Realgymnasiums Althofen 1991, 13)

Die Syntax ist dem schriftsprachlichen Standard noch weitgehend angepasst, aber ähnlich der Syntax in der Umgangssprache werden satzwertige Wort-

gruppen asyndetisch gereiht. Tabus im Verhalten gibt es nicht. Wie in mündlicher Rede, wird auch hier gelegentlich zusammengezogen (*können's*). Die
Grammatik der Schriftform weist noch nicht auf eine Sondersprache hin.

Die gewählte Lexik zeigt bereits Typisches des Soziolekts: Der unbeküm-
merte Umgang mit **Anglizismen** (hauptsächlich in Morphologie und Komposition), die Vorliebe für **hyperbolische Ausdrücke** (*megamäßig, Superbody*), Bildungen mit **i-Suffix** (*Schlaffi*), **Neubedeutungen** (*abgespackt* zu
niederdt. „spack"; d.h. dürr, schmal; hier in der Bedeutung „männlich, in guter Form"), **hohe Partikelfrequenz** (z.B. die Konversionen aus Adjektiven
echt, total). Viele Lexeme und Lexemgruppen werden aus der Umgangssprache gewählt: *etwas geht voll ab, gut drauf sein.*

Der Versuch, Texte in den Soziolekt umzuschreiben, zielt auf humorige
und kabarettistische Effekte. Dazu habe ich Auszüge aus zwei Texten gewählt:

(1) Aus der Schülerzeitung „Radioaktiv" des Realgymnasiums Althofen
(1989, 32 ff.), Faust, der Tragödie erster Teil:
Der Herr: *Mensch, Mephi, das nervt mich ungeheuer, dass du immer nur
rummotzt!*
Mephisto: *Echt ätzende Chose! Versaut doch total jede geile Action. (...)*
Faust: *Sämtliche ätzende Infos hab ich mir reingepfiffen. Und was ist Sache?*
*Ich häng in der Landschaft wie ein Hirni und blick genauso bescheiden
wie vorher! (...)*
*Null Bock auf Future! Ich glaub, ich geb den Löffel freiwillig ab. Her
mit dem Stoff und ab in die Kiste. Ex und hopp! (...)*
Faust: *Echt geile Nummer eh; kerniger Sound. Das törnt ja wahnsinnig an!*
Ich glaub' eh, ich mach doch noch ein paar Takte länger mit. (...)
*Die Peoples hier sind ja brutal gut drauf heute, und die Vips springen to-
tal rüber.*
Noch während des Osterspazierganges bekennt Faust:
Ich hab ein Feeling wie der letzte Schizo drauf.
Der Pudel folgt ihm:
Schnauze, du abgefuckte Mist-Töle, jetzt nerv mich nicht auch noch!
Dein Gekläff geht mir irre auf die Eier! (...)
Aus dem Pudel schält sich dessen Kern, Mephisto, dieser *Guru aus der Un-
terwelt*:
*Ich bin die absolut ätzende Negativ-Power. Ich verschaff dir 'nen echten
pompösen Trip, wenn du Bock drauf hast. Affengeile Action, sag ich dir,
tierisch gut gegen deine Depressis.*
(...)

(2) Aus „Schneewittchen" in der sprachlichen Fassung von U. Claus und R.
Kutschera (1984, 39):

> *Die ganze Story fing damit an, dass Whitys schwerreicher Alter es nicht ohne Weib aushalten konnte und sone geile Alte in die Bude brachte. Das war 'ne unheimliche Chaotin, nur Schminke und Klamotten in der Birne. und wenn sie ein anderes Weib sah, was dufter aussah als sie selber, dann wurde sie rattendoll. Die Whity sah wahnsinnig scharf aus. (...) Beim nächsten Mal geht die Alte als sone Art Avon-Beraterin und steckt der Whity einen vergifteten Haarkamm in die Minipli. Den machen die Jungs locker wieder raus. (...)*
>
> *Und die beknackte Alte haut der Schlag oder sowas aus den Latschen, als sie spannt, dass Whity wieder durch die Gegend stiefelt und dazu noch 'ne irre Schnappe gemacht hat.*

Die hier schriftlich vermittelte Wiedergabe des an sich nur gesprochenen Soziolekts in der Jugendgruppe nimmt nur selten auch untermalende Onomatopoetica auf (nach M. Buschmann 1994, 220 sog. „Soundswords"). Sie kommen in mündlichen Dialogen und Polylogen recht häufig vor (*eh, whow*).

Die Grammatik des Mündlichen entspricht nach Form und Organisation der restringierten Variante der Umgangssprache. Es wird eine Code-Wahl getroffen, die für die schriftliche Wiedergabe gar nicht oder allenfalls zur nachdrücklichen Situationsmarkierung gewählt wird.

Phonologische Besonderheiten, die über allgemeine Charakteristika (z.B. die Pausenartikulation, Synkope, Apokope) des Mündlichen hinausreichen, sind nicht auszumachen. Im Hinblick darauf ist zutreffend, dass der Soziolekt in Jugendgruppen durch seine Stiltypik (vgl. H. Henne 1986, 202 f. und 218 ff.) und den sie einschließenden Sonderwortschatz charakterisiert ist.

Als weitere der oben noch nicht erwähnten Merkmale des von Jugendlichen gern gewählten Soziolekts können angeführt werden:

(a) die **Schnelllebigkeit expressiver Eigenbildungen** und Eigendeutungen: Zum Beispiel *Ische, Mieze, Schnalle, Schnecke, Typin* als Bezeichnungen für Mädchen vornehmlich in Ostdeutschland, die Ende der 80er, Anfang der 90er Jahre nur kurze Zeit im Gebrauch waren. Selbst Lexeme, die zum Kernwortschatz des Soziolekts zu rechnen waren wie *affengeil* (Titel bei H. Ehmann 1992) und *oberaffengeil* (Titel bei H. Ehmann 1996), werden, soweit ich es einschätzen kann, kaum noch als lexische Mittel in der Kommunikation gewählt.

(b) **Einmalbildungen** im kreativ-spielerischen Umgang mit der Sprache: Das Ungewöhnliche in der Gruppensprache, die Suche nach der besonderen Bezeichnung, das sich vom Allgemeinen abhebende Besondere liegt im Wesen eines Soziolekts. Einmalbildungen sind nicht schlechthin etwas Besonderes im „Jugendlekt", aber in ihnen zeigt sich eine Strategie: über das Ungewöhnliche Aufmerksamkeit bei den *Normalis* zu wecken, sich

von ihrer „Normalität" zu distanzieren, nicht unbedingt von jedem verstanden zu werden. Zu dieser Charakteristik einige Wortbelege: *Grufti-
Leukoplastbomber aus Ossiland* (für den PKW „Trabant", gefunden von
H. Ehmann 1992, 9), *Minipli* (kleine Falte zu franz. „pli"), *Spargeltarzan*
(ein dürrer Typ mit Macho-Manier), *Streifenhörnchen* (Politesse), (Hör-
belege bei M. Šlamberger 1998, 29 f.).

(c) Neigung zum **Bildhaften und Metaphorischen**: Es ist gleichfalls der
Hang zum Ungewöhnlichen, konventionelle Bezeichnungen für Denotate auf andere oder neu zu bildende Lexeme zu übertragen, zum Beispiel
den Türsteher, den Rausschmeißer vor der Disko einen *Gorilla* zu nennen. Benennungen dieser Art sind auch in der Umgangssprache weit verbreitet, nur sind diese Lexeme – in ihrer Mehrzahl jedenfalls – zwar im gesellschaftlichen Sprachbewusstsein lexikalisiert, aber selten auch mit ihrer
metaphorischen Bedeutung in Wörterbüchern registriert. In der Jugendsprache überdauern die meisten dieser Lexeme nur eine kurze Zeit. Immer wieder Neues an lexikalischen Mitteln wird hervorgebracht oder einfach nur umgedeutet.

Schnell wird ein Lexem zum Archaismus. Diese rasante Dynamik im System
des jugendspezifischen Soziolekts unterstützt die Strategie, von Außenstehenden möglichst nicht verstanden zu werden; sie kann aber auch die Verständigung in der Gruppe erschweren. Ergänzende extra- und paraverbale
Mittel in der mündlichen Kommunikation helfen darüber hinweg. Im Widerspruch zur Abgrenzungsstrategie wiederum steht aber, dass der Soziolekt für
eine gelungene Verständigung bei den Kommunikationspartnern die gemeinsame Kenntnis der allgemeinen Umgangssprache wie auch der Standardsprache voraussetzt. H. Henne nennt den Soziolekt der Jugend „ein fortwähren-
des Ausweich- und Überholmanöver" (1986, 208). Hier wenige Wortbelege,
von denen einige bereits in die Umgangssprache eingegangen sind:

> *Hautblüten* (Akne), *Lungentorpedo* (Zigarette/ die Zigarre), *Yuppielut-
> scher* (ein Handy für junge weltgewandte Fachleute zu „Young Urban
> Professional"), *sich etwas reinpfeifen* (etwas essen, eine Show ansehen
> ...), *null Bock haben* (keine Lust, nicht in Stimmung sein), *Knete, Kies,
> Kohle, Moos* (Synonyme für Geld), *durchknallen* (verrückt spielen, et-
> was erleben wollen), *ätzend* (reizvoll, gut).

(d) **Neubedeutungen**: Einem Lexem ein neues Semem „aufzuladen" ist ein
bekannter Vorgang im Entwicklungsprozess lebender Sprachen. Er ist
ökonomisch, weil mit dem Bedürfnis etwas Neues zu bezeichnen, nicht
auch neue Lexeme hervorgebracht werden müssen, und er ist kennzeichnend für die Dynamik im Sprachsystem. In der Standardsprache ist der
Vorgang fast immer auf Bezeichnungsdefizite zurückzuführen; in der Ju-

gendsprache hingegen ist es meistens wiederum der Hang zum Ungewöhnlichen. *Geil* als herkömmliche Bezeichnung für sexuelles Verlangen
wird sofort auffällig, wenn es in der Kommunikation für „gut, wunderbar, hervorragend" eingesetzt wird. Mittlerweile hat die wertende Bedeutung auch Eingang in die Umgangssprache gefunden, und sie wird für
werbendes Anpreisen häufig gewählt. Selbst Kinder im Kindergarten verwenden das Wertwort.

Weniger die Neigung zum Ungewöhnlichen als vielmehr Schutzverhalten
der Sprecher hat wohl dazu geführt, dass *Stoff* auch die Bedeutung „Rauschgift, Betäubungsmittel" angenommen hat. Es ist nicht nur im „Jugendlekt",
sondern heute auch in den Szene-Sprachen verbreitet, geht aber als verhüllende Bezeichnung für „Bier, Getränk" auf die studentische Sprache im 19.
Jh. zurück.
  Gebräuchliche Neubedeutungen sind beispielsweise *abgehen* (hervorragend, erstaunlich gut: Der Song geht total ab), *volle Dröhnung* (Befriedigung
durch gutes Essen, Musik u.a.; aus der Drogenszene übernommen), *realo* (zu
span. „wirklich", mit neuer Bedeutung: „selbstverständlich, na klar"), *irre*
(hervorragend gut, sehr beeindruckend), *abpfeifen* (weggehen, auch die Aufforderung dazu).

(e) **Exponierende Wortbildungen und Wortgruppen**: Auch die Standard-
    sprache hat viele Mittel zur Hervorhebung oder Verstärkung einer Aus-
    sage ausgebildet, die heute kaum noch wahrgenommen werden. Dass et-
    was zum Beispiel nicht nur wichtig, sondern <u>sehr</u> wichtig ist, wird mit ei-
    nem Adverb hervorgehoben, dessen ahd. Form „sero" mit der Bedeutung
    „Schmerz, verwundet, traurig" verbunden ist (heute noch „kriegsver-
    <u>sehrt</u>, Ver<u>sehrt</u>er"). In der Umgangssprache werden häufiger als in der
    Standardsprache zur wertenden Hervorhebung mit positiver oder negati-
    ver Bedeutung auch negativ konnotierte Lexeme oder Basismorpheme ge-
    wählt.

Es kann etwas *ungeheuer wichtig, verteufelt gut, saukalt, wahnsinnig teuer*
sein. Jemand kann sich *wahnsinnig freuen, verdammt gut aussehen, toll in
Form* sein. Auch im „Jugendlekt" wird auf gleiche Weise exponiert oder hy-
perbolisiert: *rattenscharfer Typ, ätzende Chose,* etwas *törnt wahnsinnig an,*
sich *unheimlich down* fühlen, hyperbolische Bildungen mit *ultra* und *turbo*
(*ultrageil, ultracool turbogeil, turbomäßig*), *bockgeil, saugeil, tierisch viel,* einen *tierischen Bock* auf etwas haben, *bockstark*.

(f) **Wortbildungsmodelle**: Von der Standardsprache abweichende Wortbil-
    dungsmodelle gibt es nicht, aber für Personenbezeichnungen häufig ge-
    wählt ist das bereits erwähnte i-Suffix (*Mephi, Hirni, Schlampi*). Um Ver-

wechselungen zu vermeiden, wählen Studenten *Prof* statt des zu erwartenden „Profi" (für Professor). Die Anlehnung an Amerikanismen ist weit verbreitet und findet sich in nachstehenden Kurzwortbildungen:

Flyer (für 13 bis 25-jährige Jugendliche: Fun-Loving Youth En Route to Success „den Spaß liebender Jugendlicher auf dem Weg zum Erfolg"), *Dinks* (kinderloses Doppelverdiener-Paar: „Double Income No Kids"), *Woopie* (wohlhabende ältere Menschen: „Well-off Older People"), *Ultras* (Menschen mit extrem Konsum orientiertem Lebensstil: „Ultra Consumers"). Auch Komposita werden oft gekürzt: *Gase* (für Gaspistole). Das Präfix *ab-* und die gekürzte Form *rum-* mit Präfixfunktion sind auffallend bildungsaktiv: *abducken, sich abgeilen, abgrölen, ablachen, abknien* (sich begeistern), *abkotzen, ablaichen* (nach M. Heinemann auf den männlichen Geschlechtsverkehr bezogen), *abschwitzen/ abschmatzen* (sich irren), *abmatten/ abstressen* (sich ausruhen), *ablinken* (betrügen), *abmischen* (bestrafen), *rumbrettern, rumgurken, rumdudeln, rumlabern/ rumschleimen* (Unsinn reden), *rumstreben* (lernen).

H. Henne (1986, 187) ordnet die Jugendsprache in die Zeit nach 1945 ein und nennt sie ein Phänomen des 20. Jahrhunderts. Bringt man den Zeitbezug mit den gesellschaftlichen Veränderungen in Verbindung, dann überzeugt diese Einordnung insofern, als die heranwachsende Generation sich erst nach 1945, nach den entbehrungsreichen Jahren des 1. Weltkrieges und der Inflation, nach den Hungerjahren des 2. Weltkrieges und der faschistischen Diktatur wirklich entfalten und ihre Reifung bewusster wahrnehmen konnte.

Mitte der 60er Jahre wurde vornehmlich unter der Jugend die Gesellschaftskritik schärfer, Feindbilder wurden aufgebaut, linke Protestbewegungen bildeten sich heraus. Jugend setzte auf Mitverantwortung und protestierte gegen alles, was sich angepasst verhielt. Überlieferte Erwartungen wurden in Frage gestellt. Zweifellos entwickelte sich der beschriebene „Jugendlekt" aus dieser zunächst verständlichen Haltung heraus. Die heute zu beobachtende Zunahme an Grobianismen, Sexualismen und Fäkalismen im Wortschatz wie auch die zunehmende Gewaltbereitschaft geben allerdings zu denken und können in der Gesellschaft mehrheitlich nicht toleriert werden.

Aber die Jugendsprache hat auch ihre Motivationslinien für das Unkonventionelle und Besondere, die nach der Beweislage bis in die Zeit der ersten Universitätsgründungen (Prag 1348, Wien 1365, Heidelberg 1368) zurückreichen (vgl. H. Henne/ G. Objartel 1984, H. Ehmann 1992). Doch daraus den Schluss zu ziehen, die oben beschriebene Jugendsprache sei nur eine Fortsetzung, ein Entwicklungsabschnitt in der herkömmlichen Studenten- und Schülersprache – genauer: ihrer Wortschätze –, das ist schon mit Blick auf die unterschiedlichen gesellschaftlichen Voraussetzungen nicht möglich. Mir sind auch keine Lexeme im „Jugendlekt" bekannt, die in direkter Linie auf die Schüler- bzw. Studentensprache zurückgehen.

Manch ein Lexem aus der **Studentensprache** hat sich in den Wortschätzen der Umgangs- und Standardsprache erhalten:

> *Radau, randalieren, schiffen* (für harnen), *schlendern, eine Runde schmeißen, einen schmettern* (Bier, Schnaps trinken), *Schmöker* (Buch), *schmökern* (lesen), *bimsen* (mühsam lernen), *büffeln* (angestrengt lernen), *Schmu machen* (betrügen), *schofelig* (aus dem Rotwelsch für „geizig, knauserig"), *Penne* (höhere Schule), *Pennal* (Student der unteren Semester), *durchbrennen* (die Universität heimlich verlassen), *durchfallen* (Prüfung nicht bestehen), *Bude* (Studentenzimmer), *fix* (gewandt, schnell), *forsch* (verwegen, frisch), *fidel* (lustig, vergnügt), *feixen* (zu *Feix*, ein angehender Student), *Kneipe* (zu „Kneipschenke"), *Kneipier, Fressalien, Einfaltspinsel, famos, honorig* (ehrenhaft, freigebig), *klammheimlich, burschikos* (zu „Bursche", der gemeinsprachlichen Bezeichnung für den Studenten, dazu auch „Burschenschaft"), *krass* (*krasser Fuchs*: junger Student ohne Lebensart), *Jux, keilen (sich prügeln), Keile, Keilerei, Krakeel* (Lärm), *krakeelen, Korona* (Zuschauerkreis bei einer Mensur), *mollig* (studentisch: „weich, beweglich"), *Moneten* (gemünztes Geld).

Auch das zu allen Zeiten demonstrierte Sprachverhalten der Studenten und der darin eingebundene Sonderwortschatz sind differenziert zu betrachten. Schon im 17. Jh. hat Eberhard Werner Happel, ein Zeitzeuge und Romanautor, die *Studiosi* in seinem „Akademischen Roman" (1690) in fünf Gruppen eingeteilt: in die *Fresser und Säufer, die Fechter und Balger, die Kurtisanen und Weiberscharwenzler, die altmodischen Pflastertreter,* die wenigen *ernsten Studierenden.* Er hat „*alle diese Vögel abgemalet, damit man sie an ihren Federn erkennen und sich ihrer entschlage*" (K. Gysi u.a. 1962, Bd. 5, 488). In der Sonderlexik der Studenten, gemischt mit Alltagslexik (z.B. *saufen, fressen, scharwenzeln*), spiegeln sich Milieu-Unterschiede wie eben auch heute in der Jugendsprache.

Mit der zunehmenden Konzentration und Spezialisierung von Arbeitstätigkeiten ist es heute kaum noch möglich, an den traditionellen **Berufssprachen** festzuhalten. Wer beispielsweise einmal Möbeltischler gelernt hat, übt in der industriellen Fertigung spezielle Tätigkeiten aus, die dem herkömmlichen Berufsbild nicht mehr entsprechen, aber Tätigkeiten aus anderen Berufen einschließen. Die sog. „Berufssprachen" variieren im Gebrauch von Betrieb zu Betrieb und innerhalb des berufsspezifischen Sprachsystems. Hinzu kommt die Beherrschung der heute allgemein vorausgesetzten elektronischen Kommunikation. Die linguistische Beschreibung einer Berufssprache wird hauptsächlich auf die Beschreibung der fachlichen Terminologie eingegrenzt, das heißt auf den „harten Kern" jeder Berufssprache (dazu Kapitel 2.2.3.2.).

Vieles aus dem Sonderwortschatz der Berufssprachen dient bereits der gemeinsprachlichen Kommunikation. Der **Seemannsprache** entnommen sind

abhauen (abheuern), *ramponieren* (mit eisernem Haken bearbeiten; übertragen: beschädigen), *flott* (zur [schnellen] Fahrt bereit; übertr.: munter, flink), *Schott* (wasserdicht schließende Tür; übertr.: *die Schotten dicht machen* „Fenster, Türen schließen, sich verschließen, den Mund schließen"), *ausbooten* (übertr.: jmd. aus einer Position entfernen), *Bord* (Schiffsrand, Schiffsdeck; übertr.: an Bord eines Flugzeugs), *bugsieren* (ein Schiff ins Schlepptau nehmen; übertr.: *jmd. nach Haus, ins Bett bugsieren*), *Takelage, takeln/auftakeln* (Segeleinrichtung, Schiffsausrüstung; übertr.: sich geschmacklos herausputzen).

Der **Sprache der Jäger** entnommen sind:

Jmd. auf den Leim gehen, auf den Busch klopfen (in der Jägerspr. um das Wild aufzuscheuchen), *dressieren* (den Jagdhund abrichten; übertr.: Kind erziehen, unkindlich artig, etwas in eine Form pressen), *erdrosseln* (zu Drossel „Wildkehle"; übertr.: erwürgen), *Fährte* (die Spur des Wildes; übertr.: einer Sache nachgehen; jmd. einen Hinweis geben), *kirren* (locken, zähmen; übertr.: eine Person gefügig machen), *wittern* (riechen, schnuppern; übertr.: ahnen, vermuten), *Kesseltreiben* (Treibjagd; übertr.: Menschen von vielen Seiten her in Bedrängnis bringen).

Den **Sprachen verschiedener Berufe** entnommen sind:

in Bausch und Bogen (ein Bild der Papiermüller); aus dem <u>Wortschatz Holz verarbeitender Berufsgruppen:</u> *aufmöbeln* (Aufarbeiten alter Möbel; übertr.: aufmuntern, erneuern); *Schnitzer* (Holzbildhauer; übertr.: grober Fehler, zurückgehend auf fehlerhaften Schnitt); *aus gutem, feinem Holz geschnitzt* (feingefasertes, astfreies Holz; übertr.: von guter, auch empfindsamer Art); *Spund* (Verschlussloch am Fass, auch Verschlusszapfen; übertr.: *junger Spund* „unreifer Mann"); *ungehobelt* (mit dem Hobel noch nicht geglättet; übertr.: grobe, unhöfliche Person); <u>aus dem Wortschatz der Bauern:</u> *die Spreu vom Weizen trennen* (übertr.: das Schlechte vom Guten trennen); *sein Schäfchen ins Trockene bringen* (eigentlich: die Schafe von sumpfiger oder nasser Weide holen, um sie vor Schaden zu bewahren; übertr.: das Seine in Sicherheit bringen); *Schafskopf* (das Schaf ist für den Bauern ein besonders anspruchsloses Tier; metonymisch übertr.: ein dummer Mensch); *Mist* (tierischer Kot, hauptsächlich zur Düngung; übertr.: Minderwertiges, auch Wertloses, dazu viele Kollokationen: *Mist reden, machen, schreiben; Mistkerl; stolzieren wie der Hahn auf dem Mist*); <u>aus dem Wortschatz der Förster:</u> *auf dem Holzweg sein* (Forstweg, davon abgeleitet: irrtümlich, abwegig); *holzen* (Bäume fällen;

übertr.: sich prügeln; roh [Fußball] spielen); aus dem archaischen <u>Wortschatz</u> <u>im Bank- und Rechtswesen</u>: *auf die lange Bank schieben* (Bank als die Truhe für Gerichtsakten; übertr.: Anstehendes verzögern); *über den Tisch ziehen* (Tisch der Geldwechsler; übertr.: betrügen, hintergehen).

Diese wenigen hier nur zum Nachweis ausgewählten Belege zeugen vom Erhalt und der mittlerweile erweiterten Extension des Wortschatzes verschiedener Berufe. Natürlich haben viele Lexeme auch den entgegengesetzten Weg aus der Umgangs- und Standardsprache in den Berufswortschatz genommen. *Rute* in der Sprache der Jäger ist eine Metapher zum gleichlautenden gemeinsprachlichen Lexem in der eigentlich ursprünglichen Bedeutung „Stange", später auch „Gerte, Zweig" für den Schwanz des Raubwildes, auch des Hundes und des Eichhörnchens.

   Ohne Kenntnis der Etymologie lassen sich sprachinterne Beziehungen zwischen den Wortschätzen der Gemeinsprache und der Berufssprache niemals sicher bestimmen. Ein *Schäferstündchen* hat etymologisch nur wenig mit dem Schäfer zu tun, wohl aber mit der sog. Schäferliteratur und Idyllendichtung des 18. Jh., in der Schäferin und Schäfer das Sinnbild abgaben für Unschuld und zärtliche Liebe. Es sind die Stunden ihres traulichen, liebevollen Beisammenseins.

Die Lexik in der **Sprache der Politik** kann nur partiell als Sonderwortschatz angesehen werden, denn weder ihre soziale Basis noch die politikbezogene Lexik selbst ist einer einheitlichen Beschreibung zugänglich. Ihre professionellen Sprechergruppen innerhalb der Sprachgemeinschaft, z.B. eines Bundesstaates, sind Parteien, politische Gruppierungen, Regierungen, Parlamente. Hinausgehend über diesen engeren Rahmen wird der erwachsene Teil der Sprachgemeinschaft über die Medien, über das Bildungswesen oder im direkten Kontakt mit Politikern in die Kommunikation um politische Sachverhalte einbezogen. Das heißt, dass der engere Kreis der sozialen Basis um die professionellen Sprechergruppen und der weitere Kreis um etwa drei Viertel der Sprachgemeinschaft zu ziehen ist. Schon diese nur grobe Differenzierung der potenziellen Kommunikationspartner, die die Sprache der Politik zur gegenseitigen Verständigung mehr oder weniger professionell wählen (oder auch nur als Adressaten angesprochen werden), weist darauf hin, dass wir es nicht mit einem Soziolekt bzw. einer sprachlichen Varietät zu tun haben.

   Der Politik bezogene Wortschatz umfasst Professionalismen, z.B. der Finanzpolitik, der Kulturpolitik, der Außenpolitik, der Schulpolitik; er schließt aber auch einen von Interessen geleiteten strategischen Wortschatz für die politische Meinungsbildung und Meinungsäußerung mit ein. Wer politisch überzeugen will, muss Begeisterung für politische Ideale und Ziele entfachen. Eine gute politische Rede kann Zustimmung zu sachlich dargelegten Inhalten bewirken, sie kann Gefühle und Stimmungen in den Menschen beeinflussen.

Aktives und *passives Wahlrecht, Grundgesetz, Föderalismus, Gesetzesinitiativrecht, Immunität, Gesetzesvorlage, inländische juristische Person* sind per definitionem inhaltlich festgelegte Professionalismen des politischen Wortschatzes mit überparteilicher Geltung und Akzeptanz. Sie entsprechen inhaltlich dem Fachwortschatz der Jurisprudenz und können deshalb auch als Elemente (besser: Termini) des **politischen Fachwortschatzes** bezeichnet werden. Sie sind semantisch monosem und werden zur eindeutigen Verständigung unter Politikern und Nicht-Politikern gewählt.

Die politischen Parteien bestimmen ihre Grundwerte mit den Begriffen *Freiheit, Gerechtigkeit, Solidarität.* Der Wertbeimessung in der Politik dienen aber auch die Bezeichnungen für Staatsformen *Demokratie, Diktatur,* für politische Ordnungen, z.B. *Anarchie,* für Wirtschaftsformen, z.B. *soziale Marktwirtschaft, Planwirtschaft.* Ihren Inhalten haften Gruppenziele und interessen an, so dass die verschiedenen politischen Parteien und politischen Gruppierungen beispielsweise *Demokratie, soziale Marktwirtschaft, Gerechtigkeit* nicht übereinstimmend definieren.

G. Klaus (1971, 22) nennt diese Lexeme des politischen Wortschatzes nach Ch. W. Morris (1946) **Appraisoren.** „Der Inhalt eines solchen Zeichens besteht darin, dass derjenige, an den es sich wendet, gegenüber dem in Frage stehenden Objekt, der betreffenden Situation usw. sich so verhält, als hätte dieses Objekt, diese Situation für ihn einen bestimmten positiven oder negativen Wert." Er fügt hinzu, dass Appraisoren eine präskriptive Komponente haben, die das Verhalten der Benutzer beeinflusst (G. Klaus 1971, 22 f.). W. Dieckmann (1980, 61 ff.) behandelt diese Art spezifischer politischer Lexik unter dem Begriff „Schlagwort". Er schreibt: „Ein Wort ist also nie als solches ein Schlagwort, sondern wird dazu immer erst in bestimmten Situationen. Man kann sagen, dass die Wörter *Demokratie, Fortschritt, Sozialismus* u.a. heute meistens als Schlagwörter verwendet werden, aber sie haben daneben, z.B. in der Wissenschaftssprache, auch andere Gebrauchsweisen. Das Schlagwort ist eine Erscheinung der Parole, nicht der Langue. Ein Wort ist nicht Schlagwort, sondern wird als Schlagwort gebraucht."

In Schlagwörtern (bzw. Appraisoren) spiegeln sich politische Gruppeninteressen und -ziele, die, eingebettet im Stil bzw. in der Rhetorik des Textes und im Rahmen eines kommunikativen Ereignisses, den Hörer oder Leser in seiner Meinung beeinflussen oder bestätigen können. Als sprachliche Mittler von Parteiinteressen sind sie zwar Elemente eines Gruppenwortschatzes und rücken in die Nähe der an einen Soziolekt gebundenen Lexik, aber sie dienen nicht nur der Verständigung innerhalb der Gruppe. Vom Rezipienten wird vorausgesetzt, dass er die Ideologie der Gruppe kennt.

Das in unserem Jahrhundert wohl am häufigste gebrauchte und missbrauchte Politlexem ist *Demokratie.* Seine Semantik hat zu allen Zeiten ideologiegebundene Wandlungen erfahren. Schon die Komposition aus *démos* und *kratéin* wird historisch inkorrekt mit „Volksherrschaft" übersetzt, obwohl wörtlich die „Herrschaft des Demos" gemeint ist, also jener freien Bürger in den griechischen Poleis, die selbst produzierten und keine Sklaven besaßen. Es waren kleine Handwerker und Bauern, selten auch Großhändler und Besitzer von Werkstätten auf der Seite der demokratischen Bewegung. Im Gegensatz zu den Demokraten standen die Anhänger der Oligarchie.

Deutsche Politologen unserer Zeit umreißen den Idealbegriff von „bürgerlicher Demokratie" mit dem Anspruch

> *„Demokratisch ist ein Gemeinwesen zu nennen, das unter Anerkennung der Würde des Menschen als letzten Wert darauf abzielt, allen Bürgern in gleicher Weise die Freiheit zur Entfaltung ihrer Persönlichkeit und zu verantwortlicher Lebensgestaltung zu gewährleisten"* (W. Besson/ G. Jasper 1975, 37).

In diesem Sinne ist Demokratie undenkbar ohne Gewaltenteilung, Prinzip des Mehrheitsentscheids und der Mündigkeit der Bürger. Es bleibt eine Zielvorstellung, denn soziale und wirtschaftliche Faktoren stehen dem Mündigkeitsprinzip im Wege.

Den Appraisoren fehlen fachsprachliche Prägnanz und aktuelle Präzisierungen, denn präzise Definitionen könnten den politischen Zielen schaden. Durch den Mangel an Eindeutigkeit, an Prägnanz sind sie geradezu geeignet, die appellative Funktion des Schlagworts zu übernehmen. Die Unschärfe ihres begrifflichen Inhalts ermöglicht es, Teilinhalte hinzuzufügen oder den Interessen zuwiderlaufende Teilinhalte herauszustreichen. Solche Änderungen im Komplex der herkömmlichen Semantik können unter bestimmten politisch-sozialen Bedingungen agitatorisch sehr wirkungsvoll sein.

Die Politiker der ehemaligen DDR haben am Urbegriff „Herrschaft der Demos" angeknüpft und ideologisch determinierte Teilinhalte hinzugefügt:

> *Aus der Diktatur des Proletariats erwachsenes sozialistisches Staats- und Gesellschaftsgefüge, politische Machtausübung durch die Arbeiterklasse, Leitung und Planung der staatlichen gesellschaftlichen Entwicklung durch die Werktätigen* (vgl. G. Kempcke als Leiter eines Autorenkollektivs 1984, 235).

Gelegentlich wurde das Lexem „Demokratie" mit dem Zusatz „sozialistisch" versehen. Auch die Anfügung *höchste Form der Demokratie* fehlte nur selten. Selbst für Außenstehende Fragwürdiges hatte verbreitet positive Wirkungen: *Alle Bürger haben das gleiche Recht zur Mitgestaltung des politisch-*

staatlichen Lebens ‹———› *die Inhalte des politisch-staatlichen Lebens werden vom Staat bestimmt* (ebenda 235).

Appraisoren erfüllen eine appellative, d.h., agitatorische Funktion. Ihr Begriff muss mit dem Designat (dem Bezeichneten) inhaltlich nicht unbedingt übereinstimmen (vgl. auch die Erörterung zur Signifikation von „Demokratie" bei R. Hegenbart 1984, 55). Appraisoren innerhalb der Politlexik gehören zum Kernbereich des politischen Wortschatzes, weil sie terminologisch oder auch pseudo-terminologisch in der Sprache der Politik verwendet werden.

Strategisch wirksam für die Meinungsbildung sind Formeln, **Stereotype**. Sie zeigen Grundpositionen der überparteilichen wie auch parteilichen Politik an. Dem Grundgesetz für die Bundesrepublik Deutschland sind zu entnehmen:

In freier Selbstbestimmung, die Einheit und Freiheit Deutschlands vollenden, die Würde des Menschen ist unantastbar, demokratischer und sozialer Bundesstaat, verfassungsmäßige Ordnung, freiheitliche demokratische Grundordnung.

Um politische Sachverhalte zu erörtern oder auch zu bewerten, können viele der autosemantischen Lexeme aus dem Lexikon der Sprache gewählt oder mit Hilfe von Wortbildungsmitteln neu gebildet werden. Ein spezielles Beispiel für eine **Wertbeimessung durch rhetorische Tropen** behandelt I. Hudabiunigg (1995, 37 ff.). Aus der Bonn-Berlin-Debatte im Deutschen Bundestag greift sie die Tropen *brave Tochter* (für die alte Hauptstadt Bonn) und *freche Göre* (für die neue Metropole Berlin) auf. Die Tropen assoziieren Bonn als langweilige Provinzstadt und Berlin als lebendiges Zentrum der Republik. Die gewählten Metaphern geben Lösungsstrategien vor. Aber auch **lexikalisierte Tropen** „auf Zeit" gehen in den politischen Wortschatz ein: *politische Landschaft, Optionsmodell* (des Staatsbürgerschaftsrechts), *Nischenthema, Kräfte bündeln, große Worte, Scherbenhaufen* (alle Beispiele aus Interviews mit führenden Politikern der BRD im Nachrichtenmagazin Focus Nr. 7 und 8/1999).

Die auf Wirkung, Handlungsveranlassung und Überzeugung zielende politische Rede schöpft alle Mittel der Rhetorik aus; sie ist innovativ in der Gestaltung, so dass die einseitige Betrachtung nur des politischen Wortschatzes eine politische Rede völlig unzureichend charakterisieren würde.

Will man den Wortschatz in der Sprache der Politik erfassen und beschreiben, kann man die **figural verwendete Lexik** nicht ausklammern. Sie lässt sich nicht als spezifische politische Lexik definieren, denn sie ist nur für das jeweils konkrete kommunikative Politereignis zweckdienlich. Mit der Wahl dieser Lexik und ihrer stilosyntaktischen Einbettung folgt der Sprecher/Schreiber bestimmten Intentionen im Rahmen der Konzeption seiner

Rede. Beispielsweise stellte der Ministerpräsident des Landes Hessen in einem Interview fest: „Die *Union hat ihre Depression* überwunden"; „jetzt ist *Schluss mit lustig*"; „die *rot-grüne Arroganz* ist schnell gestoppt" (Nachrichtenmagazin „Focus" Nr. 7/1999, 28). Er wählt die lexikalischen Tropen der Personifizierung und der Metonymie zur Konnotierung (Wertung) des Verhaltens zweier politischer Parteien, und er wählt zur Ironisierung aktueller Politik und mit Anspielung auf ein aktuelles Wahlergebnis in seinem Land eine Floskel mit klangähnlichen Elementen (Parophonemie).

Polymorphemische und onymische Komposita – es sind zum Teil nur **kurzlebige Neologismen** – kommen recht häufig vor. Sie vermitteln komprimierte Aussagen zu politischen Sachthemen:

> *Berlin-Umzug, Hessenwahl, Anti-Doppel-Pass-Kampagne, Richtlinien-Kanzler, Lafontaine-Vertraute, Grünen-Abgeordnete, Scheinselbstbeständigkeit, Arbeitszeit-Flexibilisierung, CDU-Bundesvorstandsklausur.*

Anders einzuordnen sind generalisierende metonymische Personenbezeichnungen für politische Richtungen. Es sind **politische Onymika**, die zumeist negative Wertungen applizieren. Sie sind im Sprachbewusstsein bereits lexikalisiert:

> *Hardliner, Terrorist, Revoluzzer, Traditionalist, Modernisierer, Radikaler, Grüner, Schwarzer, Roter, Rosaroter.* Neutrale bzw. wertend verwendete oder auch selbst-kategorisierende Personenbezeichnungen sind *Sozialdemokrat, Kommunist, Christdemokrat, Sozialist, Reformer und viele andere.* Es wäre schon Selbstironie, würde sich ein Christdemokrat *Schwarzer* nennen.

Auch die **Medien** informieren vermittels des politischen Wortschatzes mehr oder weniger sachlich und keineswegs unparteilich über politische Sachverhalte. Dennoch lässt sich ihre auf Politik bezogene Sprache auf keiner Ebene als Fachsprache der Politik definieren. Wenn auch insbesondere einzelne Printmedien mit bestimmtem Leserkreis Einfluss auf die Meinung ihrer Leser nehmen, so sind es doch letztlich Erwartungen der Adressaten an die Medien, die die Auswahl der Informationen und die textliche Gestaltung wesentlich lenken. Bedürfnisse und Ansprüche der Adressaten an die Unterhaltung auch im Rahmen politischer Informationen spielen eine nicht unbedeutende Rolle. Wie die Medien darauf reagieren ist unterschiedlich. Dennoch: die Politik wird zur Unterhaltung und mit dieser Funktion dient sie zugleich der Interessenlenkung. Ihre sprachliche Vermittlung muss deshalb originell, und sie muss – wenn auch dosiert – expressiv sein.

Schon die Textüberschrift gibt den Anreiz für den Leser (oder sie soll Anreiz sein). Selbst ein Nachrichtenmagazin legt sich kaum noch Zurückhaltung auf. Ein Bundesumweltminister wird *Neu-Narr* und *grüner Junge* genannt, ein Bundeskanzler *Großmoderator, Obersozi,* ein Finanzminister *Ekelalfred der deutschen Politik, Hirtenhund, Zuchtmeister, Chef, roter Rottweiler, Strippenzieher* (siehe „Focus" H. 8/99). Nein, die Sprache ist nicht monoton, sie ist aber auch nicht moderat.

Zusammenfassung:

Ethnisch definierte Gruppen in einer Gesellschaft vereinigen in sich Menschen mit gleichen speziellen Interessen und gleicher sozialer Bindung, was sie auch zusammengeführt hat. Sie sprechen in der Gruppe zwar keine eigene Sprache, aber sie haben einen eigenen Sonderwortschatz ausgebildet, über den die so genannte Gruppensprache (der Soziolekt) definiert wird. Im vorausgegangenen Kapitel werden Wortbelege aus den Wortschätzen des Rotwelsch, der Sprache der Jugend, der Studentensprache, einigen Berufssprachen und der Sprache der Politik angeführt, und es wird Charakteristisches zu den belegten Soziolekten ausgeführt. Jede Sprache bleibt nicht isoliert von den Einflüssen aus anderen Sprachen. Es werden Einflüsse der Soziolekte auf die Gemeinsprache nachgewiesen.
Fragen: Ist die Sprache der Jugend nur ein besonderer Sprachstil oder ist sie auch durch lexikalische und grammatische Besonderheiten gekennzeichnet?
Worin sehen Sie Unterschiede zwischen der Sprache der Politik und den Sprachen der sozialen Gruppen?

2.2.6. Lexik der Umgangssprache

„He, junge Frau, Sie kriegen noch Geld raus, schließlich haben's wir alle nich so dicke", so die freundliche Marktfrau zu ihrer Kundin. Die junge Frau bedankt sich. „Ich war mit meinen Gedanken schon weiter, tschüs." – Dieser knappe Dialog in einer alltäglichen Situation zeigt eine Sprachform an, die sich grammatisch, lexikalisch und – würde man sie hören – auch phonetisch von der Norm der Hochsprache abhebt. Der Begriff „Umgangssprache" steht für eine nationalsprachliche Existenzform des Deutschen, die vorzugsweise im Alltag gewählt wird, aber nicht in jeder alltäglichen kommunikativen Situation angemessen ist. Der häufig synonym verwendete Begriff „Alltagssprache" ist irreführend, denn auch im Alltag wird nicht nur Umgangssprache, sondern auch Hochsprache oder Dialekt gesprochen, je nach den sozialen Bedingungen der Kommunikation und der individuellen Sprachhaltung des Sprechers. Der Alltag im Leben ist das Allgemeine, das Durchschnittliche, der Umgang mit dem Gewohnten, mit dem, was gewöhnlich zu erwarten ist. Der linguistische Terminus „Umgangssprache" nimmt darauf insofern Bezug, als auch in der „gewöhnlichen mündlichen Kommunikation" nur eine unvermittelt, spontan geformte Sprachverwendung erwartet wird.

Aus pragmalinguistischer Sicht ist der „Alltag" ein Kommunikationsbereich, der neben den Bereichen Wissenschaft, Kunst, Sport, Verwaltung/Direktive, Lernen/Lehren, Justiz und noch wenige andere vorherrschend eigene Kommunikationsthemen und seine charakteristische Eigenheit in der Wahl der verfügbaren sprachlichen Mittel hat. Gewiss ist die Umgangssprache die in der Alltagskommunikation gebräuchlichste nationalsprachliche Existenzform,* aber sie ist, wie verschiedentlich nachgewiesen wird (so auch bei S. Bračič 1993), „nicht mehr ausschließlich Domäne des Alltagsverkehrs, sondern sie dringt in beinahe alle Funktionalstile ein" (ebenda, 29), selbst in die Stile der Kunst und der Wissenschaft. Ebenso ist die Umgangssprache nicht mehr nur ein ausschließlich mündliches Kommunikationsmittel. Die Wahl einzelner Lexeme und grammatischer Strukturen für schriftliche Texte bringen stilistische Markierungen hervor, die auf Effekte zielen, z.B. kann Umgangssprachliches in einem wissenschaftlichen Vortrag monotone Sachlichkeit in der Vortragsweise auflockern. Aus seinen Untersuchungen kommt S. Bračič zu dem Schluss, dass die Umgangssprache allmählich ihre sozialstigmatisierende Eigenschaft verliert und psycho-sozial bedingte kommunikative Funktionen annimmt (ebenda, 29).

Aspekte einer internen Gliederung der Umgangssprache in der linguistischen Literatur sind (a) die diatopische Differenzierung (regionalgefärbte umgangssprachliche Varietäten im deutschen Sprachraum) und (b) die diastratische Differenzierung (defizitäre, niedere Umgangssprache und allgemeine, überregionale Umgangssprache mit anklingend regionaler Färbung; ihr Vorkommen ist abhängig vom Bildungsstand der Sprecherin/ des Sprechers, dem sozialen Status und von der jeweiligen kommunikativen Situation).

In ihrer Stellung zwischen Dialekt und Hochsprache wird die Umgangssprache mehr mit dialektaler bzw. regionaler Färbung oder mehr nach der Norm der Hochsprache („gehobene" Umgangssprache) gesprochen. Diese subsumtiven Erscheinungsformen erschweren es, die Umgangssprache zu definieren. Das betont auch S. Bračič, wenn er schreibt:

> *„Umgangssprache ist ein Oberbegriff für die situativ und funktional differenzierte Erscheinungsform der Sprache, die aus mehreren, von den Dialekten bis zur Hochsprache hinreichenden Erscheinungsphasen besteht, welche im Zusammenhang mit der jeweiligen Kommunikationssi-*

---

* Als synonym zu „Existenzform" ist in der Linguistik auch „Sprachvarietät" gebräuchlich. So auch bei H. Glück (als Hrsg.) 1993.

tuation optimal eingesetzt werden können, um entsprechende kommunikative Ziele zu erreichen" (ebenda, 31).

„Situativ" meint hier sowohl die soziale als auch die regionale Situation.

Die von mir gebrauchte Attribuierung „allgemeine Umgangssprache" meint die von der Hochsprache zwar abgehobene, aber dennoch dialektferne Subvarietät. Sie ist durch regionale lexikalische Besonderheiten und phonetische Eigenheiten der Region markiert, kann aber zur allgemeinen Verständigung im deutschsprachigen Raum gewählt werden. Auf sie trifft S. Bračič' Beobachtung zu, wenn er schreibt, dass heute „im großen und ganzen von e i n e r deutschen Umgangssprache gesprochen werden kann, die überregionale Verwendung findet und (...) funktional mit der Literatursprache (d.i. Standardsprache – S. H.) gleichwertig sein kann" (1993, 178).

Defizitäre Sprachstrukturen werden gemieden, saloppe und vulgäre Ausdrucksmittel sind relativ selten und werden allenfalls situationsbedingt schon einmal gewählt. Abstufungen im Gebrauch einer mehr regionalnahen oder mehr regionalfernen Umgangssprache fungieren zumeist wie kommunikative Mittel, um eine bestimmte soziale Situation im Verhältnis der Gesprächspartner zueinander anzuzeigen. Für Vertrautheit im Verhältnis zum Partner kann die Wahl des Dialekts oder einer dialekt- bzw. regionalnahen Umgangssprache die angemessene Varietät sein. Hingegen kann ein auf Distanz angelegtes Verhalten selbst zwischen Personen, die mit dem Dialekt vertraut sind, vermittels der Hochsprache oder einer hochsprachennahen Umgangssprache zum Ausdruck gebracht werden. Es ist aber immer nur von der M ö g l i c h k e i t einer bewusst gewählten, funktional gerichteten Varietät auszugehen, denn es sind auch Unterschiede in der Sprachbeherrschung, aber auch Fehleinschätzungen zur sozialen Situation zu bedenken.

Die Umgangssprache gilt heute als die am häufigsten verwendete Existenzform der deutschen Sprache (so auch H. Langner 1990, 379; W. Henzen 1954, 19 f.). W. Motsch meint sogar, dass die meisten Menschen möglicherweise nur die Umgangssprache verwenden (1972, 132).

Hier anzumerken ist, dass der Begriff „Umgangssprache" selbst in der Linguistik keineswegs einheitlich verwendet wird. H. Küpper (1987), auch L. Götze/ E.W.B. Hess-Lüttich (1993) verwenden „Umgangssprache" und „Alltagssprache" synonym. T. Schippan versteht unter Umgangssprache die im Alltag verwendete Sprache in einer Region, die literatursprachennahe sein kann oder „- wie im Norden Deutschlands – weitgehend mit den Mundarten zusammenfällt" (1992, 12). H. Burger meidet den Begriff „Umgangssprache" und ersetzt ihn durch „standardsprachliche Variante" (1998, 203).

Lexikalische Besonderheiten Deutschlands, Österreichs und der Schweiz bestimmt H. Burger terminologisch (nach U. Ammon 1995) als „Teutonismen", „Austriazismen", „Helvetismen" (H. Burger 1998, 194). M. Uesseler sieht in der Umgangssprache die gesprochene, überregionale, nicht fachgebundene, „zur Kommunikation verwendete Gebrauchssprache" (1982, 175). In nicht linguistischen terminologischen Wörterbüchern wird „Umgangssprache" auch im Sinne von „Gemeinsprache" verwendet. Sie sei nicht zur fachlichen Kommunikation geeignet.

Zieht man daraus das Fazit, dann zeigen sich zwar vordergründig Unsicherheiten in der treffenden Bezeichnung einer vielschichtig verwendeten Existenzform des Deutschen, aber letztlich geht es um ein Kommunikationsmedium, das regional markiert ist, aber auch bei Selektion der verfügbaren Mittel für die überregionale Kommunikation gewählt und in unterschiedlichen Situationen angepasst verwendet wird. Es vermag in Soziolekte und in die Schriftsprache einzudringen und es kann Fachsprachliches substituieren, z.B. durch Fachjargonismen. Die Umgangssprache ist bei weitestgehender Verallgemeinerung eine anpassungsfähige Gebrauchssprache.

Im Folgenden führe ich wesentliche lexikalische Merkmale der **allgemeinen Umgangssprache** an, wobei ich versuche, den Mittelwert zu treffen sowohl hinsichtlich ihrer regionalen Bindung als auch ihrer Nähe zur Hochsprache.

(1) Umgangssprachliche Texte werden hauptsächlich mündlich vermittelt. Sie enthalten überwiegend Lexeme aus dem standardsprachlichen Lexikon. Der Eigenbestand an umgangssprachlicher Lexik ist im Alltagstext verhältnismäßig gering; berücksichtigt man allerdings den gesamten Lexembestand einschließlich der zahlreichen stilistischen Synonyme mit ihren vulgären und saloppen Entsprechungen, gelangt man zu einem beträchtlichen Umfang sowohl auf der Wortebene als auch auf der phraseologischen Ebene (ich verweise auf die eindrucksvolle Sammlung bei H. Küpper 1987).

Die Quellen für die umgangssprachliche Lexik sind neben der heimischen Sprache und ihren Dialekten auch fremde Sprachen und Soziolekte. Dialektalen Ursprungs sind u.a.

> *Rabauke* (niederrh. und Omd.), *Racker* (md. und obd.), *scheppern* (obd.), *schnacken, Dusel, dösen, dröseln/aufdröseln, gammeln, Rüffel, Köter* (alle nd.), *kabbeln* (sächs.), *grantig* (obd.), *grässlich* (mnd.), *grölen* (nordd.), *Grips* (nordd./ md. „Verstand").

Der Anteil dialektaler Mittel in der „allgemeinen Umgangssprache" ist als sehr hoch einzuschätzen.

Fremdsprachlicher Herkunft sind u.a.

> *forsch* (aus dem franz. force über das nd. > fors „Kraft"), *sackerlot!/ sapperlot!* (franz. sacre lot „verfluchtes [eigentlich heiliges] Schicksal"), *Salm* (Gerede zu griech.-lat. „psalmus"), *Masche* (Trick, Ausrede zu

jidd. mezio „Gewinn"), *Palaver* (port. palavra „Wort, Sprache"), *scharwenzeln* (tschech. zu „Wenzel", der Bube im Kartenspiel), *jobben/ Job* (engl.), *Punktum!* (lat. punctum „Punkt"), *groggy* (engl.), *kaputt* (franz. capoter „kentern" wohl auch lat. caput „Kopf"), *kampieren* (lat. campus), *kess* (jidd. Kurzwort „ches" [Kluger, Weiser]), *Brimborium* (übertriebener Aufwand, Geschwätz; lat. breviarium).

Fremdsprachlicher Herkunft sind auch die umg. Abschiedsformeln *tschüs* und *tschau*. Während *tschüs* nördlich des Mains (zu franz. adieu) verbreitet ist und bereits hochsprachlich verwendet wird, ist *tschau* (häufig auch in der ital. Herkunftsorthographie *ciao*) unter jungen Menschen auch als Doppelform *ciao-ciao* sehr beliebt (vgl. auch T. Schürmann 1994).

Auf das Rotwelsch als Quelle für die umg. Lexik habe ich bereits aufmerksam gemacht (vgl. Kapitel 2.2.5.). Da sich aber auch für das Rotwelsch regionale Varianten ausgebildet haben, sind den nationalen Umgangssprachen nicht unbedingt die gleichen Soziolektismen zugeflossen.

Was für das Deutsche der *Penner* ist, ist in der österreichischen Umgangssprache der *Sandler*. Auch *Strizzi* (Strolch, auch Zuhälter), *Suacherl* (Untersuchungsrichter), *Beisl* (mieses kleines Lokal, heute mit aufgewerteter Bedeutung auch Kneipe) sind in der Umgangssprache Österreichs (auch in Bayern) gebräuchlich.

Umg. Wörter aus der deutschen Standardsprache sind unter anderen

kriegen (zu „Krieg"), *aasen* (zu „Aas, essen"), *Weichei* (energieloser Mensch), *spießig/ Spießer* (spießbürgerlich), *Marie* (Geld, Geldbörse zu Mariatheresientaler), *Tippelbruder* (Penner, Landstreicher), *kokeln* (mit Feuer spielen, zu „gaukeln"), *riesig* (zu „Riese"), *brutzeln* (zu „brodeln"), *Bude* (zu „bauen"), *Käffchen* (zu Kaffee).

Auffallend bildungsaktiv ist das Präfix ab-:

abbleiben, abblitzen, abbrummen, abdampfen, abfeiern, abklopfen, abklappen, abhaben, abgehen, abkönnen, abschminken („das kannste dir abschminken").

Viele Lexeme aus dem Lexikon der Standardsprache können durch ihre wiederholte Verwendung in einem bestimmten Tätigkeitsbereich eine **funktionale Stilfärbung** – im behandelten Fall eine umgangssprachliche Stilfärbung – annehmen.

„Von einer *Mücke* gestochen werden" ist zwar unangenehm, aber in der sprachlichen Diktion entspricht die Formulierung der standardsprachlichen Erwartung. Hingegen wird *eine Mücke machen* (als Aufforderung, sich zu entfernen) als umg. Ausdruck aufgenommen. Die Anzahl solcherart situativ markierter, hier: umg. Ausdrucksmittel, ist sehr hoch. Die meisten der im Deutschen gebräuchlichen **Phraseologismen** sind als umg. Lexeme einzuordnen:

Hinter schwedischen Gardinen sitzen, Abflug machen, sauer sein, alte Schachtel, etwas ist dumm gelaufen, eine Scheibe davon abschneiden können, schief gewickelt sein, sich 'nen Kopf machen, etwas nicht so verbissen sehen, in der Bredouille sein, auf etwas brennen.

Aus dem Ausdrucksreichtum im Lexikon der Umgangssprache lassen sich Netze (Felder) mit formalen und semantischen Verflechtungen herausarbeiten. Oftmals ist das **Archilexem** ein umgedeutetes Wort der Standardsprache, z.B. „Dampf" (als Mittel für Wärme und Antriebsenergie), „dampfen": *jemanden Dampf machen* (zu etwas, z.B. zu einer Arbeit antreiben) ⟶ *verdampfen/ abdampfen* (Aufforderung, sich zu entfernen) ⟶ nach Stuttgart *dampfen* (fahren, verreisen) ⟶ *Dampf hinter etwas* (eine Angelegenheit beschleunigen) ⟶ *Dampfwalze* (Heeresmasse, die alles unter sich zerstört) ⟶ *Dampf haben* (Angst, auch Hunger „*Kohldampf*") ⟶ *vor jmd. Dampf haben* (ihn fürchten) ⟶ *Dampf ablassen* (Frust abreagieren, sich aussprechen) ⟶ *bis zur Verdampfung* (Überdruss)

„Dampfer" (Lehnübersetzung zu engl. „steamer"):
° *auf dem falschen/ richtigen Dampfer sein* (sich falsch/ richtig entschieden haben, auf einem Irrtum beharren, eine falsche/ richtige Auffassung vertreten)
° *flotter Dampfer* (Mädchen mit Schick)

„Dämpfer" (zu „dämpfen" < Kausativum zu „dampfen"):
° *einen Dämpfer bekommen* (in die Schranken gewiesen werden)
° *einen Dämpfer aufsetzen* (zügeln, mäßigen).

(2) Umg. gefasste Gedanken, Bewusstseinsinhalte, werden in sprachlich-kommunikativen Handlungen **bildhaft** oder auch **bildlich** vermittelt. Der umg. Sprecher/Schreiber ist bemüht, die realen Objekte der Welt, die Denotate, in ihrer abstrakten Vermittlung durch Sprache anschaulich oder ins Bildliche übertragen zum Ausdruck zu bringen. Um auszudrücken, dass etwas Schwierigkeiten bereitet oder Hemmendes ein Vorhaben behindert, wählt der Sprecher/Schreiber neben anderen synonymischen Möglichkeiten den Phraseologismus *Sand im Getriebe haben*. Abstraktes wird auf diese Weise ins Bild gesetzt. „Bildlich" meint das Figurale im sprachlichen Ausdruck, d. h. die rhetorische Figur im Gegenstand der Stilistik, z.B. Metapher, Periphrase und viele andere (vgl. S. Heusinger 1995, 112 ff.).

Eine häufig gewählte, phraseologisch gebundene Figur ist die Metapher. In der Phrase *überall seinen Senf dazugeben* (für: Meinung zu einer Äußerung, unnützes langes Gerede) wird dem Lexem „Senf" (für Gewürz) auf der Basis mindestens eines übertragbaren Sems (dem Tertium comparationis) eine Be-

deutung zugeordnet, die es im Allgemeinen nicht hat. Die Seme „Zutat", „nicht unbedingt notwendig" bilden hier wohl die Vergleichsbasis zwischen der lexikalisierten Bedeutung von „Senf" und der metaphorischen Verwendung.
Weitere metaphorische Phraseologismen:

> ... *ist ein Stein vom Herzen gefallen* (von einer Sorge befreit sein), *auf der Straße liegen* (ohne Arbeit sein), *tief in die Tasche greifen* (viel Geld bezahlen), *nach seiner Pfeife tanzen* (sich nach seinem Willen richten), *aus seinem Herzen keine Mördergrube machen* (offenherzig sein), *jmd. ans Messer liefern* (der Strafe zuführen, ausliefern, preisgeben).

„Bildhaftigkeit" (Anschaulichkeit) ist dann gegeben, wenn der sprachlich vermittelte Sachverhalt beim Rezipienten konkrete Vorstellungen weckt. Das umg. Synonym *Glimmstängel* vermittelt über das verbale Bestimmungswort „glimmen" (zu glühen) und dem metaphorischen Grundwort „Stängel" (kleine/ kurze Stange) das Bild einer brennenden Zigarre/ Zigarette.

Dank der besonderen Fähigkeit des Menschen, innere Bilder über Sprache hervorzubringen, entsteht ein sinnliches Abbild, das auf Alltagserfahrungen beruht. Ein bildhafter Ausdruck kann auch der Vergleich sein:

> *dumm wie Bohnenstroh, essen (fressen) wie ein Scheunendrescher, die feine Dame hervorkehren, auf wackligen Füßen stehen* (z.B. eine These), *bekannt sein wie ein bunter (scheckiger) Hund, treu wie ein Hund, arm wie ein Hund, schwimmt wie ein Fisch im Wasser.*

Nicht immer wird der bildhafte Vergleich vermittels der Vergleichspartikel „als" oder „wie" sinnfällig gemacht. Das umg. Lexem *Einfallspinsel* ist vermutlich aus einem Komparativsatz hervorgegangen: Jmd. ist einfältig, naiv, arglos wie ein Pinsel (zum nd. Kompositum „pinsul" [mit dem Lexem benannt ist eine Schusterahle] aus „pin" [Nagel] und „sul" [zu „Säule" in der Bedeutung „Ahle"]. *Einfallspinsel* in der Bedeutung „törichter Mensch" wurde in die Studentensprache entlehnt. Vergleichsbildungen in der Umgangssprache (W. Fleischer/ I. Barz 1992, 231) sind auch *Krämerseele, Hundearbeit, Krokodilstränen, Hasenherz* (beherzt wie ein Hase), *Pantoffelheld, Schluckspecht, Schlaumeier.*

Während sich das bildhaft vergleichende Lexem noch in ein Gleichnis auflösen lässt (*Krämerseele*: „X hat eine Seele wie ein Krämer"), liegt dem bildlich vergleichenden Lexem eine metaphorische bzw. metonymische Beziehung zugrunde: *Waschlappen*: „X ist schlaff (bildlich übertragen zu 'feige', ‚schwach') wie ein *Waschlappen*". Aus Sicht der Wortbildung gehören viele dieser umg. Lexeme zu den **Possessivkomposita**. Das sind determinative Zusammensetzungen, dessen Subjekt, auf das es sich bezieht, durch das vom Kompositum Gemeinte charakterisiert wird: Er ist ein *Quatschkopf*, weil aus seinem Kopf nur Quatsch zu hören ist. Weitere Beispiele:

Lästerzunge/Lästermaul, Knallkopf, Hundsfott, Sexmuffel, Mistkerl. Die Umgangssprache kennt eine Vielzahl meist abwertender metaphorischer Personenbezeichnungen (vgl. W. Fleischer/ I. Barz 1992, 135): *Heulsuse, Heulpeter, Kaffeetante, Drückeberger, Besserwisser.*

Bildhafte Phraseologismen assoziieren ein inneres Bild:

> *ein langes Gesicht machen* (enttäuscht sein), *jmd. in die Pfanne hauen* (ihm Schaden zufügen, schlagen, vernichten), *am Hungertuch nagen* (eigentlich: vor Hunger am Tuch nagen, auf dem sonst Brot liegt), *einen langen Atem haben* (Geduld haben), *die Sache ist vom Tisch* (die Angelegenheit ist erledigt).

Auch lautmalende Lexeme in der Umgangssprache, einschließlich vieler Onomatopoetica, sind bildhaften Ursprungs: *tingeln/ Tingeltangel, Töfftöff* (aus der Kindersprache für ein Motorfahrzeug), *peng peng, blubbern* (in der Bedeutung „undeutlich sprechen"), *bubbern, bibbern, krakeelen., hops/ hoppla.* Analog zu den lautmalenden Dopplungen sind auch Bildungen entstanden, die nicht auf Lautmalerei zurückgeführt werden können: *Schickimicki* (zu „Schickeria"), *ruckzuck* (zu „rücken und ziehen"), *Schnickschnack* (Wortspiel zu nordd. „Schnack" > Unterhaltung, Plauderei).

(3) Als bevorzugtes Medium für die mündliche Kommunikation hält die Umg. zahlreiche Mittel der **Ausdrucksverstärkung** und der **Hyperbolik** bereit, denn es liegt in der Intention des Sprechers, das für ihn Wichtige mit deutlichem Nachdruck zu äußern. In der umg. dialogischen oder polylogischen Kommunikation werden kurze Sätze und parataktische Fügungen häufiger gewählt, aber längere, hypotaktisch organisierte Äußerungen gemieden. Die Gesprächssituation erfordert im Rezeptionsprozess ein schnelles Aufnehmen und Verarbeiten und im Textgestaltungsprozess ein unvermitteltes (spontanes) Reagieren, so dass zum intensiven Nachdenken über eine ausgefeilte und zweckmäßige sprachliche Diktion nur wenig Zeit bleibt. Daraus ergibt sich für die Mehrzahl der weniger geübten Alltagsredner die syntaktische Struktur der „Kurzsätzigkeit". Der Inhalt kurzer Sätze ist für den Rezipienten leichter zu dekodieren und schneller zusammenhängend zu erfassen. Andererseits hilft die Ausdrucksverstärkung, erläuternde Nebensätze und Attribute zu ersetzen. Dass etwas *super* gefallen hat oder ein *Bombenerfolg* war, erspart wertende und erläuternde Details (ist aber auch bequem und nicht gerade informativ).

Die Neigung zu überzogener und „schlagkräftiger" Bewertung ist in der umg. geformten Alltagskommunikation weit verbreitet. Die Wertbedeutung vieler der wertenden Lexeme ist dem umg. Sprecher nicht intensiv genug: Aus *hässlich* wird *abgrundhässlich,* aus *gut* wird *saugut,* aus *sicher* wird *bom-*

bensicher; ein Mensch mit subjektiv hoch bewerteten Eigenschaften wird zum *Prachtkerl*.

Die exponierende Konstituente in der Wortbildungskonstruktion intensiviert das mit dem Grundwort Bezeichnete: Eine Entscheidung kann *knallhart*, ein Verhalten *fuchsteufelswild* sein. Gewollt humorvoll sind solche polymorphemischen Komposita wie *Himmelherrgottsteufelskreuzmillionenhageldonnerwetter!* Als verstärkendes Bestimmungswort für Intensivbildungen werden häufig gewählt: *Affen-, Bomben-, Heiden-, Höllen-, Hunds-, Kreuz-, Lause-, Mist-, Mords-, Pfunds-, Schweins-, Sau-*. Wenige Belege dafür sind: *Affenhitze, Bombenidee, Heidenangst, Höllenlärm, hundsmiserabel, kreuzbrav, Lausekerl, Miststück, Mordsbengel, Pfundskerl, Schweinsgalopp, Sauhaufen*. Diese Bestimmungswörter können auch Reihen bilden, beispielsweise
mit **derb umgangssprachlicher** Prägung: *saudumm, Sauglück, saugrob, Saukerl, Sauwut, Sauklaue, Saukälte, Sauwetter, saukomisch, saumäßig, Saustall, Sauwirtschaft; Schweinehund, Schweinkram, Schweinestall* (für unordentliche Behausung), *Schweinigel/ schweinigeln;* **salopp umgangssprachlich:** *Affenzahn, affenartig* (-e Geschwindigkeit), *Affenschande, Affentheater, Affenkomödie; hundekalt/ Hundekälte, Hundewetter, Hundearbeit, hundeelend, Hundsfott, Hundsfötterei, hundsgemein, hundemüde.*
Ebenso kennt die Umg. **Derivatbildungen mit hyperbolischer Funktion:** *Schweinerei, schweinisch, Sauerei, Eselei, tierisch* („tierischer Ernst").

Auffällig ist die Wahl animalischer Bezeichnungen für negativ konnotierte Intensivbildungen in der Umgangssprache. Reihenbildungen mit Tiernamen in dieser Ausdehnung gibt es in der Standardsprache nicht, allerdings kann auch hier die negative Wertbeimessung, aber als Vergleichsbildung, an einen Tiernamen gebunden sein: *Affenliebe, äffisch, nachäffen, Katzenjammer, katzenfreundlich, Katzenmusik, hündisch* („hündische Treue"), *Hundeseele*. Der Dichter Heinrich Heine brachte es auf den Punkt als er meinte, dass ein Esel einen anderen Esel „Mensch" schelten müsste, weil die Menschen sich „Esel" schimpfen.
Der Verstärkung im Lexikon der Umgangssprache dienen aber auch andere Elemente der Wortbildung:

knallbunt, knallblau, knallrot, knallgelb, knallheiß, Knallhitze, Knallkopf (als hyperbolisches Schimpfwort), *todsicher, todernst, ungeheuerlich, Riesenskandal, riesig, Riesenanstrengung, riesenstark, Riesenaufriss, Riesenkrach, Teufelskerl, Teufelsweib, Satansbraten, Satansweib, gottvoll, gotterbärmlich, gottjämmerlich, Oberidiot, Vollblutidiot.*

Eine rein den Ausdruck verstärkende wie auch exponierende Funktion übernehmen einzelne Lexeme als Attribute: *ungeheuer* wichtig, *echt* stark, *lausig kalt, total verrückt.* Auch Phraseolexeme werden als ausdrucksverstärkende Mittel gewählt: *Das fällt mir nicht im Traume ein!, ... vor allen Dingen, ... ein Ding aus dem Tollhaus, Gott sei Dank!, Gott bewahre!*

In der Vorliebe für Übertreibungen ist auch viel Humor bewahrt, vor allem wenn die Hyperbolik nicht nur an Wortlexeme gebunden ist wie beispielsweise an *riesig, mächtig, gewaltig, rasend, super,* sondern über Phraseolexeme zum Ausdruck gebracht wird. Ein Mensch mit breitem Mund *kann den Spargel quer essen, sich ins Ohrläppchen beißen, große Worte machen, mit dem Mund vorweg sein, kein Blatt vor den Mund nehmen, sich leichter den Mund verbrennen.* Sowohl den bildhaften als auch den bildlichen Phrasen haftet die Vorliebe für Übertreibungen an.

(4) Der umg. Sprecher passt sich variierenden sozialen wie auch handlungsbedingten Situationen an, ohne sich zu verleugnen oder sich gar auf ein sprachliches Niveau zu begeben, das er selbst verabscheut. Schon der Wechsel vom Freundeskreis, in dem vielfach eine dialektnahe, fast familiäre Umg. bevorzugt wird, zum Kollegenkreis, der in einer hochsprachennahen Umg. kommuniziert, erfordert durch die neue Situation bekanntlich neue Entscheidungen bei der Wahl der sprachlichen Mittel. Keine andere sprachliche Existenzform des Deutschen ist deshalb so reich an synonymischen Möglichkeiten.

Synonyme in der Standardsprache referieren auf gleiche Denotate, aber nur sehr selten auch auf gleiche Merkmale desselben Denotats. Selbst solche nahezu absoluten Synonyme wie *Kopf* und *Haupt, leihen* und *borgen* unterscheiden sich zumindest durch Gebrauchsrestriktionen. Auch die Umg. kennt Restriktionen, aber sie weist in ihrem Lexembestand auch eine **Vielzahl absoluter Synonyme** auf, die in gleich bleibender Situation austauschbar sind. Für den Kopf eines Menschen werden beispielsweise mit derber oder salopper Stilfärbung gewählt: *Rübe, Kürbis, Melone, Birne,* (mir brummt der) *Schädel, Haupt* (mit verhaltener Ironie), *Dez, Ballon, Oberstübchen, Nischel, Grützkasten, Dach, Plutzer* (nur österr.).

Wem es schwer fällt, eine Information zu begreifen oder sie sich einzuprägen, kann zwischen den Synonymen wählen: es *nicht checken,* zum Begreifen *zu blöd/ zu blond zu sein, zu hoch für mich, schwer von Begriff sein, eine lange Leitung haben, auf der Leitung stehen, es nicht schnallen, nicht kapieren, sich darüber den Kopf zerbrechen, es will nicht in meinen Kopf, mir bleibt der Verstand stehen, habe einen hohlen Schädel.*

Wer begriffen hat, wem es „klar" geworden ist, kann sagen: *Der Groschen ist gefallen, es gefressen haben, es intus haben, es hat gedämmert, ein Talglicht/ ein Seifensieder ist aufgegangen.*

Für intensive geistige Tätigkeit und deren Folge hält die Umg. unter anderen die Synonyme bereit: *der Kopf raucht, der Kopf brummt, seinen Kopf anstrengen, den Kopf voll haben.*

Solche lexikalisch-onomasiologischen (d.h. Bezeichnungs-) Felder ordnen die Lexik nach ihrer Referenz auf das zu Bezeichnende bzw. zu Benennende. Es entspricht der Leistung und der Funktion der Umgangssprache, dass viele der Felder auch recht viele lexische Elemente bereithalten. Untersucht man im Lexikon nur die festen und halbfesten Bindungen, die ein autosemantisches Lexem in der Umgangssprache eingeht, gelangt man bei einzelnen Lexemen zu einer semantisch breit gefächerten Fügungsvielfalt.

Ich führe als Beispiele einige ausgewählte lexikalisierte und syntaktifizierte Fügungen zum Lexem *Kopf* an:

Man reißt dir nicht gleich den Kopf ab (bestraft dich dafür/ die Angst ist unbegründet), *sich fast den Kopf einrennen* (Schaden nehmen), *die Köpfe zusammenstecken* (miteinander tuscheln), *das kann den Kopf kosten* (kann schlimm ausgehen), *den Kopf aus der Schlinge ziehen* (sich der Verantwortung/ einer unangenehmen Situation entziehen), *seinen Kopf für jemanden hinhalten* (Schuld auf sich nehmen), *sich nicht auf den Kopf spucken/ auf den Kopf herumtrampeln lassen* (sich nichts gefallen lassen), *sich die Augen aus dem Kopf heulen* (viel weinen), *bis über den Kopf in Schulden stecken, Hals über Kopf abreisen, es geht um Kopf um Kragen/ sich um Kopf und Kragen reden, jemanden einen Kopf kürzer machen* (ihn köpfen), *nicht wissen, wo einem der Kopf steht* (sehr viel zu arbeiten haben), *einen harten Kopf/ seinen Kopf für sich haben* (eigenwillig, eigensinnig sein), *Köpfchen haben* (klug sein), *den Kopf in den Sand stecken* (Tatsachen ignorieren), *jemanden den Kopf verdrehen* (verwirrt/ verliebt machen), *jemanden den Kopf zurechtrücken* (zur Vernunft bringen), *jemanden tüchtig den Kopf waschen* (ihn heftig tadeln). (Viele dieser Belege auch bei E. Agricola u.a. 1972)

(5) Nur morphologisch, nicht lexikalisch beschreibbar sind Lexeme, deren Formen durch Kontraktion (auch Synärese) verkürzt sind. Die Nachfrage *Wann kommste wieder?* ist verkürzt zu „Wann kommst du wieder?" Der **Kontraktion** (*kommste, haste, könn' se*), auch Zusammenziehung genannt, liegen Abschleifungsvorgänge und Verschmelzungen im Fluss der gesprochenen Rede zugrunde. Kontraktionen werden in den Wörterbüchern nicht als Lemmata aufgeführt, weil sie als (noch nicht normative) Formvarianten einer Grundgröße empfunden werden. Beispiele dafür sind auch *zum, im, beim, in'en, hamer* (für: zu dem, in dem, bei dem, in den, haben wir), *Alki* (zu: Alkoholiker). Der Kontraktion des Personalpronomens in der deutschen Umgangssprache mit der Personalform des Verbs (*arbeiteste noch auf'n Bau?*) entspricht in einigen slawischen Sprachen, so auch im Slowenischen, die depronominale synthetische Personalform (*delam, delaš, dela; delamo … :* ich arbeite, du arbeitest, er/sie/es arbeitet; wir arbeiten …).

Eine in der mündlichen Kommunikation vorherrschende Reduktion (die auch in der Hochsprache zu beobachten ist), ist der **umg. Metaplasmus**, hauptsächlich aber die Auslassung von Lauten am Wortanfang: *rein, raus* (zu: hinein, hinaus, herein, heraus), schreib bald *mal* (zu: einmal), *rum* (zu: herum), *rüber* (zu: „komm herüber", „ich gehe hinüber"), *drum, drunter* (darum, darunter), *runter, rauf*, „*es geht drunter und drüber*".

Auch durch **Dekomposition** sind umg. Reduktionen entstanden: *einen Platten haben* (zu: Plattfuß für „Autoreifen, dem die Luft entwichen ist"), *einen Benziner fahren* (zu: Auto mit Benzinmotor), *in die Klapse kommen* (zu: Klapsmühle als umg. Lexem für „psychiatrische Klinik"), *die Klatsche* von nebenan (zu: Klatschbase, Klatschweib), *vor der Röhre* sitzen (zu: Elektronenröhre für „Fernsehgerät").

(6) Der Anteil des als salopp oder vulgär bzw. als derb empfundenen Lexembestandes in der Umg. ist sehr hoch, aber seine Verwendung unterliegt Gebrauchsbeschränkungen. Viele Sprecher meiden das Vulgäre, und sie empfinden auch Saloppes als anstößig bzw. in öffentlicher Kommunikation als peinlich. Allerdings ist in der gegenwärtigen Kommunikation zu beobachten, dass ihr Gebrauch in kommunikative Situationen eindringt, in denen Obszönes bislang noch gemieden wurde.

Die meisten dieser **Kraftausdrücke** beziehen sich auf Körperteile und ihre Funktionen. K.-E. Sommerfeldt (1988, 117) schreibt dazu: „Ein gravierendes Beispiel dafür ist das Wort ‚*Scheiße*', das im Wörterbuch der deutschen Gegenwartssprache noch als vulgär markiert ist; als Wortbildungselement (*Scheißwetter, scheißegal*) wird es dagegen weniger krass empfunden und als ‚salopp derb abwertend' gekennzeichnet mit der Bedeutungsangabe ‚drückt eine Verstärkung aus'."

H. Glück und W.W. Sauer ordnen „Schimpfwörter, Flüche und schmutzige Wörter" in grober Verallgemeinerung der **Sprache der Straße und der Gosse** zu (1990, 40), und sie weisen aus Kreisen der Prominenz in öffentlicher Situation nach, dass Obszönes seine „angestammte Welt der Schulhöfe, Stammkneipen und Schmuddelheftchen verlassen" hat (ebenda, 41f.).

Was als vulgär (derb) oder salopp zu bewerten ist oder gar von Lexikographen so eingestuft wird, z.B. in Wörterbüchern, beruht auf Erfahrungswerten im Umgang mit der Sprache in unterschiedlichen Situationen, die wiederum der Sprachkritik unterliegen. Sie wird über die Medien verbreitet, richtet sich aber auch gegen Medien, vornehmlich gegen die Presse. Auch das Sprachverhalten von Personengruppen und Persönlichkeiten ist oft Gegenstand der Kritik. Aber daraus können letztlich keine verbindlichen Einstufungskriterien erwachsen, denn die Sprache und ihre Verwendungsnormen sind stets im Fluss. Aber die Öffentlichkeit ist auch aufgerufen, einer Entwicklung entgegenzusteuern, die die eindeutige Verständigung gefährdet, sprachästhetische Erwartungen missachtet und die allgemeine Verbreitung einer „Schmuddelsprache" duldet. Schnell wird ein in verbaler Kommunikation verbreiteter und oft wiederholter Ausdruck zum allgemeinen Usus, sei er nun obszön, widersinnig oder einfach nur in bestimmter Situation nicht angemessen. Wir beobachten unter anderem, dass alles, was mit Sexualität zu tun hat, kaum noch Tabus kennt.

In der Pragmalinguistik wie auch in der Stilistik wird versucht, die gebrauchsspezifische Markierung vornehmlich der lexikalischen Elemente nach **Stilschichten** zu unterscheiden. Unmarkiertes wird als „normal" – als Standard – ausgewiesen (vgl. W. Fleischer, G. Michel, G. Starke 1993, 105), z.B. die Aufforderung, sich zu entfernen: *geh! gehen Sie! gehen Sie bitte!* Alles von der Norm Abweichende gilt als gehoben markiert oder als gesenkt markiert. Unterhalb des Normalen – des Substandards – differenzieren W. Fleischer u.a. zwischen umgangssprachlich, umg.-salopp und vulgär. Nach dieser Dreigliederung des Substandards wird der vulgäre Wortschatz dem Umg. nicht zugerechnet. Das ist ein nachdenkenswerter Ansatz, der die Umgangssprache als Medium der ungezwungenen (der mündlichen und nicht öffentlichen schriftlichen Kommunikation) aufwertet und ihr das Stigma nimmt.

Die Lexik nach Normen zu gliedern, die es eigentlich nicht gibt und die nur als vage Größen angenommen werden können, ist aus stilistischer und pragmalinguistischer Sicht zweifellos problematisch.

Die Freundin beispielsweise, die ihren Freund liebevoll *Mistkerl* nennt, hat ein familiär-umg. Lexem gewählt, weil sie unerwartet von ihm mit einem Geschenk überrascht wurde, das bei isolierter Betrachtung als derb (vulgär) abgewertet wird. Die Abstufung ist ein Behelf, auf den Lexikographen und Lehrer nicht verzichten wollen. Die Stufung nachstehender Beispiele spiegelt verbreitete Bewertungen, ist aber keinesfalls zu verallgemeinern. Entlehnungen in dieser Skala (hier aus dem Englischen) sind in der deutschen Gegenwartssprache nicht selten zu registrieren:

unmarkiert („normal"): geh!, gehen Sie!, gehen Sie bitte!

umgangssprachlich: verschwinde!, geh, aber plötzlich!, ab durch die Mitte!

umg.-salopp: mach'ne Mücke/ 'ne Fliege!, verdufte!, hau ab!, krieg die Kurve!, verdünnesier dich!, mach die Düse!

vulgär (derb): verpiss dich! fuck off!, piss off!

Zusammenfassung:

Die Umgangssprache im Deutschen ist das für die mündliche Kommunikation im Alltag bevorzugte Medium. Ihr Erscheinungsbild ist sehr wandlungsfähig, und sie kann sich allen kommunikativen Alltagssituationen anpassen. Als **allgemeine** Umgangssprache dient sie der überregionalen Verständigung, wenngleich die jeweils regionale phonetische Basis der Sprecher anklingt.

Sie wird je nach der kommunikativen Situation mehr oder weniger abgehoben verwendet von der Standardsprache oder vom Regionaldialekt und erscheint dann als **regionale** Umgangssprache mit ihren regionalen lexikalischen Besonderheiten und phonetischen Eigenheiten. Als **gehobene** Umgangssprache ist sie der Standardsprache stilistisch und in der Wahl der Lexik stark angenähert.

Von den genannten Erscheinungsformen grenzt sich die **niedere** Umgangssprache durch eine defizitäre Ausdrucksweise, durch saloppe und vulgäre Ausdrücke auffällig ab.

Fragen: Hat die Umgangssprache auch einen angemessenen Platz in der schriftlichen Kommunikation? Ist sie also kein ausschließlich mündliches Kommunikationsmittel?

Wie bewerten Sie den Kode der niederen Umgangssprache?

2.2.7. Regionalismen und Dialektismen in der deutschen Gegenwartssprache

2.2.7.1. Regionalismen

Die Feststellung im vorausgegangenen Kapitel, dass die Umgangssprache durch regionale lexikalische Besonderheiten und phonetische Eigenheiten der Region markiert ist, gebietet es eigentlich, Regionalismen als umg. Lexeme zu behandeln. Andererseits sind sie – wie Dialektismen auch – räumlich eingegrenzt und können mit Rücksicht auf ein gesichertes Textverständnis überregional nicht verwendet werden. Zumindest im Hinblick auf den Geltungsbereich sind Regionalismen wie Dialektismen zu behandeln, allerdings mit der Einschränkung, dass die räumlichen Grenzen für Dialektismen und Regionalismen nicht identisch sind.

Noch ein zweiter Aspekt ist zu bedenken: Der Begriff „Regionalismus" kann standardsprachlich oder landschaftlich gebunden sein.

H. Burger spricht von „standardsprachlichen Varianten" im Deutsch der Schweiz, Österreichs und Deutschlands (1998, 203), bzw. nach U. Ammon von **Helvetismen, Austriazismen** und **Teutonismen** (ebenda, 194), z.B.

March (Helvetismus für „Flurgrenze"), *Gemarkung* (Teutonismus für „Flurgrenze"), *Marille* (Austriazismus für „Aprikose").

Der kommunikative Gebrauch landschaftlicher Regionalismen ist an Verbreitungsräume gebunden, die mit Dialektgrenzen nicht deckungsgleich sind. Regionalismen werden als standardsprachlich empfunden und auch schriftsprachlich gebraucht. Als ein Beispiel wähle ich *Kartoffel*. Das Lexem hat überregionale Verbreitung gefunden und wird gelegentlich von wenigen Sprechern auch in den Standardsprachen Österreichs und der Schweiz gewählt. Sein Hauptverbreitungsgebiet ist der Norden Deutschlands mit einem südlichen Ausläufer bis Mannheim, zum Westen hin entlang des Rheins bis südlich von Bonn, während bereits in Köln und in Teilen des westfälischen Dialektgebiets der *Erdapfel* verlangt wird. Nördlich von Berlin kauft man die *Nudel*, südlich von Berlin die *Knolle*. Im Erzgebirge bis in Regionen um München, Wien, Innsbruck, Basel, Bern ist der *Erdapfel* zu Haus. In Eifel und Hunsrück kocht man die *Grummbeere*, auch noch südlich von Würzburg bis in die Region nahöstlich des Bodensees kennt man die *Grummbeere*, auch *Krummbeere* oder auch die *Erdbirne* und die *Bodenbirne* (Belege bei W. König 1991, 206).

Dialektismen neben den landschaftlichen Regionalismen zu „Kartoffel" sind unter anderen in den niederdeutschen Dialekten *Tüffel, Tuffel, Erfel, Erpel, Duffel, Kantüffel, Kartüffel,* mundartlich im Ostfälischen nördlich von Hannover auch *Pudel*. Dialektismen in den westoberdeutschen Dialekten sind *Gromper, Grumbire, Grumbir, Härdöpfu, Bodabira, Herdöpfel*. Eine fremdsprachliche Dublette ist slowenisch *krompir,* kroatisch *krumpir*.

Doch kehren wir zu den standardsprachlichen Varianten zurück, die die Besonderheiten im offiziellen Deutsch der Schweiz, Österreichs und Deutschlands ausmachen.

Der humorvolle Hinweis von Karl Kraus (1874 – 1936), nichts unterscheide die Österreicher und die Deutschen so sehr wie ihre gemeinsame Sprache, ist allerdings zu relativieren, denn jede Sprache hat ihre Geschichte, und manch ein Regionalismus in der deutschen Sprache Österreichs hat seine eigene Wortgeschichte. Aus dem österreichisch-bairischen Dialekt ist das Wort *Maut* hervorgegangen (zu got. *mota* „Zoll"). Unklar bleibt, ob damit ursprünglich eine Bestechung am Donau-Grenzübergang in Form von Geld oder Sachwerten bezeichnet wurde oder ob das Wort anord. Ursprungs ist und über den Fernhandel der Wikinger im süddeutschen Raum heimisch wurde. Jedenfalls ist es auf dem besten Weg, auch in Deutschland heimisch zu werden und das „Ungetüm" *Straßenbenutzungsgebühr* zu verdrängen. *Henne* gilt noch als Regionalismus, ist aber bereits im Deutschen weiter verbreitet als das gemeinsprachliche *Huhn*. Aus den obd. Dialekten hergeleitet sind auch die Regionalismen *heuer, heurig* (in diesem Jahr, diesjährig), *Jänner* (Januar).

Die Reifeprüfung für eine Hochschule wird in der Schweiz wie auch in Österreich *Matura* genannt (zu lat. *maturus* „reif"), in Deutschland aber ist es das *Abitur* (zu lat. *abire* „abgehen"). Unterschiede in den Schulsystemen mit unterschiedlicher Sicht auf das Bildungsergebnis haben wohl zu den verschiedenen Bezeichnungen geführt. Das *examen abiturium* nach dem Vorbild des Physikums an deutschen Hochschulen bzw. das *examen maturum*, das dem Absolvent der vorbereitenden Schule nunmehr bestätigte, dass er für die weitere Laufbahn „reif und erwachsen" sei, haben die Regionalismen hervorgebracht.

Die intensiven Beziehungen Österreichs zu den südlichen Nachbarn haben zu Entlehnungen, zu heute heimischen Regionalismen geführt: *Karfiol* (Blumenkohl), *Marille* (Aprikose), *Ribisel* (Johannisbeere), *Paradeiser* (Tomate), *Melanzani* (Aubergine), *Fisole* (grüne Bohne), *Kren* (Meerrettich), *Kukuruz* (Mais), *Palatschinke* (Eierkuchen, in der Pfanne gebacken), *Jause* (Zwischenmahlzeit), *Powidl* (Pflaumenmus) und viele andere.

Die eigene österreichische Kaffeehauskultur hat zu Bezeichnungen geführt, für die es in Deutschland keine regionalen Äquivalente gibt: *Melange* (Kaffee mit viel Milch), *kleiner und großer Schwarzer* (Espresso ohne Milch), *kleiner und großer Brauner* (Kaffee mit etwas Milch oder Sahne), *Einspänner* (schwarzer Kaffee im Glas mit einem Sahnehäubchen) u.a. Was dem Österreicher sein *Schlagobers* ist, ist dem Deutschen die Schlagsahne. Eine lange Tradition in Oberdeutschland, Österreich und Slowenien hat die Teigrolle, gefüllt mit Obst oder Fleisch, der *Strudel*; ebenso *Topfen* für Quark.

Wiederum andere deutsche Lexeme haben als Regionalismen im Österreichischen eine Bedeutungserweiterung erfahren: *Kasten* bedeutet auch „Schrank", *Sprengel* ist nicht nur ein kirchlicher Amtsbezirk (zu „besprengen mit Weihwasser"), sondern auch ein Schul- oder Wahlbezirk. *Sack* wird auch eine Tüte genannt, *Fuß* meint das ganze Bein bis zu den Hüften, eine *Muschel* ist auch ein Becken für die Handwäsche oder im WC.

Varianten im deutschen Standard österreichischer Prägung finden sich auch in den Fachsprachen. Einige der fachsprachlichen Regionalismen führe ich aus der Sprache des Rechts und der Verwaltung an. Ein österr. Minister wird mit seiner Amtseinführung *angelobt*, ein deutscher wird *vereidigt*. In Österreich hat der Kraftfahrer den *Vorrang* zu beachten, in Deutschland die *Vorfahrt*. Hier noch weitere Belege (in der Klammer das Äquivalent in Deutschland): *Einvernahme* vor Gericht in Österreich und der Schweiz (Vernehmung), einen Betrag *einheben* (einziehen), *Proporzwahl* in Österreich und der Schweiz (Verhältniswahl), *Exekutor* (Gerichtsvollzieher), *Landeshauptmann* (Ministerpräsident), *fatieren* (Steuererklärung abgeben).

Viele der Rechtsbegriffe im österr. Recht wurden mit der Justizreform im Rahmen der Reformmaßnahmen Maria Theresias und ihres Sohnes Josef II. eingeführt. Das neue Strafgesetzbuch und ein Zivilgesetzkodex traten 1768 in

Kraft. Die Rechtsgeschichte in Deutschland nahm unter den Bedingungen der staatlichen Zersplitterung und der Vorherrschaft Preußens einen anderen Verlauf, was die terminologischen Abweichungen erklärt. Noch heute ist teilweise das Zivilrecht von 1900 (Bürgerliches Gesetzbuch) gültig.

Das österr. Wörterbuch der letzten mir vorliegenden 37. Auflage (1990) ist – wie die vorausgegangenen Auflagen auch – dahingehend bemängelt worden, dass Unterschiede zwischen dem Standard und dem Nonstandard (Umgangssprache, Dialekt, Slang, Jargon) nicht durch Markierungen hervorgehoben werden (vgl. P. Wiesinger 1988, 18 ff.). Standardsprachliche Regionalismen sind Varianten in der deutschen Sprache insofern, als sie den Nonstandard nicht einschließen.

Landschaftliche Regionalismen werden in der gemeinsprachlichen Alltagskommunikation als Nomen für Lebensmittel, Berufe, Verwandtschaftsbezeichnungen, Zeitbegriffe, Haustiere gewählt. Mit ihrem auch schriftlichen Gebrauch und dem Eintrag in überregionale Wörterbücher werden sie wie Substitute zu standardsprachlichen Lexemen behandelt. Wahrig – Deutsches Wörterbuch (1997) führt z.B. für die Berufsbezeichnung *Böttcher* auch noch (und unmarkiert) die regionalen Substitute *Küfer* und *Fassbinder* (als Kurzwort auch *Binder*) an. Lediglich *Büttner* ist mit der Markierung „ostmd." versehen. *Böttcher* ist offenbar als überregionales (gemeinsprachliches) Lexem anzusehen, denn die Lexeme *Küfer* und *Fassbinder* werden im Wörterbuch als regional markiert behandelt. .

Die territoriale und folglich auch kulturelle und sprachliche Zersplitterung im deutschen Sprachraum hat über lange Zeit die Entwicklung vieler Dialekte und Mundarten begünstigt, aber die ökonomische Entwicklung wie auch die sozialen Kontakte behindert. Schließlich führte die gesellschaftliche Entwicklung zur Herausbildung einer einheitlichen deutschen Sprache und mit ihrer Kodifizierung auch zur Standardsprache. Doch nicht immer führten die ausgleichenden Einflüsse zwischen den arealen Varianten in der Lexik zum Standardlexem. Das erklärt die regionalen Unterschiede im Wortschatz noch heute.

So blieben neben dem dialektalen Wortschatz areale Varianten erhalten, die auch in der alltäglichen hochsprachlichen und schriftlichen Kommunikation einer Region verwendet werden. Wer sich nicht auskennt, muss mit Missverständnissen rechnen. Für den Norddeutschen ist die Wurst aus Hackfleisch eine *Bratwurst*, die aber nicht gebraten wird, sondern für den Brotaufstrich bestimmt ist. Will man eine Wurst zum Braten, heißt sie *Schmorwurst*. In Mittel- und Süddeutschland ist die norddeutsche „Bratwurst" eine *Mettwurst*, mancherorts auch eine *Fleischwurst*, die „Schmorwurst" aber ist eine *Bratwurst*. Verlangt man in Norddeutschland eine *Teewurst*, kann es schon geschehen, dass man sie dort „Mettwurst" nennt. Die Verwirrung ist groß, und sie kann noch viel größer werden, wenn man an das so sortenreiche Angebot in Deutschland denkt. Weniger verwirrend sind die arealen Berufsbezeichnungen. Der in der Region Unkundige kennt sich zwar nicht aus, aber er weiß, welcher Beruf gemeint ist: *Schlachter, Fleischer, Metzger, Fleischhauer.* Als das anerkannte, standardisierte Lexem für das Metzgerhandwerk hat sich *Fleischer* durchgesetzt.

Ich bin mit der Bezeichnung „Regionalismus" (vgl. R. Conrad 1985, 196) nicht recht zufrieden, weil sie weder im Allgemeinen (extensional) noch im Speziellen (intensional) auf den Begriff schließen lässt, der hier eigentlich zum Ausdruck gebracht werden soll. Aus der Bezeichnung geht nur der Geltungsbereich hervor. Das Problem einer eindeutigen Merkmalsbestimmung und letztlich auch einer angepassten Bezeichnung liegt aber darin, dass Regionalismen **als standardsprachliche** Varianten in das lexikalische System der Standardsprache eingebunden sind, als **Regionalismen** aber **eines Areals** (einer Landschaft) nicht eindeutig einer hochsprachennahen, wohl aber einer landschaftlich gebundenen Umgangssprache zugeordnet werden können, denn es werden in der regionalen Umgangssprache ebenso auch kleinlandschaftlich gebräuchliche Konkurrenzformen gewählt wie *Schlächter, Metzler, Wurster.* Areale Regionalismen sind aber auch keine lexikalischen Elemente des regionalen Dialekts. Wir haben es hier mit Sonderformen in Diasystemen zu tun, die noch weiterer diaphasischer Untersuchungen beispielsweise zur situativen, geographischen und sozialen Dimension bedürfen (vgl. auch O. Reichmann 1976, 93 ff.).

2.2.7.2. Dialektismen (Dialekt- / Mundartwörter)

Dialekt und **Mundart** werden häufig wie absolute Synonyme verwendet, ebenso häufig aber auch zur diatopischen Differenzierung gebraucht. Danach unterscheiden sich Mundart und Dialekt wie das Einzelne vom Allgemeinen, so dass viele Untersuchungen bei den Ortsmundarten ansetzen und über größere Mundarträume weitergeführt werden. Wesentliche Kennzeichen einer Mundart sind Lautung und Wortschatz.

Mundarträume des niedersächsischen Dialekts sind, um ein Beispiel anzuführen, das Nordniedersächsische, das Westfälische und das Ostfälische. Im Ostfälischen fallen Akkusativ und Dativ zu *mik/mek; dik/dek* zusammen, während sonst im niedersächsischen Dialektraum neben dem Einheitskasus *mi/di* auch die Vollformen *mich/dich; mir/dir* gesprochen werden (vgl. F. Hartweg/ K.-P. Wegera 1989, 29; J. Schildt 1983, 414).

Nach den heute vorliegenden Sprachkarten und den Forschungsergebnissen werden folgende Dialekte und Mundarten unterschieden:

A. Dialektgruppen	B. Dialekte	C. Mundartenverbände
1. Niederdeutsch	1.1. Westniederdeutsch	Nordniedersächsisch Westfälisch Ostfälisch
	1.2. Ostniederdeutsch	Mecklenburgisch-Vor- pommersch Brandenburgisch (Mär- kisch) Mittel- und Ostpom- mersch Niederpreußisch
2. Mitteldeutsch	2.1. Westmitteldeutsch	Mittel- und Moselfrän- kisch Rheinfränkisch Hessisch*
	2.2. Ostmitteldeutsch	Thüringisch Obersächsisch
3. Oberdeutsch	3.1. Ostfränkisch	Ost- und Südfränkisch
	3.2. Bairisch- Österreichisch	Nord- und Mittel- bairisch Salzburgisch Südbairisch Tirolisch
	3.3. Alemannisch	Schwäbisch Nieder-, Hoch- und Höchstalemannisch Elsässisch

Oftmals werden auch die hier angeführten Mundartenverbände als Dialekte bestimmt, weil ihr Geltungsbereich noch immer großräumiger ist als der einer Ortsmundart. Aber auch soziale Motive wie Heimatbindung, kulturelle und soziale Identität prägen den Terminus „Dialekt". In populärwissenschaftlichen Veröffentlichungen werden beispielsweise die Dialekte wie folgt unterschieden:

norddeutsches Platt	Hessisch	Bairisch
Berlinerisch	Rheinländisch	Schwäbisch

---

* Diese Gliederung besteht nicht zweifelsfrei. Nach U. Knoop (a.a.O.) zeigen der Vokalismus des Nieder- und Osthessischen starke Einbindungen in das Thüringische, so dass die traditionelle Grenzziehung zum Westmitteldeutschen in Frage gestellt werden muss. Ebenso verhält es sich mit der traditionellen Abgrenzung des Südmärkischen vom Obersächsischen.

Mecklenburgisch	Sächsisch	Saarländisch
Westfälisch	Thüringisch	Badisch-Alemannisch
Ostpreußisch	Fränkisch	
Pommersch	Pfälzisch	
	Schlesisch	

(nach „Focus", Nachrichtenmagazin, H. 51, München 1998, S. 56 f.)

Aber auch diese Gliederung, die gewiss mehr Volksverständnis findet, kann weder verallgemeinert, noch durch eine fundiert linguistisch gesicherte Gliederung ersetzt werden. Bemerkenswert ist, dass das Berlinerische, das heute nicht mehr nur eine Stadtsprache ist, bereits als Dialekt (bzw. Mundart) empfunden wird. Als regionale Umgangssprache hat es die niederdeutsch-brandenburgischen Mundarten im Umfeld Berlins fast vollständig verdrängt. Der Einfluss regionaler Umgangssprachen, aber auch des hochsprachlichen Standards zeigt über lange Zeiträume Wirkung. Was momentan noch bleibt, sind areale Umgangssprachen mit dialektaler Färbung. Es zeigt sich aber auch ein gegenläufiger Trend. Das Interesse an den Volksbräuchen und an der Pflege des Brauchtums wächst wieder, und mit dieser Entwicklung werden auch die Dialekte bzw. Mundarten neu belebt.

Eine erste Grundlegung der wissenschaftlichen Dialektforschung in Deutschland wird auf den Bayer J. Andreas Schmeller zurückgeführt. Sein erstes Werk „Die Mundarten Bayerns, grammatisch dargestellt" erschien 1821 (Neudruck 1969). In der Folge ist die Forschung, die Dialektologie, weit vorangekommen und hat einen hohen Standard in Methodologie und Methodik erreicht. Nach U. Knoop (vgl. H. Glück als Hrsg. 1993, 134 ff.) liegen derzeit weit über 400 Dialektwörterbücher und 20 beispielhafte Territorialwörterbücher vor, von denen hier stellvertretend nur die Wörterbücher des Niedersächsischen (1958) und des Thüringischen (1966) genannt werden sollen.

Der Begriff „Dialektismus" (auch: Dialektwort) ist theoretisch nicht gesichert. Er kann allenfalls auf Mundartlexeme bezogen werden, die aber selbst innerhalb eines Mundartenverbandes in ihrer Form und Lautung variieren.

Hier nun einige Dialektismen zu gleichem Designat:

Brombeere (nach der Bearbeitung von H. Protze in J. Schildt 1983, 391):

Niederdeutsch: *Brummelbeer, Brumbeer, Brümmel, Brombäs, Brombäsing, Brammelke, Brommelte.*

Mitteldeutsch: *Brimebeer, Bromel, Brombel, Bromer, Kratzbeer.*

Oberdeutsch: *Bronabeer, Bramba, Bronabeer, Braumbeer, Brembeere, Braba, Browa, Brubeer, Schwarzbeere.*

klein (nach W. König 1991, 174):
Niederdeutsch: *lütt, lütsch, klean, litjet, lütjet.*
Mitteldeutsch: *kleen, klee, klan, klein.*
Oberdeutsch: *kla, kloan, kloa, klua, kloi, klei.*

Mädchen (ebenda, 106):
Niederdeutsch: *Deern, Dirn, Mäke, Mäken, Mäche, Mätche, Meika, Meike,*
   Maichen, Mächen, Kahle.
Mitteldeutsch: *Mädchen, Madl, Mädl, Mädel, Mädche, Medche, Mädle.*
Oberdeutsch: *Möidl, Madla, Märe, Mäl, Maidle, Maidel, Mädle, Maidli,*
   Derndl, Dirn, Fehl, Schmelle.

Nachstehend führe ich einige Lexeme des Westniederdeutschen an, die ich im ostfälischen und elbostfälischen Sprachraum gesammelt habe:

> *dreepen* (treffen), *mott/mutt* (muss), *kort* (kurz), *grood/grot* (groß), *toi-wen/töwen* (warten), *Tied* (Zeit), *dunnemals* (damals), *kokken* (kochen), *kieken* (sehen, gucken), *Dunnerlitchen* (Donnerwetter! – Ausruf des Er-staunens), *vertellen/ vortellen* (erzählen), *he/hei* (er), *wi/wei* (wir), *Fru-enslü'e, Fru'ens* (Frauen), *Ärfel, Kartuffel* (Kartoffel), *Faomt* (Faden), *Kleedaosche* (Kleidung), *butten* (draußen), *mank* (zwischen), *Harwest* (Herbst).

Die Doppelformen hier zeigen nur einige Abweichungen an, wie sie zwischen Ortsmundarten festzustellen sind.

Aus pragmalinguistischer Sicht sind die Dialekte Varianten (bzw. Subsysteme) des heterogenen Systems der deutschen Sprache, aus deren Wortschätzen der Sprecher bzw. Schreiber seine Wahl an lexikalischen Mitteln in einer konkreten kommunikativen Situation trifft. Dialektismen in sprachlichen Handlungen konstituieren also nicht nur einsprachig gehaltene Texte, sie werden auch als alternative Elemente für hochsprachliche oder umgangssprachliche Texte gewählt, denn ihr Funktionspotenzial ist breit angelegt. Diese pragmalinguistische Sicht auf die Wahl von Dialektismen verdient in unserer Zeit, in der nahezu jeder Kommunikationsteilnehmer die Standardsprache beherrscht und den Dialekt seines Heimatgebietes zumindest verstehen kann, besondere Aufmerksamkeit. So kann z.B. in einer hochsprachlich gehaltenen familiären Kommunikation der eingefügte niederdeutsche Satz „*Wat mutt, dat mutt*" eine Situation entspannen oder einfach nur ein ernstes Gespräch auflockern.

Der Dialekt ist heute nur noch selten „Sozialsymbol", wie U. Ammon (1972, 37) ihn unter anderem sah, d.h., er sei für manche Menschen das einzige Kommunikationsmittel, in dem sie sich äußern könnten und welches sie als bodenständig charakterisiere, aber von jeglicher anderssprachiger Kommunikation ausschließe. Besonders in Dorfgemeinschaften oder Gemein-schaften innerhalb eines Ortes ist der Dialekt heute vor allem Kommunika-tionsmittel mit ausgeprägt sozialer Funktion. Er identifiziert den Sprecher als Glied der Gemeinschaft und öffnet ihm Bewegungsspielräume, die dem Fremden verschlossen bleiben.

Zusammenfassung:

Der Begriff „Regionalismus" ist eine Sammelbezeichnung für alle Lexeme, die nur in einer Region allgemein verständlich sind. Zu unterscheiden ist zwischen lexikalischen Varianten im Geltungsbereich einer Standardspra-che (z.B. *Schornstein* in Deutschland und *Rauchfang* in Österreich) und arealen Varianten im Geltungsbereich einer Landschaft (z.B. *Esse, Schlot, Kamin* in Deutschland).

Ziehen wir noch die Dialekte und Mundarten mit ihren Lexembeständen hinzu, dann wird deutlich, dass der Geltungsbereich eines Lexems sehr eng sein kann und manchmal nicht über ein Dorf hinausreicht.

Das wirft **Fragen** auf: (1) Wie sicher und wie genau können wir Regiona-lismen, Dialektismen und Mundartwörter einem Sprachgebiet zuordnen? Eine Hilfe kann Ihnen der dtv-Atlas zur deutschen Sprache von Werner König in den neun Auflagen seit 1978 (9. Aufl. 1994) sein.

(2) Wie schätzen Sie die Perspektive für die Dialekte und Mundarten in Deutschland ein?

2.3. FESTE WORTGRUPPEN*

Relativ stabile Wortkombinationen, die in der Kommunikation so und allen-falls in Variationen gebraucht werden, sind in der Linguistik mit dem Begriff „Phraseologismus" belegt. Das heute noch in der Auslandsgermanistik ver-wendete Synonym „Idiom" (zu griech. *idioma* „Eigentümlichkeit, Besonder-

---

* Das Kapitel hat hier seine Berechtigung, weil der Lexem-Begriff auch Phraseologismen ein-schließt. Aber sie umfassen nicht nur jene (Wortgruppen-)Lexeme der Sprache, sondern be-zeichnen auch mit „Phraseologie" die lexikalische Teildisziplin, die sie erfasst, ordnet und be-schreibt. Die heute vorliegenden Untersuchungen wurden nach unterschiedlichen Auffassun-gen in zahlreichen Schriften zusammengefasst und erörtert. Daraus greife ich zwei weitgehend geschlossene Arbeiten heraus, die mir als Gesamtdarstellungen sehr nützlich waren: Die Bü-cher „Phraseologie der deutschen Gegenwartssprache" von W. Fleischer (in 2. Auflage 1997), und „Phraseologie. – Eine Einführung am Beispiel des Deutschen" von H. Burger (1998).

heit") hat dem „Phraseologismus" (griech.-lat. *Phrasis* „rednerischer Ausdruck") seinen Platz abgetreten. Allerdings beherrscht „Idiom" noch durch-
gehend den angelsächsischen Bereich. Die Auffassungen darüber, wie extensiv der Begriff des Phraseologismus anzuwenden ist, weichen allerdings voneinander ab, so dass man in etwa von einer weiten und einer engen Sicht sprechen kann. Ich favorisiere die enge Sicht und schließe deshalb Sprichwörter,
Sprüche (Formeln, Zaubersprüche, Sinnsprüche [Aphorismen, Sentenzen,
Maxime, Lebensregeln u.a.]), aber auch geflügelte Worte und Rechtsgrundsätze aus, denn es sind Wortverbindungen mit Satzcharakter, denen ein wesentliches Merkmal, das der **Idiomatizität***, im Allgemeinen fehlt. Ein Beispiel für Rechtsgrundsätze ist *Wer zuerst kommt, mahlt zuerst!* (aus dem
Sachsenspiegel des Eike von Repgow). Mit gleicher Begründung schließe ich
auch Höflichkeits- und Zuwendungsformeln aus (Begrüßungs-, Abschieds-,
Gratulations-, Wunsch-, Kondolenzformeln), zum Beispiel *Guten Tag! Das
Leben geht weiter; in Liebe vereint; Frohe Weihnachten und ein gutes neues
Jahr!*

Auch ideologisch geprägte Wortgruppen, z.B. *Eiserner Vorhang; Freiheit,
Gleichheit, Brüderlichkeit; freie Marktwirtschaft* gehören m.E. nicht zum
phraseologischen Lexembestand. Ob noch aktuell oder historisch konnotiert, dienen bzw. dienten sie der politischen Meinungsbildung und rücken in
die Nähe von Schlagwörtern. Auch Slogans der Werbung, die durch ihren
wiederholten Gebrauch zeitweilig an lexikalischer Stabilität gewinnen, sind
als persuasive Mittel mit zumeist kurzer Lebensdauer wie Schlagwörter oder
Schlagsätze zu behandeln: *Natur pur! Hauptsache gesund!*

Ich verstehe unter Phraseologismen lexikalisierte feste Wortverbindungen,
die ihrer Form nach zumeist Wortgruppen mit wenigstens einem Autose-
mantikon sind und in deren Verbindung mindestens ein Bestandteil nicht der
durch Konvention festgelegten Bedeutung entspricht.

Als konventionelle sprachliche Mittel können sie der Meinungsbildung
oder der Handlungsveranlassung dienen (z.B. in der Werbung und in der Politik), sie sind aber nicht speziell zu diesem Zweck gebildet worden bzw. sie
werden nicht (mehr) speziell zu diesem Zweck verwendet.

Mit diesem Begriff vom Phraseologismus schließe ich auch onymische
Wortgruppen und Termini aus, z.B. *Schwarzes Meer, Deutsches Rotes Kreuz,
Dreißigjähriger Krieg, Bundesrepublik Deutschland, Mitteldeutscher Rund-
funk, Schweizerische Eidgenossenschaft, Schwarze Witwe* (eine Spinnenart),

---

* Idiomatisierung verweist nach H. Glück (als Hrsg., 1993, 255) auf einen semantisch veränderten komplexen sprachlichen Ausdruck, so dass seine Bedeutung nicht mehr allein auf der Basis der Bedeutungen seiner Elemente bestimmt werden kann. Der Grad der Idiomatisierung,
die Idiomatizität, kann unterschiedlich entwickelt sein, so dass noch zwischen abgeschwäch-
ter Motivierung (*blutiger Anfänger*, d.h. ein „Anfänger") und Demotivierung (*Feuer und
Flamme sein*, d.h. „begeistert" sein) zu unterscheiden ist.

Schwarzer Holunder (Strauchart: Sambucus nigra), *Schwarzer Erdteil* (onymische Periphrase für Afrika).
Aus dieser engen Sicht auf feste phraseologische Wortverbindungen gehören zu den Phraseolexemen (Phraseologismen):
° Lexikalisierte Vergleiche mit oder ohne unikale Komponente:
   reden wie ein Wasserfall, aufpassen wie ein Schießhund, flink wie ein Wiesel, schneller als die Polizei erlaubt, schlank wie ein Tanne, leicht wie eine Feder, bleich wie der Tod, alt werden wie Methusalem, frech wie Oskar, frech wie ein Rohrspatz; ein Gesicht ziehen wie 14 Tage Regenwetter, gespannt sein wie ein Flitzebogen
° prädikativ geprägte Wortgruppen:
   von den Socken sein, das Pulver nicht erfunden haben, in die richtige Richtung denken, von allen guten Geistern verlassen sein, aus gutem Holz geschnitzt sein, sich eine Hintertür offen halten, sich ins Verderben stürzen;

Diese überlieferten Wortgruppen (bei W. Fleischer 1997 auch „festgeprägte prädikative Konstruktionen") sind zu einer Aussage gebündelt und in dieser Hinsicht prädikativ. In der Kommunikation umschreiben sie meistens Sachverhalte, die sich anders auch mit einem Wort oder einem Verbgefüge bezeichnen lassen. Der Sprecher/Schreiber meidet es, das Gemeinte entweder direkt zu nennen, oder er bringt es in überhöhter bzw. potenzierter Weise zum Ausdruck: *keine großen Sprünge machen können* (Geldmangel haben); *jemanden einen Bären aufbinden* (ihn belügen). Diese teilweise oder auch voll idiomatisierten Wortgruppen sind insofern motiviert, als sie (ohne unikale Komponente – in der Mehrzahl jedenfalls -) Vorstellbares assoziieren und seltener allerdings auch wörtlich gemeint sein können: *sich auf die faule Haut legen, mit dem Rücken an die Wand kommen.*
   Im Gegensatz zu W. Fleischer möchte ich die **festgeprägten Sätze** nicht den Phraseologismen zuordnen. Ein formaler Gesichtspunkt ist der Satzcharakter. In dieser Form können sie kaum als monoseme oder polyseme semantisch-lexikalische Einheiten des Wortschatzes angesehen werden, also nicht als L e x e m e. In semantisch-kommunikativer Hinsicht handelt es sich um Volksweisheiten oder allgemeine Erkenntnisse in sprichwörtlicher Art oder auch um Ausrufe der Verwunderung oder Entrüstung: *Die Katze lässt das Mausen nicht! Mit Speck fängt man Mäuse! Da geht einem glatt der Hut hoch! Das ist zum Mäusemelken! Da liegt der Hund begraben! Das ist das Ei des Kolumbus! Weiß der Geier! Das war Tells Geschoss!* Die festgeprägten Sätze können auch in der Form einer Ellipse gebräuchlich sein: *Klein, aber mein! Klein, aber oho!*

Weitere Arten des Phraseologismus bilden
° lexikalisierte nominale Wortgruppen, meistens in der Fügung von Adjektiv und Substantiv (außer Termini, z.B. „schneller Brüter"):

schlauer Fuchs, guter Geist, ein gutes Gespann, blutiger Anfänger, leichtes Mädchen, dummer Junge.
° Zwillingsformeln (häufig in der Reimform von Assonanz und Alliteration): *über Jahr und Tag, in Bausch und Bogen, drunter und drüber, auf Knall und Fall, durch dick und dünn, mit Rat und Tat, rank und schlank, fix und fertig, mit Stock und Hut, über Stock und Stein, Haus und Hof.*

In die Nähe von Zwillingsformeln (auch Paarformeln genannt) rücken bei rein formaler Betrachtung paarige syntaktische Fügungen, die in der Kommunikation Nachdrücklichkeit intendieren, z.B. *sicher ist sicher; versprochen ist versprochen; Schlag auf Schlag; rein in die Kartoffeln, raus aus den Kartoffeln; Leute, Leute; schnell, aber schnell; Kopf an Kopf.*
Ihre Bestimmung als Phraseologismen ist schon deshalb strittig, weil sie nicht idiomatisiert sind. Da sie dieses Merkmal nicht realisieren, liegen sie außerhalb des phraseologischen Lexembestandes, haben aber mit ihm die syntaktische Stabilität gemeinsam.

Die Sprache im offiziellen Schriftverkehr ist durch den **Nominalstil** gekennzeichnet. Er ist im Vergleich zum Verbalstil abstrakter und folgt der Tendenz zur Vereinfachung im Satzbau. Eines seiner Charakteristika sind Funktionsverbgefüge, auch „Streckformen" oder „substantivisch-verbale Wortverbindungen" genannt (vgl. V. Schmidt 1968, 11). Die Bedeutung vieler „Streckverben" ist entkonkretisiert und insofern idiomatisiert. Fügungen dieser Art sind m.E. nur unter der Voraussetzung den Phraseologismen zuzurechnen, wenn sie die Merkmale eines Lexems erfüllen und die Bedeutung der Fügung der Bedeutung des Typs „Verb" entspricht. Zum Beispiel hat die Fügung *Sitz haben* auch semantisch die Bedeutung des Typs „Substantiv" angenommen, obwohl die herkömmliche Verbbedeutung von „sitzen" noch enthalten ist: „Seinen Wohnsitz"/ „Regierungssitz" haben. Ebenso *Übergewicht haben* (zu „überwiegen"), *Unterredung führen/ haben /gewähren* (zu „unterreden"). Sie sind **nicht** als Phraseologismen zu behandeln. Die Stabilität der Fügung ist schon deshalb nicht gegeben, weil ihnen ein Attribut zugeordnet werden kann: „das medizinisch noch zulässige Übergewicht haben".
° Funktionsverbgefüge sind unter anderen
in Angriff nehmen, in Rechnung stellen, den Vorzug geben, in Frage stellen, in Verruf geraten, unter Druck setzen, in Erwägung ziehen, in Abrede stellen.

Nach dem Bauschema dieser hier angeführten Funktionsverbgefüge (Phraseolexeme) können zwar beliebig Fügungen hervorgebracht werden, doch es fehlt ihnen oft das Merkmal der Idiomatizität; manche besitzen auch nicht die Usualität und folglich die Stabilität, die den Phraseologismen zukommt:

den Überblick haben, Schulung durchführen, Erfindung machen. Es sind nach W. Fleischer (1997) Phraseoschablonen, aber keine Phraseologismen.

Ich habe versucht deutlich zu machen, dass auch Phraseologismen in der Form einer Wortgruppe als Lexeme zu behandeln sind, denn sie erfüllen die Merkmale eines Lexems:
– Der Phraseologismus, bestehend aus Formativ und Semantik, bildet eine semantische Einheit,
– ist syntaktisch autonom und
– Element des lexikalischen Teilsystems der Sprache.

In diesen vorgenannten Merkmalen sind die häufig genannten Kriterien für einen Phraseologismus enthalten: Idiomatizität, semantisch-syntaktische Stabilität (Festigkeit), Lexikalität (vgl. auch H. Burger 1998 und W. Fleischer 1997).

Überprüft man den Sprachgebrauch, dann stößt man auch auf andere Wortgruppen, die gleichfalls als feste Wortverbindungen zu behandeln sind, z.B. mehrteilige Konjunktionen und Konjunktionaladverbien (*so dass; sowohl – als auch; nicht nur – sondern auch; weder – noch; teils – teils* u.a.) (vgl. u.a. W. Jung 1990, 369 ff.). Zu nennen sind auch mehrteilige Präpositionen und präpositionale Fügungen: *im Laufe, im Rahmen, an sich, an und für sich, bei weitem.* Hier einzuordnen sind auch Gruppen von syntaktisch zusammengehörenden Wörtern (Syntagmen): *wie auch immer, Fahne hissen, starke Erkältung, zu seinen/ ihren Gunsten, wider Erwarten, zur Kasse bitten, zu Tisch bitten.* Diese Art von Verbindungen wird im Sprachgebrauch zwar als syntaktisch stabile Einheit verwendet, aber sie ist in ihrer Bedeutung nicht idiomatisiert. Deshalb können sie nur als feste oder halbfeste syntaktische Fügungen, nicht aber als idiomatische Einheiten (Lexeme) angesehen werden.

Unbestritten ist natürlich, dass der Sprachgebrauch immer wieder Grenzfälle hervorbringt, die bereits als Phraseologismen angesehen werden können. Etwas *in Bausch und Bogen* verurteilen, kann heute nur noch als Phraseologismus bestimmt werden, denn das Bild aus der einstigen Papiermühle ist im Bewusstsein der Sprecher nicht mehr gegenwärtig, und es steht heute als Ausdruck für „alles in einem genommen", „es nicht genau nehmen". Hingegen ist die Wendung *Verwüstung anrichten* (zu ahd. *wuostin* „verheeren, zunichte machen") noch in der überlieferten Bedeutung erhalten und nicht idiomatisiert. Es wird auf zerstörende Kräfte wie Unwetter, Krieg, Vandalismus bezogen. Das Verb „anrichten" wiederum geht auf „richtig machen, ordnen" zurück und hat erst im 16. Jh. auch die übertragene Bedeutung „verursachen" angenommen, so dass die Wendung als teilidiomatisiert empfunden werden kann. Sie den Phraseologismen zuzuordnen ist also auch aus linguistischer Sicht nicht abwegig.

Die „Phraseologie" hat sich als eigenständige linguistisch-lexikalische Teildisziplin etabliert und wird in vielen publizierten Untersuchungen partiell oder auch ganzheitlich beschrieben. Darin werden auch die Probleme und unterschiedlichen Sichtweisen deutlich (ich verweise lediglich auf die Publikationen von H. Burger und W. Fleischer und die darin berücksichtigte Literatur, insbesondere aber auf W. Fleischer 1997 und H. Burger 1998).

Zusammenfassung:

Feste Wortgruppen sind syntaktisch stabile, aber nicht unbedingt auch semantische Einheiten. Die Bedeutung der semantischen Einheiten kann nicht mehr allein auf der Basis der Bedeutung der einzelnen Teile bestimmt werden. Sie sind – wie wir auch sagen – idiomatisiert und folglich Wortgruppenlexeme, also Phraseologismen. Oftmals können Synonyme zu diesen Wortgruppen auch einzelne Wörter sein. Wir kennen aber auch teilidiomatisierte Lexeme, z.B. *blutiger Anfänger*. Nur das Element *blutig* realisiert im Wortgruppenverband eine andere Bedeutung.

3. DIE FELDBETRACHTUNG DER LEXIK

3.1. DER FELDBEGRIFF

Die Vorstellung, man könne die Lexik der Sprache nach semantischen und onomasiologischen Feldern ordnen bzw. nach Ordnungssystemen mit einem Geflecht von Relationen überschaubarer in Zusammenhänge stellen, hat viele Überlegungen und theoretische Ansätze hervorgebracht. Sie hier auch nur im Überblick zu erörtern, würde zu weit führen. (Ich verweise auf partielle, aber doch weiterreichende Darlegungen bei T. Schippan 1992, P. R. Lutzeier 1981 und 1994, J. Aitchison 1997.)

Der primäre empirische Zugang zu den lexikalisierten Wörtern und Phraseologismen, kurz dem Lexikon der Sprache, ist die reale Kommunikation, in der sich die Lexeme sememisch entfalten. Der Vorgang des Kommunizierens setzt aber bereits voraus, dass solche Lexeme im **mentalen Lexikon** des einzelnen Sprechers oder Schreibers verfügbar sind. Er hat „sein Lexikon" in der Ontogenese in Lernprozessen in tagtäglichen kommunikativen Akten erworben, er erweitert und aktualisiert es ein Leben lang. Ein sekundärer empirischer Zugang sind lexikographisch gestaltete Wörterbücher mit alphabetischer oder nach Sachgruppen gegliederter Anordnung. Der lexikographischen Anordnung liegt das Bestreben zugrunde, das Lexikon möglichst vollständig zu erfassen, die formale und semantische Beschreibung der Elemente als Ausdrucks- und Rezeptionshilfe anzubieten und dem Nutzer ein Nachschlagewerk in die Hand zu geben.

Schon bei dem Versuch, das mentale Lexikon zu beschreiben, erweisen sich Wort und Phraseologismus als relationale, systemhaft eingebundene lexikalische Elemente. Das Wort *Buch* zum Beispiel assoziiert Weltwissen, das in sachlichen, aber auch in sprachlichen Beziehungen steht:

> „Buch": *Roman, Lehrbuch, Schulbuch, Telefonbuch, Bibel, Wörterbuch, wie ein Buch mit sieben Siegeln, Tagebuch, Agenda; Verlag, Buchhandlung, Bücherei, Bibliothek, Katalog; Ausgabe, Exemplar, Veröffentlichung, Erstling, Bestseller, Neuerscheinung; ein Buch zur Hand nehmen, ausleihen, lesen, in ihm studieren, blättern, es kopieren, daraus exzerpieren, konspektieren; Autor, Leser, Student, Büchernarr ...*

Diese spontan „dahingeworfenen" Assoziationen spiegeln sachliche Beziehungen, die aus individuellen Erfahrungen im Umgang mit Büchern gewonnen wurden. Unter verschiedenen Ordnungsaspekten lassen sich daraus **Assoziationsfelder** bilden, z.B. **Frames**. In den darin bereits enthaltenen sachlichen Beziehungen treten unter anderen Hyperonyme, Hyponyme und Ko-hyponyme in ihren wechselseitigen Relationen hervor (*Buch* ←——→ *Roman, Lehrbuch* ...; *Roman* ←—→ *Lehrbuch*), ebenso Lexeme mit partiell gleicher Etymologie (etymologische Beziehungen: Lehr*buch* – *Buch*handlung), wie auch Lexeme mit synonymischer Relation* (*Bücherei* – *Bibliothek*).

Die feldmäßige Erfassung der Lexik wird auf Jost Trier zurückgeführt („Der deutsche Wortschatz im Sinnbezirk des Verstandes." Heidelberg [C. Winter] 1931). Die in seiner Studie ausgerichtete historische Betrachtung weist auch dem Wortfeld eine historische Dimension zu. An der Geschichte eines sprachlichen Feldes (*wisheit, wizzen, kunst, list*) legt er dar, wie Verän-derungen in der sozialen Ordnung, der Kultur und des Wissens auch Wort-bedeutungen verändert haben.

Wörter und ihre Bedeutungen kommen nicht isoliert vor, sondern sind Teil eines größeren Zusammenhangs. Das einzelne Wort an sich erhält seine se-mantische Bestimmung erst in seiner Beziehung zu den Feldnachbarn. Zum Vergleich wählt J. Trier die Notenskala der Schule, in der die einzelne Zen-sur keine absolute Wertgröße bildet, sondern ihr Wert nur aus dem Aufbau der Werteskala hergeleitet werden könne. „Die das Wortfeld, den Wortman-tel, die Wortdecke mosaikartig zusammengesetzten Einzelworte legen – im Sinne ihrer Zahl und Lagerung – Grenzen in den Begriffsblock hinein und teilen ihn auf" (J. Trier 1931, 1).

Nach dieser ersten ausführlichen Darlegung der Wortfeldtheorie ist ihre Weiterführung durch L. Weisgerber mit den geradezu prototypischen Beispie-len der Wortfelder *Verwandtschaftsbeziehungen* und *Aufhören des Lebens* de-monstriert worden (vgl. L. Weisgerber 1962, 184 ff.). Das Strukturiertheits-prinzip im Lexembestand erörtert bereits F. de Saussure in seinen Genfer Vor-lesungen 1907 bis 1911 (vgl. 1967, 147 ff.), allerdings bezieht er seine Beobach-tungen auf das mentale Lexikon, auf den individuellen „Geist", und davon ab-gehoben auf syntagmatische Relationen in der Rede. Er nennt die Relationen im mentalen Lexikon *rapports associatifs* („assoziative Beziehungen") und in der Syntax der Rede *rapports syntagmatiques*. Dazu bemerkt er: „Gruppen, die durch Assoziation im Geist gebildet sind, stellen Verbindungen her nicht nur zwischen Gliedern, die irgend etwas Gemeinsames an sich haben, sondern der Geist fasst auch Beziehungen auf, die sich in jedem einzelnen Fall zwischen ih-nen bilden", z.B. zu *Belehrung* nicht nur *belehren* und *lehren*, sondern auch *Erziehung, Unterricht, Bekehrung, Erklärung* u.a. (1967, 151). Im Sinne von F. de Saussure kann jedes autosemantische Lexem ein Assoziationsfeld auslösen.

Im Feldbegriff der inhaltsbezogenen Grammatik, aber auch der strukturel-len Linguistik überlappen sich verschiedene Sehweisen auf die Lexik: die

---

* Die verbreitete Auffassung, dass auch entlehnte und heimische Lexeme mit Sememidentität (z.B. Agenda – Merkbuch) als Synonyme angesehen werden, wird von mir ebenfalls vertreten.

onomasiologische, die semasiologische und die assoziative Betrachtung.
Diese „Vermischung" hat immer wieder die Kritiker herausgefordert, denn
die Sprache ist für viele von ihnen zuallererst ein verbal beschaffenes Medium, vermittels die Menschen miteinander kommunizieren und die Welt
nach ihren Erfahrungen gliedern und „worten". Ein sorgfältig gegliedertes
Wortfeld bleibt deshalb zunächst die Fleißarbeit eines Menschen, der die von
ihm berücksichtigten Lexeme semantisch oder etymologisch aufeinander bezieht und sie unter einem bestimmten Aspekt ordnet. Das kann zweifellos
sehr eindrucksvoll und auch in der Sprachlehre sehr hilfreich sein, aber es erlaubt keine Schlüsse auf einen Zusammenhang von Weltgliederung und
Sprachgliederung.

Eingehender mit dem Begriff des sprachlichen Feldes und der Kritik daran
setzt sich G. Helbig auseinander (1986, 152 ff.). Er zitiert unter anderen die
kritischen Anmerkungen von W. Betz, dass der Sprachschatz nicht in erster
Linie unter sich gegliedert sei, sondern auf das Gemeinte hin, auf den jeweiligen Sprech- und Sachzusammenhang hin (ebenda, 154). Andererseits hebt
G. Helbig würdigend hervor, dass der Feldgedanke eine echte strukturelle
Idee ist, die aus der Systemhaftigkeit der Sprache erwuchs und den „Feinhei-
ten inhaltlicher Nuancierungen im Sprachgebrauch" nachgehe (ebenda, 156).

Widerspruch und Zuspruch zum Feldgedanken liegen dicht beieinander.
Selbst die Anregung, das Kosmische auch in der Sprache zu suchen, wird
zweifellos suggeriert, denn „Kosmos" im Griechischen nach antiker Überlie-
ferung bedeutet auch „Ordnung", „Schönheit" und ist mit diesem Sinn ein
ästhetischer Begriff. Es liegt aber auch nahe, das sprachliche Feld in der Lexikologie als statisch beschaffene Entität zu begreifen (ganz im Gegensatz zu
J. Trier), ähnlich einer Momentaufnahme, die nach Veränderungen immer
wieder aktualisiert wird. Wandlungen und Bewegungen im Lexikon, z.B. die
Herausbildung von Polysemie und Homonymie, sind als feldexterne Vorgänge zu sehen.

Der Gedanke daran ist nicht ungewöhnlich, denn selbst **Bedeutungsfelder**
(Wortfelder i.e.S.) konstituieren sich aus Lexemen, obwohl die Semantik eines Lexems bei struktureller Betrachtung nur über Seme und Sememe beschreibbar ist. Welche Bedeutung hat das Lexem *Flügel*? Etymologisch gehört es zur **Wortfamilie** von „fliegen". Als Metapher hat es viele Bedeutungen angenommen: Art eines Klaviers, Schwingen eines Vogels, die nach den
Seiten herabhängenden Teile einer Haube, Teile einer Windmühle, eines Al-
tars, Nasenflügel, Fensterflügel, Lungenflügel, Teile eines Heeres, Tragfläche
eines Flugzeugs, treibende Fläche eines Windrades, Seitenbau eines Gebäudes u.a.

Der Versuch, das Lexikon der Sprache nach Feldern zu ordnen, kann
schon deshalb nicht problemlos bleiben, weil jedes Ordnungsvorhaben nur
einem bestimmten Aspekt folgen kann. Wählt man den semasiologischen As-

pekt, kann man nur Lexeme <u>einer</u> bestimmten Wortart berücksichtigen, also ausschließlich Substantive, Adjektive oder Verben (vgl. H. Pelz 1998, 189), während sich die sog. Synsemantika (auch Strukturwörter oder Funktionswörter genannt) einer semantisch-kategorialen Ordnung entziehen.

Zweifellos kann auch aus der linguistisch behandelten semasiologischen oder onomasiologischen Feldstruktur nicht direkt auf die Repräsentation von Wörtern im mentalen Lexikon geschlossen werden. Übereinstimmung zwischen linguistischer Lexikologie und kognitiver Linguistik besteht aber in der Annahme einer strukturellen Basis aller mentalen Prozesse (vgl. auch M. Schwarz 1992, 80 ff.). Wie jedoch das mentale Lexikon organisiert ist, so dass der Sprachbenutzer alle notwendigen Informationen für eine formal und inhaltlich ausgefeilte flüssige Rede in kürzester Zeit abrufen kann, ist noch weitgehend ungeklärt. Erklärungsansätze liefern derzeit die modularistisch ausgerichtete kognitive Linguistik und die holistische Konzeption (statt einer Erläuterung dieser widersprüchlichen Ausrichtungen verweise ich auf M. Schwarz 1992, Kap. 2.3.).

In meinen sich anschließenden Darlegungen zur Feldbetrachtung des Lexikons unterscheide ich
1. Semasiologische Felder
2. Onomasiologische Felder
3. Assoziative Felder

Zusammenfassung:

Der Gedanke, dass sich die Lexeme einer Sprache zu Feldern ordnen lassen, ist nicht abwegig, weil wir dabei Ordnungsvorstellungen im Sinn haben, die ein Wort nicht als isolierte semantische Einheit, sondern in seiner Relation zu anderen semantischen Einheiten sehen. Lexeme sind offenkundig semantisch, aber auch etymologisch und onomasiologisch aneinander gebunden. Selbst über Assoziationen, die vom Bezeichneten ausgehen und auf unsere Erfahrungen referieren, entdecken wir Strukturen in einer feldmäßigen Ordnung. Allerdings dürfen wir dabei nicht das dynamische Wesen des lexikalischen Systems übersehen.
Der Feldgedanke wirft die **Frage** auf, ob es zutreffender ist, nicht von Wortfeldern auszugehen, sondern von einem komplexen Netzwerk an sprachlichen Ausdrücken. Ich denke dabei auch an den Begriff „mentales Lexikon".

3.2. SEMASIOLOGISCHE FELDER

„Wortfeld" ist im ständigen Differenzierungsbestreben der Linguistik zu einer ungenauen Bezeichnung geworden, denn der Begriff bezieht sich erstens nicht nur auf lexikalische Elemente im Sinne des alltagssprachlich verstandenen „Wörterbuchworts", er schließt auch Phraseolexeme ein; und er ist zweitens zu eng geworden für die Aspekte, unter denen lexikalische Felder heute betrachtet werden.

Je nach der Art der semasiologischen Relationen im Feld sind
semasiologische Felder

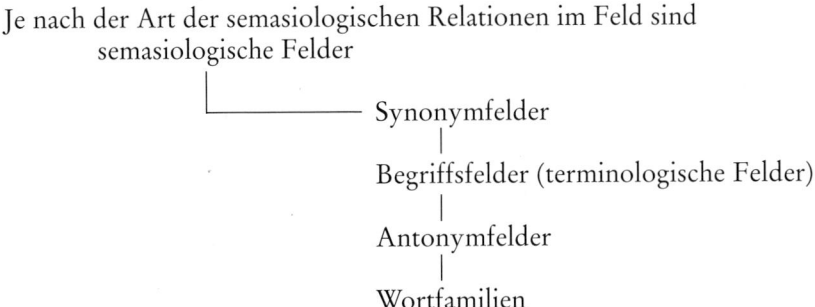

Semasiologische (semantische) Felder (Bedeutungsfelder) konstituieren sich aus Bedeutung tragenden Einheiten, die mindestens durch ein gemeinsames Sem miteinander verbunden sind. Nicht gebräuchlich ist der Feldbegriff für Aktualisierungen der (1) Polysemie und für die (2) echte Homonymie.

(1) Relationen in der Struktur polysemer Lexeme sind nicht eindeutig semantische Beziehungen, denn sie referieren (a) auf „innere" oder äußere Ähnlichkeiten zwischen Objekten (metaphorisch), auf (b) Objektverhältnisse bzw. ursächliche Zusammenhänge (metonymisch) oder auf (c) abhängige Begriffe für Objekte (Hyperonyme, Hyponyme, Kohyponyme). Dazu verweise ich auf weitere Ausführungen (u.a. Seiten 188 unter 198; vgl. aber auch T. Schippan 1992, 162 ff.).

(2) Homonymie beruht nicht auf semantischen Beziehungen, sondern auf Formgleichheit zweier Wort-Lexeme, die bei echter Homonymie zufällig gegeben ist (z.B. *Miete* für eine aufgeschüttete Bedeckung zum Frostschutz von Kernobst und Knollenfrüchten sowie *Miete* als Entgelt für zeitweilig zur Nutzung Überlassenes, z.B. für eine Wohnung). Eine Ursache für die Herausbildung echter Homonymie ist die Entlehnung, z.B. lat. „meta" für eine kegelförmige Figur, auch Heuschober, Pyramide; ins Deutsche übernommen mit der Bedeutung „Fruchtgrube". *Miete* in der Bedeutung „Entgelt" hat eine andere Wortgeschichte. Es hat sich aus dem Got. kommend (*mizdo* zu

ide. *mizdho- „Lohn, Entgelt") im Deutschen erhalten. Hingegen sind die sog. unechten Homonyme auf eine gemeinsame Herkunft zurückzuführen und gehören einer Wortfamilie an, schließen sich aber bei synchronischer Betrachtung semantisch aus, z.B. *Stock* (Stab, Stange aus Holz), *Stock* (Stammkapital), *Stock* (Bienenstock), *Stock* (Etage).

Die feldmäßige Erfassung der Lexik in **Synonymfeldern** basiert auf der Beobachtung von Identitäts- und Äquivalenzbeziehungen im S y s t e m des Wortschatzes (vgl. T. Schippan 1992, 206). Aber aus Synonymfeldern auszuschließen sind Äquivalenzbeziehungen, wie sie sich in T e x t e n abbilden:
Ich kenne nur einen *Vogel*, der seine Eier in fremde Nester legt, den *Kuckuck*.
Die Lexeme *Vogel – Kuckuck* referieren in diesem Satz auf das gleiche Denotat*. In der Texttheorie gelten sie auch als **Topiks** (als referenzidentische Lexeme) bzw. als **kontextuale Synonyme**. Im Sprachsystem stehen sie zueinander in unterschiedlicher, hier in hyperonymischer, aber eben **nicht** in synonymischer Beziehung.
Synonymie im Sprachsystem liegt dann vor, wenn zwei Lexeme der gleichen Wortart in ihrer potenziellen Semantik bedeutungsgleich oder bedeutungsähnlich sind und sememidentisch verwendet werden können (vgl. auch O. Reichmann 1976, 21; H. Glück 1993, 624).

Innerhalb eines Synonymfeldes stehen die Lexeme in synonymischer Relation zum **Archilexem**. Es fungiert als Hyperonym mit allgemeiner Bedeutung. Ein Archilexem ist beispielsweise das reflexive Verb *sich äußern*:
– Herr Prof. Meier *äußert sich* zu neuesten Ergebnissen der Gen-Forschung:
  darlegen, vortragen, dozieren, sprechen über, berichten, mitteilen, referieren, beurteilen...
– Fräulein Meier *äußert sich* freimütig zu ihren amourösen Erlebnissen auf der Adria-Insel Lošinj:
  erzählen, schildern, beschreiben, ausmalen, ausbreiten, sprechen, reden, ausplaudern, preisgeben ...

Über die wenigen hier angeführten Synonyme wird bereits deutlich, dass die Sememidentität nur in der potenziellen Semantik zweier Lexeme zu suchen ist und über den Kontext-Test ermittelt werden kann. Es zeigt sich aber auch ein Problem: Kann von einem Synonym-Feld noch die Rede sein, wenn die Feldelemente zwar in synonymischer Relation zum Archilexem stehen, nicht aber auch untereinander synonymisch verbunden sind?

---

*   „Designat" und „Denotat" sind insofern relativ verschiedene Begriffe, als das „Designat" für die Klasse des Bezeichneten gewählt wird, das Denotat aber für dasselbe Objekt steht, auf das sprachliche Zeichen referieren.

Verben wie *lehren* und *ausfragen* sind augenscheinlich keine Synonyme, da sie nicht sememidentisch verwendet werden können. In ihrer semischen Struktur aber gehen sie über das gemeinsame Sem „vermittels Sprache" eine Beziehung ein:

> *lehren*: (1) jmd./Schüler/ Studenten (2) **vermittels Sprache** (3) unterweisen; *ausfragen*: (1) jmd. (2) **vermittels Sprache** (3) eingehend/ nachdrücklich (4) nach etwas (5) fragen.

Die Elemente eines Synonymfeldes sind semisch-strukturell, semisch-quantitativ und folglich in ihrer Verwendungsbreite (also extensiv) verschieden, so dass sie nicht unbedingt auch gegeneinander austauschbar sind (ich verweise auf die Elemente *erfrieren, verhungern, verröcheln* im Wortfeld „Aufhören des Lebens" bei L. Weisgerber 1962, 184; wie auch auf die Strukturierung dieses Wortfeldes bei K. Baumgärtner 1967, 191). Charakteristisch für ein Synonymfeld ist die synonymische Beziehung zum Archilexem und die auf mindestens ein Sem bezogene Gemeinsamkeit der Feldelemente. Das schließt natürlich nicht aus, dass auch Feldelemente in synonymischer Relation zueinander stehen können, z.B. *reden* und *sprechen*.

Wort- bzw. Lexemfelder sind Produkte linguistischer Überlegungen zur systematischen Ordnung der Lexik, so dass die interne Ordnung bzw. Anordnung der Lexik ein wesentlicher Gesichtspunkt des Feldaufbaus ist. In dieser Hinsicht nicht unerheblich ist auch der stilolinguistische Aspekt bei der Auswahl der Lexeme: Kann Umgangssprachliches oder auch Regionalsprachliches neben Standardsprachlichem in ein Synonymfeld aufgenommen werden? Hier treten Positionen hervor, die in einem bestimmten theoretischen Konzept wurzeln. Ich will der Frage nicht weiter nachgehen, ob beispielsweise umg. *schwafeln, palavern,* südd. *schwätzen* und das standardsprachliche *reden* Elemente eines Synonymfeldes sind. Favorisiert man allerdings den pragmalinguistischen Erklärungsansatz, dann haben durchaus umgangssprachliche, selbst dialektale und regionale Elemente ihren Platz in e i n e m gegliederten Synonymfeld. Schon die Überlegung, dass auf standardsprachlicher Basis der Textgestaltung Normabweichungen auch bewusst zur Erzielung von Effekten gewählt werden (z.B. in den Medien), spricht für diese Entscheidung.

Das synonymische Feld zum Archilexem *sich äußern* könnte thematisch und semantisch wie folgt gegliedert sein:

sich äußern
  |__ **allgemein**
    sagen – reden – sprechen – darlegen – ausdrücken – klären ...
  |__ **sachlich**
    mitteilen – berichten – beschreiben – fragen – antworten – erwidern

– entgegnen – besprechen • verlesen – vorlesen • erklären – lehren –
dozieren – referieren – vortragen – zitieren ...

|__ **erlebnishaft**
erzählen – schildern – plaudern – unterhalten ...

|__ **zustimmend – nicht zustimmend**
bejahen – zustimmen – beistimmen – beipflichten – billigen • ver-
neinen – bestreiten – anfechten • widersprechen – widerlegen – kri-
tisieren ...

|__**herausfordernd**
provozieren – herausfordern – reizen – behaupten

|__**wertend**
urteilen – werten – nach dem Munde reden – schwafeln – schönfär-
ben – meinen ...

|__**leise – laut**
flüstern – tuscheln – hauchen – murmeln • anschreien – anfahren –
anbrüllen ...

|__**fehlerhaft**
radebrechen – versprechen – lispeln ...

|__**negativ**
höhnen – spotten – witzeln • prahlen – große Töne reden – aufspie-
len • leere Worte reden – einherreden/daherreden – faseln • angeben
...

|__**salopp**
quasseln – babbeln – schwatzen – schwätzen • klatschen – sticheln
• große Töne spucken – Phrasen dreschen – Stuss zusammenreden
• protzen – sich dick(e) tun ...

Das vorstehende Feld ist nicht vollständig ausgebaut; es fehlen viele der saloppen und vulgären Entsprechungen, aber auch in anderen thematischen
Reihen sind Ergänzungen möglich.

Die interne Gliederung in synonymischen Feldern folgt der Erkenntnis,
dass die Semantik jedes Lexems zur Semantik des Feldnachbarn abgegrenzt
und vermittels dieser Beziehung semantisch determiniert ist. So sind beispielsweise *berichten* und *erzählen* semantisch weitgehend identisch, sie unterscheiden sich aber in der Bezugnahme des Sprechers auf das Objekt. Er *erzählt*, wenn er ein Ereignis erlebnisbetont wiedergibt, er *berichtet*, wenn er
es sachbetont vermittelt. Das „treffende" Lexem hat seinen semantischen
Stellenwert im System (und noch spezieller: im Feld) in der sozialen Kommunikation erhalten, und es verändert seine Semantik unter dem Einfluss der
kommunikativen Verwendung. So hat beispielsweise das Verb *schildern*
(noch im 17. Jh. „ein Schild bemalen") seine heutige Bedeutung „auf subjektive, sehr erlebnishafte Weise mit Worten beschreiben" erst im 18. Jh. ange-

nommen. Die ursprüngliche Bedeutung hat sich nur noch als Metapher („etwas mit Worten *ausmalen*") erhalten.

Die Entwicklung von Synonymfeldern wie auch die Feldforschung selbst folgt dem Ziel, das Bedeutungsspektrum eines Feldes lückenlos abzudecken, zumeist mit Hilfe der Merkmalanalyse. Nur so ist es möglich, die „semantische Nähe oder Ferne" zu einem anderen Feldelement anzugeben und seinen Platz im Feld zu bestimmen. Die Bedeutungsbeschreibung durch Merkmalanalysen (auch Komponentenanalyse genannt) ist in der Literatur durch viele Fallbeispiele belegt, und sie ist häufig als Seme-Matrix aus semasiologischer und onomasiologischer Sicht ausgeführt worden. Mit Bezug auf handlungstheoretische Untersuchungen bei W. Schmidt zur semantischen Bestimmung der performativen Verben (1981, 89 ff. und 109 ff., vgl. auch S. Heusinger 1995, 32) kann daraus folgende Matrix zu den Feldelementen *berichten* und *erzählen* hergeleitet werden:

	berichten	*erzählen*
einmalig, nicht wiederholbar	+	+
vollzogen	+	+
authentisch	+	−
real und/oder fiktiv	−	+
sachbetont	+	−
erlebnisbetont	−	+
mit subjektiver Einstellung	−	+

Das Beispiel einer semischen Strukturanalyse zum Synonymfeld (Wortfeld) „rennen" mit Unterschieden in der Extension der semischen Differenzierung führen J. Filipec (1968, 200) und K.-E. Sommerfeldt (1975, 172 ff.) an. Zieht man zum Vergleich auch das Feld „Verben der menschlichen Fortbewegung" bei G. Wotjak (1971 und 1977) heran, dann ist es in concreto durchaus möglich, zwischen Makro- und (inklusiven) Mikrofeldern zu unterscheiden. Auch das Feld „sich äußern" ist als Makrofeld angelegt.

Bedeutungsstrukturanalysen in der Literatur* werden semisch im Detail mehr oder weniger differenziert ausgeführt, so dass ich die Mikrostrukturanalyse bei G. Wotjak besonders herausstellen möchte, denn sie belegt Bedeutungsaffinitäten zweifelsfrei. Dennoch kann selbst aus den Mikrostrukturanalysen nicht auch auf die Syntagmatik geschlossen werden, die u.a. E.

---

* Semische Strukturanalysen (Merkmalanalyse, auch Komponentenanalyse, Konstituentenanalyse genannt) sind unter anderen auch belegt bei B. Pottier (onomasiologisches Feld „Sitzmöbel", 1964, 108 ff.); M. Bierwisch (onomasiologisches Feld „Verwandtschaftsbeziehungen", 1969, 67 ff.); G. Wotjak (Synonymfeld „Verben der menschlichen Fortbewegung", 1971, 180 – 210 u. Anhang, vgl. auch 2. Aufl. 1977)

Agricola (1975, 75 ff.) über sein „System von Synonymreihen" (zu den Synonymfeldern *absolut* und *beenden*) herausarbeitet. Während einzelne Synonymfelder zu Verben besonders extensiv sein können, ist eine vergleichbare Ausdehnung bei Feldern zu Substantiven und Adjektiven nicht festzustellen. Das nachstehende Synonymfeld zum Substantiv *Vorkommnis* ist im Verhältnis zu anderen substantivischen Feldern weit ausgebaut:

Vorkommnis (Vorgefallenes an einem Ort zu einer bestimmten oder unbestimmten Zeit)
　　　　|__**eindrucksvoll, erzählenswert**
　　　　　　　Ereignis – Erlebnis – Geschichte – Abenteuer
　　　　　　　　|_ nebensächlich: Episode |_negativ: Affaire
　　　　|__**unerwartet**
　　　　　　　Vorfall – Zwischenfall – Begebenheit – Geschehnis
　　　　　　　　|_ speziell, negativ: Unglück – Unfall
　　　　|__**ablaufend**
　　　　　　　Geschehen – Vorgang

Verhältnismäßig gering ausgebaut sind auch adjektivische Synonymfelder. Das nachstehende Beispiel zum Adjektiv *lichtlos* mit den Semen (1) ohne/mit sehr wenig (2) Tageslicht kann wie folgt gegliedert sein:

lichtlos
　　　　|__**ohne Farbe**
　　　　　　　schwarz
　　　　|__**in der Nacht**
　　　　　　　dunkel – finster – düster/duster – nächtig

Synonymfelder lassen sich im Allgemeinen nicht auf die lexikalischen Teilsysteme von **Fachsprachen** beziehen, obwohl es bei oberflächlicher Betrachtung den Anschein hat, als gäbe es gerade in den Fachsprachen eine Fülle von Synonymen. *Bedeutungselement* wird dem Anschein nach synonym verwendet für *Bedeutungsmerkmal, Sem, Noem, Semantic marker*. Doch der Anschein trügt, denn Termini sind im Rahmen einer Theorie bzw. eines theoretischen Konzepts begrifflich definierte Fachwörter und deshalb nicht austauschbar. G.F. Meier/ B. Meier (1979, 16) definieren beispielsweise *Noem:* „Jedes Semem setzt sich aus *Bedeutungskomponenten* und *Bedeutungselementen* zusammen. Die Bedeutungselemente nennen wir Noeme." Ziel ihrer Theorie ist (war) ein interlingual verwendbares Noematikon, d.h. eine „extralinguistische Klassifizierung der Welt". Nach L. Bloomfield (1933, 264) ist das *Noem* die Bedeutungseinheit eines Glossems (= Oberbegriff für Morpheme), d.h. eines Grundbegriffs der strukturalistischen Sprachanalyse. Danach sind Noeme Bedeutungseinheiten von Morphemen.

Begriffsfelder (terminologische Felder) sind folglich auf lexikalische Teilsysteme in Fachsprachen zu beziehen. Ihre Elemente (Begriffe, Termini) sind nicht allein auf Wort-Lexeme festgelegt, sie können auch die Form von fachsprachlichen Syntagmen annehmen. Ich wähle nach A. Gruntar Jermol (1999, 125) ein Beispiel aus der Rechtsterminologie des Bürgerlichen Gesetzbuches:

Unmöglichkeit der Leistung (definiert als)

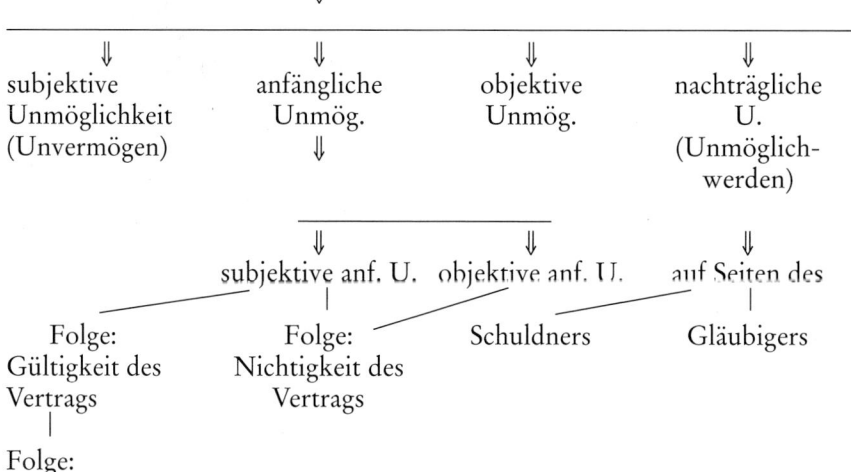

⇓	⇓	⇓	⇓
subjektive Unmöglichkeit (Unvermögen)	anfängliche Unmög. ⇓	objektive Unmög.	nachträgliche U. (Unmöglich-werden)

subjektive anf. U. objektive anf. U. auf Seiten des

Folge: Folge: Schuldners Gläubigers
Gültigkeit des Nichtigkeit des
Vertrags Vertrags

Folge:
Schadenersatz wegen Nichterfüllung

Die Elemente des obigen Begriffsfeldes* sind durch hierarchische (hyperonymisch-hyponymische), antonymische, synonymische und konsekutive (kausale) Relationen miteinander verbunden, von denen sich die hierarchischen Relationen als die im Feld grundlegenden Beziehungen erweisen.

Synonymische Relationen in fachsprachlich-lexikalischen Systemen sind ungewöhnlich, aber nicht ganz auszuschließen. Das notwendige Bestreben in den Fachsprachen nach Eindeutigkeit der Referenz auf das Denotat ist zwar das bestimmende Prinzip der Terminologisierung, aber es können durchaus

---

* Auch M.D. Stepanova gebraucht „Begriffsfeld", aber sie bezieht den Ausdruck nicht nur auf Termini, sondern auf Lexeme auch der Gemeinsprache, die auf das gleiche Designat referieren, z.B. auf *Kater -Katze – Kätzchen – Katzen; Tag – Nacht*. Die Begriffe stehen zueinander binär oder polar (1973, 41).

gemeinsprachliche Bezeichnungen durch ihren häufigen oder gar bevorzugten Gebrauch zu terminologischen Synonymen werden. In unserem Feld sind es die Synonyme *Unvermögen* und *Unmöglichwerden*.

Oft zwingt die Verständnissicherung zum Empfänger den Sprecher/Schreiber in populärwissenschaftlichen Texten oder im Gespräch mit Laien zum Ersatz von Termini durch gemeinsprachliche Dubletten mit gleicher oder annähernd gleicher Referenz. So kann der juristische Terminus *teilbare Leistung* im gegebenen Fall allgemein verständlicher durch *Ratenzahlung* ersetzt werden. Gemeinsprachliche Dubletten sind unter den gegebenen kommunikativen Bedingungen funktional markiert und nicht als terminologische Synonyme zu behandeln. Synonyme hingegen sind *Insolvenz* und *Zahlungsunfähigkeit*. In diesem Fall steht ein heimisches Lexem synonym für eine Entlehnung.

Antonyme in Begriffsfeldern schließen sich durch ein polares Sem aus, haben aber eine gemeinsame Bezugsbasis, z. B. im obigen Begriffsfeld *subjektive* und *objektive Unmöglichkeit, Gläubiger – Schuldner*. Die gemeinsame Basis der Antonyme ist eine zu erbringende Leistung.

Allerdings hängt die Ausbildung von Antonymen immer auch vom fachlichen Objekt ab, so dass nicht auf antonymische Relationen in allen fachsprachlich-lexikalischen Teilsystemen geschlossen werden kann. Hingegen sind Hierarchie-Relationen ein generelles Charakteristikum für Begriffsfelder.

Konsekutive Relationen signalisieren eine „Wenn-Dann-Beziehung": Wenn der Schuldner seine vertragliche Leistung unmöglich erbringen kann (= *subjektive anfängliche Unmöglichkeit*), bleibt der Vertrag dennoch gültig, und es muss Schadenersatz geleistet werden. Auch konsekutive Beziehungen sind spezieller Art und vom fachlichen Objekt abhängig.

Ebenso können Relationen noch anderer Art in Begriffsfeldern realisiert sein, beispielsweise Relationen:

– der Inklusion (der *Realvertrag* schließt die *Willensübereinstimmung* ein)
– der Partonymie (*Schuld* und *Forderung* konstituieren ein *Schuldverhältnis*)
– des Besitzes (ein *Rechtssubjekt* besitzt *Rechtsfähigkeit, Geschäftsfähigkeit, Deliktsfähigkeit*) (nach A. Gruntar Jermol 1999, 92 ff.).

„Wo Licht ist, ist auch Schatten." Diese ins Metaphorische übertragene Volksweisheit drückt **Gegensätze** aus, die Generationen von Menschen in ihren Leben immer wieder erfahren haben. Sie relativiert aber auch die Gegensätze, denn *Licht* ist ohne *Schatten* nicht denkbar, so dass beide Erscheinungen zu einer relativen Einheit verschmelzen, die wir für *Licht* und *Schatten* mit dem Ausdruck *Helligkeit* belegen.

Mutter – Vater, Frau – Mann; gut – böse, Himmel – Hölle, klein – groß, schlafen – wachen, oben – unten, auf – zu, Freund – Feind, Krieg – Frieden, Sonne – Regen

sind eben solche paarigen Lexeme, deren Bedeutungen wir mit unserer Sicht auf die Welt in unserem Sprachbewusstsein bereithalten. Wir begreifen sie teils als semantisch-gegensätzlich (*Freund – Feind, gut – böse*), teils als semantisch-alternativ (*Sonne – Regen, lachen – weinen*), teils als semantisch-komplementär (*Frau – Mann, weiblich – männlich*).

Unsere Sicht auf die Welt lässt uns erkennen, dass beispielsweise Menschen, Lebewesen verschiedenen Geschlechts sich zwar biologisch voneinander unterscheiden, aber eben sich in ihrer komplementären Verschiedenheit ergänzen und eine Einheit bilden. Ebenso kann das *Kleine* nicht ohne die Existenz auch des *Großen*, das *Gute* nicht ohne des als *böse* Bewerteten begriffen werden. Philosophen und Logiker verschiedener (wenn auch nicht aller) Denkrichtungen betonen die Gegensätzlichkeit im Erkennen und Denken ebenso wie im real Existierenden, sie betonen aber auch die Einheit der Gegensätze. Die Gegensätzlichkeit ist eine der Grundkategorien der Philosophie.

In der Sprache wird die Gegensätzlichkeit zu Bedeutungsgegensätzen, die im Wortschatzsystem an paarige Lexeme gebunden sind. Allerdings ist die Auffassung darüber in der Sprachwissenschaft, was mit dem Begriff **Antonym** (dem Gegennamen) linguistisch benannt werden kann, keinesfalls einheitlich. Beispielsweise ist etwas *nicht heiß, sondern kalt; nicht heiß, sondern kühl; nicht heiß, sondern lau; nicht heiß, sondern warm*.

J. Lyons spricht von gradierten Ausdrücken, wenn sie sich nicht auf polar gegensätzliche Designate beziehen. Oder anders gesagt: Nur binäre Ausdrücke wie *heiß – kalt; groß – klein* seien Antonyme (1995, 473 ff.). Folglich sei auch Komplementarität zwischen Lexemen, z.B. *männlich – weiblich, allein stehend – verheiratet* keine Antonymität (ebenda, 471) im eigentlichen Sinne des Wortes, weil ihnen die Eigenschaft zukomme, dass „die Negation des einen die Assertion des anderen impliziert bzw. umgekehrt" (wenn er nicht allein stehend ist, ist er verheiratet; eine Behauptung, die unwahr sein kann).

J. Aitchison führt an, dass es zu einfach sei, das Antonym normalerweise als „Wort mit entgegengesetzter Bedeutung" zu definieren, denn unter einem Antonym fallen mehrere verschiedene Typen von Gegensätzen. Er unterscheidet unter Bezug auf J. Lyons logischer Erklärung

– den Entweder-Oder-Typ (binäre Antonymie): *tot – lebendig*
– die graduierbare Antonymie (mit nicht absolutem Gegensatz): *fest – flüssig*
– die konverse Antonymie (Gegensätze mit Perspektivwechsel): *das kleine* Kaninchen jagt die *große* Hummel (denn aus verschiedener Perspektive

kann das vergleichbar Große aber klein, das Kleine aber groß sein). (J. Aitchison 1997, 122 ff.)

Zweifellos werden sprachliche Antonymie-Relationen aus dem Sprach-(und Kontext-)Gebrauch hergeleitet. Erst dann, wenn sie als usuell empfunden werden, gelten sie als lexikalisiert und folglich als systemimmanent. Allerdings möchte ich nach J. Aitchison mit Bezug auf die Gebrauchsspezifik nicht von „Gegensätzen mit Perspektivwechsel" sprechen. Das erklärt zwar die Relativität des Gegensätzlichen, nicht aber die sprachinterne Systembeziehung. Sie schließt das Relative zunächst aus.

Chr. Agricola/ E. Agricola (1982, 18ff.) unterscheiden vier Typen von Antonymen, darunter die „Konversivität" (zu lat. conversio „Umkehrung"). Diesem Typ ordnen sie nur Verben und Verbalsubstantive zu: *mieten – vermieten; geben – erhalten; weinen – lachen; Steigung – Gefälle; Einfahrt – Ausfahrt.*

Das mit der Bedeutung des einen Lexems Ausgedrückte muss über ein anderes Lexem umkehrbar sein, so dass häufig die Konversivität erst durch Verbalmorpheme ausgedrückt werden kann: *kaufen – verkaufen; enthüllen – verhüllen; beladen – entladen; warnen – entwarnen.* Warum dieser Typ – unter Einschluss auch der Negation – nicht auch auf andere Wortarten beziehbar ist, bleibt hier unklar:

> *eins* ums *andere; auf* und *ab; furchtsam – furchtlos; Gefühl – Vernunft; Heimat – Ausland; Harmonie – Disharmonie; hinstellen – wegstellen; human – inhuman; kurvenreich – kurvenlos; ungefährlich – gefährlich.*

Derlei Bildungen im Wortschatz sind sehr zahlreich, doch nicht immer signalisiert ein Negationsaffix auch eine antonymische Beziehung. *Unmut* ist kein Antonym zu *Mut, Tiefe* kein Antonym zu *Untiefe.*

Th. Schippan nimmt präsuppositive (voraussetzende) Seme an, die in der Semantik konverser Verben angelegt sind. Das heißt, diese Verben haben ein „Gegenverb" zur Voraussetzung (1992, 216). Allerdings kann diese Beobachtung nicht nur auf Verben bezogen werden. Auch Substantive wie *Anfang – Ende*, Adjektive wie *erfolglos – erfolgreich*, Adverbien wie *nah – fern* setzen einander voraus.

Wie sehr man den Kreis der Antonyme auch dehnt oder einengt, letztlich handelt es sich immer um Lexeme, die nicht unbedingt „gegennamig" aufeinander bezogen sind, sondern durch ihren s e m a n t i s c h e n Gegensatz charakterisiert sind. Ihre semantische Relation ist
- polar (*Freund – Feind*),
- polar graduiert (*feucht – trocken; nass – trocken*),
- konversiv, auch verneinend (*glaubhaft – unglaubhaft; entbehren – besitzen*),

– komplementär (*Kater – Katze*),
– alternativ (*regnerisch – sonnig*).

Antonyme mit komplementärer und alternativer semantischer Relation sind peripher positioniert, denn in ihnen ist die Verschiedenheit stärker ausgeprägt als ihre (sich bedingende) Gegensätzlichkeit. Beispielsweise werden die Generationsunterschiede zu den Designaten *Vater – Sohn; Mutter – Tochter; Vater – Tochter* nicht als polar aufgenommen, wohl aber die darin implizierten Gegensätze *alt – jung*. Auch das Alternativpaar *Sonne – Regen* impliziert die Gegensätze *trocken – nass; schön – schlecht* (schönes Wetter – schlechtes Wetter). Insofern haben wir es nur mit einer implizit angelegten Gegensätzlichkeit zu tun, die über Semstrukturen demonstriert werden kann.

Die etwa 8300 antonymen Lexeme des gemeinsprachlichen Wortschatzes (vgl. Chr. Agricola/ E. Agricola 1982) legen es nahe, Teile des Wortschatzes zu **antonymischen Feldern** und **Reihen** zusammenzufassen. A. Iskos/ A. Lenkowa (1963, 227) haben antonymische „Gruppen" um einen Zentralbegriff gebildet, beispielsweise zu den Begriffen „Zeit", „Qualität", „Emotion", „Naturerscheinung". Felder dieser Art mit thematisch untergliederten Reihen vereinigen Antonympaare z.B. zum Archibegriff „Zeit":

> *Jugend – Alter; jung – alt; jugendlich – bejahrt; Knabe – Mann; Mädchen – Frau; Kind – Erwachsener/Erwachsene # aktuell – inaktuell; modern – unmodern; zeitgemäß – veraltet; zeitlos – zeitgebunden; out – in # zeitig – spät; früher – heutig; damals – jetzt; damalig – jetzig; vergangen – gegenwärtig; ehemalig – derzeitig; jetzt – zukünftig # Morgen – Abend; Tag – Nacht; morgendlich – abendlich; tags – nachts; tagsüber – nächtlich; früh – spät # pünktlich – unpünktlich; säumig – eilig; vorzeitig – rechtzeitig; vorfristig – fristgemäß; überfällig – termingemäß.*

„Zeit" mit der Polarität „Vorzeit – aktuelle Zeit – Nachzeit" ist auch das verbindende Sem in den Lexembedeutungen.

Um die Polarität „gut – böse" gruppieren sich (in einer Auswahl) folgende Antonyme:

> *Himmel – Hölle; Engel – Teufel; (der) Gute – (der) Böse; barmherzig – satanisch; tugendhaft – lasterhaft # gütig – boshaft; gütig – böswillig; anständig – gemein; Güte – Bosheit; friedlich – bösartig; edel – niederträchtig; offen – hinterlistig; ehrlich – heimtückisch; friedfertig – aggressiv; # gutartig – bösartig # gut – schlecht (Leumund).*

Nicht alle Lexeme mit den Semen „gut" oder „böse" stehen in einer antonymischen Beziehung. Beispielsweise lassen sich *Bösewicht, Sünder, Frevel* nur vermittels einer Umschreibung auch antonymisch verwenden, z.B. „guter

Mensch", „die göttlichen und weltlichen Gesetze achtend". Diese antonymischen Paraphrasen sind nicht lexikalisiert und folglich auch keine Elemente des lexikalischen Systems.

Die in einer kommunikativen Handlung bestimmende Intention kann den Sprecher oder Schreiber zum kreativen und lebendigen Umgang mit der Sprache und speziell ihrer Lexik anregen. Es entstehen Neubildungen und nicht lexikalisierte Metaphern. Aber auch der überaus reiche Lexembestand und die Polysemie vieler Lexeme halten nahezu alle Wahlmöglichkeiten für eine angemessene und inhaltlich beabsichtigte Äußerung bereit. Rückt man die Polysemie der gemeinsprachlichen Mittel in das Zentrum der Betrachtung, dann entstehen vernetzte antonymische Felder und antonymische Reihen.

Beispiel 1 (vernetztes antonymisches Feld):

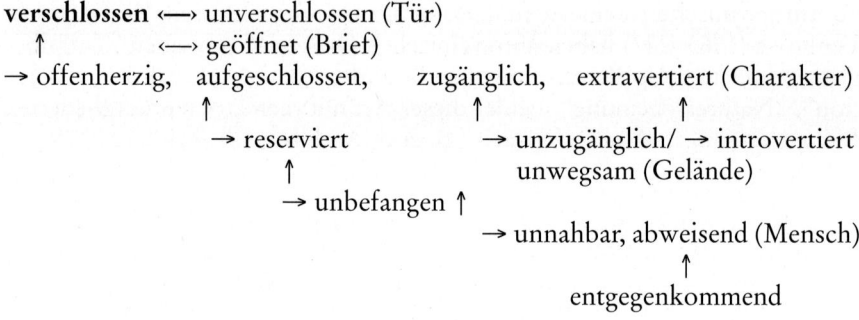

verschlossen ⟵⟶ unverschlossen (Tür)
   ↑   ⟵⟶ geöffnet (Brief)
→ offenherzig, aufgeschlossen,   zugänglich,   extravertiert (Charakter)
            ↑   ↑   ↑
         → reserviert   → unzugänglich/ → introvertiert
            ↑   unwegsam (Gelände)
         → unbefangen ↑
                          → unnahbar, abweisend (Mensch)
                                        ↑
                              entgegenkommend

Ein wesentlicher Teil des antonymischen Wortschatzes besteht aus Adjektiven, denn in ihrer syntaktischen Rolle als Attribut, Adverbial oder Prädikativum dienen sie insbesondere dazu, Sachverhalte, Personen semantisch zu spezifizieren. Das erfordert geradezu ein weites Spektrum von Ausdrucksmöglichkeiten, um das jeweils zu Bezeichnende mit seinen Eigenschaften, Wertungen, Merkmalen zu vermitteln, graduell abzuheben oder auch zu polarisieren.

Beispiel 2 (polysemische antonymische Reihe)

hoch   ⟵⟶   niedrig (Berg, Haus)
       ⟵⟶   niedrig (Luftdruck, Blutdruck)
       ⟵⟶   niedrig (geistiges, wirtschaftliches u.a. Niveau)
       ⟵⟶   niedrig, preiswert (Preis z.B. einer Ware)
       ⟵⟶   flach (Wellen z.B. am Strand, auf dem Meer)
       ⟵⟶   klein, gering, lächerlich (Betrag)
       ⟵⟶   tief (Stimme)

Antonymische Felder zu Verben sind weniger weit ausgebaut, aber auch ihr Bestand ist reich an Antonympaaren. Um die Polarität „sich äußern – sich nicht äußern" gruppieren sich (in einer Auswahl) die folgenden antonymisch geordneten Verben:

reden, sprechen, sagen   ⟵⟶ zuhören, hören, vernehmen
| ⟵⟶ schweigen, verstummen
| ⟵⟶ schreiben, aufschreiben
lehren, dozieren   ⟵⟶ lernen, aufnehmen

Semasiologische Felder im weitesten Sinne sind auch **Wortfamilien,** denn die ihr zugehörenden Lexeme sind über eine gemeinsame Wortwurzel bzw. über ein gemeinsames Grundmorphem etymologisch verwandt. Ich möchte die in der Sprachwissenschaft strittige Unterscheidung von „Wurzel", „Grundmorphem" und „Wortstamm" hier nicht darlegen (verweise aber auf H. Glück 1993, 699 f.; G. Grewendorf u.a. 1996, 265 und 280 und auf meine Auffassung zum Grundmorphem in diesem Buch, S. 25). Von Wortwurzel ist häufig dann die Rede, wenn Form und Semantik eines Lexems diachronisch bzw. historisch betrachtet werden. Die gemeinsame Wurzel mehrerer Lexeme lässt Schlüsse auf ihre ursprüngliche semantische Verwandtschaft zu. Nur aus dieser historischen Sicht sind Wortfamilien auch semasiologische Felder.

Die Lexeme *reden, Rede, Redner, redselig, Rechenschaft, Rechnung, rechnen* gehen auf die germ. Wurzel *raρ- (got. raρjo „Rechenschaft, Abrechnung, Zahl") in der Grundbedeutung „zusammenfügen" zurück. Dazu verwandt ist auch die ide. Wurzel *reg- in der Bedeutung „gerade".

So offensichtlich *reden, Rede, redselig* als inhaltlich verwandte Lexeme erkannt werden, ist die gemeinsame Wurzelbedeutung auch in *Rechenschaft, Rechnung, rechnen* heute ohne Hilfsmittel nicht mehr mit Sicherheit zu bestimmen. Mehr noch: Wir müssen heute von verschiedenen Grundmorphen ausgehen: „-red-" und „-rech-". Es ist offensichtlich, dass Wortfamilien eine Sonderstellung in der Zuordnung zu semasiologischen Feldern einnehmen.

Ordnungssysteme im Wortschatz in der Art von Wortfamilien sind hauptsächlich für die historisch vergleichende und historisch betrachtende Lexikologie von Wert. Vertreter der synchronisch orientierten Lexikologie erwähnen sie allenfalls. Auch die Neuregelung der deutschen Orthografie (als „Reform" eingeführt am 1.08.1999) lässt etymologische Gründe für die Stammschreibung nur noch dann gelten, wenn sie auch für das Volksempfinden plausibel sind.

So wird z.B. die Schreibung *Quäntchen* (vor der Neuregelung *Quentchen*) volksetymologisch auf „Quantum" zurückgeführt, obwohl es tatsächlich auf lat. „quinque" (dt. „fünf") bzw. „quintus" (dt. „fünfter") zurückgeht. *Quent* (auch *Quint, Quintel*) ist eine entlehnte alte deutsche Maßeinheit (1 Q. = _ Lot [3,667 g], später auch ein Fünftel oder sogar ein Zehntel vom Lot). Hingegen ist lat. „quantum" (Neutrum zu „quantus") mit der Bedeutung „wie groß, wie viel, so groß wie" versehen. Nach K. Baldinger schaffe die Volksetymologie „psychische Realität", indem sie im Spannungsfeld zwischen Unmotiviertheit und dem latent vorhandenen Bedürfnis nach Motivation gedeihe (zitiert nach Th. Schippan 1992, 45). Ungeachtet der orthografischen Neuregelung bleibt *Quäntchen* ein „Mitglied" der Familie um *Quinta, Quintaner, Quintessenz, Quent, Quintett*.

Es wäre allerdings kurzsichtig und inakzeptabel, wollte man den Begriff der Wortfamilie aus der Betrachtung der Gegenwartssprache ausklammern. Viele unserer Lexeme im alltäglichen und im fachlichen Gebrauch geben durch ihre offensichtlich gemeinsame Wortwurzel bzw. ihr gemeinsames Grundmorphem auch ihre genetische Herkunft in Form und Semantik zu erkennen. Das erleichtert dem Lehrenden die didaktische Arbeit zur Wortschatzerweiterung im Muttersprach- und Fremdsprachenunterricht. Schon im frühen Kindesalter lernen Kleinkinder, dass *blühen, Blüte, Blume* in ihren Bedeutungen miteinander verwandt sind.

A. Iskos und A. Lenkowa weisen der Wortfamilie ihren Platz im Sprachsystem auch bei synchronischer Sprachbetrachtung zu. Wenn infolge der historischen Entwicklung ursprünglich einmal vorhandene semantische Beziehungen zwischen genetisch verwandten Lexemen verblassen oder gar verschwinden (z.B. die semantische Beziehung *liegen – löschen*), bleiben sie als „semantische Zweige" (A. Iskos/ A. Lenkowa 1963, 244) erhalten (bei Th. Schippan 1992, 43 auch „etymologische Zweige"), deren gemeinsame Basis ein erkennbares gemeinsames Grundmorphem ist. Nach A. Iskos/ A. Lenkowa können die Zweige auch als abgezweigte, selbstständige Wortfamilien betrachtet werden (1963, 244). Hier liegt die Annahme zu Grunde, dass sich im Prozess der Sprachentwicklung Wortfamilien wie Zellen einer biologischen Masse teilen.

Als Beispiel mit interner Gliederung führen die beiden russischen Autoren für das Deutsche die weit ausgebaute Wortfamilie um die Wurzel *-fahr-* (zu ide. *per) an. Um die Grundmorpheme *-fahr-* (zu *fahren, Vorfahr, willfährig*), *-fuhr-* (*zu Fuhre, Abfuhr*), *-fert-* (zu *fertig, ausfertigen*), *-führ-* (zu *Führer, führen*) ordnen sie 130 Lexeme.

Zur Klasse der heute unproduktiven starken Verben hat sich eine verhältnismäßig große Zahl von Wortfamilien mit etymologischen Zweigen herausgebildet. Der darin erfassbare reiche Bestand an Lexemen geht vorwiegend auf Wortbildungsprozesse und in geringerem Umfang auf die Formenbildung durch Ablaut zurück, z.B. *Lage* mit Ablaut zum Plural Präteritum von *liegen* und Suffix *-e*. Nachstehend ist das Feld *liegen* mit dem Kausativum *legen* aufgenommen:

-licht-
Gelichter (ursprünglich Ort, wo
das Kind im Mutterleib
liegt)

↑

-lieg- (ide. *legh-)   →

anliegen/Anliegen – Anlieger –
Liege
Liegenschaft – unterliegen –
erliegen
verliegen ... – Anliegerstaat –
Liegestuhl – Liegestütz –
Liegeplatz
- Liegewiese – Liegezeit ...

-lösch- (die Flamme legt sich)
löschen, erlöschen, verlöschen
Löschkalk, Löschpapier

↑

-leg-   →   *-lag-*

legen – anlegen – auflegen -   Lage –
Lager –
verlegen ... – angelegen –   Anlage –
Auslage -
angelegentlich – aufgelegt -   Beilage ... -
Ableger – Überlegung ...   Verlag –
Belag ...

Die hier nicht vollständig ausgebaute Wortfamilie zeigt aber Wesentliches:
Der Ausbau im Werden des Wortschatzes zu seinem kommunikativen Gebrauch erfolgte vor allem durch Mittel und Möglichkeiten der Suffigierung,
der Präfigierung, der Komposition. Nicht alle Lexeme der Wortsippe sind
mit ihrer Entwicklung auch heute noch in ihrer semantischen Bindung
durchsichtig, z.B. *Gelichter, löschen* zu *liegen, legen.* Deshalb ist bei gegen-
wartssprachlicher Betrachtung der Wortfamilien der Hinweis auf etymologische Zweige eine wertvolle Erklärungshilfe.

Zusammenfassung:

Wortfelder sind Mikrosysteme im Lexikon der Sprache. Bei einer Konzentration auf semantische Relationen, über die Lexeme miteinander verbunden sein können, lassen sich so genannte semasiologische Felder aus-
gliedern. In ihnen sind alle zu einer übergreifenden Bezeichnungseinheit
(z.B. einem Archilexem) erfassten Lexeme/ Sememe über mindestens ein
Bedeutungselement (ein Sem) semantisch aufeinander bezogen und inhaltlich durch ihren jeweiligen Platz im System näher bestimmt.
Ordnende Systeme im Wortschatz sind von lexikologischem, aber auch
von lexikografischem Interesse. Berücksichtigt wurden hauptsächlich Lexeme in der Relation der Synonymie, der begrifflich-terminologischen
Bindung, der Antonymie und der gemeinsamen Etymologie.

3.3. Onomasiologische Felder

Die Frage nach dem Namen (griech. onoma) eines Gegenstandes, einer Erscheinung, eines Sachverhalts ist eine häufige, nicht nur von Kindern gestellte Frage: „Wie heißt das?" Das „Worten der Welt", wie L. Weisgerber die „Namengebung" einst nannte, folgt den Bedürfnissen nach zweifelsfreier Verständigung, und sie ist auch nicht nur eine zufällige Beziehung eines Lautes auf ein Denotat. Meistens sind die Namen motiviert, und immer wurden sie eingebunden in ein sprachliches System.

Wir können heute nur annehmen, dass z.B. das Lexem *Bruder* (ide. *bhrater-, auch *bhrator- „Blutsverwandter") die Bedeutung „Freund, Vertrauter" für den nächsten Verwandten, der Schwester oder den Bruder, einschloss. Sowohl die schon sehr frühe Verwendung auch als Anrede für Mönche und der vermutete etymologische Bezug zur ide. Wurzel *bher- (flechten) stützen die Hypothese (vgl. W. Pfeifer 1989, Bd. 1, 220 f). Die Benennung ist auf eine enge und spezielle verwandtschaftliche Beziehung motiviert.

Gruppen von Namen, von Bezeichnungen für Designate, die aus der „Gliederung der Welt" erwachsen, sind **onomasiologische Felder.** Der Prototyp für Felder, die nach der onomasiologischen Methode gestaltet sind, könnte beispielsweise das Feld der Verwandtschaftsbeziehungen L. Weisgerbers sein (1962, 184 ff.). Die feldinternen Beziehungen zwischen den Verwandtschaftsnamen entsprechen genau den Verwandtschaftsverhältnissen, wie sie allgemein in Westeuropa gegliedert werden und wie wir sie zu akzeptieren gewohnt sind.

Hier geht es nicht um die Frage nach der Semantik beispielsweise des Lexems *Vater*, folglich auch nicht um Seme, die das Semem konstituieren, sondern um die Frage nach dem genealogischen Platz, der mit *Vater* benannt wird. Natürlich lässt sich oftmals aus einem onomasiologischen Feld auch eine Sememstruktur herleiten, die dann die begriffliche Grenze zwischen onomasiologischem und semasiologischem Feld in Frage stellen könnte: Ein *Vater* ist ein (1) männlicher Mensch, der mindestens (2) ein Kind (3) gezeugt hat.

Bei naturgegebenen Lexem-Gliederungen, wie die am Sonnenspektrum orientierte Farbskala ist es kaum möglich, eine Sememstruktur zu den einzelnen Farbbezeichnungen herzuleiten. Aber jede Farbe in der systematischen Feldordnung hat ihren naturgegebenen Platz, z.B. die Farbe *orange* im Spektrum zwischen *rot* und *gelb.*

Ähnlich liegen die Platzverhältnisse und Abhängigkeiten im Feld der Schulzensuren. Hier haben wir es mit einer Wertegliederung zu tun, die Menschen hervorgebracht und für zweckmäßig gehalten haben. Die Wertbeimessung richtet sich nach dem vereinbarten Wert der besten und der schlechtesten Note.

Das Verhältnis von Benennung und Bedeutung ist grundlegend für die Unterscheidung von onomasiologischen und semasiologischen Feldern. Für die onomasiologische Betrachtung sind der eigentliche Inhalt Benennungsmotive, Ordnungen zu Sachgruppen, Ordnungen in der Art thematischer Reihen.

Obwohl der Gegenstandsbereich der Onomasiologie verhältnismäßig gut umrissen ist, lassen sich in der linguistischen Literatur bisher kaum Abhandlungen zum onomasiologischen Feld finden. Hintergrund dürfte die Feldforschung sein, die noch immer am allgemeineren Begriff „Wortfeld" festhält. Th. Schippan wählt den Begriff „onomasiologisches Feld" (auch „Bezeichnungsfeld"), in dessen Zentrum ein Begriff gerückt ist, um den sich Begriffe mit Merkmalen des Archibegriffs gruppieren: *Kanal, Fluss, Strom, Flüsschen, Bach, Rinnsal, Bächlein.* Ihnen zugeordnet ist der verbindende Oberbegriff „fließendes Gewässer" (ebenda, 219 ff.). Demonstriert wird allerdings eine semanalytisch beschriebene Reihung, die wohl als semasiologische Reihe bzw. als semasiologisches Feld bestimmt werden müsste. Wiederum haben wir es mit dem Problem einer eindeutigen Abgrenzung zu tun. Das Problem entsteht, weil sich Bezeichnung (griech. „onomasia") und Bedeutung (Semem) kaum anders als über Seme beschreiben lassen.

Aus onomasiologischer Sicht kann das verbindende Benennungsmotiv hilfreich sein. Alle o.g. Lexeme sind auf „rinnen", „fließen", „Wasserlauf" motiviert, wobei man zum eindeutigen Nachweis nicht an der Etymologie vorbeikommt, z.B. *Kanal* (Entlehnung zu lat. canalis „Röhre, Wasserrinne") und *Bach* (*Beck*), das sich in vielen Ortsnamen findet, zu ide. *bheg- „biegen, wölben" (im genetisch verwandten Lexem „bual" des Mittelirischen „fließendes Wasser").

Nur selten kann für die Namen eines ganzen Feldes ein allgemeines Benennungsmotiv festgestellt werden. Weit häufiger zeigt sich eine charakteristische Struktur, wie sie auch für die Beziehungen der Designate bestimmend ist, z.B. die Skala im Wertefeld der Zensuren, die Partonymie-Struktur aufeinander bezogener Teile eines Ganzen oder – was auch sehr häufig ist – die Hyperonym-Hyponym-Struktur in Systemen, die das Spezielle dem Allgemeinen zuordnen.

Die Gliederung bzw. Ordnung onomasiologischer Felder und Reihen kann nicht mit linguistischen Begriffen angegeben werden, denn sie folgt der traditionellen Kategorisierung der „Welt", wie sie in verschiedenen Kulturen unterschiedlich hervorgebracht und versprachlicht wurde. J. Lyons (1995, 436) bemerkt dazu: „Es gehört zu den Eigenheiten von Sprachen, dass sie der Welt den Stempel einer bestimmten lexikalischen ‚Kategorisierung' aufdrücken und die Trennlinien sozusagen ‚willkürlich' an unterschiedlichen Stellen ziehen. Wie wir sehen werden, ist das einer der Gründe, weshalb es oft unmöglich ist, bei verschiedenen Sprachen lexikalische Kongruenzen herzustellen."

Felder mit einer Hyperonym-Hyponym-Struktur rücken in die Nähe von Begriffsfeldern. Ihre Struktur verweist auf semantische Beziehungen fachsprachlicher Termini; die Struktur onomasiologischer Felder auf die namentliche Differenzierung von Designaten einer Sachgruppe.

Solch eine Sachgruppe bilden beispielsweise „geometrische Eckfiguren". Sie sind nach der Anzahl ihrer Ecken benannt, und es werden *Dreiecke* und *Vierecke* unterschieden. Die *Dreiecke* z.B. werden namentlich danach differenziert, ob ihre Seiten gleich oder ungleich sind. Sind sie ungleich, können sie gleichschenklig oder nicht gleichschenklig sein. Beide Gruppen wiederum sind namentlich danach differenziert, ob eines ihrer Winkel kleiner als 90° oder größer als 90° ist oder genau 90° beträgt.

Dreieck
gleichseitiges D. _| |_ ungleichseitiges D.
          gleichschenkliges D. _| |_ ungleichschenkliges D.

spitzwinklig rechtw. stumpfw. spitzw. rechtw. stumpfw.

Onomasiologische Felder mit partonymischer Struktur sind subordinär und partitiv gegliedert. Die Bedecktsamerblüte z.B. besteht aus den drei Hauptbestandteilen *Stempel, Staubblätter, Blütenhülle.* Jedes dieser Teile setzt sich wiederum aus Bestandteilen zusammen, die bei mikroskopisch feiner Analyse nochmals unterteilt werden können:

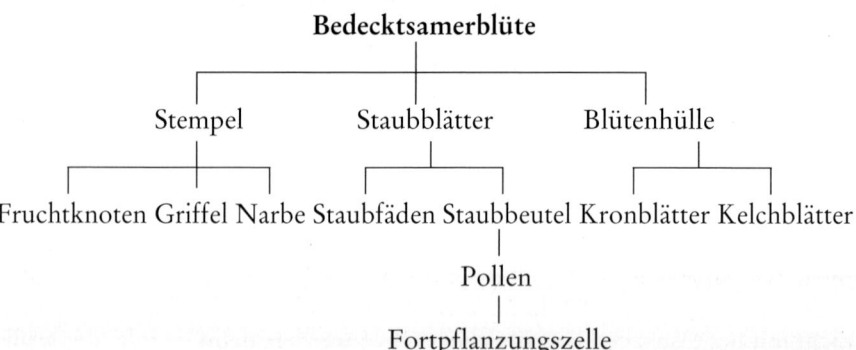

Da der Gegenstandsbereich der Onomasiologie die Gattungsnamen – auch in der Form von Adjektiven – und die Namengebung umfasst, sind die Felder nicht mit Verben und auch nicht mit Adverbien besetzt. Natürlich sind auch Verben letztlich Bezeichnungsträger für Tätigkeiten, Handlungen, Vorgänge, Zustände, aber sie können nicht als Namen qualifiziert werden. „Verben charakterisieren das Bezeichnete als temporäres ‚Geschehen oder Sein', Substan-

tive als pluralifizierbaren ‚Gegenstand', Adjektive als graduierbare ‚Eigenschaft'." Bei weitergehender Verallgemeinerung ist die Klasse der Verben
durch das Merkmal ‚Prozessualität' charakterisiert, die Klasse der Substantive durch das Merkmal ‚Gegenständlichkeit' (‚Referenz auf Gegenständliches'), die Klasse der Adjektive durch das Merkmal der ‚Qualität' (‚Referenz
auf die Qualität des Gegenständlichen') (vgl. K. E. Heidolph/ W. Fäming/ W.
Motsch 1981, 493).

Zusammenfassung:

Wie werden Gegenstände, Sachverhalte, Vorgänge, die sich unter einem
Oberbegriff erfassen lassen, benannt und gegliedert? Das ist die eigentliche Frage und auch der Hinweis auf die Methode, wonach ein onomasiologisches Feld entstehen kann. Die feldinterne Gliederung zeigt häufig
eine Hyperonym-Hyponym-Struktur; sie kann aber auch genealogisch
aufgebaut (im Feld der Verwandtschaftsnamen) oder nach den Abhängigkeiten der Teile vom Ganzen geordnet sein. Ordnungen dieser Art im
Wortschatz werden auch Bezeichnungsfelder oder auch Sachgruppen genannt.
Frage: Welches (nicht nur linguistisches) Interesse könnten Untersuchungen zu onomasiologischen Feldern finden?

3.4. ASSOZIATIVE FELDER

Während die bisher behandelten Felder gegenwärtige und historische
Sprachsysteme voraussetzen, sind assoziative Felder (auch Assoziationsfelder genannt) Ordnungen im Wortschatz des mentalen Lexikons. Nach welchen Prinzipien diese Felder organisiert sind, welche Rolle die subjektive Erfahrung für den Feldaufbau gespielt hat, welche Einflüsse die Sprachgemeinschaft mit ihrem Sprachwissen auf die Struktur der Felder nimmt, ist noch
weitgehend unklar und auch nur schwer zu erfassen.
    Experimente zu Wortassoziationen sind aus der Psychologie und der Psy-
cholinguistik bekannt (vgl. dazu J. Aitchison 1997; J. Hoffmann 1986, F. Klix
1984). Der ontologische Status von assoziativen Feldern, d.h. ihre kognitive
Existenz, ist linguistisch nur auf der Basis von strukturbildenden Relationen
beschreibbar. Folgerungen daraus können zur Wissensorganisation, zur Speicherung von Erfahrungen und zur Modellierung von Gedächtnis hergeleitet
werden. Untersuchungen in dieser Richtung sind interdisziplinär angelegt.

Wortassoziationen werden allerdings auch in der Fremdsprachenmethodik genutzt, z.B. über die Methode des Aufbaus von Schemawissen (Schemaprogression, vgl. D. Rösler 1994, 93 f.). Zu einem Zentralbegriff, der einen bestimmten Tätigkeitsbereich assoziiert, wird ein Ensemble von Lexemen geordnet, die in einer kommunikativen Handlung eben zu diesem Bereich erwartet werden können. Solche Bereiche wie „auf der *Post*", „*Kontrolle* an der *Staatsgrenze*", „in der *Bibliothek*", „im *Hotel*" assoziieren spezifische, sich in gleicher Situation wiederholende Handlungen, Wahrnehmungen, Wertungen. Die lexikalischen Mittel zu ihrem Ausdruck lassen sich als „assoziatives Feld" (auch **Rahmen** oder **Schema** genannt) zusammenfassen und in Strukturen einbinden.

In dem Lehrbuch „Govorimo Nemško" (wir sprechen Deutsch) von N. Muster-Čenčur (1993) sind die folgenden **Schema-Lexeme** zum Zentralbegriff (Thema) *Hotel* zweisprachig aufgenommen und in Sätze eingebunden:

> *Rezeption, Fragen, Wünsche, Probleme # Zimmer, Einzelzimmer, Doppelzimmer, Dreibettzimmer, Suite, Balkon, mit Seeblick, Bad, Dusche, WC, Fernseher, Fernsehgerät # Reservierung, Stornierung, Umbuchung, mit/ohne Frühstück, dieses Formular ausfüllen, Pass, Gästekarte # Halbpension, Vollpension # Zimmerschlüssel, Hausdiener, Zimmermädchen, Hotelsafe # Garage, bewachter Parkplatz – Hallenbad – Diskothek – Spielkasino # Servis, Zimmerservis, Friseur, Tageszeitung, Hemd bügeln, Anzug reinigen, wecken, Taxi rufen, Karten bestellen # Sehenswürdigkeiten, Stadtrundfahrt, Rundflug, Tagesausflug, Museum, Oper, Konzert.*

Diese Lexeme sind in der Kommunikation zum Thema „Hotel" erwartbar. Man könnte noch *Lift/Fahrstuhl, Liftboy, Konferenzraum* und wenige andere hinzufügen, die das Wissensschema zum Tätigkeitsbereich „Hotel" ausbauen. Darin eingeschlossen sind aber auch Lexeme – **Thema-Lexeme** – die selbst wieder den Zentralbegriff für ein Schema abgeben, z.B. zum Thema *Bad* die Nomen für Einrichtungsgegenstände und Bade-Utensilien wie auch die einbegriffenen Kollokationsverben (z.B. ein Bad nehmen).

Assoziative Felder können nach der ablaufenden Handlung strukturiert sein, die ein Gast ausführt, wenn er eine Reservierung vorgenommen und das Hotel betreten hat.

Rezeption/Reservation
|
Zimmer erbitten/buchen – Zimmerreservierung – Informationen # Stornierung – Umbuchung
| |
Einzelzimmer – Doppelzimmer – Suite # Bad/Dusche – WC – Fernsehgerät – Preis – Seeblick
| |
Anmeldeformular ausfüllen – Pass – Gästekarte # mit/ohne Frühstück – Halbpension/Vollpension
|

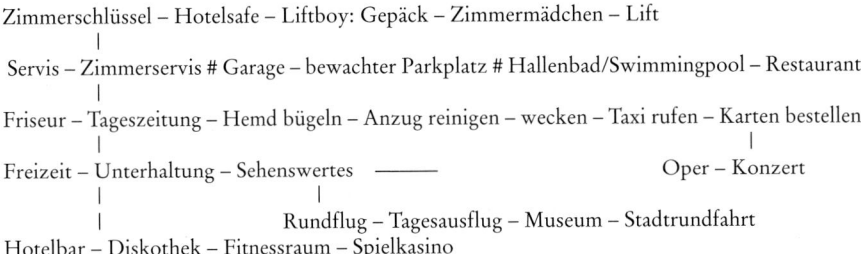

Das aus Assoziationen heraus entwickelte Schema zum Objekt „Hotel" verbindet Lexeme, die erwartbar sind für subordinierte Objekte zum Thema-Objekt, für Objekte und ihren Eigenschaften, für Objekte, die eingebunden sind in Vorgänge, Handlungen, Tätigkeiten, Zustände. Daraus lassen sich Hierarchierelationen (*Zimmer – Suite*), Merkmalrelationen (*bewachter Parkplatz*), Äquivalenzrelationen (*Hallenbad/Swimmingpool*) und Geschehens- oder Seinsrelationen (*Karten bestellen*) herleiten (zu den Relationen vgl. auch H. Ehrhardt/ R. Fienhold 1994, 98 f.).

J. Dietze (1989, 100) geht vor dem Hintergrund einer Thesaurus-Beschreibung von zwei Grundtypen von Assoziationen aus: 1. Assoziationen, die auf funktionellen Ähnlichkeiten beruhen (z.B. Metaphern: die Bienen schwärmen in *Trauben*) und 2. Assoziationen, die die Verbindung von Objekten in Zeit und Raum beschreiben. Er subsumiert die Relationen eines assoziativen Feldes unter dem Hyperonym „ontologische Relationen" (ebenda).

Nun entspringen Assoziationen dem mentalen Lexikon und sind folglich nur vage vorhersagbar. Sie beruhen zwar auf der semantischen Nähe der Thema-Lexeme, aber ihre Seme lassen sich nicht in klare Strukturen bringen, so dass die einzelnen assoziativ hervorgebrachten Lexeme nicht objektivierbar bestimmt werden können. „Es gibt eine Vielfalt solcher Assoziationen, die zwar alle die Beziehungen in der objektiven Realität widerspiegeln, aber doch subjektiv gebrochen sind durch den Erkenntnisstand des jeweiligen Anwenders" (J. Dietze 1989, 101).

Assoziationen sind reproduzierte Erfahrungen aus Lernprozessen, die wir zur Vermittlung an sprachliche Zeichen binden. Sie drücken zum weitaus größten Teil gesellschaftliches Wissen aus, das mit unseren Erfahrungen in Verbindung mit unseren Neigungen, Interessen, Zwängen und Bedürfnissen verarbeitet wurde. Die Basis für Assoziationen ist folglich keine mechanistische Speicherung von Erfahrungen bzw. von vermitteltem Wissen. Wenn der einzelne (nehmen wir an, „erfahrene") Mensch Standardvorstellungen von Objekten, typischen Situationen, charakteristischen Ereignissen, wiederholbaren Abläufen ausgebildet hat und sie sprachlich zum Ausdruck bringen kann, ist dennoch seine Verarbeitung und individuelle Reflexion nicht unbedingt deckungsgleich mit gesellschaftlichen Durchschnittserfahrungen, d.h. mit S t a n d a r d m u s t e r n. Urteile, selbst Vorurteile werden zu typischen Objekten und Geschehen assoziiert.

Mit dieser Bewertung sind assoziative Felder nicht normativ, aber sie spiegeln in der Verallgemeinerung als Schemata Normalitätserwartungen (vgl. auch H. Glück 1993, 527) von Objekten (z.B. zum Thema „Hotel"), von Situationen (z.B. zum Thema „im Stau auf der Autobahn"), von Ereignissen (z.B. zum Thema „Hochzeit in einem altmärkischen Dorf"), von Handlungsabläufen (z.B. „Kugelstoßen" als Disziplin in einem sportlichen Wettkampf). Nur in der Verallgemeinerung als Muster bzw. Schemata sind assoziative Felder von linguistischem Interesse.

Für die feldmäßige Speicherung und Reproduktion von Informationen wählt J. Hoffmann den Ausdruck „kontextuales Wissen zu Geschehenstypen und Objektbegriffen" (1986, 128 ff.). „Geschehenstypen repräsentieren Informationen über häufig wiederkehrende Ereignisse des täglichen Lebens. Es handelt sich um Ereignisse, die in ihrem Ablauf immer wieder ein und demselben Typus folgen. Das Frühstück, der Besuch einer Klinik, die Fahrt zum Arbeitsplatz" (ebenda, 128 f.). Diese aus der Sicht der Psychologie verstandenen „Geschehenstypen" können allerdings sehr individuell geprägt sein, so dass sie nur bei weitgehender Abstraktion allgemeingültige Muster repräsentieren. Die „Fahrt zum Arbeitsplatz" beispielsweise ist mit einem Handlungsträger, einem Verkehrsmittel und einer Route besetzt, die ausschließlich als Hyperonyme in Beziehung treten. Sie demonstrieren Strukturen, aber keine Felder.

In der Linguistik ist der Begriff „assoziatives Feld" kaum gebräuchlich. Dafür stehen die Bezeichnungen „Schema", „Frame" (Rahmen), „Scripts".

Aber auch in der Linguistik werden die Termini nicht einheitlich verwendet, weil sie sich als nützlich für die Erklärung und Beschreibung typischer Zusammenhänge aus der Sicht und den Zielen verschiedener wissenschaftlicher Disziplinen erwiesen haben, z.B. im Erklärungsbereich der kognitiven Psychologie, der Textlinguistik, der Psycholinguistik, der Soziolinguistik, der Semantik. In der Lexikologie sind sie als Termini gebräuchlich für Felder und feldtragende Lexeme bei der feldmäßigen Erfassung von erwartbaren Einzelinformationen, die über mental gespeicherte Lexeme und Lexemverbindungen zum Ausdruck gebracht werden. Sie beziehen sich auf Wissensmuster zu Objekten und Geschehen.

Während **Scripts** den assoziativen Raum ausfüllen für komplexe Ereignisse und Handlungsabläufe stereotyper Natur, sind **Frames** objektbezogen. Mit **Schema** wurde für beide Termini ein Oberbegriff gefunden, der sich – wie oben ausgeführt ist – auf Standardvorstellungen von Objekten, typischen Situationen, charakteristischen Ereignissen, wiederholbaren Abläufen bezieht, also auf entsprechende Normalitätserwartungen.

Die Frame-Repräsentation nimmt nach J. Klein (1998, 39) in die Lexembeschreibung „alle diejenigen Wissenselemente auf, die in Texten als so selbstverständlich mit dem Lexem verbunden unterstellt werden, dass sie dort nicht explizit aufgeführt werden müssen." Danach muss die Lexembeschreibung bei reicher Erfahrung und fachlichem Detail-Wissen anders ausfallen als bei laienhafter Perspektive. Ich führe nachstehend eine fachliche Frame-Repräsentation zum Frame für das Lexem *Rose* an, ersetze aber im Detail die botanischen Bezeichnungen durch deutsche Entsprechungen.

Nach dem Frame-Konzept des Koblenzer Projektes (J. Klein 1998, 40 ff.) gehe ich von inhaltlichen Gesichtspunkten (Slot-Kategorien) aus:

SLOT-KATEGORIE		FILLER
Gattung:		Rosaceae, arten- und farbenreiche Familie, beliebte Zuchtpflanzen
Aussehen:	a) Stiel und Blätter	Holzpflanze, krautig, (größtenteils) laubabwerfend, wechselständige Blätter, Stiel meist dornig
	b) Blüte	freie Blütenkrone, viele Sorten angenehm duftend, meistens fünfstrahlig, flach schüsselförmig bis hochröhrig, Staubblätter, Fruchtblätter, Kelchblätter, Blumenblätter
	c) Frucht	Balgfrucht mit dünn- oder hartschaligen Samen
Nützlichkeit:		Gewinnung von Duftöl (Rosenöl) und Rosenwasser, Pflanze mit Symbolwert: Liebe, Anmut, Lebensfreude verheißend (rote Rosen), Verschwiegenheit (weiße Rosen); dekorativ, von hohem ästhetischem Wert, zu den beliebtesten Schmuckblumen gehörend
Metaphorik:		Rosenholz, Rosenquarz, Rosette, Rosenzeit (Jugend), rosig (glücklich, bestens)
Subgattungen: (Auswahl)		• Spierstrauch: Geißbart, Prachtspiere, Kreuzspiere ... • Rubus: Brombeere, Himbeere, Erdbeere ... • Potentilla: Nelkenwurz, Silberwurz, Fingerkraut ... • Kernobstgewächse: Birne, Quitte, Apfel, Schlehe ... • Mispilus: Mispel, Weißdorn, Langdorn ...

Zur Repräsentation proceduralen Wissens wird der Begriff „Scripts" bevorzugt gewählt. Seine Wahl erfolgt in Anlehnung an Drehbücher (Scripts), Szenarien. Die Art der Ereignisse bzw. Handlungsabläufe wird mit dem entlehnten Begriff „Track" angezeigt.

Scripts:	**Honig-Biene**
Track:	**Honig erzeugen**
Rolle:	Insekt mit Flügeln
Lebensweise:	Staat, Volk mit Arbeitsteilung, im Stock lebend
Gliederung:	Weisel (Königin), allein fortpflanzungsfähig
	Arbeitsbienen (Weibchen): Putzen, Wachen, Ammendienste, Bauen, Suchen
	Kommunizieren, Sammeln, Tracht einbringen, Bevorraten
	Drohnen (Männchen): Paaren
Ereignisablauf:	<u>weibliche Jungbiene</u>: Wachs absondern, Waben bauen, Ammendienste leisten, Nachwuchs bewachen
	<u>Arbeitsbiene</u>: Nektarquellen (Futterplätze) suchen, bei Erfolg die Sammelbienen informieren (Kommunikationsmittel: Rund- und Schwänzeltänze), sie Nahrung probieren lassen —— zur Nektarquelle fliegen; Pollen, Blüten- und Blattnektar in den Pollenhöschen sammeln; zum Stock zurückfliegen; Nektar und Pollen in Honigblase zu Honig umwandeln; Honig in Waben einlagern (Nahrung bevorraten)

(Es folgen Ereignisabläufe nach der Stammteilung: schwärmen, Traubenbildung)

Wissen, wie es sich in assoziativen Feldern verbal repräsentiert, ist in seiner lexikalischen Bindung offensichtlich modular, so dass folgerichtig strukturierte Ordnungseinheiten in der Art von assoziativen Feldern bzw. Sach- oder thematische Gruppen angenommen werden müssen. Die Gliederung kann auch nach unterschiedlichen Gesichtspunkten vorgenommen werden, z.B. in der Einteilung: Sprachwissen, Weltwissen (enzyklopädisches Wissen), Situationswissen. Andere Einteilungen sind denkbar:
– Wissen über Objekte der realen Welt und deren Klassen,
– Wissen über Ereignisse, ihrer Zeitgrenzen und kausalen Relationen,
– Wissen über Fertigungsweisen, Techniken, Methoden,
– Wissen über Wissen und seine Strukturen (vgl. J. Dietze 1989, 89).

Viele der Begriffe zur Wissensgliederung sind unscharf definiert. S. Wichter (1994, 84) ordnet das Sprachwissen in das enzyklopädische Wissen ein. Mit seiner Sicht auf die Grammatik unterscheidet H. Weinrich (1993, 417) Weltwissen und Sprachwissen.

So selbstverständlich uns die Verbindung von Wissen und Wort ist, so fragwürdig wird sie uns, weil wir unser Wissen irgendwie an Ausdrücke (nicht nur formal an Sprache) binden müssen, wenn wir es vermitteln wollen. Mehr noch: Das Lexem wird erst zum Element im Wissenstransfer, wenn es in einem Kontext gebraucht wird: *Die Bienen schwärmen; für eine Landschaft schwärmen; für ein Idol schwärmen.* Erst in der Bindung des Wortes an einen Kontext eröffnet sich ein assoziatives Feld.

Zusammenfassung:

Assoziationen sind reproduzierte Erfahrungen, die wir bei Vermittlung an sprachliche Zeichen binden. Die Bedeutung eines einzelnen Zeichens (auch in der Form eines Satzes oder eines Textes) kann zum Auslöser werden für die „Ausbreitung" individueller Wissenskomplexe, die wir gespeichert haben. Unser Wissen und die für uns verfügbaren lexikalischen Informationen im mentalen Lexikon sind die Voraussetzungen für den Wissenstransfer.

Auf dieser Grundlage können thematisch gebundene und gegliederte Assoziationsfelder entstehen (Frames, Scripts).

Frage: Sind weiterführende Forschungen zu assoziativen Felder ein genuiner Forschungsbereich der Linguistik?

4. DIE MOTIVIERTHEIT DER LEXIK

Wir wählen oder bilden geradezu selbstverständlich Lexeme aus dem Morphem- oder Lexembestand unserer Sprache, wenn wir unter bestimmten kommunikativen Bedingungen sprachliche Handlungen vollziehen. Über die Lexeme in einem grammatisch organisierten Kontext drücken wir aus, was wir sagen wollen. Aber über die **Motiviertheit** der gewählten Lexeme denken wir allenfalls nur dann nach, wenn wir selbst ein Wort bilden oder ein Wort hören, das wir nicht kennen. Um darüber nachzudenken besteht im Allgemeinen auch keine Veranlassung, denn das Motiv für die „Namengebung" des Bezeichneten ist im Kommunikationsprozess zumeist ohne Belang.

Ein Student, der sehr bewusst das von ihm gebildete Wort *Heißmamsell* gebrauchte, wählte es analog zu *Kaltmamsell*. Warum eine Frau oder ein Fräulein, das im Hotel oder Restaurant kalte Speisen anrichtet, *kalte Mamsell* oder *Kaltmamsell* genannt wird, ist für die Produktion oder Rezeption eines Textes unerheblich, wenn das Lexem angemessen und treffend verwendet wird. Aber die Frau hinter dem Würstchenstand *Heißmamsell* zu nennen regt zum Nachdenken über das Benennungsmotiv an.

Zugrunde liegt eine metonymische Beziehung zu „kalte Speisen anrichtend" bzw. „eine heiße Speise verkaufend". Die über die Form von Partizipialgruppen vermittelten Gesamtbedeutungen wurden auf die Adjektive „heiß" bzw. „kalt" übertragen und einem Nomen beigefügt. Die entstandene Kollokation *„kalte Mamsell"* ist allerdings recht ungewöhnlich, weil missverständlich, und dennoch lexikalisiert. Wir sprechen von der metonymischen Bedeutung der Adjektive „heiß" und „kalt". Der Typ der Laut-Bedeutungs-Zuordnung (die Motiviertheit) ist als **figurativ**, nach Th. Schippan (1992, 98) als **semantisch** zu bestimmen. Dazu schreibt sie: „Ein Wort wird mit neuer Benennungsfunktion gebraucht. Es tritt aus einer semantischen Sphäre in eine andere, ohne dass dieser Übergang formativisch fixiert wird. (...) Es handelt sich meist um metaphorische oder metonymische Übertragungen."

Die weitaus meisten Lexeme einer Sprache sind motiviert, aber bei nur wenigen sind die Benennungsmotive noch durchsichtig. Heute erkennen wir nicht mehr, dass die Lexeme *Haus, Haut, Hütte, Hort, Scheune, Schuh* auf die ide. Wz. *(s)keu oder *(s)ku (bzw. mit der s-Erweiterung *(s)keus) in der Bedeutung „bedecken, umhüllen" zurückgeführt werden müssen. Es ist aber auch unstrittig, dass mit der Herausbildung der Sprachen manche der Laut-Bedeutungs-Zuordnungen zufällig erfolgt sind, also als arbiträr angesehen werden. Und es ist, wie W. U. Wurzel betont „eine plausible, durch die sprachlichen Fakten zu belegende Annahme, dass eine natürliche Sprache ein bestimmtes, nicht unterschreitbares Maß an Motiviertheit haben muss und damit ein bestimmtes Maß an Arbitrarität nicht übersteigen darf, um erlernbar zu bleiben und weiter als Kommunikationsmittel fungieren zu können" (1984, 315).

Der Typ der Motiviertheit, der heute nur noch etymologisch erschlossen werden kann, wird deshalb auch als **etymologische Motiviertheit** bezeichnet. In den Motiven für die Benennung kann Volksglauben bewahrt sein. Beispielsweise geht das Benennungsmotiv von dt. *Schmetterling* und engl. *Butterfly* auf den Volksglauben zurück, dass Hexen die Gestalt des Schmetterlings annehmen, wenn sie Sahne oder Butter stehlen wollen. Das im Deutschen nicht mehr gebräuchliche Wort, das Bestimmungswort *Schmetter-*, bedeutete „Sahne, Rahm" (im Slow. und Tschech. erhalten ist „smetana") und bewahrt den Volksglauben. Mit gleicher Etymologie ist *Butterfly* (aengl. „butorflege") belegt. Mundartlich bekannt sind auch „Molkendieb" und „Buttervogel".

Figurativ motiviert ist hingegen franz. *papillon* (zu lat. „papilio", was etymologisch auf die ide. Wz. *pel- „fliegen, flattern" zurückgeht). Die Benennung *papillon* beruht auf einem Vergleich des Falters mit den nach außen umgeschlagenen Enden eines Soldatenzeltes (afrz. „paveillon"), ist also eine Metapher. Ebenso ist slow. *metulj* (zu urslaw. *meto „fegen, kehren, werfen") auf einen Vergleich mit den scheinbar richtungslosen Flugbewegungen des Falters zurückzuführen.

Auch pseudoetymologische (volksetymologische) Annahmen über Benennungsmotive sind nicht selten, weil die Form des fraglichen Lexems oder die Verwendung des Designats zu einer falschen Fährte führte. Beispielsweise ist die als *Armbrust* bezeichnete Waffe, die im Anschlag gegen die Brust gedrückt und vom Arm gehalten wird, nicht mit Bezug auf *Arm* und *Brust*, sondern durch die lat. Bezeichnung „Arcuballista" (Bogenschleuder) motiviert. Der gespannte Bogen, der während des Schusses in seine Ausgangslage zurückschnellt, lieferte das Motiv für die Bezeichnung.

Volksetymologische Benennungsmotive haben (um weitere Belege anzuführen) auch zur Laut-Bedeutungs-Zuordnung von *Maulwurf* (fälschlich zu mhd. „moltwerf" – der Erdwerfer) geführt. Volksetymologisch motiviert sind *Murmeltier* (fehlgedeutet auf „murmeln" [Laute von sich geben] bezogen, aber etymologisch zurückzuführen auf den Akkusativ „murem" zu lat. „mus montanus" [Bergmaus]); *Leumund* (volksetymol. „der Leute Mund", aber zurückzuführen auf got. „hliuma" [Gehör, Gehörtes]); *Mehltau* (volksetymol. wird der weiße, klebrige Blattbelag auf Mehl bezogen, aber zurückzuführen auf ide. *melit „Honig"); *Kaiserschnitt* (fehlerhafte Herleitung des ins Deutsche übertragenen römischen Familiennamens von lat. „caedere" [herausschneiden], weil Julius Caesar angeblich durch einen operativen

Schnitt zur Welt gebracht wurde); *mausetot* (volksetymol. „tot wie eine Maus", aber zurückgehend auf nd. „mursdod/ morsdod" [ganz tot]); *Sintflut* (volksetymol. auf den religiösen Begriff „Sünde" bezogen, aber tatsächlich auf germ. *sin-* „groß" zurückgehend); *Bergfried* (volksetymolog. zu „Berg" [oder „bergen" – in Sicherheit bringen] und „Frieden" umgedeutet, aber zurückgehend vermutlich auf mlat. „perfridus" [mhd. perfrit] zu griech. „pyrgos phoretus" – ein hölzerner Turm, der an eine belagerte Feste – meist von Elefanten – getragen wurde).

Nicht immer ist das im Volksbewusstsein verankerte Benennungsmotiv nur eine Fehldeutung. Motive, die einst zur Benennung geführt haben, können auch unter dem Einfluss gesellschaftlichen Wertewandels plötzlich nicht mehr akzeptiert werden. Man denke nur an die noch immer geläufige Benennung *Altersheim* (mit mehr Komfort auch *Altenheim* genannt) – Wohn- und Pflegeheim für alte Menschen. Das Motiv ist durchsichtig und deshalb für viele Menschen nicht mehr akzeptabel. In der ehemaligen DDR ersetzte man es mit dem Nomen *Feierabendheim*. Es hat sich als offizielle Bezeichnung nie recht durchsetzen können. Bessere Aussichten auf Akzeptanz hat heute *Seniorenheim*.

Weniger bewusst und deshalb auch weniger auffällig vollzieht sich der Motivwandel bei Nomen, die sich lautlich ähneln. Beispielsweise wird das Nomen *Friedhof* (zu „einfrieden" [umzäunen, schützend umgeben]) an *Frieden* angelehnt. Die Verstorbenen „ruhen in Frieden". *Schachtelhalm* (zu „Halm mit mehreren Schäften", eigentlich *Schafthalm* zu ahd. „scafthewi") wird heute auf die geschachtelten Stängelglieder bezogen, so dass sich auch die Lautform verändert hat.

Wegen der Zweitbenennung des Designats ist der Terminus **sekundäre Motiviertheit** angemessen. Hier einzuordnen ist auch der Namenwandel von *Haupt* zu *Kopf*. Das heute noch in gehobener Sprache gebräuchliche Synonym *Haupt* (got. „haubip") bezieht sich vermutlich auf die Wölbung des Herausgehobenen (so auch bei Haube, Haufen, Hügel). *Kopf* hingegen ist durch eine Beziehung zu Trinkgefäß motiviert (lat. cuppa „Becher"), vermutlich zurückgehend auf einen Vergleich der Hirnschale mit einem Trinkgefäß oder gar auf ihre Verwendung nach Enthauptungen in den kriegerischen Auseinandersetzungen von Germanen und Römern. Die erst sehr späte allgemeinere Bezeichnung *Kopf* im 16. Jh. ist damit zu erklären, dass *Haupt* auch die Bedeutungen „Anführer" schon im 8./9. Jh. (*Häuptling*, *Hauptmann*), „Metropole" (10. Jh. *Hauptstadt*), „das Wichtigste, Wesentlichste" (16. Jh. *Hauptsache, Hauptwort*) annahm. Infolge der sekundären Motiviertheit und der zunehmend positiven Konnotierung von *Haupt* setzte sich *Kopf* als eindeutige und neutrale Körperteilbezeichnung durch.

Einige der Lexeme sind durch Anlehnung an Naturlaute motiviert. Selbst sehr späte Bildungen können **natürlich motiviert** sein. z.B. *Töfftöff* (für

Motorrad) oder auch *räng räng* in der Kindersprache (für das Geräusch des Gasgebens). Auch viele Geräuschverben sind natürlich motiviert, z.B. *hissen* (Nachahmung des hellen, surrenden Geräuschs beim Aufziehen der Segel oder der Flagge), *knistern, knarren, klatschen, klirren, knabbern, quieken, küssen* und viele andere. Hier einzuordnen sind auch Substantive, z.B. *Mama* (zurückgehend auf eine kindersprachliche Lallbildung), *Jammern* (zu einem Klageruf gebildet), *Kuckuck* (zum Ruf des Vogels), *Klaps, Matsch* (Rückbildungen zu den lautnachahmenden Verben *klappen, matschen*).

Die Benennungsmotive vieler Lexeme sind noch heute über ihre Morpheme „durchsichtig". Diese Lexeme sind **morphematisch motiviert**. Mit dieser Kennzeichnung wird allerdings vorausgesetzt, dass die Bedeutungen zumindest der Grundmorpheme bekannt sind. Das Lexem *Burgfriede* mit seinen Morphemen *Burg-fried-e* ist offensichtlich auf die Morpheme „Burg" und „Fried" motiviert. Aber erst mit dem Wissen auch geschichtlicher Hintergründe wird klar, dass sich die Benennung auf ein Verbot der Fehde in einem ummauerten bzw. umrissenen Bezirk (Burg, Grafschaft, Hoheitsbezirk) bezieht. Die metaphorische Übertragung des Lexems zur Benennung der zeitweiligen Einstellung des parlamentarischen Parteienkampfes setzt die Kenntnis der historisch überlieferten Bedeutung voraus.

Die Herleitung von Semantik und Benennung aus der morphematischen Fügung kann aber auch zu Fehldeutungen führen oder zu volksetymologischen Deutungen geführt haben. Beispielsweise gehen die Grundmorpheme in *Falter* und *falten* nicht auf eine gemeinsame Wurzel zurück, so dass auch verschiedene Benennungsmotive zugrunde liegen. Auch figurative Beziehungen zwischen Morphemen oder unmittelbaren Konstituenten eines Kompositums erlauben keinen direkten Schluss auf Semantik und Motiviertheit des Lexems.

In *Gesichtsverlust* (*ge-sicht-s-ver-lust*) steht das Bestimmungswort *Gesicht-* als Metapher und zugleich auch als Euphemismus für „Ansehen, Autorität". Erst mit dem Erfassen der Bedeutungsübertragung wird auch das Motiv für die Benennung durchsichtig: Der Verlust an Autorität wird nicht in direkter Weise, sondern euphemistisch umschrieben zum Ausdruck gebracht. Hier drängt sich die Frage auf, was einen Sprecher/Schreiber bewegen kann, einen Euphemismus zu wählen. Offenbar lag es nicht in seiner Intention, den Sachverhalt direkt zu benennen, sondern mit verhüllendem Ausdruck abzuschwächen.

Was für die etymologische oder auch für die natürliche Motiviertheit verborgen bleibt, verdeutlicht – wenn auch nicht in jedem Fall – die **morphematische Motiviertheit** (nach W. Fleischer/ I. Barz 1992, 15 „Morphosemantische Motivation"). Viele unserer Komposita und Derivate sind über ihre Bedeutung tragenden Morpheme inhaltlich verständlich, z.B. Haustür als „Tür des Hauses" oder *Unwort* als „negativ bewertetes Wort" (beispielsweise das unsinnige *Nullwachstum*).

Die Motiviertheit eines Lexems ist aus pragmalinguistischer Sicht nicht ausreichend nur über die Zuordnung von Formativ und Semantik (Laut-Bedeutungs-Zuordnung) beschreibbar; sie hat auch einen kommunikativen Bezug, wobei die Wahl eines Euphemismus nur eine der vom Motiv gesteuerten Ausdrucksmöglichkeiten ist. Eine andere Möglichkeit zeigt sich in der Wahl von Synonymen.

Die Synonyme *Wegwerfflasche* und *Einwegverpackung* benennen, wenn auch verschieden im Verallgemeinerungsgrad, das gleiche Designat. Unterschiedlich sind aber die Motive für die Namengebung. Die Bildung des ersten Nomens lenkt den Rezipienten auf eine Bewertung: Einmal gebraucht ist die Flasche wertlos, sie kann weggeworfen werden. Mit der Bildung des zweiten Nomens wird der Rezipient auf den Verwendungszweck aufmerksam gemacht: Die Verpackung erfüllt ihren Zweck nur einmal auf dem Weg vom Produzenten zum Käufer.

Bei weitgehender Generalisierung ist es das Motiv für die Benennung, auf klassenbildende Merkmale des Designats hinzuweisen. Diese motivbildende Intention kann sich nur im Rahmen kommunikativer Handlungen verwirklichen. Dennoch darf die Motiviertheit nicht allein im Kontext kommunikativer Zwecksetzung gesehen werden, denn auch das Motiv, ein Designat „treffend" zu benennen, damit es als Konkretum vorstellbar oder als Abstraktum begreifbar ist, kann gegenüber der kommunikativen Zwecksetzung dominieren. Beispielsweise sind *Abendstern* und *Morgenstern* Bezeichnungen für das gleiche Denotat, den Planeten Venus. Er erscheint sowohl als hellster Stern am Abend- wie am Morgenhimmel. Allein dieses zeitlich versetzte Erscheinungsbild war motivbildend für die unterschiedlichen Benennungen. Dass die gewählten Bezeichnungen auch in der Kommunikation wirksam sein können, steht außer Zweifel.

Die morphematische Motiviertheit von Komposita der deutschen Sprache wie auch relativ fester Kollokationen in anderen Sprachen hat sich über grammatische Beziehungen herausgebildet, so dass W. U. Wurzel unter Bezugnahme auf das Natürlichkeitskonzept in der Linguistik folgert: „Syntax und Morphologie bilden im Sprachsystem die Zwischeninstanzen, über die Bedeutungs- und Lautstrukturen einander zugeordnet sind. (...) Motiviertheit ist nichts anderes als syntaktische und morphologische Natürlichkeit" (1984, 316).

Beispielsweise sind das Adjektiv *blutjung* und die Wortgruppe *junges Blut* nicht direkt und auch nicht unabhängig auf „Blut" und „jung" motiviert, sondern sie realisieren in der Kollokation eine Analogie auf *blutarm* (arm bis ins Blut = sehr arm), entsprechend zu *blutjung* „sehr jung" bzw. zu *junges Blut* „sehr junge Menschen". Oder mit Bezug auf die syntaktische Verbindung gesagt: Erst mit der syntaktischen Zuordnung ist ein neuer Begriff entstanden, der mit neuer Sicht auf die Kollokationspartner das zugrunde liegende Benennungsmotiv erhellt. Wir können mit Bezug auf „Blut" auch von einer **Sekundärmotivation** sprechen, denn die Lautgestalt wird auf ein weiteres Designat bezogen. Der Hinweis auf die Analogiebildung ist (und nicht nur sprachhistorisch) insofern relevant, als in natürlichen Sprachen serielle Bildungen mit gleicher Basismotivation entstehen: *hochaktuell, hochanständig, hochbeglückt, hochberühmt, hocherfreut, hochfein, hochglänzend, hochverehrt, hochverdient.*

Die Sekundärmotivation kann sogar zu einem Motivwandel führen. Hier zu erwähnen sind kollokative Fügungen, in denen sich der Motivwandel andeutet. Noch aber werden sie (jedenfalls in der Hoch- und Fachsprache) beispielsweise in der Verbindung mit „hoch" noch nicht mit dem Motiv gewählt, einen hohen Grad in der Bedeutung von „sehr" auszudrücken, sondern die Dimension „nach oben" zu benennen: *hoch geehrt, hoch empfindlich, hoch besteuert, hoch bezahlt, hoch technisiert, hoch dotiert.* In der Regel zeigt sich die Wandlungsaktivität auch in der Orthografie. Man vergleiche *hoch begabt – hochgebildet – hoch qualifiziert.*

Als morphematisch motiviert ist – wie oben bereits ausgeführt – eine Bildung oder ein Simplex zu bestimmen, deren bzw. dessen Lexembedeutung über die Laut-Bedeutungs-Zuordnungen der Morpheme erschlossen werden kann. Was in den bisherigen Ausführungen dazu noch relativ plausibel war, wird in dem Moment fragwürdig, wo man die Sicht auf das sprachliche Zeichen nur noch von der Gegenwartssprache aus vornimmt. Aus dieser Perspektive tritt die diachronische Betrachtung des sprachlichen Zeichens und mit ihr die etymologische Motiviertheit in den Hintergrund. Die Lautgestalt beispielsweise des Lexems *Haus* ist bei synchronischer Betrachtung auf ein Designat zu beziehen, dass man umschreiben kann „Gebäude mittlerer Größe zum Wohnen und zum Arbeiten". Der sprachhistorische Bezug auf „bedecken, umhüllen" wird zur Erklärung nicht mehr herangezogen.

Untersuchungen zur morphematischen Motiviertheit können sowohl auf der diachronischen als auch auf der synchronischen Betrachtungsebene geführt werden. Letztlich sind es methodologische Überlegungen, die die Entscheidung für die eine oder für die andere Betrachtungsebene rechtfertigen. Jüngere Lexeme wie *Hausfriedensbruch* können als Benennungseinheit für ein bestimmtes Designat kaum anders als synchronisch betrachtet werden.

Die Herleitung über „Bruch des Hausfriedens" in Analogie zu „den Frieden brechen" lässt zunächst den Schluss zu, dass hier ein Sachverhalt mit einer geläufigen Kollokation benannt wird (*den Frieden brechen, Friedensbruch*). Der Schluss, dass *Hausfriedensbruch* auf *Hausfrieden* motiviert sei (*Bruch des Hausfriedens*), liegt wohl nahe, trifft aber nicht die gesellschaftlich vereinbarte Bedeutung. Mit *Hausfrieden* wird nach G. Wahrig (1997) der

„friedvolle Umgang der Hausbewohner oder Familienmitglieder miteinander" benannt, mit dem juristischen Begriff *Hausfriedensbruch* hingegen „das widerrechtliche Eindringen oder Verweilen in Wohnung, Haus und Grundstück eines anderen". Offensichtlich ist dem Formativ *Hausfrieden* eine zweite, eine juristische Bedeutung aufgesetzt worden, die in sekundärer Beziehung zur ersten Bedeutung steht und in Verbindung mit dem Grundmorphem *Bruch* realisiert wird. Wiederum liegt dem Benennungsvorgang eine sekundäre Motivation zugrunde.

Aus den Analysen müssen wir folgern, dass die so genannte „Durchsichtigkeit" kein sicheres Merkmal der morphematisch motivierten Bildungen ist. Nicht selten steht das Benennungsmotiv im Zusammenhang mit fachlichen und fachwissenschaftlichen Erkenntnissystemen oder es hat einen kulturgeschichtlichen Hintergrund wie z.B. *Eristik* (die Kunst, kulturvoll ein wissenschaftliches Streitgespräch zu führen) mit Bezug auf *Erisapfel* („Zankapfel"), benannt nach „Eris", der griechischen Göttin der Zwietracht, die den Apfel mit der Aufschrift „der Schönsten" in eine Götterversammlung warf.

Auch Ableitungsmorpheme trüben den Blick auf das Benennungsmotiv, denn sie sind in ihrer Bedeutung verdunkelt und zumeist polysem. Selbst Reihen von Lexemen mit gleichem Affix lassen keine zweifelsfreien Schlüsse auf seine Bedeutung zu. Man vergleiche *enthüllen, entfernen, entlaufen, entarten, entwaffnen, entsagen, entmutigen, entleiben, entlasten, entladen, entledigen.*

Bei weitgehender Verallgemeinerung kann die Präfixbedeutung von *ent-* in den ausgewählten Lexemen mit den Synonymen „weg", „wegnehmen/ nehmen", „verzichten", (sich) von etwas „befreien" umschrieben werden. Das polyseme Präfix kann aber auch noch andere Bedeutungen realisieren, z.B. „beginnen" (*entfachen, entbrennen, entfalten*). Wiederum andere Benennungseinheiten befinden sich in einem Prozess der Demotivation oder sind bereits weitgehend **demotiviert**. Es ist kennzeichnend für diese Entwicklungsphase, dass die Morpheme des Produkts einstiger Wortbildung noch als Formative isolierbar sind, sich ihre Bedeutungen aber verändert bzw. gewandelt haben. In der freien Fügung *sich einer Bemerkung enthalten* (die Bemerkung nicht äußern) hat das Präfix die Bedeutung „zurück", „hinter sich lassen" („sich zurückhalten") angenommen. In der Fügung *mir ein Buch entleihen (oder geliehen) haben* stehen sich die Verben „leihen" und „entleihen" als Synonyme gegenüber. Das Präfix „ent-" drückt Intensität aus („mir etwas auf Borg nehmen" im Unterschied zu: „etwas auf Borg erhalten haben", d.h., etwas geliehen haben).

Dazu merken W. Fleischer und I. Barz (1992, 15) an: Wortbildungsprodukte „tendieren jedoch als Benennungeinheiten zu einer ganzheitlichen Semantik, die sich nicht mehr an Bedeutungen ihrer Bestandteile ablesen lässt; sie tendieren zur Demotivation (auch Idiomatisierung)."

Dieser Tendenz steht eine auf Wirkung zielende Sprachverwendung entgegen, deren Wirkung durch die Bildung oder Wahl von originellen Neologismen oder „aktuellen Gebrauchslexemen" mit deutlich herausgehobenen Benennungsmotiven erreicht werden soll. Kritiker beispielsweise der Regenbogenpresse bauen ihre (Ab-)Wertungen durch charakterisierende Synonyme aus: *Sensationspresse, Skandalblättchen, Boulevardpresse, Erbauungsblatt.* Eine brandenburgische Regionalzeitung beklagt den *mangelhaften Durchimpfungsgrad* der Kinder. Wahlforscher unterscheiden *Stimmungswähler, Wechselwähler, Wanderwähler, Denkzettelwähler, Protestnichtwähler.*

Das „Erfinden" von Wörtern ohne Rückgriff auf bereits vorhandene „Bauelemente" ist ein äußerst seltener Vorgang, weil es für die so genannte Wortschöpfung in unserer auch kommunikativ hoch entwickelten Gesellschaft kein echtes Bedürfnis mehr gibt. Effizienter ist das Bilden neuer Wörter mittels vorhandener Wortbildungsmittel, wenn wir ein neues Wort zum Ausdruck unserer Gedanken und Intentionen im kommunikativen Handeln benötigen. Wortbildungsprodukte sind motiviert. Anders die Wortschöpfung. Sie lässt zunächst kein Designat erkennen, auf das sie sich beziehen könnte. Ein Fall von Wortschöpfung hat es im Herbst 1999 gegeben, nach dem der „Duden" und eine Getränkefirma in einem Wettbewerb dazu aufgefordert hatten, ein Antonym zu *satt* hervorzubringen. Den Wettbewerb gewonnen hat die Schöpfung *sitt.* „Danke, ich bin sitt" soll nun heißen, dass man keinen Durst mehr habe (nach einer Pressemitteilung in „Volksstimme", Magdeburg, vom 8.10.1999).

Zusammenfassung:

Die weitaus meisten Lexeme unserer Sprache haben nicht zufällig die Lautgestalt angenommen, mit der sie ein bestimmtes Designat benennen. Aber nicht immer sind die Benennungsmotive noch „durchsichtig". Das Lexem *Seniorenheim* ist über seine Bedeutung tragenden Morpheme inhaltlich verständlich. Wir sprechen von der morphematischen Motiviertheit. Der *Kuckuck* ist durch seinen Ruf zu seinem Namen gekommen (natürliche Motiviertheit). Die Laut-Bedeutungs-Zuordnung für das Lexem *Haus* erfahren wir nur über die ide. Herkunft (etymologische Motiviertheit). Das Lexem *Kopf* (zu lat. cuppa „Becher") hat die Bedeutung des heute veralteten Lexems *Haupt* angenommen. Ein Benennungswandel hat sich vollzogen (sekundäre Motiviertheit). Doch nicht nur Lexeme können eine neue Bedeutung annehmen, denn dieser Wandel ist auch bei Affixen zu beobachten. Entwicklungsvorgänge entsprechen dem dynamischen Wesen unserer Sprache.

Frage: Nach der Überzeugung von J. G. Herder haben die Menschen ihre Sprache erfunden. Ist diese Erklärung plausibel?

5. LEXIKALISCHE SEMANTIK

5.1. WENIGE ÜBERLEGUNGEN ZUM PROBLEM „BEDEUTUNG VON LEXEMEN"

Die Umgangssprache ist bekanntlich reich an Bildern. Die Aufforderung zu gehen kann metaphorisch neben vielen anderen durch die Wahl der Lexeme *Mücke, Fliege, verduften, entfleuchen* geäußert werden:

> *Mach 'ne Mücke!* – *Mach 'ne Fliege!* – *Verdufte!* – (oder humorvoll) *Entfleuche!*

Nicht die den Lexemen eigene vordergründige Bedeutung, die beim kontextfreien Nennen des Lexems zumeist realisiert wird, ist hier gemeint, sondern ein Metasemem. In den gewählten Sprachbelegen wird die Aufforderung an ein Bild gebunden, das neben semantischen Informationen auch grammatische enthält, beispielsweise neben der sememischen Bedeutung die Merkmale des Imperativs.

Allein die in übertragener Weise hergestellte Beziehung auf ein Designat (beispielsweise auf Gattungen von Insekten) genügt nicht zur Beschreibung der Bedeutung. Selbst die Einbeziehung auch sinngebender grammatischer Merkmale ist nicht hinreichend. Für die Beschreibung zu berücksichtigen sind ebenfalls historisch determinierte semantische Eigenschaften, die mit dem Gebrauch der Umgangssprache, der darin verborgenen Volkstümlichkeit und dem konnotativen Gehalt des komplexen Ausdrucks verbunden sind.

Konnotationen sind „indirekte" Informationen, die mit dem geäußerten Lexem mitverstanden werden, aber nichts mit den Merkmalen des bezeichneten Sachverhalts zu tun haben, sondern sie sind gebunden an die „Einordnung des betreffenden Zeichens in ein Normensystem der sozialen Verwendungsweise sprachlicher Mittel" (vgl. D. Viehweger 1977, 101).

Die Aufforderung „*Entfleuche!*" wird als humorvoll oder auch als scherzhaft empfunden, weil dieses Lexem im Feld vergleichbarer Ausdrücke wie „*Geh!*", „*Verschwinde!*", „*Entferne dich!*" als aktualisierter Archaismus gebraucht wird, und er ist auch nur noch in dieser imperativischen Form bedeutungsvoll. Der Gebrauch von Archaismen liegt außerhalb des aktuellen Normensystems, und das bringt spezifische Wirkungen hervor, beispielsweise die humorvolle Komponente in der Bedeutung des Zeichens. Der Imperativ *fleuch* zu „fliehen" ist allenfalls noch Sprachhistorikern bekannt. Auf gleiche Weise wirksam ist die beabsichtigt unangemessene Verwendung eines situativ markierten Ausdrucks (als „gehoben", „salopp" usw. markiert), bei-

spielsweise des gehobenen „*Entfliehe!*", „*Entschwinde!*" in einer kommunikativen Situation, in der die (saloppe) Umgangssprache erwartet wird.

Die Bedeutung, wie sie aus dem Textgebrauch des Wortes rezipiert wird
und (wir nehmen es einmal an) vom Sprecher/Schreiber auch so intendiert
ist, ist keine allein der Wortform zugehörige Eigenschaft. M. A. K. Halliday
nannte sie eine „Form des Sich-Verhaltens" (1975, 56). Nun ist die Bedeutung, die über das Textwort intendiert ist, nicht treffend als „Form" zu bestimmen, denn die Form verlangt den Inhalt, versus auf Sprache bezogen, die
Bedeutung. Dabei hängt es lediglich von der theoretischen Position bzw. von
der Denkrichtung ab, ob man Begriffe, Aussagen, Theorien als „Denkfor-
men" begreift und ihre Referenz als Inhalte bzw. Substanz dieser Form bestimmt, oder ob man im sprachlichen Zeichen selbst, begriffen als Morphem,
Lexem, Satz, Text, die Form sieht, an die der Inhalt gebunden ist. Nach der
funktionalen Sprachbetrachtung M. A. K. Hallidays, die auf der Annahme
basiert, dass das System der Sprache eng verbunden ist mit den Funktionen,
die die Sprache für den Menschen erfüllt, ist die B e d e u t u n g eine Information, die aus der im Allgemeinen bewusst gewählten Form des kommunikativen Verhaltens dekodiert wird. In diesem hier umrissenen **pragmatischen Bedeutungskonzept** ist das Semem (als potenziell realisierbare Bedeutung oder auch als eine der realisierbaren Bedeutungen <u>eines</u> Lexems) ein
Element des Handlungspotenzials (bei M. A. K. Halliday „Verhaltenspoten-
zial") im Akt der Kommunikation.

S. C. Levinson hingegen grenzt das Semem aus der Pragmatik aus und ordnet die Semembeschreibung methodologisch der Semantiktheorie zu. „Unter
Pragmatik versteht man die Lehre all jener Bedeutungsaspekte, die von einer
Semantiktheorie nicht erfasst werden" (1994, 12). Für S. C. Levinson verliert
eine weit gefasste Bedeutungstheorie an innerer Kohärenz und Konsistenz;
sie könne sich folglich nur auf einen sehr engen Bereich beziehen, der allein
die Wahrheitsbedingungen (die Referenz) und die konventionelle Bedeutung
umschließe (vgl. ebenda, 14 f.). Oder anders ausgedrückt: In dem Satz „Leti-
zia de Ramolino war die Mutter Napoleons" ist dieser Eigenname tatsächlich
der Name der Mutter Napoleons. Er erfüllt die Wahrheitsbedingungen, denn
es handelt sich um einen Fakt der Geschichte.

Ebenso ist es <u>wahr und konventionell</u>, dass solche kontextunabhängigen
Lexeme (Autosemantika) wie *Haus* und *Dom* sich als Gattungsnamen in der
deutschen Sprache auf Objekte beziehen die „als Unterkunft oder Arbeitsstätte dienendes Gebäude mittlerer Größe" bzw. als „Bischofskirche oder
Hauptkirche einer Stadt" definiert werden (nach G. Wahrig, Deutsches Wörterbuch). „Kontextabhängige Zeichen" (Synsemantika, z.B. Pronomen, Präpositionen, Artikel) hingegen in der Beschreibung S. C. Levinsons „determi-
nieren ein Referenzobjekt durch eine existentielle Relation zwischen Zeichen
und Referenzobjekt" (ebenda, 58).

Die hier in Ansätzen dargelegte Position zum **referenzsemantischen Konzept** nach S. C. Levinson wird von ihm selbst als „wahrheitsfunktionale Theorie" bezeichnet. Sie hat gegenüber den auf Merkmale basierten Theorien (ich komme darauf noch zurück) eine deutlich geringere Reichweite, denn sie schließt systeminterne Strukturen und Relationen, so auch die Feldbetrachtung der Lexik zur Erhellung ihrer Bedeutungen aus der Theorie aus.

Festzuhalten bleibt zunächst, dass zwischen der Bedeutung (bzw. den Bedeutungen) eines Wortes/ eines Lexems und der pragmatischen Bedeutung insofern zu unterscheiden ist, als dass beide Beschreibungsansätze von einer elementaren oder globalen Betrachtung und Interpretation ausgehen, sich aber nicht unbedingt ausschließen, denn eine linguistische Semantiktheorie heute, die kommunikative Aspekte nicht einschließt, gilt als verkürzt und inadäquat. Das ist wohl einzusehen, weil die Bedeutungen sprachlicher Zeichen nicht aus sich heraus, sondern aus dem Bedürfnis, ja aus dem Zwang zu kommunizieren an Lautformen gebunden und so entstanden sind.

Gegen die sehr weite Extension des Bedeutungsbegriffs, also gegen das pragmatische Bedeutungskonzept spricht, dass schriftliche und mündliche Texte, Äußerungen schlechthin, auf deren Sinn referieren, der das Gemeinte vermittelt und der (allgemein jedenfalls) nicht mit der im gesellschaftlichen Bewusstsein gespeicherten Bedeutung gleichgesetzt werden kann. Auf die begriffliche Unterscheidung von **Sinn und Bedeutung** macht auch E. Coseriu aufmerksam, wenn er schreibt: „Die sprachlichen Zeichen (gemeint sind Zeichen unterhalb der Satzebene – S. H.) haben an sich noch keinen Sinn. Dennoch sind gerade sie es, die sprachlichen Zeichen, mit deren Hilfe man in den Texten Sinn konstruiert, und andererseits versteht man durch den Text nicht nur die Bedeutung und die Bezeichnung der sprachlichen Elemente, die ihn konstituieren, sondern gleichzeitig etwas darüber hinaus Weisendes, den Sinn des Textes" (1981, 51). Zu dem Schluss gelangt auch P. R. Lutzeier: „Wörter für sich genommen, bedeuten nur, erst Produzent/in/-nen von Sprache meinen etwas" (1985, 55).

Die Gleichsetzung von Wortbedeutung und Referenz des Semems wiederum ist zu eng, denn die Bedeutung als Abbild von etwas referiert nicht nur auf ein Objekt, sie hat auch eine soziale Existenz, die gesellschaftliche Erfahrungen und Konnotationen bewahrt. Die Möglichkeit, dass wir Sememe auf Designate beziehen können, die daran nicht konventionell gebunden sind, beispielsweise die metonymische oder die metaphorische Verwendung, oder auch die kritische Betrachtung der Lexemwahl, ob für das tatsächlich Gemeinte in einer bestimmten Situation angemessen oder nicht angemessen gewählt wurde, verweist auf Weite oder Einschränkung der Selektion, die über das rationale Denken und seinen Grundelementen, den Begriffen, hinausreicht.

Dennoch muss den unterschiedlichen Konzepten an sich und den Positionen bzw. der theoretischen Basis, die diese Konzepte stützen, zugestanden werden, dass die verschiedenen Ansichten über Herkunft und Natur der Sprache, über Bedeuten und Bedeutung der sprachlichen Zeichen, die Semantiktheorie(n) befruchtet und befördert haben. Seien die Ansichten nun Derivate der positivistischen oder der rationalistischen Ideen in Linguistik und Sprachpsychologie (zur Bedeutungsproblematik in der Sprachpsychologie vgl. die Erörterungen bei H. Grimm 1977, Bd. II, Seiten 7 – 37). Darauf gehe ich im Folgenden nicht weiter ein.

Im Streit um die Bedeutungsproblematik wurde L. Wittgensteins Position zu einem gewichtigen Streitobjekt. Sein häufig zitierter Ausspruch

> „Man kann für eine *große* Klasse von Fällen der Benützung des Wortes ‚Bedeutung' – wenn auch nicht für *alle* Fälle seiner Benützung – dieses Wort so erklären: Die Bedeutung eines Wortes ist sein Gebrauch in der Sprache."
> (1975, § 43).

hat letztlich dazu beigetragen, Bedeutung (besser: S i n n) auch aus einer pragmatischen Perspektive zu sehen, wenngleich der Begriff „Gebrauch" (das damit tatsächlich Gemeinte) sehr vage ist.

Vage ist aber auch die Ansicht, man könne die Lexembedeutung kontextunabhängig beschreiben. Die Lexikografie behilft sich in der Weise, dass sie die Lexikoneintragungen mit Kurzkontexten versieht, die (verschieden nach Zweck und Anlage der Wörterbücher) semantische, grammatische und pragmatische Informationen enthalten. Selbst ein so geläufiges Wort wie *Haus* bedarf eines Kontextes, um das gemeinte Semem eindeutig identifizieren zu können:

Das *Haus Hohenzollern*, aus dem *Hause Müller* (Firma), mein *Haus ist mein Heim, unser Haus spielt heute* ... (Theater), das *Hohe Haus* (Parlament), das *Haus neu bestellen* (Angelegenheiten in Ordnung bringen) u.a.m.

Lexembedeutungen haben sich in kommunikativen Akten herausgebildet, sie unterliegen Wandlungen und Modifizierungen, sind im gesellschaftlichen Bewusstsein des Sprachträgers gespeichert und folglich im Lexikon kodifiziert (ad hoc geprägte bzw. hervorgebrachte lexikalische Elemente ausgenommen).

Ein anderer Aspekt in der Bedeutungsproblematik zeigt sich in der Frage, ob die Bedeutung etwas Sprachliches oder etwas nicht Sprachliches sei. Bei unilateraler Zeichenauffassung, wie sie in der Pragmalinguistik, beispielsweise mit der Position, der Text sei ein sprachliches Zeichen, vertreten wird, wie sie aber auch in der Philosophie weit verbreitet ist, müsste man P.R. Lutzeier nur zustimmen, wenn er behauptet: „Bedeutungen sind nichts Sprachliches, Sprache dient nur als Zugang für sie. Daran führt kein Weg vorbei" (1985, 43).

Gewiss, die über Abstraktionen gewonnene Bedeutung ist keine lebendige Vorstellung von einer Sache, auch nicht eine im Detail reiche Erinnerung an ein Ereignis, das wir erlebt und noch vor Augen haben. Aber die Vorstellung von etwas kann im Abstraktionsprozess des logischen Denkens zum Begriff führen, der den Kern einer Lexembedeutung bildet, vorausgesetzt, dass die zunächst subjektive Vorstellung auch zu einem Begriff führt, der von der Sprachgemeinschaft übernommen wird und in ihr soziales Bewusstsein eingeht. Heutzutage ebnen die Medien den Weg vom Neologismus zum geläufigen Lexem.

Beispielsweise ist der sekundäre Begriff *Morgen* für ein Ackermaß von 25 Ar (2500 Quadratmeter) aus der Beobachtung (der Anschauung) heraus abstrahiert worden, dass diese Fläche (bezogen auf die technischen Möglichkeiten des 15. Jh.) bei Sonnenaufgang von einem Ochsengespann gepflügt werden kann.

Bedeutung ist trennbar von ihrem Formativ, welches sie bindet und vermittels dessen sie kommunizierbar ist. Etwas längst Bekanntes, völlig Uninteressantes wird *kalter Kaffee, Schnee von gestern* genannt, ohne dass eine direkte semantische Beziehung auf das eigentlich mit „Kaffee" oder „Schnee" bezeichnete Designat hergeleitet werden kann. Nur die Bezugnahme auf die syntaktisch gebundenen Attribute *kalter* („nicht mehr heiß"), *von gestern* („nicht neu") bildet die Vergleichsbasis (das Tertium comparationis) der metaphorischen Bedeutung. Doch daraus ist nicht zu schließen, dass die Form etwas Sprachliches, die Bedeutung etwas nicht Sprachliches sei.

Geht man allerdings in den Überlegungen zum Wesen des Sprachlichen davon aus, dass die Form das Materielle, die Bedeutung allein das außersprachlich Ideelle sei, dann wird die Sprache als Lautinstrumentarium begriffen, das durch eine unendliche Vielzahl möglicher Phonem- bzw. Graphemkombinationen, aber auch möglicher Tonhöhenunterschiede Reize auslöst, die wiederum gespeicherte Abbilder zu Designaten bzw. Denotaten hervorrufen und nach einem System syntaktisch kombinieren, so dass gedankliche Inhalte vermittelbar werden. Aus dieser Sicht auf die Sprache ist das **sprachliche Zeichen** „Laut-/Klangform", „Ausdruck", „Bedeutung vermittelnde Form", „Signal". Es ist also zu fragen, ob der Verweis der Bedeutung in das Nichtsprachliche dem Wesen der Sprache gerecht wird.

Gewiss nicht, wenn man die Sprache mit ihrer Funktion betrachtet. Als Mittel der Kommunikation funktioniert sie nur in ihrer Einheit von Form u n d Bedeutung. Auch sprachhistorisch gesehen, wird jedes einzelne Formativ erst mit seiner Bedeutung zur sprachlichen Realität. „Ohne die gleichzeitige Anwesenheit von Ausdruck und Inhalt kann es eine Zeichenfunktion nicht geben; desgleichen kann der Ausdruck eines Inhalts oder der Inhalt eines Ausdrucks nicht existieren, ohne dass durch sie eine Zeichenfunktion aufgebaut wird" (H. E. Brekle 1992, 66 f.).

Die Akzeptanz eines als bilateral bestimmten Zeichens auf lexikalischer Ebene wird von der Zeichenfunktion gestützt, denn die Form für sich bliebe eben ohne Funktion, wenn sie keinen Inhalt signalisiert. Mit „lexikalischer Ebene" sind sprachliche Einheiten, Sprachzeichen, zusammengefasst, die auf die Begriffe „Morphem", „Wort", „Phraseologismus" mit den hier vertretenen Definitionen bezogen sind (ich verweise auf einzelne Kapitel dieses Buches).*

Die derzeit wohl am häufigsten dargelegte wie auch angewandte Methode zur Beschreibung von Lexembedeutungen beruht auf der Annahme, dass die Bedeutung eines Lexems in kleinere Einheiten, in distinktive Merkmale, zerlegt werden kann. Ungeachtet der zahlreichen Konzepte, die dazu in der Linguistik registriert und beschrieben worden sind, ist die vertretene Grundposition strukturalistisch ausgerichtet (zu den Konzepten vgl. u.a. G. Helbig 1986, 115 ff.; Th. Schippan 1992, 181 – 187; W. Schmidt 1967, 19 – 33; G. Wotjak 1977, 97 – 225; P. R . Lutzeier 1985, 91 – 100; J. Lyons 1995, 481 – 492).

Zugrunde liegt ein **analytisch-semantisches Konzept,** dessen methodischer Ansatz auch als Merkmalanalyse (vgl. Th. Schippan 1992, 181), Komponentialanalyse (J. Lyons 1995, 484), Komponentenanalyse (H. Glück 1993, 321) näher bestimmt wird. Die Zergliederung einer b e s t i m m t e n Lexembedeutung in „minimal-distinktive" Einheiten, so genannte Seme (auch als „semantische Merkmale", „semantic markers" oder „Noeme" ausgewiesen), hat eine zweifelsfreie Abgrenzung von Lexembedeutungen ermöglicht. Die Seme sind zugleich Invarianten einer Bedeutungsbeschreibung, die die Grundlage abgeben kann für lexikografische Kurzdefinitionen, für Bedeutungserklärungen im Fremdsprachenunterricht und für den Nachweis semantisch-isomorpher lexikalischer Einheiten in verschiedenen Sprachen. Die praktische Anwendung des Konzepts stößt allerdings auch auf Grenzen, denn der angestrebte metasprachliche Status des Sems wird durch eine in praxi einzelsprachliche Benennung unterlaufen. J. Lyons äußert die Vermutung: „Man kann sich nicht des Verdachts erwehren, dass die semantischen Komponenten mit Hilfe des intuitiven Verständnisses der lexikalischen Einheiten, mit denen der Linguist diese semantischen Komponenten etikettiert, interpretiert werden" (1995, 491).

---

* Vor dem Hintergrund der unilateralen Zeichenauffassung, aber auch im Hinblick darauf, dass Satz und Text Musterhaftes zeigen, werden auch sprachliche Realitäten oberhalb der lexikalischen Ebene als Sprachzeichen bestimmt. So gesehen haben Satz- und Textmuster Zeichencharakter, denen Bedeutungen zukommen. Weitgehend abstrahierte Satzbedeutungen sind Aussage, Frage, Aufforderung u.a.; Textmuster fungieren als mentale Orientierungsrahmen, die Sprachhandlungen steuern (vgl. S. Heusinger 1995 b, 97 ff.).

Zur Demonstration wähle ich eine Semstrukturanalyse (Merkmalanalyse) von G. Wotjak aus der semischen Behandlung des Wortfeldes „Verben der menschlichen Fortbewegung" (1977, Anhang):

Verb	be-lebt	Men-sch	Ak-tor	Ar-me	Bei-ne¹	Son-stig	Dy-nam.	schnell	Orts-ände.	verti-kal	Erde	Was-ser	Luft 2	Akus-tisch	Stan-dard³	Emo-tion
hop-sen	+ [-] Ball	+ [-] Frosch	+	—	+	unge-lenk	+	±	+	+ —	+	—	—	+	+	+
hüp-fen	+ [-] Ball	+ [-]	+	—	+		+	+ [-]	+	+ —	+	—	—	+	+	—
sprin-gen	+ [-]	+ [-]	+	—	+		+	+	+	+ —	+	—	—	+	+	—

Anmerkungen:

1) die mit „Arme", „Beine" benannten Seme verweisen auf die eingesetzte Muskelkraft der Extremitäten,
2) die mit „Erde", „Wasser", „Luft" benannten Seme verweisen auf das umgebungsbedingte Medium, in dem „hopsen", „hüpfen", „springen" realisiert werden;
3) gemeint ist der Gebrauch des Lexems in der Standardsprache

Seme sind in der Bedeutung angelegt (+) oder nicht angelegt (—), der mit den Verben „bedeutete" Vorgang kann von Menschen „schnell" oder weniger schnell oder auch langsam ausgeführt werden (±). Die Lexembedeutung ist nicht nur grundsätzlich auf den Handlungsträger/ Vorgangsträger („Aktor") „Mensch" zu beziehen, auch ein Ball kann hopsen oder hüpfen ([-]), also das Sem „unbelebt" annehmen; auch ein Frosch kann hopsen. Hauptbedeutungen der drei Verben sind Arten menschlicher Fortbewegung im Kontext des so benannten Wortfeldes.

Sememstrukturanalysen (Merkmalanalysen) sind auf Sememe bezogen, weil sie nur eine im linguistischen Kontext realisierte Bedeutung des oftmals polysemen Lexems anzeigen können. In der obigen Tabelle sind nur die Sememe ausgewählt worden, die auf Bewegungsarten des Menschen referieren oder wo diese Bedeutung auch auf Bewegungen des Unbelebten oder des Animalischen übertragen werden kann. Andere mögliche Sememe werden ausgenommen:

Das Herz hüpft mir vor Freude; das ist gehüpft wie gesprungen (ist das eine wie das andere); *etwas springt ins Auge* (ist offenbar). Unberücksichtigt bleiben auch Sememe der Umgangssprache: *etwas springen lassen* (spendieren); *alle Minen springen lassen* (alle Mittel einsetzen); *jmd. über die Klinge springen lassen* (ihn verraten, töten).

Die bei G. Wotjak aus dem Wortfeld mit 44 Verben ausgewählten Lexeme zeigen Bedeutungsaffinitäten über einzelsprachlich bezeichnete Seme an, die die jeweilige Bedeutung strukturieren. Das gelingt einigermaßen innerhalb der gleichen natürlichen Sprache, aber dem Anspruch, sie auch interlingual einzusetzen, dürften sie generell kaum genügen. Seme sind theoretische Konstrukte für Abbildelemente zu sozial überlieferten Abbildern, aber diese Abbilder sind nicht in allen Sprachgemeinschaften völlig identisch und sie unterliegen verschieden gearteten und miteinander kombinierten Ausdrucksformen, z.B. durch Tonhöhendifferenzierung, Grammatikalität, Lexikalität.

Hinzu kommen Begriffe, deren Inhalte durch weniger bewusst gespeicherte Konnotationen überlagert sind, die wir oft als situativ oder stilistisch herausheben. Man denke nur an die nach Höhenlage und situativer Markierung semisch differierenden Lexeme *Pferd, Ross, Gaul, Klepper, Mähre, Zosse*, deren kommunikative Verwendung nur eingeschränkt nach intendierter Wertung, Aussageabsicht und regionaler Anwendungsbeschränkung (z.B. *Zosse* im niederdt. Raum) möglich ist. Oder nehmen wir andere Lexeme: *Party* ist in der Sememstruktur neben anderen semantischen Merkmalen durch die Seme „zwanglos", „gesellig" gekennzeichnet, *Fete* (zu franz. *fête* „Fest") ist im deutschsprachigen Raum des Weiteren durch das Sem „jugendsprachlich" strukturiert.

Die „stilistische Überkodierung" (Begriff bei U. Eco 1989, 238) kann nach U. Eco Unschärfen in der Übersetzung zur Folge haben. Als Beispiel führt er eine Textstelle aus S. Sulzbergers „The Tooth Merchant" an, in dem „scream" (schreien) für den Schrei der Prostituierten Iffet mit „strilli" ins Italienische übersetzt wurde. U. Eco kommentiert „Das ist richtig, aber als italienischer Muttersprachler ‚rieche' ich, dass ‚strillo' >femininer< ist als ‚scream'" (1989, 238).

Der Sinn der Merkmalanalysen besteht darin, mit Strukturelementen zu arbeiten, die in möglichst vielen Sememen vorkommen, sie annähernd objektiv voneinander abzugrenzen und ihre Referenzidentität anzuzeigen. Wenn ich oben behauptet habe, dass Seme theoretische Konstrukte für Abbildelemente seien, dann gilt diese Feststellung nur vor dem Hintergrund, dass Abbilder Abstraktionen zu „Welterfahrungen" sind, die wir im Ergebnis der gesellschaftlichen Erkenntnistätigkeit als konventionalisierte und sprachlich gebundene Begriffe bzw. Lexembedeutungen übernommen und individuell gespeichert haben. Allerdings möchte ich **„Begriff"** und **„Lexembedeutung"** nicht wie absolute Synonyme behandeln. Begriffe werden erst durch ihre Bindung an lexikalische Ausdrücke zur Lexembedeutung und diese wiederum unterliegt Gebrauchsrestriktionen, durch die aber der Inhalt des Semems weiter oder auch spezieller gefasst sein kann als der Begriff. Wir sprechen dann vom begrifflichen Kern der Bedeutung, an den sich weitere Bedeutungselemente (Seme) anlagern.

So ist z. B. *Weib* im aktuellen Sprachgebrauch nach seinem begrifflichen Kern nicht ausreichend als „erwachsener", „+/– ehelich gebundener", „weiblicher" „Mensch" auch sprachlich charakterisiert, denn dem Begriff angelagert sind auch die Seme „umgangssprachlich", „abwertend" /oder „scherzhaft". Schließlich sind viele Begriffe, aber auch Sememe an kulturelle Überlieferungen und Verhaltensnormen gebunden, die den Gebrauch vermittels Sprache einschränken können. Beispielsweise ist es im Rahmen eines festlichen Empfangs nicht angemessen, dem Gastgeber die Ehefrau oder Partnerin als *„mein Weib"* vorzustellen.

Oder wählen wir ein anderes Beispiel: Das Lexem *dürr* zeigt eine Eigenschaft an, die auf (1) Teile des pflanzlichen Organismus, (2) auf (Acker-)Boden, (3) auf Magerkeit von Lebewesen oder in übertragener Bedeutung (4) auf eine knappe, nüchterne Mitteilung bezogen werden kann. Wir haben es jeweils mit verschiedenen Bedeutungen zu tun, die aber in ihrem Kern den Begriff des „Trockenen, Mageren" realisieren. „Begriff" und „Bedeutung" (Semem) haben Gemeinsames, sind aber nicht identisch.

Dem Übersetzer können kulturell geprägte Sememe Peinlichkeiten bereiten, wenn er die semisch bedingten Gebrauchsrestriktionen nicht kennt. Beispielsweise ist es im Slowenischen undenkbar, einen vielleicht sogar guten Bekannten mit *Ljubi gospod dr. Mayer* anzureden („Lieber Herr Dr. Mayer"), weil die Semantik des slowenischen Adjektivs *ljub* in Bezug auf Personen eine sehr intime Beziehung zum Ausdruck bringt und deshalb anders als das entsprechende deutsche Adjektiv konnotiert ist. Es ist sogar ungewöhnlich, den leiblichen Vater mit *ljubi ati* anzureden.

Auch in der Kognitionspsychologie werden Lexembedeutungen nicht als holistische Entitäten erklärt, sondern als elementar strukturierte Ganzheiten. Sie setzen sich aus semantischen Merkmalen („semantischen Primitiva") zusammen. Diese Merkmale gelten nicht nur als „heuristische Mittel zur Beschreibung mentaler Strukturen", sie werden auch als „psychologisch reale Entitäten" (M. Schwarz 1992, 125) definiert.

Hintergrund dieser Erklärung sind hauptsächlich Spracherwerbstheorien, weil es durchaus plausibel ist, dass Kinder von ihrem Sprachbeginn an ihr Lexikon allmählich durch eine sequenzielle Spezifizierung aufbauen. Das Wort *Ball* kann beispielsweise anfangs jeden runden und kugelförmigen Körper bezeichnen, ehe das Kind lernt zu differenzieren, das heißt, es lernt, die Bedeutungen nach ihren unterscheidenden Merkmalen voneinander abzugrenzen.

Kognitionspsychologen fassen die semantischen Merkmale (nach M. Schwarz, vgl. auch J. Hoffmann 1986, 50 ff.; F. Klix 1984, 11 – 17) nicht nur als Strukturelemente von Lexikoneinträgen, sondern auch als relativ selbstständige, strukturgebundene mentale Repräsentationen auf. Sie werden dem perzeptuellen Kenntnissystem zugesprochen. Offenbar im Widerspruch zu dieser Position steht die nativistische Annahme, dass die semantischen Merkmale genetisch bereits vorprogrammiert sind und als Teil unserer angeborenen Ausstattung zu verstehen seien (so jedenfalls M. Schwarz 1992, 126). Auch M. Bierwisch kam bereits 1970 zu dem Schluss, dass semantische Merkmale nicht auf physikalische Eigenschaften von Objekten zu beziehen sind, sondern als intern verankerte Kontaktprinzipien, als Symbole für interne Grundmechanismen der menschlichen Kognition zu begreifen seien (M. Bierwisch 1970, 181 f.).

Hier stehen sich offensichtlich zwei Positionen gegenüber: Die nativistische Position, nach der semantische Merkmale angeborene Repräsentationen kategorialer Prinzipien sind (M. Bierwisch), und die empiristische Position, die semantische Merkmale von wahrnehmbaren Objekten herleitet. Übereinstimmung im Status der semantischen Merkmale dürfte aber darin bestehen, dass es sich letztlich um Kategorien handelt, die auf den kognitiven Fähigkeiten des Menschen beruhen wie +belebt, -belebt, +Anim, Abstr, Hum. Darüber hinaus muss die strukturelle Beschaffenheit von Sememen auch über Merkmale beschreibbar sein, die einer niedrigen Abstraktionsstufe zuzuordnen sind, z.B. hoch, tief, vertikal, ledig, gehörlos, gelenkig, steif, hochbeinig u.a.m. Aber auch diese semantischen Merkmale kategorisieren.

Abschließend zu diesem Kapitel seien noch wesentliche Invarianten des Semem-Begriffs angeführt, denn er wird als beschreibbare Einheit des Bedeutungspotenzials eines Lexems in der aktuellen Rede definiert (vgl. Th. Schippan 1992, 160). Mit der hier vertretenen Position ist das Semem

– semantische Einheit eines nicht monosemen Lexems, das als Abbild einer Klasse z.B. von Gegenständen, Ideen, Erscheinungen, Beziehungen, Wertungen u.a. im menschlichen Bewusstsein gespeichert ist,
– durch elementar-distinktive Merkmale (Seme) strukturiert und inhaltlich gegeneinander abgegrenzt, aber auch beschrieben werden kann,
– an sprachliche Formative gebunden und über sie vermittelbar ist,
– sich im gesellschaftlichen Bewusstsein einer Sprachgemeinschaft herausgebildet hat,
– der Kommunikation dient und mit dieser Funktion der Entwicklung und semantischen Veränderung (dem Bedeutungswandel) unterliegt,
– kulturelle Erfahrungen und kommunikative Verwendungsnormen einschließt
– und in Verbindung mit dem Formativ von Individuen in Lernprozessen erworben und individuell gespeichert wird.

Der wohl nachhaltigste Lernprozess ist die Kommunikation selbst, denn sie ist im Rahmen der gegenseitigen Verständigung ein Informationen verarbeitender Prozess mit Intentionen und Motiven.

Zusammenfassung:

Wortbedeutung und Semem sind insofern nicht unbedingt gleichzusetzen, als die Bedeutung eines Wortes sowohl monosem (z.B. Termini in der Fachsprache) als auch polysem sein kann. Das Lexem kann aber auch im Kontext eine einmalige Bedeutung annehmen, die es im Lexikon noch nicht hat. Deshalb ist der Begriff **Semem** vorzuziehen, denn er steht für eine semantische Einheit eines nicht monosemen Lexems, das als Abbild einer Klasse von Gegenständen, Ideen, Erscheinungen, Beziehungen, Wertungen u.a. im menschlichen Bewusstsein gespeichert ist, aber auch Abweichungen von der lexikalisierten Semantik einschließt.

Unterschiedlichen Konzepten und Positionen zur Klärung der Bedeutungsproblematik muss zugestanden werden, dass sie die Semantiktheorien befruchtet und befördert haben.

Fragen: (1) Welchen theoretischen und auch praktischen Wert hat die Unterscheidung von Sinn und Bedeutung? (2) Wie verstehen Sie L. Wittgensteins bekannte Auffassung: „Die Bedeutung eines Wortes ist sein Gebrauch in der Sprache?"

5.2. BEDEUTUNGSVERSCHIEBUNGEN UND -ENTWICKLUNGEN IM WORTSCHATZ

5.2.1. Zur Funktionsfähigkeit des lexikalisch-semantischen Systems

Kein anderer Bereich der Sprache muss so schnell und unvermittelt auf Veränderungen in der Gesellschaft und den Ergebnissen ihrer geistigen und materiellen Tätigkeit reagieren wie der Wortschatz. Aber es sind vor allem Autosemantika betroffen, die für neue oder veränderte Designate gewählt werden. Synsemantika wie die Pronomen, Präpositionen, Interjektionen werden von den rasanten Veränderungen und Entwicklungen in Gesellschaft und Kultur kaum berührt. Sie bleiben uns als Kommunikationsmittel in ihrer überlieferten Einheit aus Form und Bedeutung größtenteils erhalten.

Allerdings ist eine Reduzierung ihres Formenbestandes zu beobachten, denn das Prinzip der Ökonomie, mit weniger mehr zu erreichen, aber auch die Effizienzregel, nach der die sprachlichen Mittel kommunikativ wirksam eingesetzt werden, gelten auf allen sprachlichen Ebenen und in vielen Teilen des Wortschatzes. Auf syntaktischer Ebene sind komplizierte, oft sehr verschachtelte Sätze zugunsten einfacher Strukturen zurückgegangen, und aus dem synsemantischen Wortschatz werden beispielsweise nur verhältnismäßig wenige Präpositionen und Pronomen vom Sprecher/Schreiber bevorzugt gebraucht. Andere werden an die Peripherie gedrängt oder sind längst zu **Archaismen** geworden, zum Beispiel *vermöge, halber, sonder, mittels* (*mittelst*), *zufolge, zwecks, wider, unbeschadet;* als Demonstrativpronomen *derjenige* (*die-, dasjenige*), *derselbe, selbiger,* als Relativpronomen *welcher* (*welche, welches*).

Fast unbemerkt entstehen bei Reduzierungen im Feld der Wortklassen Lücken im semantischen System, die durch Sememe benachbarter Feldelemente wieder geschlossen werden. Th. Schippan spricht von „Verschiebungen in Bedeutungsfeldern" und von Veränderungen in der „Bedeutungsextension" (1992, 251). Beispielsweise sind uns unproduktive Lexeme noch in stabilen kollokativen Verbindungen und Komposita erhalten geblieben wie *der Umstände halber, der Bequemlichkeit halber, krankheitshalber, derenthalben,* aber zunehmend häufiger werden selbst solche Kollokationen ersetzt durch *der Umstände wegen, um der Bequemlichkeit willen, wegen Erkrankung, ihretwegen.*

Externe Einflüsse wie Effizienz und Ökonomie im Sprachgebrauch sind nur e i n e Erklärung für systeminterne Veränderungen im Wortschatz, so auch Entwicklungen in Wissenschaft und Technik, die neue Bezeichnungen erfordern. Sprachintern aber ist die Konsistenz der Sprache, mit der sie als Kommunikationsmittel immer intakt und folglich gegenüber allen gesellschaftlichen und kulturellen Entwicklungen wie auch Veränderungen flexibel sein kann und es sein muss. Neue Wörter kommen auf, die mit vorhandenem Sprachmaterial gebildet werden. Es werden aber auch Wörter aus dem aktuellen Wortschatz getilgt, weil sie keine designative Funktion mehr haben. Auch Modeerscheinungen können dazu führen, dass ein vorhandenes Lexem an die Peripherie des lexikalischen Systems abgedrängt und durch ein anderes Lexem im aktuellen Sprachgebrauch ersetzt wird. Beispielsweise war es im ausgehenden 20. Jahrhundert eine Zeit lang Mode, *modern* durch den Anglizismus *in* zu ersetzen: *„Etwas ist in".* Dadurch sind sowohl Verschiebungen im semantischen System eingetreten und es ist ein neues Formativ in den Formenbestand aufgenommen worden.

Im Übergang zum Jahr 2000 erlebte das Wort *Millennium* mit neuer Bedeutung eine Renaissance. Sprachhüter haben es zum Wort des Jahres 1999 erklärt. Nach seiner lateinischen Herkunft war es in das lexikalische System bereits mit den Sememen eingebunden (1) „das Tausendjährige Reich Christi", (2) „Zeitraum von eintausend Jahren". Neu hinzugekommen ist das Semem (3) „Wechsel zum neuen Jahrtausend". Ein findiger Geschäftsmann hat es patentieren lassen, und wer es werbewirksam z.B. für neue Markennamen verwenden wollte, musste den Namen kaufen. Die Angebote reichten von *Millenniumreisen* bis *Millennium-Sekt. Millennium-Partys* gab es allerorts.

Das natürliche, immer während Bedürfnis der Menschen nach treffenden Bezeichnungen in kommunikativen Handlungen führt zum Entstehen von **Neologismen** und **Okkasionalismen** und im Gegensatz dazu zur **Archaisierung** von Lexemen oder einzelner ihrer Sememe (ich verweise auf die Kapitel 2.2.1. und 2.2.2. in diesem Buch). Es bleibt abzuwarten, ob mit der Einführung der neuen Geldwährung von Euro und Cent in Teilen Europas die Lexeme *Pfennigfuchser* und *Pfennigabsatz* zu Archaismen werden.

Es besteht für den Sprachträger immerfort das Bedürfnis und die ihm eigene Notwendigkeit zur Aktualisierung des lexikalischen Systems der Sprache. Notwendig ist dieser unaufhörliche Prozess, weil die Menschheit ohne ihre Kommunikation untereinander zu Entwicklungen und zeitnahen Lebensfragen in ihrer Kreativität nachlassen würde und selbst nicht auf Dauer lebensfähig wäre.

Nicht immer geht es gleich um die Existenz der Menschheit, wenn das Bedürfnis nach zeitnaher Kommunikation ins Spiel gebracht wird. Selbst der einzelne Mensch kann im Umgang mit der Sprache sehr erfinderisch sein, wenn die Umstände ihn zwingen, sich in der Argumentation zu behaupten. Sehr schnell ist dann ein Okkasionalismus ausgesprochen. Eine der Quellen solcher Schöpfungen ist die politische Argumentation in Parlamenten und zwischen Parteien. Ein deutscher Politiker antwortete auf die Frage, ob seine einst mehr links orientierte Partei jetzt nach rechts drifte: „Wissen Sie, die alte *Gesäßgeografie* funktioniert nicht mehr."* Der Okkasionalismus verweist auf die traditionelle Sitzordnung in deutschen Parlamenten, die metonymisch auf die Parteien übertragen wurde: Die Partei der Linken, des Zentrums und der Rechten.

Zu beobachten ist in allen Fällen, wo neue Lexeme aufkommen und einst gebräuchliche Lexeme veralten, dass das lexikalische System durch seine interstrukturelle Polarität von Stabilität und Variabilität funktionsfähig bleibt. Stabil bei synchronischer Sprachbetrachtung sind die Formelemente aus Affixen, Interfixen, Flexionsformativa, Infinitivendungen. Relativ variabel sind Wortbildungsmöglichkeiten (es gibt aber auch Restriktionen). Flexibel im Sinne von anpassungsfähig an kommunikative Erfordernisse sind Bedeutungen in überlieferten Form-Bedeutungs-Zuordnungen. Aber sie sind keinesfalls „zu einer gewissen Zahl freier Variationen fähig", wie U. Eco meint (vgl. 1989, 47). Bedingung für die Anbindung eines neuen Semems an ein bereits lexikalisiertes Lexem sind schon vorhandene Seme in der Struktur der potenziellen Lexembedeutung.

Das heute deutsche Wort *Presse* zu lat. „pressorium" ist mit der Herstellung von Wein im 9. Jh. entlehnt worden. Das Semem hat die semantischen Merkmale (Seme) [a] »Gerät/Hilfsmittel«, das (hinzugeführte oder natürli-

---

* Der deutsche Bundeskanzler G. Schröder am 9.01.2000 in einem Fernsehinterview

che) Flüssigkeit [b] »kraftvoll« [c] »aus einem (Frucht-) Körper« [d] »drückt«. Heute gebrauchen wir das Formativ *Presse* mit den Bedeutungen

(1) Apparat zum mechanischen Auspressen von Saft (mit den Semen a bis d),
(2) Maschine, die mittels Druck Werkstücke formt (mit den Semen a, b und d; neu hinzugekommen ist das Sem [e] »formen«)
(3) Gesamtheit der Tageszeitungen (Presse ist metonymisch bezogen auf die Maschine, die die Tageszeitungen druckt. In ihrer Bedeutung übertragen sind die Seme a und b; hinzugekommen sind die Seme [f] »vervielfältigen«, [g] »Aufdruck von Schrift/Bild/Muster«)

Es sind also Basis-Seme einer Lexembedeutung notwendig, wenn neue Sememe für kommunikative Erfordernisse hervorgebracht und an ein bereits lexikalisiertes Lexem gebunden werden. Wir haben es bei dem hier demonstrierten Fall mit **Bedeutungsentwicklung,** nicht mit Bedeutungsverschiebung zu tun, wenn wir akzeptieren, dass Wortschatzentwicklung nicht nur auf das Bilden neuer Wörter beruht, sondern auch ein Vorgang sein kann, bei dem Neues aus bereits Vorhandenem hervorgeht.

Daran gemessen ist die **Bedeutungsübertragung** eine Erscheinung der Bedeutungsverschiebung. Sie nimmt ihren Ausgang von einer usualisierten, im gesellschaftlichen Bewusstsein bereits gespeicherten Bedeutung, die sich dahingehend verändert, dass sie auf ein anderes Objekt referiert. Nehmen wir ein Beispiel: Das mental gespeicherte Abbild zum Objekt „Maschine zum Drucken von Tageszeitungen" wird nach und nach zum Allgemeinbegriff für Tageszeitungen. Die Bedeutung hat sich in der Weise verschoben, dass sie nicht mehr das Gerät zur Vervielfältigung mental abbildet, sondern das Produkt der Vervielfältigung. Das heute veralte Lexem *Druckerpresse* ist im Deutschen mit der Veränderung der Drucktechnik zum Historismus geworden, es wird aber für den Druck von Hand noch gelegentlich verwendet. Auf Bedeutungsübertragung beruht ebenso die Semantik jeder lexikalisierten Metapher.

Veränderungen im lexikalisch-semantischen System sind genau genommen alle Bewegungen, Verschiebungen innerhalb des Systems, die uns das dynamische Wesen der Sprache anzeigen. Zustandsbeschreibungen können immer nur Momentaufnahmen sein.

Ein Entwicklungsvorgang ist auch der so genannte **Bedeutungswandel.** Dieser Terminus wird nicht einheitlich verwendet, was wohl auch mit der Polysemie des gemeinsprachlichen Wortes „wandeln", „Wandel" zu erklären ist. O. Behagel nennt jede in der Zeit veränderte Bedeutung „Bedeutungswandel" (in 14. Aufl. 1968, 101 – 116). Danach ist beispielsweise die Bedeutung „*Sisyphusarbeit*", die nicht referenzidentisch mit der dem König Sisyphus auferlegten göttlichen Strafe gebraucht wird, als Bedeutungswandel zu bestimmen (vgl. ebenda, 111). Ich würde das übertragene, versprachlichte

Bild der *Sisyphusarbeit* auf jede sinnlose Mühe, jede schwere, aber vergebliche Arbeit eine Metapher (oder allgemeiner: Bedeutungsübertragung) nennen.

Der Bedeutungswandel ist eine Veränderung in der Zeit und folglich Gegenstand der diachronischen Semasiologie. Dabei kann das Referenzobjekt allgemeiner oder spezieller, positiv oder negativ begriffen werden. Ich meide die geläufigen Termini „Bedeutungserweiterung", „Bedeutungsverengung", „Bedeutungsverbesserung", „Bedeutungsverschlechterung" (vgl. H. Pelz 1998, 207 f.), weil sie unscharf und deshalb ungenau das Ergebnis des Wandlungsprozesses charakterisieren.

Eine im Vergleich zur Ausgangssemantik veränderte Bedeutung kann nicht weiter oder enger, besser oder schlechter sein; aber es hat sich mit dem gewandelten Begriff vom Referenzobjekt die semantische Struktur des bezeichnenden Semems verändert. Dieses Semem kann allgemeiner oder spezieller verwendet werden und auch eine Wertbedeutung angenommen haben. Die Wandlung des Begriffs kann ursächlich auf kulturgeschichtliche, historische oder soziale Veränderungen zurückgehen. Die sprachgeschichtlichen Forschungen halten dafür zahlreiche Beispiele bereit.

Noch im Drama „Faust", erster Teil, lässt J. W. v. Goethe seine Titelfigur zu Margarete sprechen: „Mein schönes Fräulein, darf ich wagen, meinen Arm und Geleit ihr anzutragen?" Margarete antwortet: „Bin weder Fräulein, weder schön, kann ungeleitet nach Hause gehn." – Noch bis ins 18. Jh. hinein war *Fräulein* als Standesbezeichnung die Anrede für die unverheiratete Edeldame. Mit dem wirtschaftlich und politisch mächtiger werdenden Bürgertum veränderten sich die sozialen Beziehungen. *Fräulein* wurde zur allgemeinen Anrede für die unverheiratete alte oder junge Frau jedweden Standes. Die designative Bedeutung ist weiter geworden sowohl als Bezeichnung für weibliche Personen als auch in der gesellschaftlichen Bewertung.

Im ausgehenden 20. Jh. wiederum wird die allgemeine Anrede *Fräulein* bereits als veraltet empfunden und ist allenfalls noch in der Umgangssprache in bestimmten Situationen (an die jugendliche Kellnerin: „*Fräulein, ein Kaffee bitte!*"), aber auch als höfliche Anrede in Briefen gebräuchlich (*verehrtes Fräulein Gudrun, ... liebes Fräulein Gudrun ...*). Die Bedeutung ist strukturiert durch die Seme +human, weiblich, erwachsen, jung, unverheiratet, situativ restriktiv. Die Bedeutung ist in ihrer Bezugsbreite wieder enger geworden. Mit dem Gebrauch in der Umgangssprache zeichnet sich in der Tendenz auch eine Veränderung im konnotativen Bedeutungsgehalt ab. Das Beispiel belegt uns den noch immer anhaltenden Wandlungsprozess.

Bisher von der Lexemanalytik wenig beachtet und allenfalls der Stilistik zugeschrieben wurden Euphemismen und Periphrasen. Während Euphemismen (auch Hehlwort, Tabuwort, Hüllwort – vgl. H. Glück u.a. 1993, 176) noch als Lexeme begriffen und als Elemente des lexikalischen System behandelt werden, finden Periphrasen ausschließlich als Stilmittel ihre Berücksichtigung. Nach ihrer Semantik sind es **Bedeutungsumschreibungen**. Damit ist nicht grundsätzlich gesagt, dass sich nur die Form des Ausdrucks (z.B. *Karnevalsmetropole* für die Stadt *Köln*), nicht aber die Bedeutung verändert. Bedeutungsumschreibungen implizieren eine spezielle Sicht auf das Referenzobjekt, wobei man nicht generell unterstellen kann, dass etwa ein Euphemismus das Referenzobjekt nur verhüllend sprachlich abbildet. Auch mit der Wahl oder Bildung einer Periphrase zielt der Sprecher/Schreiber nicht in jedem Fall darauf ab, seine Aussage mit „Ornamenten" zu versehen. Bedeutungsumschreibungen können lexikalisiert sein und nur sie interessieren uns hier bei der Behandlung des lexikalisch-semantischen Systems.

Der Euphemismus *Nullwachstum* (für wirtschaftliche Stagnation), so widersprüchlich auch die semantische Beziehung in der akollokativen Komposition ist, so ist er doch gegenüber „Stagnation" wertneutral. Das erklärt, warum Volkswirte und Wirtschaftsstatiker in ihrer Fachsprache *Nullwachstum* als Terminus gebrauchen und nicht das durch wertende Konnotation belastete „Stagnation". S. C. Levinson bemerkt im Grundsätzlichen zu Euphemismen, dass sie zwar aus verhüllenden („Höflichkeits-")Metaphern hervorgehen, aber bald den Sinn annehmen, den sie ursprünglich implizierten (1994, 167). Es setzt eine Gewöhnung, eine Stereotypisierung der Bedeutung ein, die schließlich unkritisch ins Lexikon übernommen wird.

Nicht anders zu erklären ist die Wertneutralisierung des heute usualisierten Lexems, die Wortgruppe *ethnische Säuberung*. Das 1992 von einer deutschen Jury zum Unwort des Jahres* erklärte Lexem bezeichnete ursprünglich die gewalsame, brutale Vertreibung von Menschen von ihrer angestammten Scholle, weil sie innerhalb eines Staatsverbundes als ethnische Einheit nicht der Mehrheit des Staatsvolkes angehörten. Unmenschliche Vorgänge auf dem Balkan im letzten Jahrzehnt des 20. Jh. wurden verhüllend umschrieben. Indem aber die Wortgeschichte mit der Zeit verblasst und ihre verhüllende Semantik nicht mehr empfunden wird, hat mit der Wertneutralisierung eine Bedeutungsverschiebung eingesetzt.

Nicht immer tritt das Gewöhnungsmoment ein. Viele der Euphemismen gehen als Okkasionalismen nicht in das Lexikon ein, z.B. *Rentnerschwemme* (1996 für die steigende Lebenserwartung, so dass der Anteil der Menschen im Rentenalter an der Gesamtbevölkerung relativ zunimmt), *neue Beelterung* (1997 für die behördliche Verfügung, ein Kind seinen Eltern zu entziehen und es anderen Erziehungsberechtigten zu überantworten).

---

* Ein Jury aus vier ständigen und zwei wechselnden Mitgliedern entscheidet seit 1991 über das „Unwort des Jahres". Gesucht werden Wörter und Wortgruppen aus der öffentlichen Sprache, die sachlich grob unangemessen sind und möglicherweise sogar die Menschenwürde verletzen. Häufig sind „Unwörter" als Neologismen auch Euphemismen.

Es trifft auch nicht generell zu, dass der Euphemismus bereits den „Todeskeim in sich" trägt, wie N. Osman (1993, 248) meint, „da sich der verhüllende Ausdruck nach häufigem Gebrauch abnützt und er unter dem Durchbruch des wirklich Gemeinten seine Bedeutung verliert." Das Veralten bereits lexikalisierter Euphemismen kann viele Gründe haben. *Untier* beispielsweise als Euphemismus für „Wolf" hat seine spezielle Referenz nicht deshalb verloren, weil es als euphemistische Bezeichnung bereits den „Todeskeim in sich" trug, sondern weil die Mystik um das Raubtier mit seinem Aussterben in weiten Teilen Europas schwand und sich Wissen gegen Aberglaube und Furcht durchgesetzt haben. *Untier* heute ist zur allgemeinen Bezeichnung für schreckliche, einem Tier gleichende Fabelwesen, für „Ungeheuer", aber auch für Furcht verbreitende Lebewesen geworden.

Das lexikalische System hält Lexeme wie *Freitod* (für „Selbsttötung"), *entschlafen* (für „gestorben sein"), *Unregelmäßigkeit* (für „Betrug im Amts- und Geschäftsverkehr") bereit, deren Verwendung in bestimmten kommunikativen Situationen auch erwartet wird. Der Gebrauch von Euphemismen wie auch der von Periphrasen unterliegt situativen Normen. Doch auch diese Selektionsbeschränkungen sind für die Funktionsfähigkeit des lexikalischen Systems wesentlich. Ich wehre mich deshalb gegen die Polarisierung „Euphemismus" ←→ „üblicher Ausdruck" z.B. bei N. Osman (1993, 248), weil es d e n „üblichen Ausdruck" in einer an Normen gebundenen Kommunikation nicht gibt.

Als Stilelemente zur Bedeutungsumschreibung kann auch die Metapher, die Metonymie, die Ironie u.a. gewählt werden, kurz alles, was in der antiken Rhetorik mit dem vieldeutigen Hyperonym **„Tropus"** (zu griech. tropos „Wende, Drehung") benannt ist (vgl. E. Riesel/ E. Schendels 1975, 231). Ein im engeren Sinn lexikalisches Mittel der Bedeutungsumschreibung ist die **Periphrase**. Auch sie wird den Tropen zugeordnet und kann die Funktion des Euphemismus (vgl. W. Fleischer, G. Michel, G. Starke 1993, 252) annehmen. Nach E. Riesel/ E. Schendels dient die Periphrase der „sekundären Nominierung eines Denotats" (1975, 231). Hingegen behandeln W. Fleischer u.a. (1993. 180) die Periphrase nicht als Nominierungseinheit, sondern als „Beschreibung".

Als Element des lexikalischen Systems kommt nur die usualisierte (lexikalisierte) Periphrase in Betracht, weil ihr Designatsbezug bekannt und sie im sozialen Bewusstsein begrifflich geprägt ist. Derlei Periphrasen können als Sekundärbenennungen zu Eigennamen bestimmte Merkmale von Personen, bekannten Orten oder Landschaften exponieren, z.B. *Elbflorenz* (für Dresden), *Spree-Athen* (für Berlin), *goldene Stadt* (für Prag), *Sächsische Schweiz* (Teil des Elbsandsteingebirges), *Wilder Westen* (historische Periphrase für den Westen Nordamerikas zur Zeit der Besiedlung durch Europäer im 19.

Jh.), *Dichterfürst* (für J. W. Goethe). Usualisierte Periphrasen gibt es nicht nur für Eigennamen.

Ein schöner Mann kann (auch ironisch) mit *Adonis* umschrieben werden (schöner Jüngling Adonis der griech. Sage), gewinnbringende Heizkohle (wertvolles Heizmaterial in Notzeiten) wird zum *Schwarzen Gold*, und wer gegen einen vermeintlichen Gegner (in Wirtschaft oder Politik) ankämpft, führt ein *Schattenboxen*. Wem ein Streit von zwei anderen von Nutzen ist, ist *der lachende Dritte*.

Bedeutungsumschreibungen vermitteln eine spezielle Sicht auf das Designat, indem sie Merkmale exponieren, die dem Sprecher/Schreiber zum Ausdruck seiner Intention im Akt der Kommunikation wichtig sind. Die Merkmale kostbar/wertvoll, bedeutend, hilfreich werden beispielsweise häufig mit den Lexemen „Gold/golden" umschrieben:

kostbar/wertvoll:
- Wertvolles *mit Gold aufwiegen*,
- *das Goldene Kalb* (Sinnbild für Geld und Reichtum)
- *schwarzes Gold* (Kohle),
- *weißes Gold* (Salz),
- *Goldenes Dreieck* (Grenzregion zur Opiumgewinnung zwischen Thailand, Burma und Laos),
- *Gold in der Kehle haben* (herrliche Stimme),

bedeutend/wichtig:
- *Goldenes Buch* der Stadt,
- *goldene Hochzeit* (50. Hochzeitstag),
- *goldene Schallplatte* (Auszeichnung an Künstler),
- *Goldenes Vlies* (historischer hoher Orden in Österreich und Spanien),

hilfreich:
- *eine goldene Brücke bauen* (Verständigung oder Geständnis erleichtern) (in der Mehrzahl Belege bei G. Wahrig, Deutsches Wörterbuch)

Das lexikalisch-semantische System erweist sich als dynamisch, flexibel und intakt für kommunikative Handlungen zu allen Kommunikationsgegenständen, denn es ist offen für Veränderungen in der Bedeutungsstruktur einzelner Lexeme; es ist offen für die Eingliederung entlehnter oder neu gebildeter Lexik und es ist folglich offen für Neuordnungen im System mit seinen Teilsystemen, z.B. den Wortfeldern.

Zusammenfassung:

Im Zusammenspiel von Kommunikation und Sprache und den daraus resultierenden Wechselwirkungen sind (vor allem) im lexikalisch-semantischen System stets und ständig interne Veränderungen zu beobachten. Lexeme veralten, neue Formative und Bedeutungen kommen hinzu. Aber nicht alle Elemente des Systems und ihre Relationen in der Struktur sind augenfällig bewegt und variabel. Über eine lange Zeit relativ stabil in ihrer Systemeinbindung und folglich in ihrer Bedeutung bleiben die Synsemantika und auch viele der Autosemantika. Durch diese interstrukturelle Gegensätzlichkeit von Stabilität und Variabilität bleibt das System funktionsfähig.

Veränderungen im lexikalisch-semantischen System sind kurz zusammengefasst alle Bewegungen und Verschiebungen. In der Literatur hervorgehoben werden besonders die Bedeutungsentwicklung (durch Erweiterung oder Einengung der bisherigen Bedeutung), die Bedeutungsübertragung (unter anderen die Metapher), die Bedeutungsumschreibung (z.B. der Euphemismus, die Periphrase) und der Bedeutungswandel, der oft die Folge einer Neubewertung des Referenzobjektes ist. Veränderungen führen zum Platzwechsel und zu neuen Relationen im System.

Frage: Welche Entwicklungen in der Sprache, vornehmlich in der Lexik, haben Sie selbst wahrgenommen?

5.2.2. Identische und affine Sememe im lexikalisch-semantischen System

Die dem lexikalischen System inhärente sprachliche Ökonomie schließt in ihren homogenen Subsystemen und terminologischen Feldern gleicher Herkunft absolut identische Sememe verschiedener Lexeme weitgehend aus. Dennoch stoßen wir bei semantischen Merkmalanalysen auf identische Sememe und bedeutungsidentische Lexeme. In der von mir bereits herangezogenen Semstrukturanalyse von G. Wotjak zu den Lexemen des Wortfeldes „Verben der menschlichen Fortbewegung" (1977, Anhang) sind die Bedeutungen folgender Lexeme absolut identisch: *spazieren – schlendern*. Sie haben die gleichen Seme und werden unter gleichen kommunikativen Bedingungen verwendet (vgl. auch G. Wahrig, Deutsches Wörterbuch).

Auch aus Semstrukturanalysen bei K. E. Sommerfeldt (1975, 172 und 175) ist auf Sememidentität zu schließen:

stürmen – stürzen in der Bedeutung „mit Hast heftig rennen"; *geschickt – gewandt* in der Bedeutung „die Fähigkeit besitzend, etwas Bestimmtes

für einen Zweck flink und mit Erfolg zu tun"; *rasen – sausen – fegen* in
der Umgangssprache mit der Bedeutung „sehr schnell laufen, wobei ein
spezieller Grad der Intensität erreicht wird"; *pesen – wetzen* gleichfalls
umgangssprachlich, speziell in der Schülersprache verwendet mit der
Bedeutung „ohne einen speziellen Grad der Intensität schnell davon eilen".

Gleiche Sememe in umg. Lexemen sind nichts Auffälliges, denn die Umg. ist
weniger sprachökonomisch. Sie belebt die Kommunikation durch ihre Vielzahl an Synonymen, darunter eben auch durch absolute Synonyme. Man
denke nur an die vielen umg. Metaphern für den Kopf des Menschen: *Melone, Kürbis, Wirsing, Birne* ...
   Mit Sicht auf die Funktion der Sprache genügt es offensichtlich nicht, die
Frage nach der Identität von Bedeutungen verschiedener Lexeme bzw. nach
der Identität von Sememen in verschiedenen polysemen Lexemen allein mit
Bezug auf die kontextunabhängige Semantik zu beantworten. Eine Identität
von Lexembedeutungen/Sememen, muss auch ihre freie Substitution ermöglichen. Wird man, um ein Beispiel anzuführen, in jedem Kontext die Verben
anfangen und *beginnen* gegeneinander austauschen können? Bei Sememidentität wird die Norm nicht verletzt (den Brief *angefangen*/ den Brief *begonnen*
haben), doch handelt es sich nur um Sememaffinität, dann ist die Möglichkeit
des Austauschens nicht mehr uneingeschränkt gegeben (z.B. im Sinne von
„begreifen": „mit der Aufgabe/ der Frage nichts *anfangen* können").
   Aber auch der Verwendungsusus, Konventionen, können uns in kommunikativen Handlungen an der freien Wahl hindern (z.B. das Semester hat *begonnen*; selten: es hat *angefangen*). Der Verwendungsusus kann auf bestimmte kommunikative Bedingungen festgelegt sein, etwa auf den Kommunikationsbereich (Kommunikation im Alltag, im Bereich der Wissenschaft,
der Kunst, der Lehr- und Lerntätigkeit, der offiziellen Verwaltung/Direk-
tive, der Politik). Aber auch soziale Bedingungen, die Umgebungssituation
und selbst Textsortenerwartungen schaffen Restriktionen. Was in einem
mündlichen Gespräch noch möglich ist, verbietet sich beispielsweise in einem offiziellen Schreiben (vgl. S. Heusinger 1992, 11 – 17).
   Der Begriff „Sememidentität" kann eng oder weit gefasst sein. Enge oder
Weite der Definition unterscheiden sich darin, ob man „kommunikative Ver-
wendungsrestriktionen" als Invariante des Begriffs akzeptiert. Bei eng ge-
fasster Definition sind zwei Lexeme (Zeichen) bzw. Sememe (Bedeutungen)
identisch, wenn sie

– unter gänzlich gleichen kommunikativen Bedingungen
– das Designat oder das Denotat identisch abbilden (referenzielle Bedeutung),
– und es übereinstimmend konnotieren (konnotative Bedeutung).

Wir stoßen bei identischer referenzieller Bedeutung immer wieder auf Restriktionen, für die wir aus synchronischer Sicht keine semantischen Argumente haben:

(1) Etwas entsteht und entwickelt sich weiter:
    (a) *der Anfang wurde gemacht*
    (b) * *der Beginn wurde gemacht*
    (c) *mit dem Bau wurde begonnen*
    (d) * *mit dem Bau wurde angefangen*
(2) Jemandem etwas per Post, per Telegramm oder Fax zukommen lassen
    (a) *ich sende dir Grüße/ ein Paket/ einen Brief* (sprachlich leicht gehoben)
    (b) *ich schicke dir Grüße/ ein Paket/ einen Brief* (sprachlich neutral)
    (c) * *Glückwünsche schicken*
    (d) *Glückwünsche senden*
    (* nicht übliche Formulierung)

Verschiedene Lexeme mit identischen und affinen Bedeutungen (zu lat. *affinis* „angrenzend") werden allgemein als Synonyme bezeichnet, aber mit dieser Generalisierung werden auch Fragen aufgeworfen, die in der linguistischen Beschreibung nicht eindeutig beantwortet werden können. Es sind Fragen zur Polysemie auf der Wort- und Textebene, und es ist die Frage, ob man Bedeutungsgleichheit oder Bedeutungsidentität als Kriterien ansetzen soll. Bei der bisherigen Beschreibung (vgl. Kapitel 3.2. in diesem Buch) von Identitäts- und Äquivalenzbeziehungen in Synonymfeldern wurde diese Problematik noch weitgehend ausgespart.

Synonymie wird seit altersher auf der Wortebene untersucht, so dass **lexikalische Synonyme** hauptsächlich als Wort-Lexeme (im Unterschied zu Phraseolexemen) definiert werden. Zwischen ihnen bestehen im System des Wortschatzes Beziehungen der Bedeutungsgleichheit oder/und der Bedeutungsidentität. Synonymie auf der Textebene ist allein auf das Vorkommen von lexikalischen Synonymen im Text zu beziehen.

Von Synonymen zu unterscheiden sind referenzidentische Lexeme (Topiks), die für dasselbe Denotat gewählt wurden. Ihre Funktion ist es, kohärente textliche Verflechtungen herzustellen und den Bezug zur außersprachlichen Wirklichkeit zu ermöglichen. In dem kurzen Textauszug (aus F. Kafka, Das Urteil)

> „Ich habe mich mit einem *Fräulein Frieda Brandenfeld* verlobt, einem *Mädchen aus einer wohlhabenden Familie* (...). Es wird sich noch Gelegenheit finden, Dir Näheres über *meine Braut* mitzuteilen"

sind die hervorgehobenen Textelemente *Fräulein, Frieda Brandenfeld, Mädchen, Braut* referenzidentische Lexeme. Als Wortschatzeinheiten sind sie nicht synonymisch, als Texteinheiten referieren sie zwar auf das gleiche außersprachliche Objekt, reflektieren aber über die verschiedenen Bedeutungen der im Text gewählten Lexeme unterschiedliche Abbilder des Denotats.

Wenn wir akzeptieren, dass **Synonyme** Elemente des Lexikons sind und folglich über ihre Bedeutungen und nicht unmittelbar über außersprachliche Denotate Beziehungen realisieren, dann kann Referenzidentität kein Kriterium für Synonymie sein. Aber auch diese Auffassung kann strittig behandelt werden. J. Lyons (1995, 462) spricht von „kontextabhängiger Synonymie", wenn zwei Lexeme im Text zweifelsfrei als gleichbedeutend zu verstehen sind, z.B. in dem Satz „Wo ist mein Mädchen?" (aber „Braut" gemeint ist).

Die vorgenannten Textbeispiele weisen (nicht unbedingt zufällig) auch semische Beziehungen zueinander aus. *Fräulein, Mädchen, Braut* sind durch das gemeinsame Sem »weiblich« auch lexikalisch miteinander verbunden. Solche Beobachtungen auf der Textebene lenken uns auf **Sinnbeziehungen** im lexikalischen System (vgl. J. Lyons 1995, 438), die ein Wortschatzelement mit anderen Wortschatzelementen verbinden und die eine Voraussetzung für Referenzidentität im Text darstellen. J. Lyons sieht in der Referenzidentität „eine notwendige, wenn auch nicht allein ausreichende Vorbedingung für Synonymie" (ebenda, 437).

Ein weiterer Gesichtspunkt, der uns dem Begriff der Synonymie, wie wir ihn hier verstehen wollen, näher bringen soll, wird über die Opposition „bedeutungsgleich ⟵→ bedeutungsidentisch" augenfällig. Bedeutungsidentität auf der Ebene einer sprachlichen Existenzform ist genau genommen Sememidentität, denn es gibt in den Lexika natürlicher Sprachen kaum Wörter, die mit der Gesamtheit dessen, was sie potenziell bedeuten (was sie unter gleichen kommunikativen Bedingungen begrifflich und konnotativ abbilden wie auch vermitteln), bedeutungsidentisch sind. Eines der wenigen Beispiele dafür in der Schriftsprache ist das Lexempaar *Samstag – Sonnabend*. Doch schon in der mündlichen Kommunikation ist *Samstag* ein Regionalismus in Süddeutschland, der Schweiz und in Österreich. In der Schriftsprache, z.B. im Kalender, wird das Synonympaar meistens in der Kurzform *Sa. – So.* verwendet.

Strittig ist auch, ob der linguistische Terminus „Synonym" systemübergreifend verwendet werden kann. Berücksichtigt man, dass die Fachsprachen eigene terminologische Systeme geschaffen und sie unter Rückgriff sowohl auf Entlehnungen als auch auf heimische Lexeme* ausgebaut haben, dann

---

* Mit dem Begriff „heimischer" Wortschatz ist eine nicht ganz treffende Bezeichnung für jene Lexik in der Fachliteratur zu finden, die keine Merkmale fremder Herkunft aufweist bzw. bereits assimiliert ist, z.B. „Mauer" zu lat. „murus". Der häufiger gewählte Terminus „Erbwortschatz" kann nur auf Lexeme bezogen werden, die in allen Vorstufen des Deutschen bereits vorhanden waren (vgl. auch H. Glück 1993, 168).

sind *Linguistik* und *Sprachwissenschaft* als **absolute Synonyme** zu behandeln. Sie sind identisch in ihrer terminologischen Bedeutung und folglich frei substituierbar. Anders verhalten sich die Lexeme *Hauptwort* und *Substantiv* zueinander. Während das eine zur Vermeidung schwer verständlicher Entlehnungen mit didaktischer Begründung gelegentlich noch in den unteren Jahrgängen der Grundschule verwendet wird, aber Element des gemeinsprachlichen Systems ist, ist das andere ein Element der linguistischen Fachsprache. Beide Lexeme bilden nach meinem Verständnis kein Synonympaar. *Hauptwort* ist eine gemeinsprachliche **Dublette**. Solche gemeinsprachlichen Dubletten sind sehr zahlreich und werden beispielsweise von Ärzten in Gesprächen mit Patienten verwendet oder von Rechtsanwälten gegenüber Klienten gewählt.

Mit der Konfrontation **Synonym – Dublette** soll verdeutlicht werden, dass Synonyme sinnbezogene Elemente in der Struktur e i n e s lexikalischen Systems sind. Wenn man akzeptieren kann, dass die Dialekte, dass die Umgangssprache, die Standardsprache, die Fachsprachen jeweils eigene lexikalische Systeme ausgebildet haben, dann ist auch von verschiedenen Strukturen und ihren Relationen auszugehen, die in ihrer Gesamtheit die jeweilige Struktur bilden. Solche Relationen sind beispielsweise Sinnrelationen unter anderem der Synonymie. Mit dieser Überlegung ist Synonymie eine Art der Relationen innerhalb e i n e s lexikalischen Systems. Dubletten aber (zu franz. *double*, „doppelt") sind nicht an ein spezielles System gebunden.

Natürlich ist es nicht abwegig, vom „heterogenen System der deutschen Sprache" zu sprechen, denn die lebendige Kommunikation, auf die schließlich die Ausbildung sprachlicher Systeme zurückgeführt werden muss, schöpft aus mehreren Systemen. Zudem sind diese Systeme (fast ausnahmslos) historisch miteinander verbunden, und sie haben sich systemübergreifende Relationen bewahrt. Es ist folglich auch nicht abwegig, neben dem System der deutschen Standardsprache Subsysteme im Deutschen anzunehmen.

Aus pragmalinguistischer Sicht sind beispielsweise die Dialekte Varianten (bzw. Subsysteme) des heterogenen Systems der deutschen Sprache, aus deren Wortschätzen der Sprecher bzw. Schreiber seine Wahl an lexikalischen Mitteln in einer konkreten kommunikativen Situation auch dann trifft, wenn er es seiner Intention folgend für angemessen hält, sich überwiegend in der Standardsprache zu verständigen. Aber auch kommunikative Realitäten stehen nicht im Widerspruch zur systemgebundenen Definition der Synonymie.

Mit dieser Position werden gleichbedeutende Lexeme aus Wortschätzen verschiedener Existenzformen und Sprachen nicht als Synonyme angesehen, z.B. die regionalen, umgangssprachlichen und entlehnten Lexeme, die nicht (bereits) zum festen Bestand der Standardsprache gehören:

- Regionalismus (*Metzger*) – standardsprachliches Lexem (*Fleischer*)
- Dialektismus (*vertellen*) – standardsprachliches Lexem (*erzählen*)
- umgangssprachl. Lexem (*quatschen*) – standardsprachl. Lexem (töricht *reden*)
- Entlehnung (*impertinent*) – heimisches Lexem (*ungehörig*)

Auch die sog. „Stilschicht-Lexik" innerhalb einer stilistisch markierten Reihe, z.B. *Antlitz – Gesicht – Visage; sich vermählen – sich verheiraten (heiraten); Gemahlin – Gattin – Ehefrau (Frau) – Weib; eruieren – ermitteln – ergründen – herauskriegen* kann aus verschiedenen Systemen hergeleitet sein, so dass nicht alle dieser stilistisch markierten Lexeme auch Synonyme sind. Aus den angeführten Reihen wird *Weib* heute als umgangssprachlich empfunden; umg. sind auch *Visage* und *herauskriegen*. Entlehnungen sind *eruieren* und *Visage*.

Nach der Terminologie von W. Schmidt (1972, 64) sind die stilistisch markierten Lexeme mit partiell übereinstimmender Bedeutung „stilistische Synonyme". Sie sind nicht frei substituierbar, weil sich die mit ihnen „verbundenen Bewusstseinsinhalte (...) nicht vollständig decken" (ebenda). Sie sind gleich in ihrer denotativen bzw. designativen Bedeutung, unterscheiden sich aber sowohl in ihrer konnotativen Bedeutung als auch in ihrer situativ-kommunikativen Verwendbarkeit. Beispielsweise sind *Gemahlin – Gattin* in ihrer **Stilschicht** „gehoben", sie sind sozial markiert und werden deshalb auch nicht wertneutral verwendet. Im norddeutschen Sprachraum wird *Gemahlin* als Archaismus aufgenommen, aber es ist im süddeutschen Sprachraum noch geläufig als angemessenes Synonym zu *Ehefrau* in bestimmter sozialer Situation.

Zieht man ein knappes Fazit, dann reichen die Bedeutungsbeziehungen zwischen Synonymen innerhalb eines lexikalischen Systems von bedeutungsidentisch bis bedeutungsähnlich:

(a) bedeutungsidentische Sememe bzw. Lexeme (*Samstag – Sonnabend*, sememidentisch: Die Ferien haben *begonnen*/sie haben *angefangen*)·

↑ (wesentliches Merkmal: frei substituierbar)

(b) bedeutungsgleiche Sememe bzw. Lexeme (Glückwünsche *senden* aber nicht: Glückwünsche *schicken*)

↑ (wesentliche Merkmale: sememidentisch, unterliegt kollokativen Beschränkungen)

(c) bedeutungsähnliche Sememe bzw. Lexeme (*Antlitz – Gesicht; nass – feucht*)

↑ (wesentliche Merkmale: sememaffin, nicht frei substituierbar)

Mit dieser Position ist es ausreichend, zwischen **absoluten** (a + b) und **partiellen Synonymen** (c) zu unterscheiden.

Auch so genannte regionale bzw. dialektale Dubletten (nach W. Schmidt „landschaftlich bedingte Synonyme" – ebenda, 66) sind im Allgemeinen nicht frei substituierbar, weil ihre Verwendung situativ-kommunikativen Restriktionen unterliegt. W. Schmidt nennt für

> **Heidelbeere:** *Blaubeere, Bickbeere, Schwarzbeere, Krähenbeere, Rossbeere, Mehlbeere, Moosbeere, Heubeere, Waldbeere, Kugelbeere, Gandelbeere, Brustbeere, Griffelbeere, Mombeere, Mostbeere, Staudelbeere, Grambeere, Jakobsbeere, Margaretenbeere, Häselbeere, Walbite, Kuhzitze* – (ebenda 63).

Ein sememidentisches Synonympaar ist frei substituierbar, wenn es nicht an einen bestimmten sprachlichen oder situativen Kontext gebunden ist. Im Allgemeinen unterliegt es dann auch keinen kollokativen Beschränkungen, z.B. die Ferien/ der Winter/ die Sportveranstaltung/ die Saison (*haben*) *hat begonnen*/ (*haben*) *hat angefangen*. In der Struktur des Semems ist das Sem »von einer bestimmten Zeit an«/ »temp« enthalten. Mit der Bedeutung „ein Vorhaben wird realisiert" sind die Verben nicht austauschbar: Der Bau *beginnt*. *Der Bau *fängt an*. Auch kollokative Beschränkungen können der Grund dafür sein, dass sememidentische Synonyme nicht frei substituierbar sind.

Verfolgt man die verschiedenen Positionen zum Wesen der Synonymie, dann stößt man auf begriffliche Prägungen mit weiter oder enger Extension. Weit ist eine Extension zu nennen, wenn Synonymie lediglich über die begriffliche Invariante (a)"sinnrelationale Beziehung zwischen zwei lexikalischen Elementen" definiert wird. Wesensbestimmungen zur lexikalischen Synonymie in dieser Simplizität sind in der linguistischen Literatur sehr selten. Man findet sie aber in der Form von Nominaldefinitionen in Unterrichtshilfen, z.B. „Synonym: sinnverwandtes Wort" (Schülerhandbuch Deutsch des Cornelsen Verlages, Berlin 1989).

Im Gegensatz dazu ist der Begriff der Synonymie sehr eng zu nennen, wenn er über die präzisierenden Invarianten definiert wird:

(b) ohne inhaltliche Veränderung für jeden Kontext frei substituierbar
(c) identisch in der denotativen/designativen Bedeutung
(d) identisch in der konnotativen Bedeutung und im Stilwert

Diese Position zur lexikalischen Synonymie, die genau genommen nur **absolute Synonyme** gelten lässt, vertreten G. Grewendorf, F. Hamm, W. Sternefeld, wenn sie formulieren „zwei Wörter A und B sind synonym genau dann, wenn man in jedem Kontext, in dem A (B) vorkommt, an Stelle von A (B) B (A) setzen kann, ohne dass sich dadurch inhaltlich etwas ändert" (1996, 300). Diese Position ist vertretbar, wenn man einräumt, dass auch Dubletten (Entlehnungen, Dialektismen, Regionalismen) Synonyme sind. Mit dieser Sicht auf die Sprache, die eine Systembindung ausschließt, sind *Streichholz – Zündholz; Kommandeur – Befehlshaber* als Synonyme zu bestimmen.

Einzuwenden ist allerdings, dass der Zusatz „ohne dass sich dadurch inhaltlich etwas ändert" eine vieldeutige Interpretation zulässt. Beispielsweise assoziiert *Zündholz* regionalen Bezug zum bairisch-österreichischen Dialekt. Aus philosophischer Sicht enthält „Inhalt" außer dem Allgemeinen auch das Besondere und Einmalige. Inhalte im menschlichen Denken finden ihren adäquaten Ausdruck in Begriffen, Aussagen, Theorien. Insofern ist auch die dialektale Markierung eines Lexems „Inhaltliches"

Zusammenfassung:

In der Form verschiedene Lexeme mit identischen und affinen Bedeutungen werden allgemein Synonyme genannt. Dagegen werden in der linguistischen Literatur Einwände vorgebracht, die sich hauptsächlich mit Problemen der Herkunft der Synonyme, ihrer Austauschbarkeit im Text und ihrer Referenzidentität auseinandersetzen.

In diesem Buch wird folgende Position zum lexikalischen Synonymie-Begriff vertreten: Lexikalische Synonyme sind in der Form verschiedene Lexeme im System <u>einer</u> nationalsprachlichen Existenzform, z.B. der Standardsprache, die mit jeweils einem ihrer Sememe Identisches oder Gleiches bezeichnen (*Samstag – Sonnabend, senden – schicken*) oder auf verschiedene Seiten des gleichen Sachverhalts referieren (*nass – feucht*). Danach werden absolute und partielle Synonyme unterschieden.

In der Form verschiedene Lexeme aus <u>verschiedenen</u> Sprachsystemen sind Dubletten (z.B. *Hauptwort* als gemeinsprachliche Dublette zum Fachlexem *Substantiv*).

Frage: In welcher kommunikativen Situation halten Sie es für durchaus angemessen, im gleichen schriftlichen Text neben erwartbaren Lexemen aus dem Wortschatz der deutschen Standardsprache auch Lexeme aus anderen Wortschätzen zu wählen?

5.2.3. Sinnrelationen vs. semantische Relationen im lexikalischen System

Es mag verwundern, wenn Sinnrelationen nicht nur auf der Satz- und Textebene, sondern auch auf der Ebene des lexikalisch-semantischen Systems angenommen werden. Die Aussage, dass sprachliche Zeichen unterhalb der Satzebene an sich noch keinen Sinn haben, ist durchaus korrekt, wenn man aus fachwissenschaftlicher Sicht „Sinn" und „Bedeutung" nicht synonym gebraucht.

Wir müssen bedenken, dass System und Kommunikation wechselseitig aufeinander bezogen sind und Veränderungen bzw. Entwicklungen im System auf den Gebrauch der Sprache in der gesellschaftlichen Kommunikation zurückzuführen sind. Selbst Synonyme bilden sich in kommunikativen Handlungen heraus, ehe sie einen Platz im lexikalisch-semantischen System einnehmen.

Das Verb *glätten* (zu „glatt") hat die Bedeutung „Unebenheiten (auf einer Fläche, auf Papier, Stoff u.a.) beseitigen". Diese Bedeutung und ihre metaphorische Übertragung realisiert das Verb als **Sinn** auch im kommunikativen Kontext z.B. „die Wogen der Empörung glätten". Ist etwas gleichmäßig flach, gleichmäßig hoch, wird es *eben* genannt. Das dazu gebildete Verb *ebnen* mit der Bedeutung „etwas abflachen, ausgleichen" ist zu *glätten* bedeutungsaffin und kann deshalb als Synonym gewählt sein, obwohl die Vorgänge des „Glättens" und des „Ebnens" aus verschiedener Perspektive bezeichnet werden. Beide Verben können in sprachlich-kommunikativen Handlungen den gleichen Sinn annehmen.

Der Sinn eines Lexems ist das in einer kommunikativen Handlung aktuell Gemeinte. Oder anders gesagt: Mit seiner Einbindung in einen Text und der einmaligen Beziehung auf einen Referenten erhält das Semem seinen Sinn.

Eine Unterscheidung auf der Lexemebene zwischen realisierbarem und realisiertem „Inhalt" ist nicht unproblematisch, weil die Lexembedeutung keine semantisch fest umrissene und stabil platzierte Gegebenheit im Sprachsystem ist, sondern durch ihren inhaltlichen Gebrauch im Äußerungsakt ihren Platz im System verändern kann. P. R. Lutzeier stellt mit Bezug auf J. J. Katz die Frage, ob man überhaupt von einem Bedeutungsbegriff sprechen muss (1985, 73).

W. Schmidt meidet den Sinnbegriff und unterscheidet zwischen aktueller und lexikalischer Bedeutung. Er definiert die aktuelle Wortbedeutung als Bewusstseinsinhalt, „der mit einem im Kontext stehenden Wort verbunden ist" und in ihm einen „kommunikativen Wert" annimmt (1967, 22 f.). Mit lexikalischer Bedeutung bezeichnet er den „komplexen Inhalt des Wortes als Bestandteil des Systems der Sprache" (1967, 24). Oder anders gesagt: Die lexikalische Bedeutung ist das Gesamt an Bedeutungen, die ein Lexem hat. Viele unserer Lexeme beziehen sich auf mehrere Designate. Zum Beispiel benennt *Flügel* nicht nur den beweglichen Körperteil eines Vogels. Andere Forscher ersetzen deshalb „lexikalische Bedeutung" durch „habituelle" oder durch „potenzielle Bedeutung" (vgl. Th. Schippan 1992, 133 f.).

Die Frage nach dem Sinn und der Bedeutung sprachlicher Zeichen war bereits im ausgehenden 19. Jh. Gegenstand philosophischer Erörterungen. Nach G. Frege drücken wir „mit einem Zeichen dessen Sinn aus und bezeichnen mit ihm dessen Bedeutung". In der heutigen Terminologie ist G. Freges Begriff der Bedeutung die Referenz des Zeichens auf sein Designat, der Sinn aber, was wir mit dem Gebrauch des Zeichens meinen.

„Gewiss sollte in einem vollkommenen Ganzen von Zeichen jedem Ausdrucke ein bestimmter Sinn entsprechen, aber die Volkssprachen erfüllen diese Forderung nicht, und man muss zufrieden sein, wenn nur in demselben Zusammenhange dasselbe Wort immer denselben Sinn hat" (1892, 27 f.).

Der Zusammenhang zwischen Sinn und Bedeutung ist wohl darin zu sehen, dass ein Lexem vermittels seiner Bedeutung (seines Semems) im Text einen Sinn realisiert, der einmalig sein kann, der aber auch, wenn er sich häufig in kommunikativen Handlungen genauso wiederholt, als lexikalisiertes Semem seinen Platz im lexikalischen System erhält.

Eine andere Auffassung dazu vertritt J. Lyons: „Unter dem *Sinn* eines Wortes verstehen wir seinen Platz in einem System von Beziehungen, die das Wort mit anderen Wörtern des Vokabulars eingeht. (...) Können zwei Elemente in demselben Kontext vorkommen, so haben sie in diesem Kontext *Bedeutung*" (1995, 437). Sinn in dieser Bestimmung ist eine semantisch-relationale Größe, Bedeutung hingegen eine objektbezogene, eine referenzielle Größe.

Der Sinn-Begriff in der Linguistik wird heute kaum noch als System-Kategorie behandelt, sondern dem Text zugeschrieben, so auch von E. Coseriu. Mit Unterschieden in der Funktionalität begründet er (1992, 262 ff.) seine Position zum Sinn-Begriff. Er setzt drei „Schichten des Bedeutens" an:

Bezeichnung	*Bedeutung*	*Sinn*
↓	↓	↓
Der Bezug auf den realen Sachverhalt; das, was das Zeichen benennt	der gegebene Inhalt eines Zeichens oder Ausdrucks	was der Text* über Bezeichnung und Bedeutung hinaus (und durch diese) ausdrückt

Da E. Coseriu von den Funktionen bzw. Leistungen des sprachlichen Zeichens ausgeht, gilt seine Triade des Bedeutens auch für das Lexem-Zeichen. „Sinn" in o. g. Festsetzung ist k e i n e Kategorie im Sprachsystem, sondern in der sprachlichen Kommunikation, unabhängig davon, ob man ihre Ergebnisse nun Äußerung oder Text nennt. Dennoch ist „**Lexembedeutung**" als Systemkategorie rational auch auf „**Sinn**" zu beziehen, weil Bedeutung und Sinn in einem relativen Verhältnis zueinander stehen. Der usualisierte vs. lexikalisierte Sinn ist die Bedeutung des Lexems, so dass der Sinn, den ein Lexem realisieren kann, seiner Systemsemantik potenziell anhaftet.

---

* Darin spiegelt sich die in der Textlinguistik verbreitete Auffassung, dass auch der Text ein Zeichen sei, nach E. Coseriu das „Textzeichen" (1980, 48)

Unsere Überlegungen zum Sinn führen uns zum Begriff der **Sinnrelation**. Genau genommen ist auch er nur als textinterne Beziehung zwischen Elementen der Äußerung zu definieren. In dem Textauszug (aus: A. Schmidts Erzählung, Brand's Haide, 1998, 139) „»Elfenbein« war eigentlich ein scheußliches Wort; »Bein« erinnerte so an *beinern, knöchern, …*" stehen die beiden Adjektive in ihrer synonymischen Beziehung in Sinnrelation zueinander. Im lexikalisch-semantischen System ist diese Beziehung als **semantische Relation** angelegt. In ihrer Beziehung auf das gleiche Denotat wiederum sind *beinern* und *knöchern* **referenzidentisch**.

Semantische Relationen im System sind nicht nur synonymischer Art. Sie sind auch angelegt als antonymische, metaphorische, metonymische, hyponymische und troponymische Beziehungen. Ihnen gemeinsam sind die genuin semantischen Bindungen über mindestens ein Sem. Oftmals werden auch referenzielle Abhängigkeitsverhältnisse auf der Systemebene als „semantisch" bezeichnet, z.B. zwischen den Lexemen *Arzt – Patient, Haus – Dach*. Sie zeigen Pertinenz- und partonymische Beziehungen an, die nicht im direkten Sinn als genuin semantisch behandelt werden können. Ich komme darauf noch zurück.

Antonymische Relationen im lexikalischen System sind nur bei oberflächlicher Betrachtung als komplementär zu synonymischen Relationen zu sehen, nämlich dann, wenn man Antonyme lediglich als Gegensatzpaare im Wortschatz begreift. Solche Lexeme mit polarer Bedeutung sind

> *gut – böse, dick – dünn, breit – schmal, oben – unten, Schein – Sein, Zustimmung – Ablehnung, Kälte – Wärme, hoch – tief.*

Aber selbst Gegensätze schließen sich nicht nur einander aus, sie bedingen auch einander, weil sie eine gemeinsame Bezugsbasis haben, für die ein gemeinsames Sem angenommen werden kann. Wie immer man auch das gemeinsame Sem benennt, z.B. »dimensional« (*hoch – tief, kurz – lang*), »bewertend« (*zustimmend – ablehnend, ja – nein*), es ist das übergreifende Gemeinsame für das Polare oder auch nur für das Komplementäre (ich verweise auf Kapitel 3.2. in diesem Buch).

Wir begreifen die antonymischen Relationen mit unserer Sicht auf die Welt teils als semantisch-polar (*Krieg – Frieden, negativ – positiv*), teils als semantisch-alternativ (*Natur – Kultur, lachen – weinen*), teils als semantisch-komplementär (*Tag – Nacht, weiblich – männlich*).

Wie sehr man die Relation der Antonymie auch dehnt oder einengt, letztlich handelt es sich immer um Relationen zwischen Lexemen, die nicht unbedingt „gegennamig" aufeinander bezogen, sondern durch ihre semantisch-differenziale Beziehung charakterisiert sind. Ihre semantische Relation ist

- polar (*arm – reich*),
- polar graduiert (*feucht – trocken; nass – trocken*),
- konversiv, auch verneinend (*glaubhaft – unglaubhaft; entbehren – besitzen*),
- komplementär (*Hengst – Stute, erblühen – verblühen*),
- alternativ (*regnerisch – sonnig*).

Antonyme mit komplementärer und alternativer semantischer Relation sind peripher polarisiert, denn in ihnen ist das Verbindende stärker ausgeprägt als die (sich bedingende) Gegensätzlichkeit. Beispielsweise werden die Generationsunterschiede zu den Designaten *Vater – Sohn; Mutter – Tochter; Vater – Tochter;* nicht als polar aufgenommen, wohl aber die darin implizierten Gegensätze *alt – jung.* Auch das Alternativpaar *Sonne – Regen* impliziert die Polarität *trocken – nass; schön – schlecht* (schönes Wetter – schlechtes Wetter). Wir haben es mit einer implizit angelegten Gegensätzlichkeit zu tun, die über Semstrukturen demonstriert werden kann.

Viele der Antonymia im Wortschatz gehen Mehrfachrelationen zu Reihen von Lexemen mit graduell abgestuften Bedeutungen (Sememen) ein:

(1) *dick (Mensch) <> schlank*   (2) *dick (Mensch) <> mager*
        <> hager   *<> dünn*
        <> dürr
(3) *dick (Masse) <> dünn*
        <> flüssig
        <> wässrig

C. Agricola/ E. Agricola (1982, 19) bezeichnen solche Antonyme in Reihen auch „skalare oder sequenzielle Antonyme", z.B.

> *bettelarm : arm : bedürftig <> wohlhabend : reich : steinreich*
> *glühend : kochend : heiß : warm : lau : kalt : eiskalt*

Skalare Antonyme einer Reihe bilden keine Synonyme, was wiederum die Position erhärtet, dass die Antonymie zur Synonymie im Wortschatz nicht in komplementärer Grundrelation steht. Synonyme zu *schlank* sind beispielsweise *schmal, grazil, gertenschlank, rank, schmächtig* (nach H. Görner und G. Kempcke 1973, 471).

Eine weitere Erklärung für Mehrfachrelationen ist die Polysemie im Bedeutungspotenzial eines Lexems:

(1) *billigen (zustimmen)*   (2) *billigen (gutheißen)*
        <> ablehnen   *<> verurteilen*
(3) *billigen (akzeptieren)*
        <> missbilligen   *<> verwerfen*

Metonymische und metaphorische Relationen fallen unter den Oberbegriff „Bedeutungsübertragung" (vgl. auch Kapitel 5.2.1. in diesem Buch). Während in Abhandlungen zur Stilistik und Rhetorik vor allem der figurale Aspekt* betont wird, wendet sich die Lexikologie der usualisierten Metapher und ihren „gefrorenen" Sinnrelationen zu. Übertragungen, d.h. indirekte Verwendungsweisen durch nicht usualisierte Metaphern, sind nicht systemhaft gespeichert und deshalb auch nicht direkt Gegenstand einer Systembeschreibung zum verfügbaren Wortschatz (vgl. auch T. Schippan 1992, 201).

Metaphorische und metonymische Beziehungen bestehen nur indirekt zwischen Sememen für Relata (Objekte i.w.S., Ideen, Vorgänge, Sachverhalte), die funktionale oder formale Ähnlichkeiten zu anderen Relata, aber auch kausale Zusammenhänge erkennen lassen. Die metaphorische Basis für die Bedeutungsübertragung ist ein Vergleich und die metonymische Basis ein ursächlicher Zusammenhang zwischen den Relata. Zur Verdeutlichung der Verhältnisse wähle ich ein Schema am Beispiel einer Metapher, der ein äußerer Vergleich zugrunde liegt:

Lexem MAUS

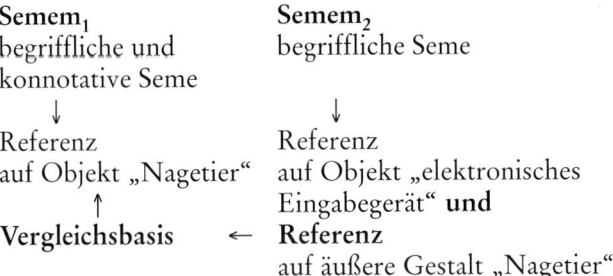

Die Vergleichsbasis (das Tertium comparationis [t.c.], eigentlich das zum Vergleich herangezogene Dritte) der Metapher (Semem₂) existiert außersprachlich, wird von uns aber als bildhafte Vorstellung bzw. als sinnliches Abbild oder als Begriff bzw. rationales Abbild in unserem Bewusstsein bewahrt. Da das Abbild selbst eine sozial überlieferte Abstraktion gesellschaftlicher und individueller Welterfahrung im menschlichen Bewusstsein ist, findet es in der Sprache seinen inhaltlichen Ausdruck. Das heißt, wir müssen davon ausgehen, dass die Metapher nicht nur über eine außersprachliche Beziehung definiert werden kann, sondern auch im lexikalischen System se-

---

* Stilfiguren sind nach Mustern bzw. Vorbildern im Formulierungsprozess hervorgebrachte Konstruktionen, die eine Änderung der Normallage aufweisen und von denen Wirkungen beim Rezipienten erwartet werden, z.B. die Figuren der nicht lexikalisierten Metapher, Metonymie und Ironie (vgl. S. Heusinger 1995, 68).

mantische Relationen über gemeinsame Bedeutungselemente zu Sememen eingeht.

In der Metapher ist – wie das Schema zeigt – eine zweifache Referenz angelegt, der auch zwei Sememe entsprechen.

Hier wenige Beispiele aus der **Computer-Lexik**:

Absturz (eines Gegenstandes): Abbruch eines Programms/ eines Betriebssystems [t.c.: Fall in die Tiefe, crash]

Datenbus, Adressbus ... (Bus als Personentransportmittel) : Zuführung von Versorgungsspannungen über mehradrige Sammelleitungen [t.c.: Zuführung]

Netz (geknüpftes Maschenwerk) : *Rechnernetz, Rückgratnetz* ... verbundene Rechner, auch Kopplung mehrerer Rechnernetze [t.c.: knüpfen]

Parken (mit dem Fahrzeug eine Zeitlang halten) : *Autopark* – Vorrichtung zum Schutz der Speicherplatte des nicht betriebenen Computers [t.c.: Zeit, in der das Arbeitsmittel nicht betrieben wird]

Baum (verästeltes Holzgewächs) : *Baumstruktur* – Informationsstruktur in der Darstellung eines verästelten Baumes [t.c.: verästelt]

Chip (engl. „Schnitzel, Stückchen") : Plättchen aus Halbleitermaterial zur Erzeugung eines Schaltkreises [t.c.: kleines Gebilde]

Mission (feierlicher Auftrag) : im Computerspiel zu lösende Aufgabe [t.c.: anspruchsvolle Aufgabe], dazu auch *Missions-Editor*

Virus (zu lat. „Gift", Zerstörendes, Erreger einer Krankheit) : *Computervirus*, kann Dateien verändern oder auch löschen [t.c.: negative Wirkung]

Trojanisches Pferd (für einen Kriegsplan geschaffenes hölzernes Pferd in der griech. Sage) : Programm zum Ausspionieren von Daten [t.c.: hinterhältig planvoll]

Krüppel (körperlich beeinträchtigter Mensch) : *Krüppelsoftware* – zu Test- und Werbezwecken angebotene Software mit reduzierten Funktionen [t.c.: mit geminderten Funktionen]

T. Schippan nennt metaphorische und metonymische Beziehungen „Ausdruck regulärer Mehrdeutigkeit" (1992, 163 f.). L. Götze/ E. W. B. Hess-Lüttich betrachten die Metapher und die Metonymie unter dem Aspekt der „Ersetzung", z.B. den Austausch des Lexems *Herkunft* durch *Wurzel*, basierend auf „der Bedeutungsnähe der Ersetzungselemente" (1993, 452 und 488). Nun sind durchaus zwei Sememe mit identischer Vergleichsbasis semantisch verbunden, aber sie sind nicht unbedingt auch gegeneinander substituierbar. Das ist nur selten der Fall, wenn neben der metaphorischen Relation auch eine synonymische Relation gegeben ist. *Hunger* (als Metapher) und *Bedürfnis* lassen sich beispielsweise in wenigen konkreten Texten gegeneinander austauschen, weil die Sememe synonymisch aufeinander bezogen werden können. Den Sememen gemeinsam ist auch das t.c. „körperliches Verlangen" (*Lufthunger – Bedürfnis nach frischer Luft; Liebeshunger – Liebesbedürfnis; sonnenhungrig* [nicht aber lexikalisiert] *sonnenbedürftig*). Die Metaphern *Löwenmaul, Löwenanteil* sind nicht mit Synonymen durch ein gemeinsames t.c verbunden. Zwar lässt sich *Löwenanteil* durch *Hauptanteil* ersetzen, aber eine Vergleichsbasis wird nicht assoziiert. Ebenso lässt sich *Rückgradnetz* (als Fachmetapher, auch *Backbone-Netz*) durch *Teilnetz* ersetzen, aber eine metaphorische Relation *Rückgrad – Teil* über ein gemeinsames t.c. besteht nicht.

Auch die Übertragungsbasis für Metonymia ist im Außersprachlichen zu suchen:
Lexeme *Leerzeichen* und *Leertaste*:

Semem$_1$	**Semem$_2$**
begriffliche Seme	begriffliche Seme
↓	↓
Referenz	Referenz
auf Objekt „Leerzeichen"	auf Objekt „Leertaste" **und**
↑	**Referenz**
Übertragungsbasis ←	**auf Übertragungsbasis** „Leerzeichen"

Das Metonym (Semem$_2$) bezeichnet den Erzeuger (*Leertaste*) des mit *Leerzeichen* benannten Objekts. Die Benennung des Zeichens wird auf die Benennung für den Erzeuger des Zeichens übertragen. Bei einem „Leerzeichen" bleibt das Zeichenfeld „leer"; eine Leertaste hingegen ist weder „leer" noch „besetzt", aber sie hat die Funktion, ein leeres Zeichenfeld zu erzeugen.

Bei Metonymia auch von „regulärer" Mehrdeutigkeit zu sprechen (vgl. T. Schippan 1992, 164) ist nur schwer nachzuvollziehen. *Leerzeichen* und *Leertaste* sind verschiedene Lexeme mit dem gleichen Bestimmungswort in der Komposition.

Das Bestimmungswort „leer" ist nicht mehrdeutig. Die metonymische Bedeutung setzt zwar immer eine Übertragungsbasis voraus, so dass zwei Sememe semantisch aufeinander bezogen sind. Mehrdeutigkeit aber ist nicht die Regel, doch sie ist auch nicht grundsätzlich auszuschließen. Das semantisch verbundene Lexempaar *Leerzeichen – Leertaste* zeigt keine Mehrdeutigkeit (auch nicht in seinen Grundmorphemen) an.

Mehrdeutige (d.h. polyseme) Lexeme mit einem metonymischen Semem sind unter den Simplizia zu finden:

„Haus": ein Haus (Gebäude) betreten – ein volles *Haus* (viele Gäste) haben;

[das Ganze wird ebenso benannt wie ein Teil davon – totum pro parte]
„Kopf": einen hübschen Kopf (Körperteil) haben – ein kluger *Kopf* (Mensch)
[ein Teil des Ganzen wird wie das Ganze benannt – pars pro toto]
„Handy": zu engl. „handlich", „praktisch" – *Handy* (Funknetz-Telefon, schnurlos)
[benannt werden Merkmale und ein Gegenstand mit diesen Merkmalen]

Auch Eigennamen können in Verbindung mit einem weiteren Lexem oder ohne diese Kollokation metonymisch übertragen sein:

Bernoulli Box: Schweizer Physiker J. B. Bernoulli – Massenspeichergerät
Ampere: franz. Mathematiker und Physiker A. M. Ampère – Maßeinheit der elektrischen Stromstärke (auch: *Amperemeter, Amperestunde*)
Volt: ital. Physiker A. Graf Volta – Systemeinheit der elektrischen Spannung (auch: *Voltmeter, Voltampere, Voltsekunde*)
High Sierra: High Sierra Hotel in Nevada – Standard für das Datei-System von CD-Rom (das in dem Hotel vereinbart wurde)

Die Umgangssprache kennt viele Lexeme mit metonymischer Bedeutung, denn sie bevorzugt als Sprache vornehmlich der mündlichen Kommunikation effektvolle ökonomisch verkürzte Ausdrücke: den *Karl May* (Bücher von ihm) gelesen haben; sich keinen/einen *Kopf machen* (Gedanken über etwas machen); in die *Disko* gehen (zu engl. *disk* „Schallplatte", eigentlich in ein Tanzlokal mit Musik aus der Diskothek).

Auf semantische Relationen der Spezifizierung verweist J. Aitchison (1997, 133) unter Bezugname auf Ch. Fellbaum (1990). Er nennt die Spezifizierung (mit Ch. Fellbaum) **Troponymie** und führt dazu Beispiellexeme an aus den Wortfeldern der Verben „gehen" (⟵ *hinken, stolpern, schlendern*), „essen" (⟵ *wiederkäuen, mampfen, schlingen*), „sprechen" (⟵ *plappern, lispeln, stottern*).

Ihr Beziehungsverhältnis spiegelt keine eindeutige Hierarchie, sondern wechselnde Relationen. *Hinken* bedeutet „schwankend gehen", auch „behindertes Gehen". Das heißt, es wird eine spezielle Art und Weise des Gehens bezeichnet, nicht aber ein Genus-Species-Verhältnis zum Ausdruck gebracht. Klärt man diese Beziehung über eine Semem-Strukturanalyse, unterscheidet sich *hinken* von *gehen* in dem Sem »Verletzung/angeboren«. Beide Lexeme sind Elemente des standardsprachlichen Lexikons. Diese Bedingung erfüllt das von J. Aitchison gewählte Lexem *mampfen* (umg. „mit vollen Backen kauen") im Vergleich zu standardddsprachlich *essen* nicht, so dass diese Beziehung hier auch nicht näher betrachtet werden kann.

Im Folgenden die Semem-Strukturanalyse im Überblick:

Seme zu	„gehen"	„hinken"
menschliche Fortbewegung	+	+
auf festem Boden (z.B. Erde)	+	+
mittels Muskelkraft zu Fuß (Beine)	+	+
aktiv	+	+
Verletzung/angeboren	–	+

Wenngleich auch *hinken* in der Beziehung zu *gehen* nicht als semantische Beziehung der Inklusion verstanden werden kann (*gehen* bezeichnet die unspezifische, die „normale" und unbewertete Art und Weise der menschlichen Fortbewegung zu Fuß und unter Anspannung von Muskelkraft; es schließt das Spezifische nicht ein), so bleibt es oft problematisch, das Unspezifische vom Allgemeinen und folglich vom Oberbegriff abzugrenzen.

Oder nehmen wir ein anderes Beispiel: Eine *mathematische* Lösung kann *wissenschaftlich* beschrieben oder *praktisch* demonstriert werden. *Mathematisch* kann bedeuten: Die speziell gewählte Art und Weise wissenschaftlicher Beschreibung. *Wissenschaftlich* in diesem Kontext bedeutet: Eine mathematische Lösung spezifisch beschreiben. Beide Sememe im lexikalischen System gehen eine semantische Relation über das gemeinsame Sem »methodisch/verfahrensspezifisch« ein.* Auch diese Relation kann im Sinne der o.g. Erläuterung als „troponymisch" charakterisiert werden. Von Inklusion oder Hierarchie in der Beziehung kann nicht die Rede sein.

T. Schippan (unter anderen) fasst Hierarchie-Relationen im Wortschatz als **Hyperonym-Hyponym-Beziehungen** zusammen (vgl. 1992, 204 f.). P. R. Lutzeier verweist diesbezüglich auf die Aspekte des Kompatiblen und des Inkompatiblen in der hierarchischen Ordnung des Wortschatzes (1985, 76 ff.). Der m. E. wichtige Hinweis auf Aspekte ist schon deshalb von Relevanz, weil sich Wirklichkeit und Sprache zueinander verhalten wie das Unvermittelte zum Vermittelten, das Reale zum Abstrakten. Schon aus diesem Verhältnis der Sprache zur Wirklichkeit bzw. der abstrakten Abbildung des Realen zur Bedeutung im sprachlichen Zeichen wird die Varianz erklärbar, wenn Begriffe über- oder untergeordnet werden.

Verhältnismäßig klar erweisen sich Hierarchie-Relationen in terminologischen Feldern (vgl. Kapitel 3.2., Seiten 108 ff.), obwohl auch hier verschiedene Aspekte zu unterschiedlichen Ordnungen führen können. Das Hyperonym *Roman* kann mit Bezug auf Stoff und Thematik in die Hyponyme *Kriminal-, Gesellschafts-, Maler-, Arzt-, Heimat-Roman* u.v.a. untergliedert werden. Im Hinblick auf den Leserkreis sind die Hyponyme *Frauenroman,*

---

* Es sei nur erwähnt, dass die Lexeme auch über ihre Herkunft semantisch verbunden sind: Das zugrunde liegende griech. Adjektiv „mathématikós" bedeutet „lernbegierig", auch „wissenschaftlich".

Unterhaltungsroman gebräuchlich. Nach ästhetischer oder weltanschaulicher Wirkungsabsicht ist die Gliederung in *religiöser, satirischer, philosophischer Roman, Tendenz-Roman* möglich. Weitere Aspekte führen zu weiteren Gliederungen, denn die Literaturwissenschaft kennt auch den *Briefroman*, den *höfischen Roman*, den *autobiografischen Roman* u.a.m.

Auf die Problematik der „Hyperonym-Hyponymen-Beziehungen" macht E. Agricola (1975, 83 f.) aufmerksam:

> *„In der Mehrzahl der Fälle handelt es sich, wenn man von der festgelegten hierarchischen Ordnung terminologischer Systeme absieht, um Relationen zwischen Bedeutungseinheiten, die ein innersprachlich-konventionell gewordenes unzulängliches Abbild von extralingualen objektiven Verhältnissen sind. Man denke an Sememe in der Funktion eines Hyperonyms wie* Gemüse, Obst, Wetter *oder* leuchten (,*Licht erzeugen'*), *um die Inhomogenität der jeweils dazugehörigen Hyponymenbedeutungen und die Einseitigkeit der als Kriterien gewählten semantischen Komponenten zu erkennen."*

Dass verfestigte Abbilder in sprachlichen Bedeutungen in Widerspruch zu extralingualen objektiven Verhältnissen geraten, ist für Wandlungs- und Entwicklungsprozesse normal. Diese „Normalität" kann aber auch die Erklärung für heterogene semantische Relationen zwischen Hyperonymen- und Hyponymenbedeutungen sein.

Beispielsweise könnte man jedes Objekt mit dem Hyperonym *Haus* bezeichnen, das

- sich über den Erdboden erhebt,
- von Menschen erbaut wurde,
- aus Wänden und einem Dach besteht.

In Wörter- und Fachbüchern ist ein *Haus* auch eine *Hütte*, eine *Kate*, eine *Datsche*. *Haus* ist Hyperonym für

> *Ferienhaus, Wohnhaus/Wohngebäude, Villa, Bauernhaus, Fabrikgebäude, Schulgebäude, Büro-/Verwaltungsgebäude, Gerichtsgebäude, Rathaus, Blockhaus, Plattenbau, Wohnblock, Hochhaus, Reihenhaus, Ein-/Zweifamilienhaus, Hotel, Poolhaus, Gotteshaus, Landhaus, Wochenendhaus.*

Nach Wahrig (Deutsches Wörterbuch) ist ein Haus ein „als Unterkunft oder Arbeitsstätte dienendes Gebäude mittlerer Größe". Andere Quellen geben als weitere Invarianten des Begriffs an:

- sich über den Erdboden erhebend
- aus Hüll- und Dachkonstruktionen bestehend

- im Detail der Konstruktion nach dem Zweck verschieden
- Form und Bauart nach Tradition und Lebensbedürfnissen
- dem Durchschnittsklima angepasst
- dauerhaft

Dieses heute in vielen europäischen Sprachgemeinschaften aktuelle Abbild ist nicht zu beziehen auf die Hyponyme *Kate, Datsche, Hütte, Gotteshaus* (als Synonym zu „Kirche"). „Hütte" wird definiert: „Einfaches, kleines Haus mit meist nur einem Raum" (nach Wahrig). Genau genommen ist sie kein „Bauwerk von mittlerer Größe" und folglich auch kein Haus.

Die sprachlich realisierten Bedeutungen stehen unter dem Einfluss ihrer Etymologie und unter dem Einfluss des Alltags-Gebräuchlichen, das durchaus im Widerspruch zu gesellschaftlich relevanten Abbildern stehen kann. Bei Herleitung aus dem Ide. (*(s)keu* „umhüllen, bedecken") ist wohl von der Grundbedeutung „bedeckter Schutzort" auszugehen. Das erklärt auch die Bildung *Gotteshaus* als Synonym zu Kirche bzw. die synonymische Bezeichnung *Haus* für *Hütte* (Hyponym: *Schutzhütte*), *Kate, Datsche, Blockhaus*. Die Frage an Studenten, ob eine *Kirche* ein *Gebäude* sei, wird bejaht, ob sie ein *Haus* sei, wird verneint. Im Unterschied zu *Haus* ist ein *Gebäude* „ein größeres Bauwerk, das Menschen zum Aufenthalt oder als Produktionsstätte dient" (nach G. Kempke 1984, 443). Nimmt man die Definition wörtlich, dann sind alle zum dauernden Wohnen bestimmten Häuser, aber auch kleine Bauwerke keine Gebäude.

Wir haben es hier also mit dem Problem zu tun, dass konventionelle semantische Beziehungen im Semem-Vorkommen des Wortschatzes nicht in jedem Fall auch auf die Abhängigkeitsverhältnisse der realen Objekte (bzw. unseren Abbildern von diesen Objekten) übertragen werden können. Das aktuelle Abbild, das wir in Westeuropa von der Klasse „Haus" haben, erlaubt es uns nicht, *Haus* und *Hütte*, *Haus* und *Kirche* in ein Ober-Unterbegriffs-Verhältnis zu setzen, aber als Sememe im Wortschatz gehen *Haus* und *Hütte* eine hyperonymisch-hyponymische semantische Relation ein. Eine Erklärung dafür dürfte die Polarität von Beharrung und Innovation im Sprachsystem sein. Auch der Einfluss etymologischer Beziehungen unterliegt dem Beharrungsprinzip.

Die Frage, ob ein und dasselbe Semem Hyponym zu mehr als einem Hyperonym sein kann, ist zu bejahen. *Haus* und *Gebäude* sind als Hyperonyme zugleich partielle Synonyme, so dass sie in partieller Identität auch gleiche Hyponyme binden. *Wohnhaus* ist Hyponym sowohl zu *Haus* (auch durch das gemeinsame Grundwort) als auch zu *Gebäude*.

Wenn wir mit Bezug auf gemeinsame Seme und die gemeinsame Etymologie feststellen können, dass zwei Sememe (z.B. *Haus* und *Hütte*) hyperonymisch-hyponymisch aufeinander bezogen sind, dann sind wir lediglich nur von semantischen Kriterien ausgegangen. Setzen wir aber für *Haus* und *Hütte* Kompatibilität der Hyponyme als Kriterium an, ist eine Hyperonym-Hyponymen-Beziehung nicht mehr aufrecht zu halten. Nach diesem Kriterium ist *Hütte* nicht kompatibel mit *Villa, Wohnhaus, Wohngebäude* u.a.

Versuchen wir ein F a z i t zu ziehen:

Semantische Relationen im Lexikon der Standard- bzw. Gemeinsprache basieren auf gemeinsamen Semen zwischen Sememen bzw. Lexemen. Nur eine Trennung von semantischer Beschreibungsebene und der Gebrauchssphäre (der kommunikativen Ebene) des Wortschatzes kann das komplizierte Geflecht sprachinterner semantischer Bindungen einigermaßen entwirren.

Auf der semantischen Ebene ist es nicht möglich, den diachronischen Aspekt außer Acht zu lassen, weil die innere Stabilität des Systems historisch gewachsen ist. Hervorzuheben ist aber auch, dass sich das lexikalisch-semantische System des Wortschatzes, um intakt zu bleiben und optimal funktionieren zu können, als ein dynamisches entwickelt hat, als ein anpassungsfähiges System an die sich stets verändernden kommunikativen Bedürfnisse. Aber sich anpassen zu müssen, schließt zeitweilig auch einen Widerspruch zwischen Beharrung und Innovation ein. Sprachinterne semantische Verhältnisse sind deshalb nicht in jedem Fall und sofort auch auf Bezeichnungsverhältnisse der kommunikativen Ebene übertragbar. Dieser Widerspruch gibt den Anstoß für Entwicklungen auf der Systemebene, was eben auch heißt, dass in das Geflecht sprachinterner semantischer Relationen auch Hyperonym-Hyponymen-Relationen eingebunden sind, beispielsweise zwischen den Lexembedeutungen *Haus* und *Wohnhaus, Haus* und *Bürogebäude.*

Oftmals werden Abhängigkeitsverhältnisse zwischen Referenten als „semantisch" bestimmt, z.B. zwischen den Lexemen *Verkäufer – Kunde, Baum – Stamm.* Sie zeigen Pertinenz- und partonymische Beziehungen an, die nicht im direkten Sinn als genuin semantisch behandelt werden können. Diese Abhängigkeitsverhältnisse unterscheiden sich nur wenig voneinander. Mit „Pertinenzrelation" wird (nach H. Glück u.a. 1993) auf ein Ordnungssystem in Archiven verwiesen, das aber auch auf sprachliche Zusammenhänge übertragen werden kann. Die Wortbedeutungen *Lehrer* und *Schüler* setzen einander voraus. Angezeigt ist ein Zugehörigkeitsverhältnis (lat. *pertinere* „zu jmd. Gehören"), das sich nur im übertragenen Sinn auch als Teile-Ganzes-Beziehung bezeichnen lässt. Korrekt benannt ist diese Ordnungsrelation jedoch nicht, denn „Schüler" ist nicht Teil von „Lehrer", aber ihre Tätigkeit wirkt zusammen.

Durch **Pertinenzrelationen** aufeinander bezogen sind hauptsächlich Personenbezeichnungen, z.B. *Arzt – Patient, Rechtsanwalt – Klient, Hochschullehrer – Student, Sprecher – Hörer, Schreiber – Leser, Arbeitgeber – Arbeit-*

nehmer. Ein Designat hat das andere zur Voraussetzung, so dass die bezeichnenden Lexeme in die Nähe von Antonymen mit komplementärer Beziehung gelangen. Die Relation auch semantisch beschreiben zu wollen ist möglich, wenn man ein alternierendes Sem annimmt, z.B. mit Bezug auf *Arzt* und *Patient* »der Behandelnde« und »der zu Behandelnde«. Das eine Sem schließt das andere aus, aber beide bedingen sich durch ihre wechselseitige Beziehung. Auch Verwandtschaftsnamen zu Personen verschiedener Generationen, die einander voraussetzen, sind durch Pertinenzrelationen lexikalisch verbunden:

Eine verwandte Person mit einer *Nichte* oder einem *Neffen* darf sich *Tante* nennen. Jemand ist *Vater*, der ein *Kind* gezeugt oder *Mutter*, die ein *Kind* geboren hat.

Eine andere Art der Zugehörigkeit wird über Lexeme ausgedrückt, die die Ganzheit und die zugehörigen Teile benennen. Beispielsweise ist das bezeichnende Lexem *Computer* Nomen für die Ganzheit „Maschine zur elektronischen Datenverarbeitung". Seine Hauptteile sind *Tower* (oder als Tischgehäuse *Slimline*), *Monitor, Tastatur, Drucker.* Die Elemente im lexikalischen System stehen zueinander in einer Teile-Ganzes-Beziehung. Die in der Linguistik gebräuchliche Bezeichnung **„partonymische Relation"** (zu lat. *pars* „Teil") hebt die subordinierende Beziehung in der hierarchischen Ordnung hervor, obwohl es sich innerhalb einer Struktur des lexikalischen Systems niemals einseitig nur um eine Beziehung der Teile zum Ganzen handeln kann. Das Ganze in einer (auch lexikalischen) Hierarchie ist nur in Bezug auf sein Korrelat, die Teile, sinnvoll.

Untersucht man allerdings die Ganzes-Teile-Beziehungen auf ihre semantische Abhängigkeit hin, dann wird man häufig keine semantischen Relationen über ein verbindendes Sem feststellen können. Beispielsweise sind *Computer* und *Monitor* Lexeme für verschiedene technische Begriffe, die über verschiedene Invarianten auch unabhängig voneinander definiert werden (vgl. A. Voss 1999). Nur als außersprachliche Gegebenheit ist der „Monitor" ein notwendiges Teil der technischen Einheit „Computer". Es liegt also nahe, die partonymische Relation als „Reflex außersprachlicher Gegebenheiten" im lexikalischen System zu betrachten (vgl. auch h. Glück 1993, 454).

Auch häufig gewählte Lexeme wie *Baum, Busch, Staude* (vgl. T. Schippan 1992, 205) werden als Nomen für Referenten behandelt, die nicht durch semantische Relationen mit ihren Teilen *Ast, Zweig, Blatt, Blüte* ..., wohl aber durch hierarchische Beziehungen verbunden sind. Anders liegen die Verhältnisse z.B. in den Lexemverbindungen *Gestirn – Stern, Gebirge – Berg, Mannschaft – Mann, Menschheit – Mensch.* Hier liegt eine **Kollektivum-Individuum-Beziehung** vor, die nicht mit einer Ganzes-Teile-Beziehung gleichgesetzt werden kann, weil ein Ganzes nicht in seinen Teilen bezeichnet wird. Aber oftmals sind Kollektivum und Individuum durch mindestens ein verbindendes gemeinsames Sem aufeinander bezogen, das über das gemeinsame Grundmorphem ermittelt werden kann.

Ganzes-Teile-Beziehungen finden Anwendungen in Bildwörterbüchern, aber auch in Gegenstands- und Vorgangsbeschreibungen. Mit dem Begriff *Windsurfer* verbinden sich die Teilebezeichnungen (Hauptteile):

Windsurfer
|_ *Board* – *Segel* – *Gabelbaum* – *Mast*
Jedes dieser Teilebezeichnungen ist wiederum Sammelbezeichnung für weitere Untergliederungen, z.B. *Board*
          |_ *Mastfuß* – *Steckschwert* – *Finne*

In Vorgangsbeschreibungen beispielsweise eines Schwimmwettbewerbs auf 50m-Standardstrecke werden die folgenden Teilebezeichnungen gewählt:
        Startsprung—› *Gleitphase 1* —› *Wende* —› *Gleitphase 2* —› *Ziel-Anschlag*

Man kann im Hinblick auf Entwicklungen in Wissenschaft, Kunst, Technik, ja in allen Lebensbereichen extern bewirkte Veränderungen im standardsprachlichen Wortschatz und noch ausgeprägter in den Fachwortschätzen beobachten, die auch eine Ausweitung der systeminternen Relationen, z.B. der Ganzes-Teile-Beziehungen und der Hyperonym-Hyponym-Relationen zur Folge haben. Den Anstoß dazu geben kommunikative Erfordernisse, die sogar zu den sehr seltenen Wortschöpfungen führen können. Ein Beispiel dafür ist das neue (lexikalisierte) Verb *simsen* (ich *simse*, du *simst*; die Nachricht wird *gesimst*). Es ist semantisch verbunden mit den Wortbildungen *telexen* (Kontamination zu engl. „teleprinter exchange"), *telegrafieren, telefonieren, telefaxen* (Kurzwort ist die Wortschöpfung „faxen"). *Simsen* bedeutet „Kurzmitteilung per Mobilfunkbriefchen senden" (nach einer Pressemitteilung zu einem öffentlichen Aufruf des SAT 1-Magazins „Akte 2000", u.a. in „Volksstimme" Magdeburg vom 9.03.00). Der Duden-Redaktion vorgeschlagen waren neben vielen anderen Schöpfungen auch „sumsen", „pingen" und „piepen". Für *simsen* votierten 71,38 % der Befragten.
    Der Bedarf an differenzierenden Bezeichnungen nimmt in dem Maße zu, wie wir die Welt erkennen und gliedern. War lange Zeit über die *Zelle* eines lebenden Organismus kaum mehr bekannt, als dass sie einen *Zellkern* hat, aus *Zellplasma* besteht und von einer *Zellmembran* umgeben ist, so kennt man heute auch viele Arten von *Zellorganellen* im *Grundplasma*. Man unterscheidet bereits kleinere Teile des *Zellkerns* und untersucht die verschiedenen Strukturen der *Gene* in den *Chromosomen* und im *Plasma*.

Zusammenfassung:

Lexeme sind in ihrer Bedeutung und mit ihrer Form im Sprachsystem angelegt (lexikalisiert), sofern es nicht Einmalbildungen sind. Als abstrahiertes Abbild und inhaltlich spezifiziert durch seinen Platz im Sprachsystem ist die Bedeutung des Lexems noch recht allgemein. Erst im Kontext (bzw. in der Äußerung) kommt zum Ausdruck, was wirklich gemeint ist. Das Lexem erhält seinen Sinn.

Semantische Relationen sind von vielerlei Art. Sie sind im lexikalisch-semantischen System unter anderen angelegt als synonymische, antonymische, metaphorische, metonymische, hyponymische und troponymische Beziehungen. So stehen die Sememe „Nagetier" und „elektronisches Eingabegerät" des Lexems *Maus* in einer metaphorischen Beziehung zueinander. Ihr Tertium comparationis ist die äußere (wenn auch abstrahierte) Ähnlichkeit der beiden Referenzobjekte.

In dem Maße, wie der Wortschatz wächst und im Hinblick auf Entwicklungen in Wissenschaft, Kunst, Technik, ja in allen Lebensbereichen auch wachsen muss, wird das Relationsgefüge im Sprachsystem immer dichter und weiter.

Frage: Nach welchen Verfahren werden neue Wörter gewonnen und neue Bedeutungen in den Wortschatz eingegliedert?

5.2.4. Referenzidentität im Text

Referenzidentität als Begriff ist genau genommen ein textlinguistischer Terminus, der Systemfragen nur insofern berührt, als sich Bedeutungen in „System" und „Text" zueinander verhalten wie die potenzielle zur aktuellen Bedeutung (vgl. auch T. Schippan 1992, 133 f.). Dennoch will ich sie hier berücksichtigen unter Einschluss solcher Termini wie **kontextuelle Synonymie** und **Topik**.

Der Begriff der „kontextuellen (bzw. kontextualen) Synonymie" kommt m.W. aus der russischen Linguistik (vgl. E. Riesel, Seite 66, mit Bezug auf B. W. Tomaschewski 1951 und W. G. Admoni/ T. I. Silman 1954). Bereits E. Riesel stellt den Begriff in Frage, denn die griech. Herkunftsbedeutung des Terminus „Synonymie" meint den Namen (griech. „onyma"), nicht den Referenten. Sie empfiehlt, von „kontextualer Ersetzbarkeit" zu sprechen (E. Riesel 1963, 66). Aber auch in der deutschen Linguistik werden referenzidentische Lexeme mit den Bezeichnungen „aktuelle Synonyme", „kontextuale Synonyme" oder „okkasionelle Synonyme" belegt (vgl. W. Spiewok u.a.

1976, 182; R. Conrad 1985, 241). Es handelt sich um Lexeme mit identischem Referenzbezug innerhalb einer zusammenhängenden Äußerung, die aber als Elemente des lexikalischen Systems nicht in synonymischer Relation aufeinander bezogen sind.

F. Kafka nennt beispielsweise das unterbewusste Empfinden von Menschen in einem Zeltlager, wo sie in Häusern in „festen Betten, unter festem Dach" schlafen *„eine kleine Schauspielerei, eine unschuldige Selbsttäuschung"* (Erzählung „Nachts", 1996, 357). Die beiden Nomina im hervorgehobenen Text beziehen sich in ihrer textinternen Relation auf den gleichen Referenten, sind aber auch im lexikalischen System semantisch nicht gänzlich inkomparabel. *Selbsttäuschung* ist Täuschung der eigenen Person durch eine bewusst vorgespielte (Selbstbetrug) oder unbewusste falsche Vorstellung von der Realität. *Schauspielerei* ist Vortäuschen des Realen. Beide Nomen berühren sich semantisch innerhalb der Struktur des lexikalischen Systems, ohne aber direkt eine synonymische oder antonymische Beziehung einzugehen (sich selbst täuschen ~ schauspielerisch täuschen). Sie sind, wie E. Agricola es ausdrückt (1975,81), „nicht mehr synonym, aber noch nicht völlig unvergleichbar". Die semantische Nähe oder auch semantische Relation von Lexemen/Sememen im System ist offenbar eine Voraussetzung dafür, dass eben diese Lexeme als referenzidentische Bezeichnungen verwendet werden können. G. Starke nennt die Relationen zwischen reihenbildenden Elementen auf der (Text-)Sinnebene „semantische Äquivalenz" (1988, 302; vgl. auch E. Agricola 1975, 70).

Semantische Äquivalenzen zwischen referenzidentischen Lexemen/Sememen im Nah- oder Fernverweis eines Textes sind, wenn man die lexischen Elemente von ihrem Platz im lexikalisch-semantischen System aus betrachtet, von recht unterschiedlicher Art (vgl. auch G. Starke 1988, 302 f.):

(1) Bedeutungsidentität: *"... trotzdem er noch immer im Geschäft arbeitete, (...) hatte sich das Geschäft in diesen zwei Jahren ganz unerwartet entwickelt"* (Sememrepetition) (F. Kafka, Das Urteil, 1996, 49).

(2) Bedeutungsdifferenzierung: *„Aber dann hast du dich doch auch wieder ganz gut mit ihm unterhalten. Ich war damals noch so stolz darauf, daß du ihm zuhörtest, nicktest und fragtest"* (ebenda, 55). (Die allgemeinere Bezeichnung wird durch differenzierende Bezeichnungen semantisch näher umrissen. Im Unterschied zur Hyperonym-Hyponymen-Beziehung erfüllen die Verben im Text keine hyponymische, sondern eine erläuternd-spezifizierende Funktion.)

(3) Fokussierung des Teils vom Ganzen: *"... erblickte er die schon längst beobachtete Statue der Freiheitsgöttin (...). Ihr Arm mit dem Schwert ragte wie neuerdings empor, und um ihre Gestalt wehten die freien Lüfte"* (F. Kafka, Der Heizer, 1996, 61).

(4) Hyperonym-Hyponym-Bezug: *"... erinnerte er sich auch, daß im Koffer noch ein Stück Veroneser Salami war (...). Jetzt hätte er aber die Wurst gern*

bei der Hand gehabt" (ebenda, 67). (Das Hyperonym steht für den Gemeinbegriff, in dem das Spezielle enthalten ist. Die Genus-Species-Beziehung im Textauszug verweist auf den gleichen Referenten. In der gewählten allgemeinen Bezeichnung ist die spezielle, und in der gewählten speziellen Bezeichnung das Allgemeine partiell enthalten, so dass die sprachlich ausgedrückte Referenzidentität im vorgenannten Textauszug über eine Beziehung der Inklusion vermittelt wird.)

(5) Metonymische Übertragung: „*Diese Uniformen sind doch für die Tropen zu schwer' ,sagte der Reisende, (...). ,Gewiss', sagte der Offizier, ,aber sie bedeuten die Heimat'"* (F. Kafka, In der Strafkolonie, 1996, 165).

(6) Metaphorische Übertragung in der Beschreibung eines Folterinstruments: "*... der mittlere, schwebende Teil heißt die Egge (...). Die Nadeln sind eggenartig angeordnet, auch wird das Ganze wie eine Egge geführt"* (ebenda, 166 f.).

(7) Synonymie: "*... kletterte eilig herunter, um den Gang des Apparates von unten zu beobachten. (...) Der Offizier stellte die Maschine ein.*" (ebenda, 175 ff.) („Apparat" bezeichnet ein Gerät in seinen Teilen, während „Maschine" eine mechanische, aus Teilen zusammengesetzte Vorrichtung bezeichnet, die Arbeit selbstständig verrichten kann. Der Autor wählte die partiellen Synonyme für den gleichen Referenten, wechselte aber die Bezeichnung von *Apparat* zu *Maschine*, als er nicht mehr die Teile erklärte, sondern das Zusammenwirken der Teile im Arbeitsablauf demonstrierte.)

Referenzidentität zweier Lexeme im realen Text (der realen kommunikativen Äußerung), die hyperonymisch-hyponymisch verbunden sind, wirft bei jeder empirischen Untersuchung die Frage nach dem speziellen Beziehungsverhältnis zwischen den Kohyponymen oder zum Hyperonym auf. Hyperonyme wie *Tierkreiszeichen, Planet, Obst* sind eindeutige Genus- bzw. Gattungsbezeichnungen mit semischer Bindung zur Artbezeichnung, z.B. *Waage, Steinbock ...; Mars, Jupiter ...; Kernobst, Steinobst*, gleichwohl, dass aus anderer Perspektive *Obst* auch als Kollektivum („die Vielheit als Einheit") mit dem Synonym *Kompott* gewählt werden kann.

Schwieriger zu bestimmen ist das Verhältnis von Allgemeinbezeichnungen mit sehr weiter Extension zu den gerade noch zuordnungsmöglichen Einzelbezeichnungen wie beispielsweise *Schiff – Ort: „Es ist eine besondere Ehre für mein Schiff, daß es den Ort eines solchen Zusammentreffens abgeben konnte"* (F. Kafka, Der Heizer, 1996, 88).

Die Polysemie von *Ort* mit den Synonymen *Platz, Stelle, Punkt, Raum, Gegend, Ortschaft, Gemeinde, Dorf* (nach Wahrig, Deutsches Wörterbuch) stellt im Text auch das Lexem *Schiff* zu *Ort* (*der Begegnung*) in eine referenzidentische Beziehung. Das gemeinsame Sem in der Systembindung kann mit »dort« angegeben werden. Die Etymologie (ahd. *ord* „Spitze, Endpunkt,

Ecke") hilft hier nicht weiter. Allgemeinbegriffe wie *Ding, Sache, machen* haben eine weite, kaum eingrenzbare Extension, so dass sich die Frage aufdrängt, ob dafür der Terminus „Hyperonym" (Oberbegriff), z.B. für *Ding*, noch gewählt und eine Hierarchiebeziehung zu „Unterbegriffen" anzuzeigen vermag (auf die Problematik der Hyperonym-Hyponym-Relation vgl. E. Agricola 1975, 83 ff.). Die umg. Bezeichnung „Schwammwort" ist für diese hochgradig generalisierenden Lexeme durchaus zutreffend.

Referenzidentische Lexeme können auch durch Prädikation miteinander verbunden sein, nur ist die Sinnrelation dieser Bindung nicht unbedingt als realisierbare semantische Relation auch im lexikalischen System angelegt. In der Prädikation *Dieser Apparat (...) ist eine Erfindung unseres früheren Kommandanten* (F. Kafka, ebenda, 166) ist die „charakterisierende Universale"*, das Lexem *Erfindung*, an die Referentenbezeichnung *Apparat* nur im Text auch inhaltlich (und grammatisch) gebunden. Eine systeminterne semantische Bindung der beiden Elemente lässt sich zwar konstruieren („Jeder Apparat ist eine Erfindung des Menschen"), aber nicht als eine genuin semantische Relation aufzeigen. In der Lyrik können ungewöhnliche Wortverbindungen durchaus in eine die Sinndeutung anregende Relation gestellt sein, z.B. wenn Hans Arp formuliert *„die nacht ist ein ausgestopftes märchen"**. Anders der nachstehende Beleg: *Mein Nachbar ist Lehrer.* In dieser Prädikation weisen beide Nomen semantische Gemeinsamkeiten über das Sem »hum« auf.

Referenzidentität im Text ist ein Gestaltungsmerkmal, das – wenn auch nicht ausschließlich – kennzeichnend ist für die **Isotopie** (d.h. für die Kontinuität und das Fortschreiten des Inhalts, und auf einer höheren Ebene für die Weiterführung des Text-Themas – vgl. E. Agricola 1975, 28). Isotopie wird aber nicht nur hergestellt durch referenzidentische, also semantisch äquivalente Semempartner, auch semantisch assoziative und partiell äquivalente Partner sind in die Isotopiestruktur eingebunden. Dazu erklärt E. Agricola:

> *„Die Grundform der Textstruktur ist jeweils ein Paar von solchen gleichen oder ähnlichen, substituierbaren semantischen Einheiten (Lexemen bzw. Sememen) in verschiedenen Textsätzen (Satzteilen) und die Relationen zwischen diesen Elementen. Sie soll (...) ein T o p i k genannt werden"* (ebenda).

Semantisch äquivalent auf der Textebene sind absolute Synonyme, Proelemente und referenzidentische Lexeme, z.B. *Die Wetterfront zieht vom Os-*

---

* Begriff bei H. Glück (1993, 477)
** Hans Arp nennt derlei „ungewöhnliche Verbindungen" selbst „sinnlose Späße", in denen er „viel später ihr tiefes Wesen erkannte" (1953). Der Vers wurde seinem Gedicht „Muscheln und Schirme: rosen schreiten auf straßen aus porzellan" entnommen (in: B. von Wiese 1990, 604)

ten heran. Wenn sie von dort kommt, bringt sie uns starke Regenfälle. Semantisch assoziative (den Sinn konstituierende) Lexem-/Semem-Partner gehen im Text gleichfalls semantische Beziehungen ein, sind aber nicht referenzidentisch, z.b. *Die starken Regenfälle haben viele Flüsse über die Ufer treten lassen. Die Autofahrt endete mit einem Crash.* Partiell äquivalente (durch Sinnrelation im Text) verbundene Lexem-/Semem-Partner sind beispielsweise Komposita mit semantisch identischen Grundmorphemen, Partonymia und partielle Synonyme: *Endlich lässt der Dauerregen nach. Zwischen den Regenschauern zeigt sich auch ,mal die Sonne mit ihren wärmenden Strahlen.*

Zur Demonstration der Isotopie im Text wähle ich ein Textfragment, aus dem ich zwei **Topikketten** hervorhebe:

> *Die meisten Städte der Welt sind für die Menschen geschaffen. Nicht so Los Angeles. Dort scheinen die stinkenden Blechkisten ihre eigene Stadt in Beton und Asphalt gegossen zu haben: ein Paradies für Autos, ganz für ihre Zwecke und Bedürfnisse eingerichtet. Haben andere Städte Fußgängerzonen, so besitzt das Monstrum in Kalifornien ein unentwirrbares Highway-Labyrinth, das wie ein gigantisches Spinnennetz über elf Millionen Menschen gelegt worden ist und ihre Siedlungen quadratisch-praktisch zerschneidet. Unter diesem Netz stauen sich Dreck und Smog. Und da die Autos ohne Konkurrenz sind, breiten sie sich ungehemmt aus. Sie haben die Fußgänger längst verdrängt. Städtebaulich wurden die Zweibeiner abgeschafft. An vielen der endlosen Straßen gibt es keine Bürgersteige.* (Wenig geänderter Auszug aus: W. Heinemann 1995, 43)

Bestimmend zur Ausprägung der Isotopie in der Struktur des Textes sind die beiden antithetisch bezogenen **Topikketten** „Fußgänger" und „Auto" (in die Ketten habe ich – über das Textfragment hinausgehend – auch die lexikalischen Einheiten des Ganztextes aufgenommen):

(1) *Menschen – Fußgängerzonen – Fußgänger – Zweibeiner – Bürgersteige – zu Fuß – Fußgänger – Tourist – Menschen – ihre – Beine – Amerikaner – Fahrer – Menschen – sie*
(2) *stinkende Blechkisten – ihre – Autos – ihre – Highway-Labyrinth – das – Spinnennetz – Netz – Autos – sie – sie – Wesen auf vier Rädern – Benzinfresser – Stoßstangen – Highway – Limousinen – Auto*

Etwa die Hälfte der Lexeme in den Topiks sind semantisch äquivalent (referenzidentisch), z.B. zu „Fußgänger": *Zweibeiner, zu Fuß, Tourist, ihre;* zu „Autos": *stinkende Blechkisten, ihre, Wesen auf vier Rädern, Benzinfresser, Limousinen.*

Da man grundsätzlich von der aktuellen Bedeutung auszugehen hat, sind „Mensch" und „Fußgänger" nicht referenzidentisch. Als Hyponym ist „Fußgänger" im Text nur eine „Art von Mensch". Sie sind semantisch partiell äquivalente Partner. Eine partiell semantische Beziehung zu „Fußgänger" gehen im Text auch ein: *Fußgängerzone, Beine*; zu „Auto": *Stoßstange, Limousine*. Semantisch assoziativ aufeinander bezogen sind zu „Fußgänger" *Bürgersteig*; zu „Auto": *Highway-Labyrinth, das, Spinnennetz, Netz*.

Die Isotopie-Struktur dient der semantischen (und grammatischen) Entfaltung des Textthemas (der Leitidee, des inhaltlichen Kerns), und es lässt sich bei mehreren Topikketten auch ein Isotopie-Netz im Text nachweisen. Aber nicht alle möglichen Querbeziehungen zwischen semantischen Einheiten sind auch Sinnrelationen im Isotopie-Netz, beispielsweise zwischen den Lexemen *Fahrer* und *Fußgänger*. Sie sind zwar in die semantische Vernetzung des lexikalischen Systems eingebunden, gehen aber in der (Text-)Isotopiestruktur keine semantischen Relationen ein.

Zusammenfassung:

„Referenzidentität" ist ein Terminus aus der Textlinguistik, der ausdrückt, dass sich mindestens zwei sprachliche Zeichen in der Art eines Lexems, einer Wortgruppe oder eines Satzes auf dasselbe Denotat beziehen. Referenzidentische Lexeme im Text, insbesondere Topiks, sind maßgeblich an der Kontinuität und dem Fortschreiten des Textinhaltes, der so genannten Isotopie, beteiligt. Die Isotopiestruktur des Textes dient der semantischen und grammatischen Entfaltung des Textthemas.

Frage: Welchen Anteil hat die Grammatik an der inhaltlichen und formalen Organisation des Textes?

5.2.5. Sprach-Tabus und sie umschreibende Lexeme

Etwas zu meinen und es anders zu sagen oder es auch nur anzudeuten unterstreicht einmal mehr, dass kommunikative Handlungen Intentionen folgen. Manches, was für viele Menschen und Interessengruppen tabu ist, wird besser nicht direkt genannt oder so umschrieben, dass es nicht anstößig ist oder nur aus der Situation heraus erschlossen werden kann. Die Motive für die kommunikative Zurückhaltung sind unterschiedlich. Aus Achtung und Ehrfurcht vor religiösem Empfinden, aus Respekt vor verstorbenen Personen kann Pietät geboten sein. Rücksichtnahme generell, aber auch Angst vor Gefahren kann ein bestimmtes Wort mit Tabu belegen, dem so genannten **Sprachtabu**.

In der politischen Auseinandersetzung wird manch ein alltägliches Wort erst in einer bestimmten Situation zum Sprach-Tabu, z.B. das Lexem *Lüge* für die Äußerung eines Politikers. Euphemismen ersetzen es, z.b. *Unwahrheit, Fehler, Lapsus.* Auch in der Diplomatie sind Euphemismen keinesfalls selten. In Diktaturen gehören sie zum Vokabular der Verschleierung und Desinformation (zum Gebrauch von Euphemismen auch in den Kapiteln 2.2.2. und 5.2.1. in diesem Buch). Euphemismen können Ersatzlexeme für etwas sein, was direkt zu sagen tabu ist (vgl. auch H. Glück 1993, 628). Dennoch ist die Wahl von Euphemismen als Ersatzlexeme für Sprachtabus nicht immer angemessen, weil hinter einer „gut sagenden" (zu griech. *eu* „gut" + *pheme* „Rede") Bezeichnung auch Heuchelei, Ironie, Zynismus oder Täuschung vermutet werden kann.

Was eigentlich auf kultische Gebote der Naturvölker zurückgeht (zu polynesisch *tapu* „gekennzeichnet, daher unberührbar, heilig"*) hat kulturspezifisch geprägte Gebote in jeder Zivilisation. Das Ableben eines Menschen, das im Deutschen neutral mit *sterben* bezeichnet werden kann, wird in einer Situation der Trauer nicht direkt benannt, sondern umschrieben: *(sanft) entschlafen, einschlafen, heimgehen, abberufen, erlösen, die ewige Ruhe finden, die Augen für immer schließen.* Der gewählte Freitod wird pietätvoll durch Lexeme und Lexemverbindungen zum Ausdruck gebracht: *aus dem Leben gehen, die Welt verlassen, sein Leben beschließen.* Auch mit der offiziellen Angabe *Suizid* werden die Direktbezeichnungen „Selbstmord", „Selbsttötung" gemieden, weil viele der entlehnten Lexeme für Sachverhalte, über die man besser nicht direkt spricht, als diskret empfunden werden.

Auch der Freiheitsentzug für eine kriminelle Tat wird in einer sozialen Situation, die Rücksicht verlangt, nur verhüllt benannt: *verreist sein, verreisen müssen, sich tätowieren lassen.* Kindern gegenüber wird auch die Unwahrheit gesagt: *krank sein, im Ausland sein* u.a.

Im Rotwelsch sind eine Art von Decknamen bewahrt, die tabuisierend verwendet wurden, um öffentlich nicht belauscht und nicht verstanden zu werden, z.B. für Freiheitsentzug eines Freundes (eines *Chawer*; österr. auch *Haberer* [zu jidd. Chawer]): *eingezogen sein, bei Meier sein, verschüttet sein* (nach R. Girtler, 1998, 156 u. 197). Auch in der ehemaligen DDR wählten einige ihrer Bürger Deckbezeichnungen in Annoncen, wenn sie unerlaubte Handlungen umgehen wollten: „Tausche gebrauchten PKW gegen *schwarze Fliesen*". *Schwarze Fliesen* war die öffentlich gewordene Chiffre für D-Mark (West).

In religiösen Gemeinschaften haben sich Tabus herausgebildet, um die Gläubigen vor Gefahren zu schützen, die von überirdischen Mächten ausgehen könnten oder die einfach nur aus Ehrfurcht vor dem höheren Wesen

---

* Zur Herkunft von „tabu" vgl. W. Pfeifer 1989, Bd. 3, Seite 1773

„Gott" entstanden sind. Solcherart zu meidende Sprach-Tabus sind *toi, toi, toi* (in dem Aberglauben, der Teufel könne damit angelockt werden), *um Gottes willen* (in der Bedeutung: etwas Schlimmes, Furchtbares, auch Ausgeloses betreffend).

Toi, toi, toi ist häufig von Handlungen begleitet (Ausspucken oder auf Holz klopfen), die das Dämonische bannen sollen. Nach etymologischen Angaben wird allerdings vermutet, dass *toi* auf das Jidd. „tow" zurückgeht und „gut" bedeutet (nach G. Wahrig 1997). Auch in bestimmter Verwendung positiv konnotierte Ausdrücke wie *Teufelskerl* (kühner, tapferer Mensch) können das religiöse Empfinden von Menschen verletzen. Im Mittelalter begaben sich Menschen vor der Inquisition in Gefahr, wenn sie ein Tabu missachteten. In seinem Faust-Drama erinnert J. W. Goethe daran, wenn er Faust zu Wagner sagen lässt:

> „*Wer darf das Kind beim rechten Namen nennen? Die wenigen, die was davon erkannt, die töricht genug ihr volles Herz nicht wahrten, (...) hat man von je gekreuzigt und verbrannt*" *(Teil 1, Szene „Nacht").*

Viele situationsabhängige Sprach-Tabus sind mit der thematischen Gruppe „Intimsphäre" des Menschen verbunden, doch dieses Tabu wird nur in kommunikativen Situationen respektiert, in denen Gespräche darüber das Empfinden von Menschen verletzen könnten oder Mithörer nicht erwünscht sind. Eines ihrer thematischen Bereiche ist „Sex" mit vielen derben und obszönen Ausdrücken. Ersetzende Umschreibungen sind

> *käufliche Liebe, Rotlichtmilieu, Erotik, Penis, Muschi, Möpse, Scham, Beischlaf, miteinander schlafen, es treiben, Striptease, strippen, Lüste, Freier* u.v.a. (vgl. auch H. Glück/ W. Sauer 1990, 40 ff.).

Etymologische Untersuchungen zeigen an, dass einige Raubtiere aus Tabu-Gründen nicht nach ihren Tierlauten benannt wurden, z.B. der Wolf, der Bär. Die ide. Wortwurzel für den Namen des Bären ist *rksos, *rktos, eine Lautnachahmung. Um das gefährliche Tier nicht beim Namen zu nennen, weil man fürchtete, es dadurch anzulocken, wurde es im Slaw. *Honigesser* (aslaw. „medved"), im Germanischen *der Braune* (germ. *beran zu ide. *bher) genannt (vgl. W. Pfeifer, Bd. 1, 1989, 123).

Tabus, die von einem „heiligen Bann" geschützt werden, gehen auf Religion, Volks- und Aberglaube zurück. In der biblischen Geschichte vom Sündenfall war den Früchten des Baumes mitten im Garten das Tabu auferlegt, davon nicht zu essen (1. Buch Moses, 3. Kapitel). Im Märchen „Rumpelstilzchen" verlor der Träger des Namens seine Macht, als dessen Name bekannt wurde. Der Bann war gebrochen.

Nicht frei vom Bann waren in der Vergangenheit auch die Lexeme *Teufel, Satan, verteufeln, Tod, verfluchen.* Sie wurden ersetzt durch *Voland* („Junker

Voland" – der Teufel), *Feind, böser Geist, Dämon, verhenkern, verewigen, verwünschen*. In der Kommunikation unter aufgeklärten Menschen schwanden die verhüllenden Lexeme oder sie sind in unserer Gegenwart selten geworden (vgl. N. Osman 1993, 249).

Auch wenige „Wortverstümmelungen" sind aus der Not heraus entstandene Ersatzformen für Sprachtabus, z.B. *verflixt* (für „verflucht"). Die Funktion eines „Tarnwortes" (Begriff bei T. Schippan 1974, 244) konnten auch Entlehnungen übernehmen, weil ihre Herkunftsbedeutung nicht allgemein bekannt war, z.B. *vermaledeien* (zu franz. *maudire* „verfluchen"), *sapperlot/ sackerlot* (Ausruf der Überraschung oder des Zorns, zu franz. *sacre lot* „verfluchtes [eigentlich ‚heiliges'] Schicksal").

Zusammenfassung:

Dem freien Umgang mit unserer Sprache in kommunikativen Handlungen sind Grenzen gesetzt, z.B. durch die gegebene kommunikative Situation. Die Wahl eines Lexems kann aber auch unabhängig von der Situation „tabu" sein, wenn religiöse Bindungen, auch kultische Gebote nicht beachtet oder auch nationale Gefühle von Menschen verletzt werden könnten. Die Sprache kennt viele „Tarnwörter" und Euphemismen, die für Sprach-Tabus gewählt werden.

5.2.6. Werteveränderungen in der Semantik von Lexemen

Kulturgeschichtliche Veränderungen und veränderte sozial-historische Bedingungen hinterlassen Spuren in der Semantik einzelner Lexeme. Bekannte Wortbelege für Werteveränderungen wie *Weib, Marschall, Frau* werden zum Beweis in linguistischen Abhandlungen gern herangezogen. *Marschall* als Ehrentitel für den höchsten Offizier im Range eines Armeegenerals hat geradezu eine Karriere in der Konnotierung durchlaufen. Das Kompositum mit der Bedeutung „Pferdeknecht/ Reitknecht" aus ahd. *marah-* „Pferd" (*meriha* „Stute") und *scalc* „Diener/ Knecht" nahm zunächst (nach W. Pfeifer 1989, Bd. 2, 1067) die Bedeutung „Aufseher über Pferde bei Hofe" an; im 15. Jh. bezeichnete es den königlichen Hofbeamten, der die Reiter befehligte, und im 16./17. Jh. war es bereits die Rangbezeichnung für den Reitergeneral. Der Bedeutungswandel ging einher mit der Rolle der Kavallerie in der Geschichte des Militärwesens. Sie war bis zur Herausbildung modernerer Militärtechnik die schlagkräftigste Waffengattung, und wer Pferde für den Waffendienst heranziehen und zu dressieren verstand, war hoch angesehen.

Konnotative Veränderungen in der Semantik der Geschlechtsbezeichnung *Weib* und der Standesbezeichnung *Frau* sind nicht allein mit sozialen Veränderungen zu erklären. *Weib* (ahd. *wib*) war zunächst der neutrale Ehrenname des sozialen Status der verheirateten Frau, während *Magd* (ahd. *magad*) die unverheiratete Frau, das „Mädchen" bezeichnete. In der mittelalterlichen bürgerlichen Dichtung (vgl. J. Schildt 1981, 109) wurde zunehmend *Frau* zur neutralen Geschlechtsbezeichnung, so dass schließlich das Ansehen der sozial höher stehenden Herrin (ahd. *frouwa*) und das Aufstreben des Bürgertums die Konkurrenz von *Weib* und *Frau* entschieden. Nach J. Schildt (ebenda) beobachtete bereits Walther von der Vogelweide um 1200, dass *Weib* immer mehr zu einem Schimpfwort wurde. Wiederum waren es historische Veränderungen, auf die die **Neokonnotierung** in der Semantik der beiden Lexeme zurückzuführen ist. Gleiche Ursachen für die voranschreitende Umbewertung führt J. Schildt auch für die Lexeme *Magd, Jungfrau, hübsch* an (ebenda, 109).

Konnotationen sind „indirekte" Informationen, die mit dem geäußerten Lexem mitverstanden werden und gebunden sind an die „Einordnung des betreffenden Zeichens in ein Normensystem der sozialen Verwendungsweise sprachlicher Mittel" (vgl. D. Viehweger 1977, 101). Konnotationen sind als Seme der Zeichensemantik nach meinem Verständnis nicht nur auf gesellschaftlich relevante assoziierte Wertungen im Sinne von „positiv" und „negativ" zu beziehen; sie bringen auch affektive Bedeutungsanteile zum Ausdruck (Emotion, Wunsch, Bitte, Befehl), die eingebunden sind in die semantische Struktur des Lexems (z.B. *Donnerwetter!*); auch Informationen zur gesellschaftlichen Existenzform der Sprache (z.B. umgangssprachlich), in der das Lexem eines der Elemente ist, aber auch Informationen zur anhaftenden stilistischen Markierung (z.B. salopp, vulgär, gehoben) sind im weitesten Sinne Konnotationen.

In der linguistischen Literatur wird nicht immer eindeutig unterschieden zwischen individueller und gesellschaftlicher Konnotierung. Beispielsweise enthält ironisch Gemeintes und/oder so Verstandenes im Kontext individuell geprägte Wertbeimessungen. T. Pelster nennt Konnotation den „emotiven Ausdrucksgehalt von Wörtern und Wendungen" (1971, 113). K.O. Erdmann wählt statt Konnotation die Bezeichnung „Nebensinn": Es sind „alle Begleit- und Nebenvorstellungen, die ein Wort gewohnheitsmäßig und unwillkürlich in uns auslöst" (1922, 106 f.). Wenn man akzeptieren kann, dass Konnotationen kleinste semantische Komponenten in der auf g e s e l l s c h a f t l i c h e n Konventionen beruhenden Lexem-Semantik sind, dann ist die individuell geprägte Konnotierung, z.B. die aus individueller Erfahrung einem Wort, einem Namen beigemessene Wertung oder Emotion kein Gegenstand der Linguistik.

„Werte" von bezeichneten Objekten, Sachen spiegeln gesellschaftliche Beziehungen, beispielsweise einer Sprachgemeinschaft, eben zu diesen Referenzobjekten. Die Werteveränderung (auch als Werteverschiebung begriffen) zeigt sich nur bei historischer Betrachtung, dennoch ist sie nicht allein Gegenstand der diachronischen Semasiologie, weil Werte in der Semantik sprachlicher Zeichen auch einen kulturellen Aspekt haben. Nicht immer zeigt sich dieser Aspekt so klar wie beim Bezeichnungswandel von *Frau* als zunächst spezielle Standesbezeichnung zur allgemeinen Geschlechtsbezeichnung. Die Ständeordnungen wurden mit der zunehmenden wirtschaftlichen und politischen Macht des Bürgertums bedeutungslos, *Frau* erfuhr eine Werteverschiebung infolge kultureller* Veränderungen.

Nicht so offensichtlich sind die Werteveränderungen von *Mähre* mit der aufkommenden Bezeichnung *Pferd*. „Pferd" ist bekanntlich heute das wertneutrale Nomen für das Tier und die Tiergattung aus der Familie der Unpaarhufer. Die Bezeichnung zu spätlat. *paraveredus* (Postpferd auf Nebenlinien), mhd. auch *pharit/ phert*, setzte sich mit der Entwicklung der öffentlichen Post durch und wurde nach und nach im 17./18. Jh. als allgemeine Bezeichnung für das Tier gewählt. Die bis dahin wertneutrale Bezeichnung *Mähre* (bis ins 16. Jh. für die „Stute", dann allgemein für „Pferd") nahm die heute noch gebräuchliche negative Wertbeimessung (klappriges altes Pferd) an. Es haben Entwicklungen im Postwesen, also kulturhistorische Veränderungen, und parallel dazu sprachökonomische Konsequenzen zur Wertbedeutung von *Mähre* geführt.

Im Werden und in der Entwicklung des Wortschatzes kommt es in der Semantik einzelner Lexeme auffallend häufiger zu negativen Bewertungen/ Neubewertungen als zu positiven Wertbeimessungen. Statistische Erhebungen dazu mit ausgewiesenen Signifikanzen sind mir zwar nicht bekannt, aber der fehlende Ausgleich ist augenfällig. Nachstehend führe ich (ohne etymologische Erläuterungen) wenige weitere Wortbelege an:

Negative Werte-Konnotierung:

Kumpan (Kamerad, auch Beisitzer einer städtischen Behörde): >Durch die häufige Bezeichnung auch für „Trink- und Saufkumpan" abgewertet.
Dirne (Jungfrau, Mädchen, dann auch Bezeichnung für „Dienstmädchen"): >Mit Verbreitung der gewerblichen Prostitution abfällige Bezeichnung für „Liebesdienerin, Hure, Prostituierte".
Droge (getrockneter Stoff als Arzneimittel, Gewürz, Chemikalie): >Die zunächst wertfreie Polysemie des Lexems wird um das negativ konnotierte Semem „Rauschgift" erweitert.

---

* Bereits bei J. G. Herder wird unter Kultur all das zusammengefasst, was der Mensch sowohl der Umwelt als auch seiner eigenen Entwicklung dem natürlichen Zustand hinzufügt und wodurch er zur Vervollkommnung seiner selbst gelangt (vgl. J. G. Herder 1853, 8. u. 9. Buch, Bd. 28, S. 290 – 435). Nach C. Träger (als Hrsg.) umfasst Kultur „diejenigen gesellschaftlichen Verhältnisse, die unmittelbar die Persönlichkeitsentwicklung der Individuen betreffen" (1986, 282).

Luder (erst nur Jagdausdruck für „Lockspeise, Köder", dann auch mit Über-maß geführtes Leben, Schlemmerei): >Derbes Schimpfwort für schmarot-zende und durchtriebene Menschen. In der Umgangssprache wird die Derb-heit durch Attribute abgeschwächt: *armes Luder, dummes Luder*.

Barbar (wertneutral für den Fremden, der sich in nicht allgemein verständli-cher Sprache äußert): > Rohling, Ungebildeter, grausamer Mensch.

Hof (Fürstenresidenz): > Mit der Erweiterung der Bedeutung bildet sich das Semem „eingezäunter Platz zu einem Wohnkomplex, auch Bauerngehöft". Dieses neue Semem hat keine im direkten Sinn negative Konnotierung ange-nommen, aber es hebt sich als Folge veränderter sozialhistorischer Bedin-gungen von der herkömmlichen Bedeutung ab durch eine in sozialer Hin-sicht herabgesetzte weiter greifende Geltung der Bezeichnung.

ordinär (noch im 18. Jh. wertneutral für „ordentlich, allgemein üblich"): >Nahm als Antonym zu „fein, vornehm, von edler Abstammung" die ab-wertende Bedeutung „gewöhnlich, vulgär, gemein" an.

Positive Werte-Konnotierung

Kabinett (die Entlehnung aus dem Franz. setzte sich mit der Bedeutung „Kammer, kleines Zimmer" durch): >Die Bedeutung wurde um weitere Se-meme und unter dem Einfluss sozial-historischer Entwicklungen in Frank-reich auch um das Semem „Arbeitszimmer eines Ministers", später auch „Ministerrat" erweitert.

Kobalt (abfällige Bezeichnung der Bergleute für ein silbriges Abbauprodukt, aus dem kein Silber gewonnen werden konnte): >wertvolles Metall in chemi-scher Verbindung.

Minister (Diener, Gehilfe, Verwalter): >Höchster Beamter im Staatsdienst und Mitglied der Regierung.

Schloss (befestigter, gesicherter, abgeriegelter Bau): >prachtvoll ausgestatte-ter, repräsentativer Wohnsitz.

Veränderungen in der Wertbeimessung können im Zuge sozial-historischer Entwicklungen ganze Gruppen von Lexemen eines Sinnbezirkes erfassen. Lexeme aus dem höfischen Leben, die zu Elementen unseres Wortschatzes geworden sind und eine neue Wertesemantik angenommen haben, sind unter anderen *Frau, Fräulein, Minister, Marschall, Hof, Schloss, edel* u.v.a. Oft füh-ren aktuelle Entwicklungen in nur einem gesellschaftlichen Bereich zu Wer-teveränderungen in der Semantik einzelner Lexeme.

Hier ein Beispiel: Mit der Zuwanderung ausländischer Bürger, aber auch als Reaktion auf rassistische Ideologien haben die Begriffe *fremd, Fremdheit* eine Neubewertung erfahren. Ein Menschen verachtendes Schimpfwort im Kontext der deutschen Sprache war die Entlehnung aus dem Engl. *Nigger* (zu lat. *niger* „schwarz/ dunkel"). Das Wort im Deutschen zu verwenden war nach Ende der Kolonialzeit nahezu tabu. Auch das wertneutrale Synonym *Neger* wurde in der zweiten Hälfte des 20. Jh. als abwertend empfunden. An seine Stelle traten *Schwarzer, Farbiger.* Unter dem Einfluss der Neubewertung von *fremd* nahmen auch diese beiden lange Zeit geläufigen Synonyme eine Neokonnotierung im Sinne von „nicht angemessen, abwertend" an, so dass heute der Bezug zur Hautfarbe gemieden und der Regionalbezug *Afrikaner* gewählt wird (nach G. Wahrig, Deutsches Wörterbuch sind *Afrikaner* „Einwohner Afrikas"), auch *Südländer* ist geläufig.

Einen die Werte verändernden Einfluss nahm die Reformation auf Begriffe der christlichen Kirche. In der Reihe *Pfaffe, Laie, Laienbruder, Priester, Pfarrer, Prediger* wurde *Pfaffe* nach der Reformation nur noch abschätzig gebraucht. *Laie* (eigentlich der im christlichen Dienst stehende „Nichtpriester", der meist auch Analphabet war) wurde zur Bezeichnung des Designats „Nichtfachmann". *Laie* wurde zum Allgemeinbegriff und verlor seinen Stellenwert in der christlichen Terminologie. Der *Priester* ist ein Geistlicher nur der katholischen Kirche, *Pfarrer* kann ein katholischer oder ein evangelischer Seelsorger in einer Gemeinde sein. Auch die Bezeichnung *Prediger* (Verkünder des göttlichen Wortes) ist nicht nur auf eine christlich-religiöse Richtung festgelegt.

Es ist eine bekannte Tatsache, dass sich neu wertende Seme in der Struktur von Sememen herausbilden bzw. durchsetzen, wenn sich die historisch-sozialen Bedingungen einzelner Bereiche oder ganzer gesellschaftlicher Systeme verändern. Veränderungen in dieser Weise haben sich auch im Prozess der Wiedervereinigung Deutschlands nach 1989 vollzogen, aber insgesamt gesehen waren vom Wertewandel nur verhältnismäßig wenige Lexeme/Sememe betroffen, unter anderen das Substantiv *Kollektiv* (nicht das Adjektiv), aber auch die in Ost- und Westdeutschland gebräuchlichen Lexeme *Karriere, Reklame.*

Es gab in Deutschland keine zweigeteilte Sprache, aber es gab unterschiedliche Termini, z.B. die in Ostdeutschland mit dem neuen Schulgesetz zu übernehmenden Bezeichnungen *Realschule, Hauptschule, Gymnasium, Rahmenrichtlinie* (für „Lehrprogramm"), *Curriculum* (Gesamtlehrplanung), *Honorarprofessor, Privatdozent, Azubi, Kita* u. v. a. Auf die terminologischen Veränderungen und Neuerungen gehe ich nicht weiter ein (vgl. Kapitel 2.2.2. in diesem Buch).

Viele der offiziellen Bezeichnungen im Sprachgebrauch der ehemaligen DDR waren vom politischen System der DDR und ihren Gesetzen geprägt. Ein Wortbeleg ist *Kollektiv.* Während das Adjektiv gleiche Bedeutungen in West- und Ostdeutschland hatte („gemeinsam, gemeinschaftlich") war das Nomen in der DDR ein Hochwert-Begriff zur Bezeichnung für gemeinsam arbeitende oder lernende Gruppen von Menschen in staatlichen („sozialistischen") Betrieben, Schulen und Verwaltungen. Die Wertbeimessung prägte die Semantik der Bezeichnungen *Arbeitskollektiv, Lehrerkollektiv, Schüler-kollektiv, Kollektivarbeit, Kollektivbewusstsein, Kollektiverziehung.*

Nach 1989 wandelte sich *Kollektiv* zunächst zum wertneutralen Synonym für die im Westen Deutschlands gebräuchliche Entlehnung *Team*, nahm dann aber eine (ideologisch markierte) negative Wertung an. Mit der Einheit des einst geteilten Landes wurden viele der DDR-spezifischen Bezeichnungen zu Archaismen.

Auch die in Ost- wie Westdeutschland geläufigen form- und partiell in-haltsgleichen Lexeme *Karriere* und *Reklame* veränderten sich in ihrer Se-mantik. Noch in den 60er Jahren wurden beide Lexeme in Deutschland wert-gleich verwendet (*Karriere* war positiv belegt, *Reklame* wertneutral; vgl. G. Wahrig, Deutsches Wörterbuch, Gütersloh 1966 und Meyers Kleines Lexi-kon, Bd. 2 und 3, Leipzig 1967).

Die mir vorliegende letzte Ausgabe von G. Wahrig, Deutsches Wörter-buch, Gütersloh/München 2000, definiert *Karriere* mit positiver Wertbedeu-tung: „rascher Aufstieg in Leben und Beruf, (glänzende) Laufbahn." Unter dem Stichwort *Reklame* ist eingetragen: „das Anpreisen von Waren durch Plakate, Zeitung, Film und Funk u.a., Werbung."

Das letzte mir vorliegende Lexikon der DDR (BI Universallexikon, Leip-zig 1989) führt zu *Karriere* die Nominaldefinition an: „schneller beruflicher Aufstieg". Im zweibändigen Wörterbuch (hrsg. von G. Kempke, Berlin 1984) ist als weiterer Eintrag: „ein besonders bestimmtes Standesbewusst-sein/ Prestigedenken widerspiegelnder Sprachgebrauch".

Zu *Reklame* führt das Lexikon (1989) an: „Negative Bewertung von Wer-bung im Sinne marktschreierischer, unseriöser, oft auch unwahrer und z.T. auch unverantwortlicher, auf Kundenmanipulation gerichteter Anpreisung von Waren und Leistungen." Im Wörterbuch von G. Kempke, 1984, ist zu lesen: „Besonders in der kapitalistischen Wirtschaft praktiziertes (aufdringli-ches) Anpreisen von (...) Waren, Dienstleistungen."

Im Westen Deutschlands sind *Karriere* und *Reklame* positiv wertende bzw. wertneutrale Lexikoneinheiten nach vielen Jahren Umgang und Erfahrung mit den entsprechenden Denotaten. Im Osten Deutschlands haben sich bis zur Wie-dervereinigung 1990/91 unter dem Einfluss anderer politischer Grundwerte Werteveränderungen durchgesetzt. *Karriere* wurde im allgemeinen Sprach-gebrauch selten (und abschätzig), im offiziellen Sprachgebrauch nicht verwendet. Auch *Reklame* war im allgemeinen Sprachgebrauch nur selten (und abschätzig konnotiert) zu hören. Da Reklame für Binnen-Angebote an Waren und Dienst-leistungen in der DDR schon in den 60er Jahren untersagt wurde, bezog sich das Lexem (und auch nur selten) auf andere Sachverhalte: *Die machen schon wieder Reklame für die Volkskammer-Wahlen.* Die exponiert negative Wertung ist als semantisches Merkmal in das Lexikon-Wort der offiziellen Sprache eingegan-gen, ganz im Gegensatz zur positiv konnotierten Bezeichnung *Propaganda.*

Werteveränderungen in der Semantik von Lexemen sind in jedem Fall referentenbezogen; sie zeigen sich in drei Richtungen:

1. Das Referenzobjekt bleibt unverändert, es ändert sich/ verschiebt sich aber die Bewertung in der Semantik des Lexikon-Wortes (z.B. *Kobalt*)
2. Das Lexikon-Wort verändert seine Extension und verändert in seiner Semantik auch die Bewertung (z.B. *Frau, Weib, Hof*)
3. An Stelle des ursprünglichen Referenzobjektes tritt ein neues und es ändert sich mit dem Bedeutungswandel auch die Wertung (z.B. *Marschall*: Vom Stallknecht zum General). Werteveränderungen vor dem Hintergrund veränderter sozial-historischer Bedingungen sind nicht gleichzusetzen mit Wertbeimessungen der „Wertwörter", also mit Lexemen/Sememen, die auf positive oder negative Designate referieren, beispielsweise *Schönheit, Anmut, freundlich, gepflegt, hilfsbereit; Krieg, Inferno, Gewalt*.

Auch Eigennamen können wertende Konnotationen annehmen, z.B. der Eigenname *Xanthippe* (der Gattin des Philosophen Sokrates). Xanthippe wird nachgesagt, dass sie ihrem Mann zugesetzt habe, wenn er sich auf dem Markt und den Straßen von Athen durch geschicktes Fragen zu eigenen philosophischen Gedanken anregen ließ. Der Eigenname *Xanthippe* hat sich zum Gattungsnamen gewandelt und die allgemeine Bedeutung „zanksüchtige Ehefrau" angenommen.

Zusammenfassung:

Die Bedeutung eines sprachlichen Zeichens ist ein im gesellschaftlichen Bewusstsein gespeichertes und der Veränderung unterliegendes Abbild zu einer Klasse von Gegenständen, Sachverhalten, Beziehungen u.a.m. Kommt es aber infolge kulturgeschichtlicher Veränderungen und veränderter sozial-historischer Bedingungen auch zu Werteveränderungen in den Designaten (den Referenzobjekten), dann gehen sie in die Semantik der zugeordneten Bezeichnungen ein. Veränderungen in der Wertbeimessung führen in den Bedeutungen (Sememe) der Lexeme in der Regel zur positiven oder negativen Werte-Konnotierung. Einzelne Lexeme können aber auch ihre Wertbedeutungen verlieren wie beispielsweise in der Bedeutung des Lexems *Frau*. Die Bezeichnung wird heute wertneutral verwendet.

Frage: Sind auch in unserer Gegenwart Werteveränderungen in der Semantik einzelner Lexeme zu beobachten? Können Sie Beispiele nennen?

5.2.7. Aspekte der Bewertung

Die Grenze zwischen bewertend/beurteilend und wertneutral in der Semantik des Lexikonwortes ist nur schwer zu ziehen. Allein die Nomen sind nicht schlechthin nur Namen für Designate oder für Attribute zu Objektbezeichnungen. Sie spiegeln auch unsere Weltsicht, die uns in einer Sprachgemeinschaft eigen ist. Allein schon die Frage *Sitzen Sie bequem?* kann ironisch oder auch herausfordernd gemeint sein, sie kann sich aber auch sehr direkt auf das Sitzmöbel beziehen, z.B. auf *Schemel, Hocker, Stuhl* (gepolstert oder ungepolstert), *Sessel, Couch, Sofa.* Die Gradation *bequem – behaglich – gemütlich – unbequem* zeigt Bewertungen unter dem Aspekt des Gebrauchswertes von Objekten an. Aus der Sicht des wertenden Subjekts, das sein gesellschaftlich determiniertes Verhältnis zu Sachen reflektiert, wird das Objekt nach einer Werte-Skala eingestuft und bewertet.

Unter ganz anderem Aspekt können ethische und moralische Eigenschaften ausschlaggebend für die Bewertung sein, z.B. das Verhältnis zu Leitbildern, Prinzipien („Er ist *unbestechlich*"). Wir sprechen dann vom ethischen Aspekt der Bewertung.

Bequem ist ein polysemes Lexem, dessen Sememe sowohl negativ als auch positiv bewertende Seme an sich gebunden haben: Paul ist sehr *bequem* („träge, faul"); den *bequemen* Weg, die *bequeme* Ausrede wählen („leicht, mühelos"). Auf die Frage, wo es sich denn *bequemer* sitzen ließe, auf einem Hocker oder in einem Sessel, kommt erwartungsgemäß die Antwort: In einem Sessel. Die vom Attribut ausgehende Bewertung kann auf das Objekt übergehen, wenn die Kollokation (z.B. mit „Sessel") zur usuellen Bindung wird. Aber lässt sich daraus für das Wortfeld „Sitzmöbel" folgern, dass jedes seiner Lexeme bewertende Seme bindet?

Gewiss, die linguistische Kategorie des Werts wird auch im Sinne des Stellenwerts gebraucht, den ein Semem/Lexem im Wortfeld einnimmt und durch den es sich semantisch von benachbarten Sememen/Lexemen abgrenzt. Doch darum geht es uns nicht vordergründig. Hier steht vielmehr die Frage im Raum, ob viele unserer Nomen, hier nur exemplarisch für Sitzmöbel, bei bloßer Nennung auch eine Bewertung signalisieren. Oder anders gefragt: Sind *Schemel, Sessel* wie auch die anderen Nomen für Designate aus dem Sinnbezirk „Sitzmöbel" positiv bzw. negativ konnotiert?

Die Frage ist insofern berechtigt, als sie uns Grenzen in der Beschreibung der Semantik aufzeigt. In der Semantik spiegelt sich das abstrahierte Bild von der objektiven Welt, das neben Rationalem auch emotional-expressive Elemente und selbst stilistische Markierungen einschließt. Das Lexikonwort wird im Allgemeinen aber nur dann als (bewertend-)konnotiert empfunden, wenn das konnotierende Sem den Platz mitbestimmt, den das Lexem/Semem im lexikalisch-semantischen System einnimmt. Diese Bedingung erfüllen z.B.

die hier willkürlich angeführten **Wörter mit wertendem Bezug auf das Bezeichnete:**

hässlich, böse, grausam, freundlich, schön, gut, Schädling, Nützling, Scheusal, Krieg, Frieden, Chaos, Niederlage, Rachsucht, Feind, Freund.

Die Reihe kann nicht undifferenziert behandelt werden, denn es ist zu unterscheiden zwischen Lexemen,

(1) deren eigentliche Funktion das Bewerten ist, z.b. *gut, schlecht, nützlich* (sog. **Wertwörter** (vgl. T. Schippan 1992, 147) und

(2) deren Semantik bewertende Elemente lediglich einschließt, z.B. *Freund, Feind* (sog. **konnotierte Wörter**, vgl. W. Fleischer 1978, 546 f.).

Handelt es sich hier um Lexeme, deren wertende Bedeutung bereits im Sprachsystem angelegt ist, so nehmen wiederum andere Lexeme erst im sprachlichen Handeln eine wertende Bedeutung an. So ist beispielsweise *Spieß* die wertneutrale Bezeichnung für eine mittelalterliche Waffe. In der phraseologisch gewordenen Verbindung *den Spieß umdrehen* wird eine Drohung ausgesprochen, die eine negative Wertbeimessung impliziert. Solche erst vom Kontext bewirkten Konnotationen sind i.w.S. „stilistische Markierungen".

W. Fleischer trifft für systemgebundene und kontextgebundene Konnotationen die für die Wörterbucharbeit sinnvolle Unterscheidung „lexikonspezifische und kommunikationsspezifische Konnotation" (ebenda). Geht man jedoch davon aus, dass das Wort im System seinen jeweiligen Stellenwert erst über wiederholt gleiche kollokative und grammatische Bindungen im Sprachgebrauch einnehmen konnte, dann ist die Unterscheidung nur bedingt zweckmäßig. Auch das Lexikonwort ist nur über seine potenziellen Bindungen und Funktionen in kommunikativen Handlungen semantisch beschreibbar.

Unschärfen in der Semantik-Beschreibung des Lexikonwortes bzw. bei Polysemie eines seiner Sememe resultieren aus dem abstrakten Wesen, mit dem sich die Lexem-Semantik vom Designat abhebt. W. Porzig geht sogar so weit, dass er (im Unterschied zu den „Dingbezeichnungen") dem isolierten Abstraktum die Bezeichnungsfunktion abspricht:

„Daß ein Abstraktum synsemantisch ist, d.h. für sich allein nichts besagt, keinerlei Mitteilungs- oder Ausdruckswert besitzt, leuchtet ein. Es hat diese Eigenschaft gemein mit allen isolierten Wörtern überhaupt: sie alle können sich auf Sachverhalte beziehen nur im Zusammenhang der Rede" (1930/31, 68).

Wertwörter wie *gut, nett, böse* sind designativ nicht profiliert und können semantisch auch nicht unter Bezugnahme auf ein Designat beschrieben werden. Aber auch viele der implizit wertenden Lexeme der Wortart Substantiv wie *Leid, Glück, Leistung* sind ebenso wenig designativ profiliert. Je abstrakter eine Beziehung auf das Designat ist, desto unschärfer gerät die Beschreibung der Semantik mit den darin enthaltenen bewertenden Semen.

Auf das „Gefühl der Unschärfe" macht auch G. Wotjak (1977, 140 f.) mit Bezug auf Ausführungen von A. Schaff aufmerksam. Er begründet seine Beobachtung mit der Tatsache, dass „wir bei der Bestimmung des intersubjektiven Semems immer auf der Beobachtung von individuellen subjektiven Bewusstseinsinhalten aufbauen müssen". Die Bedeutung zeichne sich, wie immer sie auch bestimmt werde, durch einen hohen Grad von Unbestimmtheit aus (ebenda). A. Schaff sieht in dieser „Unbestimmtheit" die große Stärke der Sprache, denn sie erlaube es ihr, „den einfach unbegrenzten expressiven Anforderungen im gesellschaftlichen Kommunikationsprozess nachzukommen" (1966, 285).

Wertzuordnungen in der Semantik lexikalischer Zeichen sind an Formelemente der Lexeme gebunden, so dass eine Klassenbildung unter dem Aspekt der Form-Semantik-Beziehung möglich ist:

(a) Die Werte-Semantik wird über das Grundmorphem vermittelt, z.B. bei *arm, reich, Glück, lieb, treu, Strafe, Köter, frech, fesch.* Hierzu gehören auch die meisten Wertwörter. Bei verschiedenen Bildungen dieser Klasse aus wertendem Grundmorphem + Affix haben die Affixe keinen wesentlichen Anteil an der Werte-Semantik des Lexems. Zum Beispiel bei *gut, Güte, gütlich, gütig* ist die Bewertung allein dem Grundmorphem inhärent. Ebenso bei *paradiesisch, majestätisch, gierig, verdammen* (zu lat. damnum „Verlust, Nachteil, Schaden"), *Feigling, Schlamassel* (hybride Bildung zu dt. „schlimm" und jidd. „masol" – urspr. Bedeutung: „unter schlechtem Stern"), *tugendsam, ehrlich, redlich, Mörder, mörderisch, bösartig, gutartig, leichtsinnig.*

(b) Die Werte-Semantik in der Einheit des Lexems wird über Affixe signalisiert. Man mag die Leistung dieser Affixe dahingehend deuten, dass der Lexemsemantik anhaftende wertende Implikationen nicht „grundbedeutend", sondern als Konnotationen zu verstehen sind. Lexeme mit Affixen für eine wertende Konnotation sind beispielsweise

schöpferisch, weltmännisch, kindisch, weibisch, hündisch, äffisch, knechtisch, lässig, lästig, findig, herzig, abtrünnig, schusslig (zu Schuss im Sinne „unkontrollierte schnelle Bewegung"), *stickig* (zu „stechen"), *rosig, schludern* (zu ide. *(s)leut „schlaff herabhängen"), *sticheln* (zu „stechen"), *Schlampe, Schlamperei* (zu „schlaff"), *verderben* (zu derb „mit Mühe arbeiten"), *Gewinnler, Lüstling.* (Zur Polyfunktion und Polysemantik der Affixe vgl. W. Fleischer/I. Barz 1992).

Es sei aber angemerkt, dass Konnotationen als informative „Zusätze", die auf ein Normensystem der sozialen Verwendungsweise sprachlicher Mittel referieren (vgl. Kapitel 5.2.6. in diesem Buch), nicht nur wertende Informationen im Sinne von positiv oder negativ m i t vermitteln. Auch zusätzliche Informationen über die Höhenlage des verwendeten Lexems, etwa in der Gradation einer Skala gehoben – unmarkiert – salopp – vulgär, zum Beispiel: an einem Ort

> *verweilen/weilen* (gehoben)
> *bleiben, sich aufhalten* (unmarkiert)
> *sitzen* (salopp)
> *hausen* (vulgär)

enthalten Wertungen. Selbst die vorzugsweise Verwendung von Lexik einer bestimmten sprachlichen Existenzform (z.B. Umgangssprache, Dialekt, sozial markierte Sondersprache) ist nicht immer frei von Konnotationen. Auch der motivierte Wechsel der sprachlichen Existenzform kann bewertend sein: „Ich frage dich, *wat soll dat?*" (Wechsel zum Dialekt).

Die Nominalpräfixe **un-** und **miss-** dienen (wenn auch nicht ausnahmslos) der Bildung von paarigen Antonymen der Opposition „wertneutral – bewertend" bzw. „positiv bewertend – negativ bewertend":

> *Sinn – Unsinn, Person – Unperson, günstig – ungünstig, sittlich – unsittlich, Gunst – Missgunst, geraten – missraten, Ton – Misston, gelingen – misslingen, angenehm – unangenehm.*

Auch einige andere Affixe können Oppositionen mit entgegengesetzter Wertung oder mit wertender Variante bilden:

> *wider – widrig, Esel – Eselei, Rede – Rederei, Schwein – Schweinerei, Eifersucht – Eifersüchtelei, reden – zerreden, arten – entarten, ehren – entehren.*

(c) Eine wertneutrale lexikalische Einheit wandelt seine Semantik und nimmt Wertbedeutung an. Das Adjektiv *misslich* wird gegenwärtig mit der Bedeutung „schlecht, unerfreulich" gebraucht: In eine *missliche* Lage geraten sein. Ursprünglich hatte es die Bedeutung „verschiedenartig, von verschiedener Gestalt" (nach W. Pfeifer 1989, Bd. 2). Auch die folgenden Formative (hier nur eine Auswahl) haben Wertbedeutung angenommen: *Knicker/ knickrig* (unter dem Einfluss von Knauser [zu „knaus", „knus"] in der Bedeutung „hochfahrend gegenüber den Armen" hat sich die Bedeutung „Geizhals", „geizig" herausgebildet, wohl metaphorisch zu „einknicken, in die Knie gehen"); *zimperlich* (aus dem Obd. „zimpfferlich": die pejorative Konnotation „übertrieben empfindlich, weichlich" ist aus der ursprünglichen Bedeutung „fein, zierlich, künstlich" hervorgegangen); *blasiert* (zu franz. „blasé" in der herkömmlichen Bedeutung „vom Alkohol zugrunde gerichtet"), im Dt. hat es die pejorative Bedeutung „überheblich, hochnäsig" angenommen; *banal* (zu altfrz. „ban" – mit Bann belegt). Im Dt. bedeutet es „geistlos, alltäglich, nichts sagend".

Die Analyse der Autosemantika mit wertender Konnotation führt uns vor Augen, wie sehr sich in der Sprache unsere Weltsicht spiegelt. Wir koppeln die Sachbezeichnung mit unserer Erkenntnis über den Wert der Sache. Das wird uns besonders bewusst, wenn wir neue Wörter „schaffen", die wir dem verfügbaren Wortschatz noch nicht entnehmen können oder es auch nicht wollen. Die Medien fordern zu Neubildungen geradezu heraus, denn nur was kurz und zündend ist, hat Aussicht veröffentlicht zu werden. Gegen den „Sprachverderb" in Werbung und Talk-Shows wendet sich G. Grosskopff, wenn er nachstehende Okkasionalismen bildet oder wählt: *Blähdeutsch, Stammeldeutsch, Plastikwort, notzüchtigen* (1997, 3).

Lexikalisierte oder (noch) nicht lexikalisierte substantivische Komposita, die Wertbedeutungen in der Art von Aussagen vermitteln, kondensieren gewissermaßen die Aussage. In seinem Reisebild „Die Bäder von Lucca" (1829) nennt der Dichter H. Heine in seiner polemischen Betrachtungsweise Deutschland ein *Stiefvaterländchen*, ein *Narrenreich*. Objekt seiner Polemik ist ein Lustspiel des Grafen August von Platen. Der Dichter, sich zurückträumend in *bessere Götterzeiten*, wertet die Figuren des Stücks: Der Markese in schwitzender *Selbstwonne*, der eine ganze Skala von Zärtlichkeiten *durchliebelt*. Der Polemik dienen (hier nur in einer kleinen Auswahl) auch die Komposita

> *betastungssüchtig, Mädchenperson, schmunzlächeln, gelbfettige Makkaronigesichter, Spitzbüberei, Rührungsmensch.*

Nach seinen Intentionen schafft sich der Dichter selbst aus dem Morphembestand des lexikalischen Systems der Sprache seine wertenden Lexeme. Auf den schöpferischen Umgang mit der Sprache, und sei es auch nur die Bildung von Okkasionalismen, werden wir trotz unseres reichen Wortschatzes nicht verzichten können. Aber viel häufiger greifen wir auf „fertige" Lexeme zurück, die in das lexikalische System bereits eingebunden sind, darunter auch jene Wörter, die erst in der Komposition eine wertende Semantik angenommen haben:

> *Bruder Leichtsinn, Leichtfuß, Hochmut, Luftnummer, nassforsch, Kleinod*, Hexenkessel, Kurzschlusshandlung, Machwerk, Mannsbild.*

Einige hauptsächlich pejorative Lexeme sind nach dem Modell der Reduplikation gebildet:

---

* Ursprünglich ein Suffix (ahd. -oti in der Bedeutung „Ding, Sache"), wird es heute als nicht frei vorkommendes Wort empfunden.

Wischiwaschi, Schnickschnack, papperlapapp, Schickimicki, Larifari, aber auch meliorativ *tipptopp.*

In die verhältnismäßig große Gruppe der pejorativen Lexeme sind auch die Schimpf-, Spott- und Neckwörter einzuordnen. Ich verweise hier auf die Sammlung von H. Pfeiffer (1996) und führe wenige Belege daraus an.

H. Heine hat einmal angemerkt: Wenn die Esel wüssten, dass die Menschen sich „Esel" schimpfen, würden sich die Esel „Mensch" schimpfen. Zu den „Personenbezeichnungen, die geeignet sind, Menschen oder Menschengruppen zu beschimpfen, zu verspotten oder abzuwerten" (H. Pfeiffer) gehören eben auch jene Tiernamen, die als Metaphern zum Ausdruck menschlicher Schwächen, auffälligen Verhaltens, Beleidigungen, Derbheiten oder auch nur ausdrucksverstärkend (z.B. *saudumm*) gewählt werden. Beleidigend sind unter anderen *Affe, Esel, Kamel, Schwein, Schafskopf, Hundsfott.* Wer kleinlich und sehr auf seinen Vorteil bedacht ist, muss damit rechnen, *Krämerseele, Kleinlichkeitskrämer, Halsabschneider, Miethai* genannt zu werden. Wem es an Intelligenz mangelt oder wer nur den Weg des geringsten Widerstandes geht, gilt als *Dünnbrettbohrer.* Der leicht aufbrausende Zeitgenosse ist ein *Rappelkopf,* wer gern und oft lästert, ist ein *Lästermaul,* wer zu Intrigen neigt, ein *Ränkeschmied.*

Menschliche Verhaltensschwächen und unliebsame Charaktereigenschaften werden mit Schimpf und Spott bedacht:

Kraftmeier, Großprotz, Großsprecher, Großschnauze, Angeber, Tagedieb, Taugenichts, Hexenbesen, Weichei. Selbst Kinder werden getadelt: *Heulsuse, Lausbub, Schmutzfink.*

In bestimmten Situationen kann das negativ konnotierte Lexem auch Ausdruck von Zuneigung sein, also einen positiven Beiwert annehmen, wenn z.B. der Freund mit liebevollem Unterton *Mistkerl* genannt wird, weil er der Freundin ein Zugeständnis abringen oder sie zum Einlenken bewegen konnte.

Während Schimpfwörter fast immer einzelne Personen verunglimpfen, sind diskriminierende Bezeichnungen gegen Personengruppen, Völker, Glaubensrichtungen hauptsächlich ideologisch motiviert: *Nigger, Pack, Bananenrepublik, Schurkenstaat.* Ich verweise auch auf die Diskriminierung der Juden in Deutschland zur Zeit der Nazi-Diktatur.

Die Frage, ob Wörter Lügen können, beantwortet H. Weinrich mit einem klaren „Ja", denn einige Autosemantika können in einem Kontext missbräuchlich verwendet und mit dieser Kontextdetermination verbreitet werden. Er führt als Beispiel aus der nazistischen Terminologie die Wortgruppe *Blut und Boden* an.

„Beide Wörter können heute so unbekümmert gebraucht werden wie eh und je. Man lügt nicht mit ihnen und wird nicht mit ihnen belogen. Aber es ist keinem Deutschen mehr möglich, die beiden Wörter zu verbinden. Mit ‚Blut und Boden‘ kann man nur noch lügen" (2000, 36).

Ideologisch determinierte Wertbeimessungen sind strategisch angelegt, denn die in den meisten Fällen wertneutralen Lexeme erhalten eine beabsichtigte Wertung im Kontext der Fügung oder der Komposition, z.B. *Endlösung, Republikflucht, sozialistische Demokratie* u.a. Nicht nur Diktaturen, auch andere Herrschaftsformen, z.B. bürgerliche Demokratien, wählen diese semantische Strategie, um die eigene Herrschaftsform mit ihrem Instrumentarium und ihren Grundpositionen positiv hervorzuheben. Einige der Schlüssel-Lexeme sind *soziale Marktwirtschaft, soziale Gerechtigkeit, Chancengleichheit, Allgemeinwohl, fairer Wettbewerb.*

Die hier genannten Wortgruppen-Termini und Komposita erhalten ihre Bedeutung einschließlich ihrer wertenden Konnotationen im verbalisierten oder auch nicht verbalisierten Kontext der konkreten politischen Verhältnisse. Wie sehr der Kontext wertende Konnotationen aktualisiert und fokussiert, zeigt auch folgendes Beispiel:

Interpretiert man *Dritte Welt* im Kontext der Synonyme *Entwicklungsländer, Zweidrittelwelt*, dann treten die Wertungen »technisch, wirtschaftlich und sozial unterentwickelt«, »Menschen in Armut und mit niedriger Lebenserwartung« »Bildungsnotstand« hervor; ordnet man die Lexemgruppe *Dritte Welt* aber neben *westliche Welt, östliche Welt* mit Verweis auf die sich entfaltenden Demokratiebestrebungen in den Entwicklungsländern, nimmt „Dritte Welt" aufwertende Konnotationen an.

In der Terminologie der Semiotik werden sprachliche Zeichen mit Wertbedeutung bzw. mit wertender Konnotation auch **Appraisoren** genannt (vgl. auch Kapitel 2.2.5. in diesem Buch), wenn sie dazu dienen, dass sich der Adressat die angezeigte Bewertung zu Eigen macht. G. Klaus hebt hervor, dass die Appraisoren das Verhalten der Sprachteilnehmer „auf der Grundlage einer tatsächlichen oder vorgetäuschten Wichtigkeit bestimmter Objekte, Bedürfnisse usw." lenken können (1968, 66). Insofern sind Appraisoren auf „kommunikationsspezifische Konnotationen" (W. Fleischer, a.a.O.) festgelegt.

Vermittels der im Sprachsystem angelegten wertenden Seme (in der Semantik der Wertwörter und der konnotierten Lexeme) signalisieren die Seme in kommunikativen Handlungen Wertbedeutungen, die das Verhalten der Rezipienten lenken oder zumindest beeinflussen können. Wertung/ Bewertung durch Sprache (bzw. „in Sprache") wird in kommunikativen Handlungen zu einer pragmatischen Größe, die sich im Kontext der Aussage und der

Situation entfaltet. Dabei trägt das Lexem als Lexikoneinheit zunächst lediglich die Möglichkeit in sich, als pragmatische Größe zu fungieren (potenzielle Funktion). Aber der Wertausdruck ist nur selten objektiv, weil er immer auch eine subjektive Beziehung des Sprechers/Schreibers zum bewerteten Objekt konnotiert. Natürlich sind subjektive Momente in wertenden Äußerungen mehr oder weniger stark beteiligt. Gering ist der subjektive Anteil bei eindeutig definierten Vorgaben, z.B. bei der Vergabe von Noten für schulische Leistungen, etwa bei der Lösung einer Mathematikaufgabe. Das heißt dennoch letztlich, dass Wertausdrücke in sprachlichen Handlungen ein subjektives Wertesystem widerspiegeln.

Wir haben folglich zu unterscheiden zwischen der **linguistischen Kategorie** der Wertung in der Semantik vieler Lexikoneinheiten, z.B. *herrlich, vortrefflich, großartig, prachtvoll, prächtig*, und der **pragmatischen Kategorie** der Wertung in Bewertungshandlungen/ Urteilen, z.B. *die prächtigen barocken Gewänder im Schloss X.*

Zusammenfassung:

In der Semantik spiegelt sich das abstrahierte Bild von all dem, was wir aus der objektiven Welt erfahren, wahrnehmen, empfinden und rational verarbeiten können. Inbegriffen sind unsere Wertungen und Urteile, die wir vermittels der Sprache durch Wertwörter (*gut, schlecht, böse, nützlich*) und über konnotierte Lexeme (*Freund, Feind, Frieden*) zum Ausdruck bringen. Zu den vielen pejorativen (negativ wertenden) Lexemen im Lexikon der Sprache gehören die Schimpf-, Spott- und Neckwörter. Menschliche Verhaltensschwächen werden mit Schimpf und Spott bedacht.

Wertbedeutungen können in der Lexemsemantik des Lexikonwortes bereits angelegt sein, aber selbst wertneutrale Lexeme können im Kontext ihres Gebrauchs eine Wertbeimessung annehmen (z.B. *Fahrerflucht, den Spieß umdrehen*).

Frage: Welche Mittel und Verfahren haben wir nach Ihrer Erfahrung und Sprachkenntnis <u>noch</u> zur Verfügung, um Wertungen zum Ausdruck zu bringen?

5.2.8. Bedeutungswandel

Den Wandel lexikalischer Bedeutungen habe ich bisher nur erwähnt (und auch mit Einzelbeispielen unterlegt, vgl. Kapitel 5.2.1.), denn die Dynamik ist ein Charakteristikum unserer Sprache, die sowohl ihren Gebrauch kennzeichnet als auch (und folglich) eine zeitlose Eigenschaft ihres Systems ist.

Wir sprechen von **Veränderung,** wenn wir lediglich registrieren, dass die Sprache von „gestern" eine andere war als sie es „heute" ist.

Veränderungen in der Lexik zeigen sich auf vielfältige Weise, z.B. als Bedeutungsübertragungen (Metaphorik, Metonymie), bei Archaismen, Neologismen, Entlehnungen, Transferenz aus den Sondersprachen, den Dialekten und der Umgangssprache in die Standardsprache. Veränderung in der Anwendung auf Sprache ist nicht nur eine quantitative Kategorie (so allerdings G. Wolff, 1999, 28), denn sie ist auch auf qualitative Erscheinungen im Werden und Vergehen der Sprache zu beziehen.

Jedes Semem, das sich im Verlauf seiner Geschichte wesentlich verändert hat, also Bezeichnungseinheit für ein anderes Designat geworden ist, hat auf der Zeitachse zumindest eine neue Qualität oder auch nacheinander mehrere neue Qualitäten erfahren. So geht beispielsweise der Inhalt des gegenwartssprachlichen Lexems *nötig* auf *Not* zurück. Ahd. *notag* oder auch *notig* bedeutete „in Not sein", „bedrängt" (zu ahd. *not* „Zwang, Bedrängnis" zur ide. Wz. **nau-, *nu-* „Tod, Leiche"). Im Mhd. (*notic, nœtic*) behält es diese Bedeutung bei, steht aber auch schon für „die Not wenden, notwendig". Es sind in der Semem-Evolution zunächst quantitative Veränderungen, aus denen sich im Ergebnis ein Semem herauskristallisiert, das „wesentlich" anders ist als das Basis-Semem, z.B. das im aktuellen Sprachgebrauch geläufige Semem „dringend erforderlich, notwendig, unentbehrlich" (vgl. W. Pfeifer, Bd. 2, 1989, 1179).

Bezogen auf unser Beispiel ist mit nhd. *nötig* aus ahd. *notig/* mhd. *nœtic* ein Semem mit qualitativ veränderter Bedeutung entstanden. Qualität ist das, was den Unterschied des Wesens, nicht den der Erscheinung ausmacht. Mit Bezug auf unser Wortbeispiel ist das Wesen **„Inhalt der Form";** die Form ist die Erscheinung. Oder anders bemerkt: Auch die Wortform hat sich verändert, aber diese Veränderung ist nicht wesentlich, sondern sie war unter den Entwicklungsbedingungen (nach der junggrammatischen Schule: den „Lautgesetzen") auch zu erwarten.

Der **Bedeutungswandel** in diachronischen Prozessen wird im Allgemeinen auf Lexeme, genauer: auf Sememe, bezogen, die sich – wie oben beschrieben – qualitativ verändert haben. Der Bezug allein auf Sememe (nicht auf Lexeme) schließt polyseme Entwicklungsprozesse aus der Begriffsextension des Bedeutungswandels aus. Die Herausbildung der Polysemie behandele ich als **Bedeutungsentwicklung,** die Bedeutungsübertragung aber als Bedeutungsverschiebung. Zum Beispiel hat das Semem *Maus* (für kleines Nagetier) verhältnismäßig zahlreiche Metaphern hervorgebracht:

~ graue Maus (betont unscheinbar gekleideter und zurückgezogen lebender junger Mensch; Vergleichsbasis ist das Unscheinbare und Unauffällige)

~ weiße Maus (weiß gekleideter, den Straßenverkehr regelnder Polizist, in der Schweiz auch weiß gespritztes Polizeiauto; auch: figurelle Erscheinung

im Delirium; Vergleichsbasis ist das Unerwartete, Unvorhersehbare des Wahrgenommenen)
~ Handballen (Vergleich der Form)
~ Oberarmmuskel (Vergleich der Form)
~ elektronisches Eingabegerät (Vergleich der Form)
~ kleines Mädchen (Vergleich zum Wesen einer Maus, die aus der Distanz als niedlich und zart empfunden wird)

Wenn man akzeptieren kann, dass gewandelte Bedeutungen im Wortschatz aus unterschiedlichen Ursachen heraus (auf die noch einzugehen ist) das Ergebnis evolutionärer diachronischer Prozesse sind; wenn man ferner den Systemcharakter des Wortschatzes anerkennt, dann muss eine wissenschaftliche Behandlung des Bedeutungswandels vom lexikalisch-semantischen System ausgehen. Andererseits aber sind es Sprechereignisse, ist es die sprachlich-kommunikative Tätigkeit, die Wandlungen im System bewirkt. Im Hinblick auf die Wechselwirkungen von System und Tätigkeit geht der Bedeutungswandel auf externe Faktoren zurück. Sprachinterne Beobachtungen sind nur eine Folge des externen Einflusses auf die Sprache. Ich spreche deshalb nicht von „internen Faktoren" (vgl. G. Wolff unter Bezugnahme auf A. Martinet, 1999, 25), sondern von sprachinternen Folgen.

Dem Bedeutungswandel zuzurechnen sind auch Werteveränderungen in der Semantik von Lexemen (ausführlich dazu Kapitel 5.2.6.), denn der Wertewandel hat die Sememstruktur wesentlich verändert und folglich auch die Gebrauchsbedingungen des Lexems. Doch im Wertewandel zeigt sich nur eine Art des Wandlungsprozesses, nicht aber der Bedeutungswandel insgesamt. In der Literatur wird aber gerade diese Art des Wandels ausführlich behandelt, mit Einzelbeispielen unterlegt und den Klassen „Bedeutungsverschlechterung", „Bedeutungsverbesserung" zugeordnet. Ich habe an anderer Stelle begründet, warum ich diese geläufigen Termini, so auch „Bedeutungserweiterung", „Bedeutungsverengung" meide (vgl. Kapitel 5.2.1.).

Die Ursachen für den Bedeutungswandel sind vielfältig und werden mit dem Hinweis auf kulturgeschichtliche Veränderungen und veränderte sozialhistorische Bedingungen nur allgemein angegeben. **Kulturgeschichtliche Veränderungen** zeigen sich im Vorher-Nachher-Vergleich beispielsweise in der Siedlungskultur, in der Entwicklung von Handel und Handwerk, in der Anwendung neuer Erkenntnisse, Verfahren, Techniken, durch die sich mit der Anwendung und der Durchsetzung des Neuen auch die Designate verändern, aber ihre herkömmliche Bezeichnung erhalten bleibt.

Der Verzicht auf eine neue Bezeichnung trotz Bedeutungswandels fällt unter das Bestreben nach „Sprachökonomie". Unsere *Schreibfeder* besteht seit langem nicht mehr aus Gänsekiel und Gänsefeder, und der *Bleistift* mit seiner

Graphitmine ist frei von Bleiweiß. (Beide Lexeme tendieren heute dazu, zu Archaismen zu werden.) Schon seit dem 17. Jh. ist *Stift* als kürzeres Synonym zu „Schreib- oder Zeichenstift" gebräuchlich; seine ahd. Ausgangsbedeutung „Stachel, Dorn, Spitze" schwand aus dem Sprachgebrauch (vgl. W. Pfeifer, Bd. 3, 1720). Aber neben dem Bedeutungswandel von *Stift* haben sich Bedeutungsentwicklungen vollzogen: „Stift" mit den Bedeutungen „Nagel", „Stütze" (mhd. *stivel* „Stützholz"), „Stäbchen"; auch mit der Metaphorik zur Vergleichsbasis des Kleinen, Geringen: „Knabe", „Lehrling".

Mit jeder im Wandlungsprozess veränderten Bedeutung verändern sich auch strukturelle Bindungen im lexikalisch-semantischen System. Zum Beispiel wurde mit dem Verb *erlauben* (zu got. uslaubjan) die Bedeutung „gern haben, gutheißen" realisiert (nach W. Pfeifer, Bd. 1, 372). Heute steht das Verb für „gestatten", „zugestehen". Die Ausgangsbedeutung und die daraus entwickelte neue Semantik können logisch-deduktiv aufeinander bezogen werden: „Was ich gutheiße, gestatte ich dir". Dieser in vielen gleichen kommunikativen Handlungen hergestellte Zusammenhang kann den Wandel in der Bedeutung von *erlauben* allmählich stabilisiert haben, weitere Untersuchungen zur Wortgeschichte sind noch notwendig.

Mit dem Wandel sind im lexikalisch-semantischen System (wie bereits betont) strukturelle Veränderungen erfolgt. Die antonymische Beziehung *gutheißen* ↔ *missbilligen* bzw. *gern haben* ↔ *ablehnen* löste sich. Neu entstand die antonymische Beziehung *erlauben* ↔ *untersagen, verbieten*. Ebenso veränderte sich die Stellung des Verbs *erlauben* innerhalb des Wortfeldes: Es rückte näher an *gestatten, stattgeben, genehmigen*. Entfernte sich aber in seiner semantischen Nähe zu *billigen, befürworten, gutheißen*.

Eine wohl häufige, oben bereits erwähnte Ursache in der Kulturgeschichte des Menschen kann kurz mit **„Bedeutungswandel infolge kultureller Veränderungen"** umschrieben werden.

Dazu sind unter anderen zu nennen:

Stadt (zu mhd. stat: Ort, Stelle, Platz): >größere Wohnsiedlung

Bürger (Bewohner einer Burg): >Bewohner einer Stadt, eines Staates

Zunft (Vertrag, Regel einer Gemeinschaft): >Handwerkervereinigung

Anger (wildgrünes Grasland entlang von Flussläufen): >Grasbewachsener Dorfplatz

Arbeit (mühselige, qualvolle Tätigkeit): >zweckgerichtete körperliche wie geistige Tätigkeit, auch das Produkt

Dorf (Gebäude, Haus): >ländlicher Ort ohne Stadtrecht

Draht (das aus Flachs, Wolle und dgl. Gedrehte): >gezogener Metallfaden

Galgen (niedergebogener Baum, an den der zum Tode Verurteilte gebunden und hochgeschnellt wurde): >Gerüst aus Pfahl und Querbalken zur Vollstreckung des Todesurteils

Geld (Opfer, Buße, Abgabe, Tribut): >Münzen, Banknoten als Zahlungsmittel
Hammer (Gerät aus Stein zum Gebrauch als Waffe und Werkzeug): >Schlag-
    werkzeug
Saal (germanisches Einraumhaus): >großer Gesellschaftsraum
Wappen (Erkennungszeichen auf Waffen und Helmvisier des Ritters, denn
    sein Gesicht war im Kampf verdeckt): >mit dem Wandel der ritterlichen
    Kultur wurde es zum erblichen Familienzeichen, auch zu Haus- und
    Stadtzeichen

Des Weiteren haben **gesellschaftliche Veränderungen** zum Wandel und zu
Entwicklungen in den Bedeutungen vieler Lexeme geführt. Aber es muss
auch gesagt sein, dass es schwierig ist, zwischen gesellschaftlichen und kulturellen Faktoren des Sprachwandels genau zu unterscheiden. Streng genommen werden nur die Akzente anders gesetzt. Kultur meint mehr die schöp-
ferische, gemeinschaftliche Lebenstätigkeit des Menschen, die zu seiner fort-
währenden Vervollkommnung in geistiger und materieller Hinsicht führt. So
gesehen bezeichnet Kultur eine Seite im gesellschaftlichen Entwicklungsprozess. Zum Beispiel wäre die Herausbildung der höfischen Kultur ohne eine
Veränderung in den gesellschaftlichen Bedingungen nicht möglich gewesen.
Nehmen wir ein Beispiel aus der Lexik. Die ökonomischen und dadurch erst
möglichen sozialen Veränderungen, die schließlich zur Errichtung des fränkischen Feudalstaates geführt haben, haben auch die Bedeutung von ahd.
thing (nhd. *Ding*) gewandelt. Die alte Bedeutung „Volksversammlung" hatte
mit der Auflösung des gemeinschaftlichen Eigentums der kleinen Dorfgemeinschaften an Ackerland, an den Wäldern und Wiesen und ihrer allmähli-
chen Überführung in Privateigentum keine Funktion mehr. Zudem hatte sich
innerhalb der Gemeinden bereits individuelles Eigentum der Franken an der
zum Bauernhof gehörenden Bodenparzelle, dem Vieh, den Waffen, dem
Haus und dem Hausrat herausgebildet. Mit den sich verändernden Eigen-
tumsverhältnissen konnten Streitigkeiten nicht mehr innerhalb einer Volksversammlung geklärt werden. Sie übernahm die Funktion einer „Gerichts-
versammlung". Die Bedeutung von „*thing*" wandelte sich zunächst zu „Ge-
richtsversammlung", nahm dann die Bedeutung „Gerichtsverhandlung" an,
dann deren Ergebnisse „Urteil", „Vertrag" und schließlich auch die „Rechts-
sache" selbst. Jünger ist die allgemeine Benennung vermittels der Wortform
Ding für „Angelegenheit", „Sache", „Unerwartetes" (*das ist ein Ding*), „Person" (*das junge Ding*).
    Werteveränderungen im Wortschatz im Zuge sozial-historischer Entwick-
lungen (vgl. *Frau, Weib, edel* u.a., Kapitel 5.2.6.) wurden bereits herausgear-
beitet. Einige Beispiele für den **„Bedeutungswandel infolge von Veränderungen in den sozialen Beziehungen"** werden ergänzend hinzugefügt:

heimlich (häuslich, heimatlich): >fremden Augen entzogen, unauffällig, unerlaubt

Anstand (Waffenstillstand, Friede, Aufschub): >Benehmen nach guter Sitte

Dame (Herrin, zu afrz. „dame"): >höfliche Bezeichnung für jede erwachsene weibliche Person

Anwalt (Machthaber, Gebieter): >Rechtsberater, Rechtsvertreter

arm (vereinsamt, später auch rechtlos, schutzlos): >mittellos, dürftig

Dirne (Mädchen, Magd aus niederen sozialen Verhältnissen): >Prostituierte

Stuhl (Ehrensitz, Thron): >Sitzmöbel mit Rückenlehne

frech (gierig, heftig, später auch kühn, mutig, dreist): >unverschämt, draufgängerisch

Jede im Einzelfall gewandelte Wortbedeutung liefert uns noch keine Erklärung über die Hintergründe jeder veränderten Bedeutung. Der Wandel ist ein permanenter Prozess, ohne den die Sprache auf Dauer als kommunikatives Instrumentarium nicht funktionieren könnte. Aber es gibt auch Phasen mit gehäuft auftretenden Veränderungen. Beispielsweise können neue Einsichten, kann der **Wissenszuwachs** im menschlichen Erkenntnisdrang die Bedeutung geläufiger Bezeichnungen verändern. Dafür einige Belege aus der medizinischen Wissenschaft:

Rheuma (im Körper „herumfließende" Krankheitsstoffe, „am Flusse leidend"): >schmerzhafte Entzündung am Skelett-Muskel-Bindegewebs-Apparat

Gicht (Erkrankung durch Besprechung, Behexung): >spezielle Gelenkentzündung

Blut (Sprach-Tabu für „Sitz des Lebens"): >flüssiges Transportmittel für Sauerstoff und Nährstoffe in den Körpern von Mensch und Tier

Leichnam (Leibeshülle auch des Lebenden, Körper): >toter Körper

Ein andauernder Prozess ist auch die **Transferenz** von Lexik aus den Dialekten, der Umgangssprache und den Sondersprachen in die Standardsprache. Die Gründe dafür liegen auf der Hand: Häufig wechselnde soziale Bedingungen in der täglichen Kommunikation, aber auch auf besondere Effekte zielende Äußerungen sind oft die Gründe für den Einschluss von Dialektismen und umgangssprachlicher Lexik in (auch schriftsprachliche) kommunikative Handlungen, in denen die Standardsprache dominiert. Die heute in der deutschen Sprache weit verbreitete Schluss- und Abschiedsformel *tschüs* (zu lat. „ad Deum", dann aber aus franz. „adieu" im Deutschen umgebildet) ist lautlich zwar der Umgangssprache angepasst, aber das Lexem wird nicht mehr als umgangssprachlich empfunden. Mit der Transferenz hat es sich auch in seiner Bedeutung gewandelt. Die Ausgangsbedeutungen „geh mit Gott!", „Gott empfohlen!", „ich empfehle dich" ist zu einem Wort verblasst, das die

Kommunikation beendet und in der aktuellen Bedeutung für ein formelhaftes „Auf Wiedersehen" gewählt wird.

Auch viele Fachlexeme gehören heute zum Wortschatz der Standardsprache. Einige Transfer-Lexeme haben sich in der Bedeutung gewandelt, und sie werden deshalb auch nicht mehr als Fachlexeme empfunden. Ich führe wenige Belege aus den Fachsprachen für die Transferenz in die Standardsprache an:

echt (substantivischer Terminus in der Rechtssprache. z.B. im „Sachsenspiegel": Gesetz, Recht, Vertrag): >unverfälscht, dauerhaft
Möbel (Rechtsbegriff: bewegliche Habe): >Einrichtungsgegenstand
anfangen (Jägersprache: das Wild greifen, fangen, fassen; es angreifen): >beginnen
Nummer (Kaufmannssprache: Anzahl): >Zahl, Ziffer
Idee (Philosophie: bei Platon das Urbild aller Dinge): >plötzliche Eingebung, Einfall

Auch die Transferenz von einer Fachsprache in eine andere Fachsprache kann mit einem Bedeutungswandel verbunden sein:

Dekan (Militärwesen: militärischer Führer für zehn Untergebene): >im Hochschulwesen der Leiter einer Fakultät
Kader (Militärwesen: alle Offiziere eines Truppenteils): >allgemein für Werktätige ehemals in der DDR; heute: Bestand an Fachkräften
Jedoch zahlreicher ist die Transferenz von Lexik aus der Standardsprache in die Fachsprachen.

Von Bedeutungswandel kann allerdings nur dann die Rede sein, wenn die herkömmliche Bedeutung nicht mehr gebräuchlich ist. Würden neben der noch immer gebräuchlichen Bedeutung neue Bedeutungen an das Lexem gebunden, müsste man von Polysemie und **Bedeutungsentwicklung** sprechen. Ein Beleg zur Erörterung ist das Lexem *Satz*. Bei historischer Betrachtung geht *Satz* auf *sitzen* zurück (zu ahd. „sizzan" mit den Bedeutungen „wohnen", „regieren", „besitzen", „siedeln"). Nach W. Pfeifer (Bd. 3, 1478) kommt ahd. „-saz" nur in Komposita vor. Es bezeichnete den Ort, wo etwas liegt oder hingesetzt ist. In übertragener Bedeutung bezeichnet es auch „Menge oder Anzahl" (ein *Satz* Schüsseln) auch „Preis", „Maß" (*Zinssatz*, *Frachtsatz*). Alle Bedeutungen in der Gegenwartssprache haben das gemeinsame Sem »Zusammengehörendes«, »Serie«: ein *Satz* Briefmarken, syntaktische Einheit, *Satz* eines Klavierkonzerts (Teil eines mehrteiligen Musikstücks), *Drucksatz*, *Lehrsatz* (beweisbare wissenschaftliche Behauptung), ein *Satz* Erz (festgelegte Menge zur Bestückung eines Hochofens) u.a. Schon aus dieser Aufzählung wird die Ausbildung von Polysemie deutlich und es zeigt sich, dass mehrere Fachsprachen das Lexem *Satz* für sich terminologisiert haben, unter anderen die Philatelie, die Sprachwissenschaft (Grammatik), die Musikwissenschaft, die Drucktechnik, die Methodologie.

Wir stellen fest: Die Abstraktbildung *Satz* nahm zunächst eine gänzlich neue Bedeutung an (**Bedeutungswandel**), die nicht mehr auf „setzen", sondern auf „zusammensetzen" zurückgeführt werden muss. Mit dem Bedarf an neuen Bezeichnungen für neue Designate entwickelte sich zu dem neuen Kernsem »Zusammengesetzes«, »Zusammengehörendes« eine Vielzahl von Gebrauchsvarianten teils als neues fachsprachliches Ausdruckspotenzial (terminologische Spezifizierung), teils als neue standardsprachliche Bezeichnungen (**Bedeutungsentwicklung**). Wir haben es also neben dem Bedeutungswandel auch mit einem Entwicklungsprozess zur Ausbildung der Polysemie zu tun. Vermutlich fällt er mit der Entstehung von Fachsprachen, beginnend im 18. Jh., zusammen. Auch bedeutungsverwandte gemeinsprachliche Lexeme mit genanntem Sem sind erst im 18. Jh. aufgekommen, z.B. *Bodensatz*, *Bausatz* (zum Zusammenbauen).

Konnten wir an der Etymologie des Lexems *Satz* sowohl einen Bedeutungswandel als auch Bedeutungsentwicklungen nachweisen, so zeigt sich nicht selten, dass beide Prozesse nicht immer akribisch zu trennen sind, weil sowohl Wandlungen als auch Entwicklungen letztlich neue Qualitäten hervorbringen.

Nun zu einigen speziellen Arten bzw. Ursachen des Bedeutungswandels: Die **metonymische Verwendung des Lexems verdrängt seine Ausgangsbedeutung**:

Schirm (zurechtgeschnittener Fell- oder Lederüberzug des Schutzschildes): >Schutzvorrichtung und Schutz jeder Art

Pranger (Halseisen, mit dem der Beschuldigte an den Schandpfahl angeschlossen ist): >Schandpfahl

Treppe (der einzelne Tritt, die einzelne Stufe): >Gesamtheit der Stufen

Stute (Standort, Aufenthaltsort der Herde [erhalten in „Gestüt"]): >Mutterpferd, weibliches Pferd

Rune (geheime Beratung, Geheimrede, Geflüster; später auch germanischer Sänger): >germanisches Schriftzeichen

Eisbein (als Schlittschuhkufe verwendeter Knochen, hauptsächlich vom Schwein): >gepöckeltes und gekochtes Bein vom Schwein

Die **metaphorische Verwendung des Lexems verdrängt seine Ausgangsbedeutung**:

Stab (senkrechter Hauptstrich des Runenzeichens): >dünner glatter Stock, dünne runde Stange

Steuer (als Stütze verwendeter Pfahl, Stock; später auch helfende materielle Unterstützung): >obligatorische Geldabgabe zur Stützung des Staates

Nonne (Amme): >Angehörige eines weiblichen Ordens
Stempel (Werkzeug zum Stampfen und Zerstoßen): >Gerät zum Aufdruck
   mit der Hand von Schriftzeichen, von Bild, von Wappen; auch Handge-
   rät zum Prägen von Münzen
Racker (Schinder, Henkersknecht): >meist scherzhaft für ein Kind, das kleine Dummheiten und lustige Streiche macht
Schalk (Untertan, Knecht): >Spötter, Schelm, spitzbübiger Kerl
schmeicheln (zärtlich streicheln, liebkosen): >übertrieben jmd. loben
spotten (vor jmd. zum Zeichen der Verachtung ausspucken): >jmd. mit
   Scherz oder Hohn empfindlich treffen

In ähnlicher Weise kann auch der **euphemistische Gebrauch** zum Bedeutungswandel eines Lexems und folglich zur Archaisierung der Basisbedeu-
tung führen:

Gift (Gabe, Geschenk [vgl. „Mitgift"]): >zur Tötung von Leben verwendete
   Gabe
Beute (in der Sprache des Handels: das Eingetauschte, Erworbene [vgl.
   „Ausbeute"]): >Geraubtes, Geplündertes

Auch **Sprachökonomie** kann ursächlich den Wandel herbeiführen. Ein Beleg
dafür ist das Synonympaar *schlecht – schlicht*. Die nd. Nebenform *schlicht*
(zu *schlecht*) wurde schon im 17. Jh. auch schriftsprachlich (folglich auch
standardsprachlich) mit gleicher Bedeutung verwendet: In dem Nebeneinan-
der von *schlicht* und *schlecht* nahm *schlecht* seine heute usuelle Bedeutung an:

schlecht (eben, geglättet): >nicht gut, minderwertig, ungenügend

Das Formativ *schlicht* hingegen bildete auf der Basis seiner Ausgangsbedeutung („geglättet", „eben") eine metaphorische Bedeutung aus: Einen Streit
schlichten, sein Haar *schlicht* zurückgekämmt tragen. Eine zweite Bedeu-
tungsvariante kam hinzu, die heute gebräuchliche Hauptbedeutung „einfach", „bescheiden": sich *schlicht* kleiden.

Als Mittel in kommunikativen Handlungen können Bedeutungen durch **ein-
flussreiche Persönlichkeiten**, z.B. Dichter, Schriftsteller, Politiker verändert
bzw. gewandelt werden (vgl auch Th. Schippan *Der Sprachgebrauch bedeutender Persönlichkeiten als Ursache des Bedeutungswandels* In: 1992, 259)
Das ahd. Lexem *Recke* mit der Bedeutung „Verfolgter, Verbannter, umher-
ziehender Krieger" wurde nach W. Pfeifer (1989, Bd. 3, 1388) von **C. M. Wie-
land** aufgenommen und mit der Bedeutung „Held, Riese" neu besetzt. Dieses Lexem mit gewandelter Bedeutung wird heute bereits wieder als Archaismus (bzw. Historismus) empfunden.

Martin Luther war sehr darauf bedacht, aus fremdsprachlichen Originalen getreu die Intention des Verfassers wiederzugeben, aber auch volksverständlich zu übersetzen. Beides in Übereinstimmung zu bringen war für ihn eine zeitaufwändige und harte Arbeit. Dazu schrieb er in seiner Vorrede zur Epistel Pauli an die Römer:

> *„Auffs erste müssen wir der sprache kündig werden, und wissen, was St. Paulus meinet, durch diese wort, Gesetz, Sünde, Gnade, Glaube, Gerechtigkeit, Fleisch, Geist, und der gleichen, sonst ist kein lesen nütz.“* (zitiert nach E. Arndt/ G. Brandt 1987, 98).

Für seine Übersetzungen war er deshalb gehalten, die Semantik einzelner deutscher Lexeme, deren potenzielle Bedeutung es zuließ, um eine neue Bedeutung zu erweitern.

Luthers sprachliche Innovationen wurden hauptsächlich durch seine Bibelübersetzung aufgenommen und setzten sich schließlich durch. Verbreitung und Wirksamkeit der Bibelübersetzung können heute auch als Ursachen dafür angenommen werden, dass die Ausgangsbedeutung verblasste, letztlich aus dem Sprachgebrauch schwand und wir Luthers Bedeutungsinnovation heute als gewandelte und uns erhaltene Bedeutung registrieren, z.B. für die Lexeme *albern, Richtschnur.*

Glaube (sich etwas lieb, sich etwas vertraut machen [nach F. Kluge 1999]: >[nach Luther auch] der Glaube an Gott

Abend (im Got. „zu später Stunde“, „die Vornacht“): >von Luther auch mit der Bedeutung gebraucht „Okzident, Westen“

albern (freundlich, wohlwollend): >Luthers Gebrauch „kindisch, einfältig“ führte zum Bedeutungswandel

Bube (männliches Kind): >von Luther aus dem Md. mit der Bedeutung „Nichtswürdiger“ in die deutsche Schriftsprache eingeführt

Getreide (Ertrag, Einkünfte, Besitz): >die sich bereits im 14. Jh. herausbildende Bedeutung „Körnerfrüchte“ wird von Luther in der Bibelübersetzung verwendet, was – wie anzunehmen ist – schließlich auch zum Bedeutungswandel geführt hat

Richtschnur (gespannte Schnur zum Bezeichnen einer geraden Linie): >von Luther mit der übertragenen Bedeutung „Leitlinie, Grundsatz“ zunächst in religiös-ethischem Kontext gebraucht, was in der Folge zum Bedeutungswandel mit der heute allgemeineren Bedeutung geführt hat *

Auch die Arbeit der **Sprachgesellschaften** (17. Jh.) in ihrem Bestreben,

---

* Alle Belege nach Prüfung entnommen bei W. Pfeifer 1989; E. Agricola/ W. Fleischer/ H. Protze (als Hrsg.) 1969, 486 ff.; F. Kluge 1999; E. Arndt/ G. Brandt 1987

*„das man die Hochdeutsche Sprache in ihrem rechten wesen und stande,
ohne einmischung frembder ausländischer wort aufs möglichste und
thunlichste enthalte"* (zitiert nach K. Gysi u.a. 1962, 129),

trug indirekt zum Wandel von Bedeutungen bei. Chr. Queintz wählte in der
von ihm herausgegebenen „Deutschen Rechtschreibung" für Suffixe und
Flexionsmorpheme den Terminus *Endung.* Noch im Ahd. (ahd. *gientunga*)
diente das Lexem zur Bezeichnung der Begriffsbestimmung. Im Mhd. (mhd.
endunge) bezeichnete es auch das „Ende", die „Vollendung", das „Aufhören", den „Austrag" (nach W. Pfeifer, Bd. 1, 357). Die noch mhd. belegte
Wortform *endunge* veränderte sich quantitativ zu *Ende,* aber der von Chr.
Queintz eingeführte Terminus *Endung* blieb in seiner Länge erhalten. So unterliegen wir heute dem Eindruck, dass das gemeinsprachliche Lexem im natürlichen Streben nach „artikulatorischer und/oder perzeptiver Einfachheit"
(vgl. W. U. Wurzel 1984, 313) aus dem Sprachgebrauch schwand, die daran
gebundenen Bedeutungen über das Lexem *Ende* realisiert werden und die
von Chr. Queintz eingeführte Bedeutung des Lexems *Endung* einen Bedeutungswandel erfahren hat.

Beobachtungen dieser Art sollten m.E. durchaus unter „Bedeutungswandel" erfasst werden, weil sich die Bezeichnungseinheit (das Formativ, das Be
zeichnende) verändert hat und aus synchronischer Sicht *Ende* und *Endung*
als formal und semantisch „verschiedene" Lexeme empfunden werden. *Endung* heute ist ein Lexem mit qualitativ neuer Bedeutung, das die einstigen
anhaftenden Bedeutungen aus mhd. Zeit verdrängt hat. Auch das Argument,
dass eine Lexikoneinheit aus Formativ und Bedeutung besteht, spricht für
diese Position.

Einen Wandel in der Bedeutung hat auch das Lexem *Abhandlung* erfahren.
Zu seiner Ausgangsbedeutung „einen Preis herunterhandeln" verbreitete
sich die von J. G. Schottel eingeführte Bedeutung „ein Thema erörtern, es behandeln". Die Innovation setzte sich allmählich durch und behauptete sich
schließlich als einzige Bedeutung. Es ist sicherlich nicht korrekt anzunehmen, dass die alte Bedeutung von der neuen „verdrängt" wurde, denn die Bedeutungen „einen Preis herunterhandeln", „über einen Friedensschluss verhandeln", „über einen Gegenstand verhandeln" waren noch Mitte des 19. Jh.
durchaus geläufig, wie Wörterbücher aus dieser Zeit ausweisen. Der Bedeutungswandel ist ein Wandel in größeren Zeiträumen und – wie wir hinzufügen müssen – er muss sich für den Einzelfall auch nicht unter dem Einfluss
der neu aufgekommen Bedeutung vollzogen haben. In Bezug auf *abhan-
deln* gibt es Gründe dafür anzunehmen, dass es allmählich üblich wurde, *ab-
handeln* durch *verhandeln* zu ersetzen.

Anders einzuordnen ist die von Chr. Queintz eingeführte Bedeutung
„grammatisches Geschlecht", übertragen auf das Lexem *Geschlecht* (für die

Entlehnung *Genus*). Die aus ahd. Zeit überlieferte und bis heute erhalten ge-
bliebene lexikalische Bedeutung „Merkmale weiblich/männlich; Gattung,
Familie, Art" wurde um eine neue, um eine terminologische Bedeutung erweitert. Das allen Sememen gemeinsame Sem ist das Bedeutungselement »ka-
tegorial«. Wir sprechen von der Erweiterung der lexikalischen Bedeutung des
Lexems als einer Erscheinung der Bedeutungsentwicklung.

Zieht man ein bisheriges Fazit, dann gelangen wir zu dem Schluss, dass der
Bedeutungswandel nicht dem Zufall unterliegt, sondern er sich aus gesellschaftlich bedingten kommunikativ-kognitiven Anforderungen an die Sprache ergibt. Der Wandel vollzieht sich, weil die „semantische Leistungsfähigkeit" einzelner Lexeme oder Lexemgruppen nicht mehr genügt (vgl. auch
den Widerspruchsgedanken bei U. Wurzel 1984, 313). Voraussetzung für die
Kategorisierung als „**Bedeutungswandel**" ist allerdings, dass die alte Bedeutung aus dem Sprachgebrauch schwindet und die qualitativ neue Bedeutung
sich durchsetzt. Es ist möglich, bei der Einzelfall-Beschreibung (dem Vorher-
Nachher-Vergleich einzelner Lexembedeutungen) ursächliche Zusammenhänge herauszuarbeiten, aber damit kann der Bedeutungswandel nicht ausreichend erklärt werden. Das eigentliche Wesen des Bedeutungswandels ist
im Verhältnis von Sprache und Gesellschaft zu suchen.

Abschließend zu diesem Kapitel sei noch auf die Beobachtung hingewiesen,
dass aus anderen Sprachen ins Deutsche entlehnte Lexeme nicht unbedingt
auch mit ihrer Herkunftsbedeutung in der deutschen Sprache gebraucht werden. *Irritieren* zu lat. *irritare* („erregen, reizen, herausfordern") wurde in Anlehnung an dt. *irre* (mit der heute verbreiteten Bedeutung „unsicher, geistes-
gestört") nach W. Pfeifer (1989, Bd. 2, 754) vermutlich im 19. Jh. volksetymologisch umgedeutet. Später wurde *irre* noch um die Sememe „ablenken,
stören" semantisch erweitert. Im 20. Jh. hat sich auch die Bedeutung „sehr"
(...ist ja *irre*) herausgebildet. Die sich allmählich durchsetzende semantische
Veränderung ist schon deshalb nicht als Bedeutungswandel zu bestimmen,
weil im Ergebnis des Anlehnungs- und Entwicklungsprozesses neben *irre*
das Lexem *irritieren* (im 16. Jh.) entlehnt worden ist. Lediglich das Suffix
lässt auf eine Entlehnung schließen. Die Bedeutung zur lat. Ausgangsform *ir-
ritare/ irritieren* hat keine semantische Veränderung erfahren. – So auch das
heute noch gebräuchliche *fidel* (zu lat. *fidelis* „treu, zuverlässig"), das volksetymologisch (genauer: zunächst in der Sprache der Studenten) zu „lustig,
vergnügt" umgedeutet wurde.

Eine im Wesen andere Wortgeschichte hat Friseur (zu franz. *friser* „kräu-
seln", franz. *frisure* „Haartracht"). Es bezeichnet in der deutschen Sprache
einen Beruf unter anderen mit den Tätigkeitsmerkmalen „Haupt- und Bart-
haare schneiden und pflegen, die Haartracht modisch herrichten". Für die
gleiche Berufsbezeichnung wählt der Franzose in seiner Muttersprache *coif-*

feur. Die französierende (in deutschsprachiger Kommunikation aufgekommene und vermutlich im 17. Jh. verbreitete) Bildung zu franz. *frisure* ist weder eine echte Entlehnung noch kann ihre Semantik auf einen Bedeutungswandel zurückgeführt werden. Die Eigenbildung schloss aber eine Lücke im System der deutschen Berufsbezeichnungen.

Entwicklungen oder auch nur Modifizierungen in der Semantik von Entlehnungen sind keine Seltenheit, denn auch sie unterliegen wie heimische Wörter auch den kommunikativen Bedingungen und Bedürfnissen. *Parterre* ist für den Franzosen in seiner Muttersprache das Gartenbeet, in der deutschen Sprache ist es das Erdgeschoss.

Zusammenfassung:

Das dynamische Wesen einer natürlichen Sprache wird uns besonders vor Augen geführt, wenn wir dem Werden und Vergehen im Bestand an lexikalischen Mitteln (den Wörtern und festen Wortgruppen) nachgehen. Die direkten Ursachen sind vielfältig. Aber sie sind hauptsächlich zu suchen in den gesellschaftlichen und kulturellen Veränderungen, die wiederum auf Entwicklungen in Wissenschaft, Wirtschaft, Technik, in der Sozialstruktur u.a. zurückzuführen sind. Die Sprache reagiert darauf unter anderen mit der Erweiterung oder Einengung von potenziellen Lexembedeutungen (Bedeutungsentwicklung) und mit dem Wandel der überlieferten Bedeutung. Kennzeichnend für den Bedeutungswandel ist, dass das Lexem seine alte Bedeutung verliert und sich eine qualitativ neue Bedeutung durchsetzt. Häufig lassen sich semantische Beziehungen zwischen der Ausgangsbedeutung und der neuen Bedeutung nachweisen. Beispielsweise bedeutete *Fracht* noch im frühen Mittelalter „Verdienst, Lohn", später „Frachtgeld für Schiffstransporte". Heute bezeichnen wir damit das „Versandgut, die Ladung".
Frage: Zeigen sich auch in der Gegenwartssprache Wandlungen und Entwicklungen in der Bedeutung? Können Sie Beispiele nennen?

5.2.9. Lexikalische Mehrdeutigkeit

Der in diesem Buch bereits häufig „bemühte" Begriff der Polysemie soll nun einer weiterführenden Betrachtung unterzogen werden, ohne allerdings Erwartungen zu neuen theoretischen Ansätzen wecken zu können, denn die linguistische Literatur hat die Polysemie (aus meiner Kenntnis) tiefgreifend und eingehend beleuchtet. Ich verweise auf die Behandlungsaspekte

- Vagheit und Unschärfe in der Bedeutung (u.a. E. W. Schneider 1988)
- Herausbildung von Sememen im kollokativen Gebrauch (u.a. bei W. Schmidt 1967)
- reguläre Mehrdeutigkeit, Ursachen der Polysemie, Abgrenzung zur Homonymie (u.a. bei Th. Schippan 1992)
- Erklärung der Polysemie vermittels der Prototypentheorie (u.a. bei J. Aitchison 1997)
- die Herausbildung der Polysemie im „Spielraum künstlerisch-produktiver Phantasie"; Polysemie in erkenntnistheoretischer Sicht (u.a. bei W. Kirchgässner 1971)
- die semologische Analyse im Falle von Polysemie (G. Wotjak 1977)

Mit der aspektreichen Sicht auf die Erscheinung der Polysemie ist zwar der Untersuchungsrahmen einigermaßen abgesteckt, aber es bleiben ungelöste (und bei den unterschiedlichen Positionen dazu wohl auch nicht lösbare) Probleme, die eine annähernd übereinstimmende Aussage zum Wesen der Polysemie eingrenzen. Man denke nur an die Abgrenzung der **Polysemie** von der **Homonymie.**

Zur Beweisführung häufig herangezogen wird das Lexem *Schimmel.* Die Bedeutungen „weißlicher Überzug aus Schimmelpilzen" und „weißes bzw. grau-weiß meliertes Pferd" werden nicht mehr als Sememvarianten, sondern als unterschiedliche Sememe empfunden, denen zwei Lemmata entsprechen müssten, obwohl beide Sememe über den äußeren farblichen Glanz, fokussiert im Sem »schimmern«, etymologisch verwandt sind. Wir haben es hier mit Problemen zu tun, die durch die zeitliche Distanz im Verlauf des sich ändernden Sprachgebrauchs überhaupt erst entstehen und folglich immer wieder zu lexikographischen Entscheidungen herausfordern. G. Wotjak sieht eine Lösung des Problems „wohl nur durch diachronisch-etymologische Betrachtung" (1977, 37).

Polysemie ist eine universelle und charakteristische Eigenschaft der natürlichen Sprachen, bei der einem Formativ mehrere Sememe zugeordnet werden, die entweder durch den Sprachgebrauch bereits lexikalisiert sind oder als okkasionelle Bedeutungen noch keine Verbreitung gefunden haben. Mit dem Blick auch auf Okkasionalismen wird das Problem der **Vagheit** signalisiert. Nach Th. Schippan ist Vagheit (auch) die Tatsache, „daß erst im Kontext (Kotext) die Bedeutung festgelegt, aktualisiert wird, bis hin zu semantischer Unbestimmtheit, weil die Begriffe nicht abgrenzbar sind" (1992, 142).

Vage in seinem Denotatsbezug ist beispielsweise der Gebrauch des Lexems *keltern* (zu *Kelter* „Fruchtpresse") in dem von Arno Schmidt gebildeten Satz *„Sie nahm mich strahlend und schüttelnd bei Hand und Mund; wir kelterten einander – –"* (1998, 420). Das gewählte Lexem stellt im Kontext einen (nicht eindeutigen) Bezug zu „pressen" her und kann verstanden werden: „sich küssen", „an sich drücken". Als Lexikoneinheit ist *keltern* semantisch festgelegt auf »auspressen« von »Früchten«, so dass das in „künstlerischer Freiheit" gewählte Semem zum usuellen Lexem *keltern* nur sehr vage (oder gar nicht) als ad hoc hervorgebrachte Sememvariante gelten kann. Die Interpretation bleibt dem Leser überlassen.

Die zu *keltern* geschaffene okkasionelle Sememvariante führt uns aber auch vor Augen, dass die Definition, Polysemie liege vor, wenn die Gesamtbedeutung aus mehreren Einzelbedeutungen bestehe, die <u>ein gemeinsames Merkmal</u> besitzen (vgl. bei O. Reichmann 1976, 20) nicht generell gilt. Die Basis „ein gemeinsames Merkmal" für alle Sememe trifft sicherlich in der Mehrzahl der Fälle von Polysemie zu, offensichtlich aber auch nicht ausnahmslos. Die Ausnahme ist wohl hauptsächlich bei polysem gebrauchten monosemen Lexikoneinheiten gegeben. Ein weiteres Beispiel für monoseme Lexeme ist *plappern* (viel und nichts sagend reden, schwätzen). A. Schmidt erweist sich wiederum als „Schöpfer" einer Sememvariante (offenbar in Anlehnung an das Plappern kleiner Kinder): "*... auch ein Motorrad plapperte fern*" (1998, 421).

Zu Unschärfen in der Beschreibung der Polysemie dürfte eine Methodik führen, die nach der Prototypentheorie ausgerichtet ist. Dieses Konzept empfiehlt J. Aitchison (vgl. 1997, 75). Nach seiner Beobachtung konnte es zwar das „uralte Problem" der Polysemie nicht lösen, es jedoch erhellen. Der Prototyp ist (nach J. Hoffmann 1986, 43) der „typischste Vertreter eines Begriffs", „das Beispiel eines Begriffs, das am deutlichsten die Redundanzstruktur der Klasse als Ganzes reflektiert". Zugrunde liegt ein holistisches Konzept, denn im Prototyp spiegelt sich am besten die „Vorstellung", die der Sprachträger von einem Designat hat. Diese Vorstellung wird bei bloßer Nennung des Lexems (ohne Kontext) aktiviert. Man kann sich das so erklären, dass mit dem Wort *Blume* die Vorstellung von der Blüte einer Pflanze geweckt wird. Andere Bedeutungen, z.B. „Bierschaum" (eine Metapher) weisen das Lexem als polysem aus. Gleichsam, aber ohne expliziten Bezug auf die Prototypentheorie agiert auch W. Schmidt, wenn er seinen Begriff von der **Hauptbedeutung** erklärt: „Diese wird bei isolierter Nennung des Wortes im Bewußtsein der Sprachgenossen zuerst und vornehmlich realisiert" (1972, 51).

Bei Explikation am Beispiel des Lexems *Nase* würde aus der Reihe der kontextfrei angeführten Bedeutungen die mentale Vorstellung vom menschlichen Riechorgan hervortreten. Andere Bedeutungen stehen in nur sekundärer Beziehung zum Prototyp, etwa „Geruchssinn/ Spürsinn" (*eine feinte Nase haben*), Felsenvorsprung, Halbinsel, Handgriff am Hobel, Lacktropfen beim Streichen, Hakenförmiges an technischen Geräten, Metall- und Holzteilen u.a.

Ob allein die kontextfreie Nennung des Lexems den jeweils typischsten Vertreter eines Begriffs wachruft, ist zweifelhaft. Auch J. Hoffmann schließt nicht aus, dass die „Annahmen zur Prototyprepräsentation in die Reihe derjenigen Annahmen gestellt werden, nach denen ein Begriff in unserem Gedächtnis durch eine Menge von Merkmalen repräsentiert ist" (1986, 44). Das hieße aber, dass *Nase* nicht unbedingt die Vorstellung vom menschlichen Riechorgan wachrufen muss, sondern bestimmte charakteristische Merkmale, die auch zur Metaphernbildung führen können: *Das Schiff stieß mit der Nase in die Brandung* (metaphorisch für den Bug des Schiffes). D. Hillert bemerkt dazu: „Zu favorisieren ist sicherlich die These einer gegenseitigen Ergänzung von merkmaltypischen und holistischen Verarbeitungsstrategien. Ein holistischer Vergleichsprozeß erfolgt auf der Basis korrelativer Merkmalstrukturen, d.h. bestimmte Merkmale sind meistens gleichzeitig vertreten (z.B. für Vogel: Federn und Flügel)" (1987, 34). Es ist wohl davon auszugehen, dass sich bei der Herausbildung von Sememvarianten eines polysemen Lexems merkmaltypische u n d holistische Verarbeitungsstrategien ergänzen.

Das **Prototypische** lässt sich auch auf Merkmale des Designats beziehen, denn häufig hebt sich aus der Merkmalstruktur ein „Hauptmerkmal" (U. Eco 1989, 74) heraus, das typischste Merkmal. Bei einem Hubschrauber sind es die Rotorblätter, bei einem Auto die Räder, bei der Sonne der Strahlenkranz (Beispiele bei U. Eco 1989, 74 f.). Für U. Eco sind derlei Eigenschaften „ikonische Zeichen". Eine Strategie auf dieser Basis ist für linguistische Analysen nur bedingt möglich, weil vornehmlich substantivische Autosemantika in Betracht kommen, die Gegenständliches bezeichnen.

Eine allein erklärungsrelevante Basis zur Herausbildung von Polysemie ist folglich nur für einen Teil des Wortschatzes der holistische Ansatz der Prototypentheorie, etwa bei Farbadjektiven, z.B. zur Farbe *grün* der Pflanzen und Gräser mit den Assoziationen „frisch, heranreifend": *grüner Junge* (unerfahren, „unreif"), *grüne Bohnen* (nicht ausgereift), *grüne Heringe* (ungesalzen, frisch), *die Grünen* (Partei mit dem Hauptziel, die Natur und unsere Erde vor Umweltbelastung zu schützen); zur Ampelfarbe *grün* mit der Assoziation „freie Fahrt": *grünes Licht* (freier Handlungsspielraum), *grüne Welle* (freie Fahrt durch Ampelregelung. *die grüne Grenze* (außerhalb der bewachten Grenzwege).

Aber auch für einzelne Abstrakta aus der Klasse der Substantive kann die Prototypentheorie die bessere methodologische Basis zur Herleitung der Polysemantik sein, z.B. *Idee*: *die Idee der Aufklärung* (Grund-, Leitgedanke), *die Idee des Kunstwerkes* (der ideelle Gehalt), *E. Kants Idee* von der Hemmung der Erdrotation durch die Flutwelle (Erkenntnis), von einer *fixen Idee* besessen sein (Wahnvorstellung, Einbildung), *mit einer Idee Salz* würzen (etwas, Kleinigkeit: aus der Philosophie in die Umgangssprache übertragen, wohl im Sinn von „Zutat, Beitrag" [eine neue Idee in die Diskussion einbringen]). Neue Bedeutungsvarianten eines Lexems bilden sich <u>nicht</u> zu einzelnen Merkmalen des Bezeichneten heraus, sondern basieren auf Assoziationen zum prototypischen Objekt.

Die wohl häufigste Ursache für das Aufkommen von Sememvarianten ist die so genannte Sprachökonomie. Die Bezeichnung für dieses Prinzip kann zu Missverständnissen führen, weil sie nicht einheitlich für eine bestimmte Tendenz in der sprachlichen Entwicklung gewählt wird. Beispielsweise wird auch die Tendenz zur linearen Satzstruktur (die nicht unbedingt als Vereinfachung im Satzbau interpretiert werden kann) als „sprachökonomisch" bezeichnet. Ich beziehe „**Sprachökonomie**" auf folgende Entwicklungserscheinungen:

1. Als Formative im Sprachsystem bereits angelegte Bezeichnungen, die auch für neue Designate bzw. Denotate gewählt werden, weil diese Namengebung eine Entscheidung für einen möglichst geringen linguistischen Aufwand erkennen lässt.
2. Die Bildung von Kurzwörtern (Initialwörter, Silbenkurzwörter und andere in ihrer Form gekürzte Lexeme).
3. Die Durchsetzung kürzerer Formative gegenüber formal längeren Bezeichnungen, z.B. durch ersetzende entlehnte Bezeichnungen (*Fahrstuhl* —› *Lift*, *Stockwerk* —› *Etage*), Ersatz durch absolute Synonyme (*Senkblei* —› *Lot*), dephraseologische Derivate (*in Beschlag nehmen* —› *Beschlagnahme*), Reduktionen (*Lohnarbeitsleute* [vor 1776] —› *Lohnarbeiter* [um 1796] —› *Arbeiter* [Gegenwart], *Badezimmer* —› *Bad*), Bezeichnungsübertragungen auf regulär abhängige Designate (von der Pflanze auf die Frucht: *Tomate, Apfel, Birne*, vom Ort des Geschehens auf das Geschehen selbst: *Theater, Straße*).

Neben der Sprachökonomie kann Mehrdeutigkeit einzelner Lexeme auch auf den **Einfluss anderer Sprachen** zurückgeführt werden, z.B. auf den Einfluss des Englischen. Schon im 19. Jh. nahm das Lexem *schneiden* durch den Einfluss engl. „to cut a person" auch die Bedeutung „jemanden schneiden" (ihn ignorieren, nicht beachten, nicht grüßen) an. Das Lexem *machen* in der als salopp bzw. umg. empfundenen Wendung *das macht Sinn* geht auf engl. „to make sense" zurück, was wiederum *machen* um eine neue Sememvariante erweitert hat.

Die in der Architektur gebräuchliche Sememvariante *Schiff* (lang gestreckter Innenraum einer Kirche) ist nach W. Pfeifer (1989, Bd. 3, 1517) wohl unter dem Einfluss der lautähnlichen griech. Lexeme *naus* (Schiff) und *naos* (Tempel) erstmals im 15. Jh. auf das Deutsche übertragen worden. Es ist nahe liegend, dass sich die Zweifachbedeutung bei Übersetzungen griech. Texte religiösen Inhalts herausgebildet hat. Ob die Variante zur Bedeutung „Wasserfahrzeug" gar auf einen Übersetzungsfehler zurückgeführt werden kann, bleibt offen. Das Fachlexem in der Architektur wird heute häufig als Metapher empfunden.

Zumeist kurzlebige Sememvarianten entstehen in bestimmten kommunikativen Situationen, wenn der Sprecher/Schreiber besondere Effekte erzielen will (Aufmerksamkeit heischen, sich humorvoll oder besonders anschaulich äußern, besonders treffend in der Lexemwahl sein). Neue Komposita entstehen oder der Sprecher/Schreiber setzt auf den metaphorischen oder metonymischen Gebrauch usueller Lexeme. Beispielsweise sah J. Chr. Gottsched in reimlosen fünfhebigen jambischen Versen mit einsilbigem Auftakt nur reine, leere Verse. Er nannte sie deshalb in der Übersetzung aus dem Englischen *Blankverse* (blank: leer, nicht ausgefüllt).

Eine im Volksmund aufgekommene expressive Bildung für Menschen, die etwas zu verbergen haben, die sich ducken wie eine Maus, ist das Kompositum *Duckmäuser*. Aber die meisten der so entstandenen Neologismen oder auch nur Okkasionalismen haben sich als Sememvarianten eines polysemen Lexems wohl nicht durchgesetzt.

Wiederum sind auch recht zahlreich Bedeutungsübertragungen bekannt, die sich als lexikalisierte Varianten erhalten haben. *Schießen* mit der Ausgangsbedeutung „ein Geschoss abschnellen, einen Stein mit einer Waffe schleudern" hat viele Sememvarianten hervorgebracht, von denen die häufiger vorkommenden hier angeführt werden:
– bei sportlicher Betätigung mit sehr schneller Bewegung: *ein Tor schießen, eine Schussfahrt ins Tal, einen Purzelbaum schießen*
– plötzliches „Hervorbrechen", Auftreten: *das Wasser schießt aus dem Felsen, die Flamme schießt gen Himmel, ihm schoss ein Gedanke durch den Kopf*
– schnell wachsen: *der Spargel schießt, das Unkraut im Garten schießt*
- wirkungsvolle Zugabe: *einen Schuss Humor, Tee mit einem Schuss Rum*
– etwas kurzzeitig aufnehmen: *ein Foto schießen, einen Schnappschuss machen*
– Gefahr: *weit ab sein vom Schuss*
– heftige Kritik erfahren müssen: *unter Beschuss genommen sein*

Die Ausgangsbedeutung ist über die Seme strukturiert »sehr schnell/ plötzlich« »mittels einer Schusswaffe« »ein Geschoss in eine Richtung bewegen« »wirksam/in der Richtung gefährlich«. Mit dem Vorgang und der Wirkung des Schießens sind Erfahrungen und Vorstellungen verbunden, die wiederum viele metaphorische Bedeutungen und Vergleiche hervorgebracht haben, so dass das Bedeutungsfeld einzelner polysemer Lexeme weit gedehnt werden kann. In jeder Sememvariante ist mindestens eines der genannten Seme bewahrt: Den Ball (wie ein Geschoss) ins Tor schießen; der Gedanke durchfährt uns (wie ein Geschoss); Zugabe von Humor (wie ein wirksamer Schuss).

Bei dem Versuch, die Sememvarianten nach ihrer Beziehung zur Ausgangsbedeutung zu klassifizieren, fällt der hohe Anteil an bildlichen Bedeutungen auf, mit der die Sememe „die Welt in dinglicher Fülle" vermitteln (W. Kayser 1960, 119). Man mag dazu einwenden, dass metaphorisch geprägte

Sememvarianten weniger genau den Begriff zum Ausdruck bringen und deshalb dem unverzichtbaren Anspruch auf Eindeutigkeit in den Fach- und Wissenschaftssprachen kaum genügen können (vgl. W. Kirchgässner 1971, 250). Das ist zweifellos richtig. Der hohe Anteil an bildlich geprägten Sememvarianten in den potenziellen Bedeutungen von Lexemen lässt auf die wohl ergiebigste Quelle der Polysemie schließen: Es ist der kreative Umgang mit der Sprache in Dichtung, Belletristik, Beruf, Alltag und politischer Rhetorik.

Die in Teilen übereinstimmende semologische Bindung ist gewiss die häufigste Erklärungsgrundlage für die linguistische Behandlung von Polysemie. Aber Bedeutungszusammenhänge können auch verblassen. An die Wendung seine Wohnung/ das Haus/ den Haushalt/ seinen Betrieb *in Schuss haben* ist keines der o.g. Seme gebunden, das sich empirisch erschließen ließe. *Schuss* in dieser Verwendung ist bei synchronischer Betrachtung ein **Homonym**.

Polysemie und Homonymie stehen für zwei Aspekte von Mehrdeutigkeit:
1. Mehrdeutigkeit im Bedeutungspotenzial e i n e s Lexems (Polysemie: identische Formative; semologische Bindung der Sememe),
2. Mehrdeutigkeit formal identischer Lexeme (Homonymie: identische Formative, keine semologische Bindung der Sememe).

Die linguistische Literatur verweist zu Recht darauf, dass sowohl das Kriterium der formalen Identität als auch das der Etymologie für eine wissenschaftlich gesicherte Behandlung der Homonymie nicht ausreichen (vgl. unter anderen H. Glück 1993, 250 f.). Schon der Ausdruck „identisches Formativ" ist in mehrfacher Hinsicht unscharf. In der Lautgeschichte zweier Wörter kann es zufällig zur Lautgleichheit gekommen sein, so dass wir aus synchronischer Perspektive heute zwar von „gleicher Lautgestalt", aber nicht von (historisch) „identischem Formativ" sprechen können. Das zeigen viele Belege, z.B. sind *Miete* (Entgelt) und *Miete* (Fruchtgrube) lautlich und morphologisch ohne Kontext nicht zu unterscheiden, die Wortform aber ist unterschiedlicher Herkunft. Der Name für das Entgelt ist im Got. mit der Lautgestalt *mizdo*, im Griech. mit *misthós* und vergleichbaren Formen in anderen europäischen Sprachen belegt. Der Name für die Fruchtgrube geht auf lat. *meta* (Kegel) zurück, wurde auch im Nd. gebraucht und (nach W. Pfeifer 1989, Bd. 2, 1102) im 18. Jh. ins Hochdeutsche entlehnt.

Etymologisch verschieden, aber gegenwartssprachlich lautgleich sind auch die Lexeme *Lärche* (Baum) und *Lerche* (Vogel). Eine orthografisch-lautliche Unterscheidung wurde (nach F. Kluge 1999) von J. Chr. Adelung durchgesetzt. Der Name für das Kieferngewächs geht vermutlich auf eine Sprache in den Alpen zurück. Auch die Herkunft des Vogelnamens ist nicht sicher.

Morphologische Unterschiede zweier Homonyme zeigen mit wenigen
Ausnahmen auch eine ungleich verlaufene Lautgeschichte an. Solch ein Son-
derfall ist beispielsweise *Bauer* mit den Bedeutungen „Landmann" (*der
Bauer*), und „Vogelkäfig, Vogelbauer" (*das Bauer*, nur selten auch *der
Bauer*). Beide Bedeutungen sind deverbal zu *bauen* entstanden. Die bis in die
Gegenwartssprache erhaltene Bedeutung „Vogelbauer" geht auf ahd. *bur* zurück mit den Bedeutungen „Wohnung, Vorratshaus, Keller". Ahd. *buwari* ist
der „Landmann", auch „Siedler", „Bewohner" eines Hauses. Eine weitere
Ableitung von „bauen" (ahd. *buwan*) ist ahd. *giburo* bzw. *gibur*, eigentlich
der „Mitbewohner", auch „Nachbar", „abhängiger Bauer". Gleichfalls etymologisch verwandte Lexeme mit Genus-Unterscheidung sind auch *der
Bund* (Vereinigung) und *das Bund* (Büschel, Bündel). Es sind deverbale Ableitungen zu *binden*, die auch in historischen Epochen identisch in ihren Formativen sind (ahd. *gibunt*, mhd. *bunt*). Zunächst sind sie semologisch gebunden und folglich Sememvarianten des polysemen Lexems *Bund*. Heute werden sie als Homonyme empfunden und durch Genus-Differenzierung semantisch abgehoben.

Dass eine „Identität des Formativs" nicht immer gegeben ist, zeigen die
Untersuchungen nicht nur zur Lautgeschichte, sondern auch zur Morphologie:
• die Bank (die Banken) – die Bank (die Bänke)
• der Ton (die Töne) – der Ton (die Tonsorten)
• die Steuer (die Steuern) – das Steuer (die Steuer)
• der Mohr (die Mohren) – das Moor (die Moore)
• der Kiefer (die Kiefer) – die Kiefer (die Kiefern)
• der Bulle (die Bullen) – die Bulle (die [Ban-]Bullen)

Homonymie ist auch nicht nur auf Nomina beschränkt. Man vergleiche *sieben* (Numerale) und *sieben* (Verb) *das* (Artikel) und *dass* (Konjunktion).

Die wohl häufigste Ursache für das Entstehen von Homonymie ist – wie
E. Albrecht es einmal ausdrückte – der „Verfall der Polysemie" (vgl. E. Albrecht 1975, 289). Ein Semem löst sich aus dem Bedeutungspotenzial eines
Lexems, indem es seine semologische Bindung verliert und vom Sprachträger nicht mehr als Bedeutungseinheit des polysemen Lexems empfunden
wird. Es kann beispielsweise aus dem Bedeutungspotenzial heraustreten,
wenn es fachsprachlich verwendet wird und in ein terminologisches Feld eingebunden ist.

Stock mit den Bedeutungen „Bienenstock", „Stockwerk" assoziiert heute
keine semantische Bindung mehr zur Ausgangsbedeutung „Baumstumpf,
entfernter Ast, Stamm" (vgl. das Beispiel *Stock*, Kapitel 3.2.). Selbst der
Baumstumpf oder Baumstamm im Urwald, der noch den Wildbienen als
Wohn- und Brutstätte dient, wird heute nicht mehr *Bienenstock* oder einfach

nur *Stock* genannt, weil sich der Begriff mit der Entwicklung der Bienen-zucht verändert hat. Der „Duden" führt zu *Stock* drei Lemmata an, deren Bedeutungen etymologisch verbunden sind.

Polysemie „verfällt", weil semologische Bindungen zwischen Sememen im sozialen Sprachbewusstsein verblassen. Sprachexterne Auslöser können De-signatsveränderungen sein, wie das an dem Lexem *Bienenstock* deutlich wird. Aber auch die Prioritäten, die die Kommunikation setzt, beeinflussen Um-fang und Inhalt der semantischen Informationen im mentalen Lexikon. Bei-spielsweise ist anzunehmen, dass die semologischen Bindungen der Sememe „Farbe", „Reife/Unreife", „Frische" des polysemen Lexems *grün* nicht als semantische Informationen gespeichert sind. Gespeichert aber sind die syn-taktischen Informationen *grüne Wiese, grüner Junge, grüner Hering* (vgl. die Beispiele bei W. Schmidt, 1967, 27).

Mit den Erkenntnissen der kognitiven Linguistik ist die Repräsentation von Mehrdeutigkeit im mentalen Lexikon nicht nur allein mit semantischen Informationen in Verbindung zu bringen. Nach M. Schwarz (1992, 81) muss ein Sprachbenutzer „folgende Informationen über ein Wort seiner Sprache haben: die phonologische Repräsentation, die graphematische Repräsenta-tion, Angaben über den syntaktischen Rahmen und die semantische Bedeu-tung." Ich möchte hinzufügen, dass auch kommunikative Informationen notwendig sind, beispielsweise zum situativen Rahmen. Allerdings ist bisher nicht geklärt, ob diese Informationen für jeden Lexikoneintrag zusammen oder einzeln abgespeichert sind (M. Schwarz, ebenda).

Ungeklärt ist auch, ob Informationen über semologische Bindungen für kog-nitive Prozesse wie auch für die Rezeption „notwendige" Informationen sind. Die metaphorische Phrase *Der Schuss ging nach hinten los* wäre ohne seman-tisches Wissen zum Lexem *schießen* nicht zu verwenden und nicht zu verstehen. Aber viele Wörter und Phraseologismen haben Eigenbedeutungen angenom-men, die auch ohne Bezug bzw. ohne Assoziation zur Ausgangsbedeutung ge-braucht werden und für sich verständlich sind, ohne bereits Homonyme zu sein: *Das ist ja zum Schießen* (zum Totlachen, ungehemmt aus sich herauslachen).

Die Grenze zwischen Polysemie und Homonymie ist schwer zu ziehen, wenn sich Homonyme aus polysemen Lexemen heraus entwickeln. Dafür gibt es zahlreiche Wortbelege, hauptsächlich aber aus der Klasse der Substan-tive. Als Wortbeispiel sei *Auge* gewählt:

Ausgangsbedeutung *Auge*₁ „Sehorgan bei Mensch und Tier"
    |__ metaphorische Bedeutungen des polysemen Lexems:
    *Auge*₂ äußerer Vergleich: (1) runde, farbige Zeichnung auf der Pfau-
                               enfeder
                            (2) kreisförmige Hornhautverdickung (Hüh-
                               nerauge)

(3) magisches Auge

$Auge_3$ abstrakter Vergleich (Punkt): (1) Fettauge auf Brühe
                                      (2) Punkt auf Würfel, Dominostein

$Auge_4$ sekundär zu „Punkt": Zählwert im Kartenspiel

$Auge_5$ „inneres" Sehen: Erinnerung, Vorstellung (das Geschehene
      noch immer vor Augen haben)

$Auge_6$ sekundär zu „$Auge_5$": (1) Auge des Gesetzes (Polizei)
                                (2) Auge des Herrn (Aufsicht, Kontrolle)

$Auge_7$ abstrakter Vergleich (Knospe): Stück eines Pflanzensprosses
      (der Rose, der Weinrebe u.a.)

|__ als Homonymie empfundene fachsprachliche Metaphorik:

$Auge_{(a)}$ im Maschinenbau das Loch mit überhöhter Umrandung zur
      Aufnahme eines Bolzens

$Auge_{(b)}$ (1) im Bauwesen der Raum zwischen zwei Treppenläufen;
          (2) Öffnung im Scheitelbereich einer Kuppel

$Auge_{(c)}$ im Müllerhandwerk die Einfüllöffnung am Mühlstein

$Auge_{(d)}$ in der Weberei die Öse zur Aufnahme des Kettfadens am
      Webstuhl

$Auge_{(e)}$ als Synonym zu „Zentrum": Projektzentrum in grafischen
      Darstellungen, Zentrum eines Tiefdruckgebietes

Bei weitgehender Abstraktion können allenfalls einzelne Sprecher oder
Schreiber für die hier angeführten fachsprachlichen Lexeme noch Ähnlichkeiten in der Form der fachsprachlich bezeichneten Designate und dem Sehorgan bei Mensch oder Tier reproduzieren, aber allgemein wird der herkömmliche Zusammenhang im sozialen Sprachbewusstsein nicht mehr assoziiert. Auch für das Semem $Auge_4$ wird kaum noch eine semologische Bindung zum Semem „Sehorgan" empfunden, wohl aber zu „Punkt" als ein
Zählwert auf Würfel oder Dominostein.

Homonyme entstehen auch als Tabuwörter, wenn ein Designat nicht direkt
benannt werden soll oder nicht vorbehaltlos direkt benannt werden kann.
Solche chiffrierten Bezeichnungen werden in sozialen Gruppen hervorgebracht und verbreitet. Sie dringen auch in die Umgangssprache ein, verlieren aber dann ihren anonymen Inhalt. Bekannte Lexeme aus der Rausch-
gift-Szene sind beispielsweise *Koks* (für Kokain), *Schnee* (für Heroin),
dröhnen (für: sich betrinken, Rauschgift nehmen), *Stoff* (Rauschgift allgemein).
    Viele dieser Homonyme sind aus lautgleichen Bezeichnungen der Stan-
dardsprache hervorgegangen und wurden mit einer gänzlich neuen Bedeutung besetzt. Selbst bei denkbaren Assoziationen (*Heroin* = weiß wie
Schnee) kann nicht auf semantische Gemeinsamkeiten geschlossen werden.

Dennoch wirkt der konnotative Gehalt der Ausgangsbedeutung nach, so dass sie den Euphemismen nahe kommen, es aber nicht sind.

Euphemismen werten ein Designat auf oder verharmlosen sein Wesen. Sowohl der euphemische wie auch der direkte Name beziehen sich auf das gleiche Designat. Das Homonym hingegen steht als lautgleicher Name für ein anderes Designat. So ist *Unwahrheit* ein Euphemismus für den Tatbestand der Lüge. Der Name *Koks* benennt mit neutraler Konnotation einen Kohlenstoff und ist zunächst mit der Motivation, den wahren Sachverhalt zu verhüllen, als Tabuwort für das örtlich betäubende *Kokain* gewählt worden. Wörterbücher führen heute drei Lemmata an: *Koks*$_1$ (Kohlenstoff), *Koks*$_2$ (Kokain), *Koks*$_3$ (Unsinn reden).

Homonyme können auch metonymischen Ursprungs sein. Beispielsweise ist *Barras* der jidd. Name für ein Fladenbrot, mit dem auch Soldaten versorgt wurden. Als Name für ein wenig beliebtes Nahrungsmittel wurde *Barras* in der Soldatensprache zum negativ konnotierten Ersatznamen für das „Militär". In der deutschen Umgangssprache war die Zweitbezeichnung zur Zeit des 2. Weltkrieges ein geläufiges Homonym. Heute verblasst es zum Archaismus.

Eine ähnliche Wortgeschichte hat *Spieß* (in der Soldatensprache für den Haupt- oder Kompaniefeldwebel). In Anspielung auf den Offizierssäbel, den der Feldwebel tragen durfte, ging die Bezeichnung (wohl ursprünglich als charakterisierende Benennung) auf den Träger über. Das Nomen agentis *Spieß* ist negativ konnotiert.

Fassen wir vorläufig zusammen: Homonymie zwischen Lexemen besteht, wenn verschiedenen Sememen, die bei synchronischer Betrachtung durch k e i n semantisches Merkmal verbunden sind, die g l e i c h e lexikalische Form zugeordnet ist. Oft entscheidet allein das Sprachgefühl darüber, ob Wörter als (noch) zusammengehörig oder als autonom empfunden werden. Mit dieser Wesensbestimmung wurden lexikalische Homonyme behandelt und nach ihrer Herkunft klassifiziert:

(a) Homonyme, hervorgegangen aus ursprünglich polysemen Bindungen, z. B. *Bank* (Sitzmöbel) – *Bank* (Geldinstitut),

b) Wörter, die keine gemeinsame Etymologie mit lautgleichen Lexemen haben und zufällig in den Wortschatz eingegangen sind, z.B. *Miete* (Fruchtgrube) – *Miete* (Entgelt),

(c) Tabuwörter, Hüllwörter, die mit der Motivation eingeführt wurden, den direkten Namen nicht zu nennen, ihn aber mit der Lautform einer wertneutralen oder positiv konnotierten Bezeichnung zu ersetzen, z.B. *Koks* (als beliehene Lautform mit der Bedeutung „Kohlenstoff") – *Koks* (als Tabuwort für „Kokain"),

(d) Tropen ohne einen noch offensichtlichen Bezug zum eigentlich bezeichneten Designat, z.B. Metonymia: *Spieß* (Säbel) – *Spieß* (Feldwebel); Metaphern: *Linse* (essbarer Samen einer Gemüsepflanze) – *Linse* (Teil optischer Geräte)*.

Der Begriff der Homonymie kann noch weiter gefasst und auch für Morpheme nachgewiesen werden, denn auch sie können polysem oder/und homonym sein (vgl. Th. Schippan 1992, 84). Wir haben uns bisher allein auf Sememe und folglich auf Wörter konzentriert, die sich im Text graphisch durch Leerstellen oder durch lautliche Zäsuren abgrenzen lassen. Beziehen wir Morpheme ein, gibt es Homonymie zwischen Morphem und Wort, aber auch zwischen Morphemen, z.B. *er-* (Präfix: „er-kennen"), *-er* (Suffix: „Kenn-er"), *-er* (grammatisches Morphem: „schnell-er"), *er* (Pronomen). Zwei dieser Homonyme werden polysem gebraucht, z.B. das Präfix *er-*

– Eintritt in einen anderen Zustand, Beginn eines Geschehens: *erblühen, erkranken, ermatten, erfreuen, erinnern*
– auf ein Resultat gerichtet: *erleben, erlösen, erleiden, ersuchen, erschaffen, erfinden, erbauen*
– aus/heraus: *erschrecken, erbeben, ergießen, erschüttern*

Die gebundenen Bedeutungen nahezu aller wortbildenen Morpheme sind polysem. Im Unterschied zu den Morphemen sind homonyme Lexeme, die die Form bereits lexikalisierter gleichnamiger Lexeme angenommen haben, nur selten auch polysem.

Eines der wenigen Belege ist das Nomen *Kurs*, zu dem wir die folgenden Homonyme annehmen können:

Kurs$_1$ (Vortragsreihe, Lehrgang, Fachkurs; schon im 9. Jh. im kirchlichen Gebrauch zunächst „Reihe von Gebeten, geistlichen Übungen" zu mlat. *cursus*) —› einen Kurs belegen, Hochschulkurs, Lateinkurs

Kurs$_2$ (Fahrt-, Wegerichtung, Route; über lat. *cursus* ins Frz. und dann ins Dt. entlehnt; heute auch mit der Bedeutung „politische Richtung" gebraucht)

Kurs$_2$ —› vom Kurs abkommen, Kursbuch, Kurswagen; in der Politik: der Kurs der Regierungspartei

---

* Ob noch ein erkennbarer Bezug des Tropus zur eigentlichen Bezeichnung (des verbum proprium) bzw. des eigentlich bezeichneten Designats besteht, ist nur schwer zu entscheiden. Man mag beispielsweise die lexikalisierte Bezeichnung *Linse* für das Geräteteil noch auf die äußere Ähnlichkeit zum Samen der gleichnamigen Pflanze zurückführen und deshalb noch nicht von einem Homonym sprechen oder aber unter Hinweis auf den technischen Begriff und dem kaum noch auszumachenden Vergleich auf sprachliche Entwicklungsprozesse verweisen; es bleibt eine offene Frage. Viele Bezüge sind jedoch eindeutig: Erzeuger – Produkt (einen *Opel* fahren) Gefäß – Inhalt (ein *Glas* trinken) und viele andere, so dass diesbezüglich noch nicht von Homonymie gesprochen werden kann.

Kurs$_3$ (im 17. Jh. entlehnt aus dem Ital. *cursus* mit der Bedeutung „Handels-
preis", „Umlauf von Zahlungsmitteln") —› heute mit den Sememen (a)
Wechselkurs, Kaufpreis einer Währung (b) Aktienkurs, Preis für Wert-
papiere
Kurs$_2$ ist mit zwei Sememen ein polysemes Lexem.

Das Entstehen polysemer und homonymer Lexeme zu allen Zeiten verweist
einmal mehr auf die Bewegungen und Veränderungen im Lexikon der Sprache. Es sei hier nur angemerkt, dass Phraseologismen davon nicht ausgenommen sind. *Vom Teufel geritten werden* kann bedeuten:
(1) übermütig sein;
(2) unbesonnen handeln;
(3) sich hinreißen lassen (mutwillig) Unvernünftiges zu tun.

Die Polysemie von Phraseologismen ist zwar weniger extensiv ausgebildet
als bei Wörtern, aber sie ist gegeben (vgl. auch H. Burger 1998, 72 ff.).

Zusammenfassung:

Nahezu täglich werden neue Lexeme gebildet (Neologismen durch Wortbildung) oder bereits lexikalisierte semantische Einheiten mit einer neuen,
weiteren Bedeutung „aufgeladen" Es entstehen polyseme Lexeme. Im Gegenzug veralten Lexeme, deren semantische Leistungsfähigkeit für aktuelle Themen in kommunikativen Handlungen nicht mehr ausreicht. So
verändert sich der Lexembestand mit möglichst geringem sprachlichem
Aufwand (Prinzip der Sprachökonomie).
Polysemie ist eine universelle und charakteristische Eigenschaft in natürlichen Sprachen, die hauptsächlich auf mehrdeutige Einheiten im Wortschatz auch auf Affixe und grammatische Morpheme bezogen wird.
Doch die Sprache ist bekanntlich ständig im Fluss. Einzelne Sememe lösen sich aus polysemen Lexemen und entwickeln sich zu semantisch un-
abhängigen Homonymen (z.B. *der Bauer, das Bauer*). Oft entscheidet allein das Sprachgefühl darüber, ob noch Polysemie oder bereits Homonymie anzunehmen ist. Eine zweifelsfreie Abgrenzung ist nur schwer zu
treffen. Homonyme werden in Wörterbüchern durch mehrere Lemmata
gekennzeichnet.
Frage: Ist es ohne Einschränkung zutreffend – wie E. Albrecht es einmal
ausgedrückt hat – die Ursache der Homonymie sei der Verfall der Polysemie?

6. TENDENZEN DES GEBRAUCHS UND DER BILDUNG VON LEXIK IN KOMMUNIKATIVEN HANDLUNGEN

Zum Lexembestand der deutschen Sprache gibt es keine sicheren Aussagen. Selbst der Begriff „Lexembestand einer Sprache" ist unscharf, weil die Tendenz zur Internationalisierung vornehmlich in den Fachsprachen, aber auch generell zu beobachten ist, denn viele der selbst in der Alltagskommunikation gewählten Lexeme sind Entlehnungen. Je nach Situation und Thematik sind sie dort mit durchschnittlich etwa 6 % vertreten. Auf Entlehnungen können und wollen wir nicht verzichten, weil sie in den verfügbaren Wortschatz fest eingebunden sind und ihn um Sememe und Bedeutungsnuancen bereichern. Aber auch hier gilt die Forderung nach Allgemeinverständlichkeit im Alltag. Eine maßvolle und die Verständigung fördernde Auswahl aus der Fülle der Lexik ist geboten. Auf das oft auch anzutreffende und mit berechtigter Kritik bedachte Übermaß an ersetzbaren Entlehnungen, hauptsächlich aus dem Englischen und Amerikanischen, will ich hier nicht näher eingehen.

Der Lexembestand für die nicht fachliche Kommunikation in der Hoch- und Schriftsprache (der so genannte „allgemeine Wortschatz" vgl. E. Agricola, W. Fleischer, H. Protze 1970, 1129) wird auf etwa 75000 Lexeme geschätzt (so jedenfalls bei H. Glück 1993, 697), nicht mehr gebräuchliche Archaismen ausgenommen (z.B. *Windbüchse* statt des aktuellen Lexems *Luftgewehr*). Das „Handwörterbuch der deutschen Gegenwartssprache" weist für den „heute sprachüblichen Bereich des Wortschatzes" 60000 Stichwörter (Lemmata) aus (vgl. G. Kempcke in Bd. 1 1984, Vorwort). Größere Wörterbücher, die über den allgemeinen Wortschatz weit hinausreichen, führen 150000 bis 500000 Lemmata an (Grimms „Deutsches Wörterbuch" verzeichnet etwa 500000 Wörter).

Einige der quantitativen Angaben beruhen als Schätzwerte auf dem nachweisbar Erfassten in lexikografischen Dateien und Karteien. Weniger zuverlässig als die Auszählungen zum allgemeinen Wortschatz sind die Angaben zur fachsprachlichen Lexik. W. Pfeifer (in J. Schildt als Hrsg. 1977, 121) merkt dazu an:

> „*Eine moderne Schätzung beziffert allein den Fachwortschatz der Chemie auf eine Million Wörter, – eine Zahl, die ich zur Kenntnis nehmen muß, die ich mich außerstande sehe, auch nur annähernd nachzuprüfen.*"

Kommunikative Bedürfnisse haben ein ständiges Werden und Vergehen im Lexembestand der Sprache zur Folge. Aber das „Werden" ist intensiver als das „Vergehen", so dass der Schatz an Wörtern und Phraseologismen unaufhörlich wächst und mit Strukturveränderungen im lexikalisch-semantischen System einhergeht. Schon deshalb wird es niemals möglich sein, den momentanen Lexembestand anzugeben.

Augenfällig für das **Werden und Vergehen im Lexikon** sind e i n e r s e i t s Entlehnungen aus dem Lexemreservoir anderer Sprachen, ist das Hinzukommen von Neologismen und Okkasionalismen, ist die Erweiterung des Bedeutungspotenzials durch mehrdeutig besetzte Formative (Polysemie und Homonymie), ist der Bedeutungswandel, und a n d e r e r s e i t s schwinden aus dem aktiven Sprachgebrauch Archaismen, Historismen, aber auch viele der nur kurzzeitig benötigten Neologismen oder der einmalig gebrauchten Okkasionalismen.

Weniger augenfällig sind Funktions- und Motivationsveränderungen in der Lexik. Ein Wort nimmt eine neue Benennungsfunktion an, wenn es metaphorisch oder metonymisch gebraucht wird. Die meisten der Metaphern und Metonymia sind auch nur kurzlebig und gehen nicht als lexikalisierte Elemente in den Wortschatz ein.

Motivationsveränderungen (Motivwandel) werden ohne Kenntnis der Etymologie nicht bewusst wahrgenommen. Selbst die Ausgangsmotivation solcher mitunter geläufigen Wörter wie *Friedhof* (ursprünglich der „eingefriedete geschützte Raum/Platz" im Vorhof eines Hauses oder einer Kirche), heute als Ort des Friedens umgedeutet, gehört nicht zum allgemeinen Sprachwissen (zur Motivation bzw. Motiviertheit vgl. Kapitel 4. in diesem Buch).

Das Adjektiv *fromm* wurde zum Verb *frommen* gebildet, das auch heute noch die Bedeutung „nützen" trägt. Vom motivierenden Verb trug es die Bedeutung „nützlich", später auch „tapfer, rechtschaffen". Man vergleiche „die frommen Krieger". Auch noch M. Luther hat *fromm* mit dieser Bedeutung in seine Bibel-Übersetzung aufgenommen. Erst später nahm das Adjektiv den religiösen Sinn an.

Die Bewegungsintensität im lexikalisch-semantischen System ist nicht frei von zeitweilig wirkenden Tendenzen (auch Entwicklungstendenzen genannt, vgl. K.-E. Sommerfeldt 1988), die dem Gebrauch wie auch der Neubildung von Lexik eine bestimmte Richtung geben. Eine Unterscheidung von generellen und speziellen Tendenzen ist aber möglich. Generelle Tendenzen wirken auf den Sprachgebrauch insgesamt und führen schließlich auch zu Verschiebungen im System. So wirkt die Tendenz zur Nominalisierung nicht nur im Bereich der Wortbildung, sie nimmt auch Einfluss auf Entwicklungen im Satzbau. In der Stilistik werden die Auswirkungen auf die Satz- und Textbildung mit dem Begriff „Nominalstil" umschrieben im Unterschied zum „Verbalstil". *

---

* Ich verweise lediglich auf S. Heusinger 1995, Seiten 92 ff.

Eine der übergreifenden Richtungen im Sprachgebrauch ist die generelle Tendenz zur Sprachökonomie, die ich in ihrer Wirkung auf die Lexik bereits beschrieben habe (Kapitel 5.2.9.). Wir können nicht sagen, dass die so genannten Tendenzen, also Richtungen in der Bewegungsaktivität eine Optimierung der Sprache bewirken (so auch K.-E. Sommerfeldt 1988, 25 ff.), denn beispielsweise kann der nominal strukturierte Satzbau unter der „Last" möglicher Attributketten in der Sprache der Direktive (und nicht nur dort) für die Kommunikation hinderlich sein. Ebenso kann eine Konzentration von Anglizismen in der Sprache der Werbung die Verständlichkeit wie auch die Verständigung erschweren. Es ist allerdings auch nicht von der Hand zu weisen, wenn man der Werbung unterstellt, es komme ihr gar nicht auf Verständlichkeit, sondern auf Effekte an. „Was fremd klingt, macht neugierig und kann nur gut für's Geschäft sein".

Verallgemeinernd heißt das, was sich in der Tendenz zeigt, kann sowohl maßvoll und angemessen als auch übermäßig und nicht angemessen sein. Tendenzen im lexikalischen Bereich verursachen zeitweilig sich verstärkende Bewegungen im lexikalisch-semantischen System, die bestimmte Richtungen der Entwicklungen im Lexikon und im Gebrauch der Lexik anzeigen. Nachfolgend werden wesentliche Tendenzen bei alleiniger Berücksichtigung des Lexikons der deutschen Gegenwartssprache erörtert, wie sie hauptsächlich in Deutschland, Österreich und der Schweiz schriftsprachlich und aktuell realisiert werden. Eine Berücksichtigung auch der regionalen, sozialen und fachsprachlichen Varietäten würde über das Anliegen dieser Erörterung hinausführen.

Unbestritten sind all die sprachlichen Existenzformen (die Dialekte, Umgangssprachen, Gruppensprachen, Berufs- und Fachsprachen) historisch gewachsene und sich auch in der Gegenwart entwickelnde Entitäten. Sie sind notwendige Kommunikationsmittel zur Erreichung allgemeiner wie spezieller kommunikativer Ziele, also jener Ziele, die man besser mit regionalen oder sozialen sprachlichen Ausdrucksmitteln oder ggf. auch eindeutiger mit den Mitteln der Fach- und Berufssprachen erreichen kann.

Für jedermann wahrnehmbar fließt Lexik aus den Wort- und Phraseologieschätzen der anderen sprachlichen Existenzformen in das Lexikon der Standardsprache ein. Inwieweit man hier bereits von einer Tendenz sprechen kann, ist zu prüfen. Auffallend ist allerdings, dass das Bestreben populär zu sein, sich auch lingual niederschlägt, indem eigentlich erwartbare standardsprachliche Äußerungen umgangssprachlich „gefärbt" werden.

In Kommentaren selbst der überregionalen Presse ist zu lesen von *blödsinnigen Diskussionen*, in denen wieder einmal ein Prominenter *seinen Senf dazugeben musste*, aber *sich eins pfeift*. Die Rede ist davon, dass die Demokratie im *Parteienfilz versumpft*, etwas vom Zeichen der Vergänglichkeit *gesülzt* wird, nicht jeder gleich *kapiert*, *wo's langgeht* und man offenbar noch viel

Zeit für *Palaver* hat (wenige Beispiele für Umgangssprachliches in einem Kommentar von Stefan Berg „Soll er machen, was er will" in: Deutsches Allgemeines Sonntagsblatt, Nr. 16/1993, Seite 3).

Nach aktuellen Wörterbüchern (u.a. Wahrig, Deutsches Wörterbuch) sind *Blödsinn, seinen Senf dazugeben, sich eins pfeifen, versumpfen, sülzen, kapieren, palavern* umgangssprachliche Lexeme, die (noch) nicht in der Standardsprache lexikalisiert sind. Als dort bereits lexikalisiert kann *machen* mit den dazu gebildeten Komposita, Ableitungen und Redewendungen gelten: *Macher, Filmemacher, Karriere machen, Sinn machen, krankmachen, Machart, machbar, Machbarkeit.* Das Einfließen umg. Lexeme in das Lexikon der Standardsprache ist keine nur aktuelle Erscheinung, die in der Gegenwart zugenommen hätte, so dass wir auch nicht von einer Tendenz im lexikalischen Bereich der Standardsprache sprechen können. Aber es ist ein Stilphänomen mit dem Anspruch „Stil-Tendenz" zu sein insbesondere für die Presse, die Politik und die Werbung.

Es spricht für ein hohes Bildungsniveau aber auch für die Auswirkungen der Technisierung in allen Lebensbereichen, wenn Termini aus den Fachwortschätzen der Medizin, der Informationstechnik, der Kraftfahrzeugtechnik und (minder zwar) aus anderen Fach- und Wissenschaftsbereichen in den allgemeinen Wortschatz eingehen und selbst in Alltagsdialogen gewählt werden. Gemessen an der nach Millionen zählenden fachsprachlichen Termini wird zwar nur ein Bruchteil davon zum Gemeingut, aber selbst darin spiegelt sich das Bestreben der Kommunikationsteilnehmer zur Eindeutigkeit im Ausdruck. Heute bereits gemeinsprachliche Lexeme aus den **Sonderwortschätzen der Fachsprachen** sind (um nur wenige zu nennen):

AB-System, Airbag, Servolenkung, Tachometer, Display, Halogen, Wegfahrsperre, Arthrose, Arthritis, Meniskus, Meningitis, Chirurg, Dermatologe, Internist, Endoskopie, Menü, SMS, SIM-Karte, PIN, Notebook, Internet, Chipkarte.

Auch hier ist zu fragen, ob man bereits von einer „Tendenz" sprechen kann, denn einige der Fachrichtungen, die besonders eng mit der Lebenstätigkeit nahezu aller Menschen in industriell hoch entwickelten Ländern verbunden sind wie die Informationstechnik, die Telekommunikation, die Kraftfahrzeugtechnik, die Medizin haben Fachlexik hervorgebracht, die zu einem Teil schon immer als gemeinsprachlich empfunden wurde bzw. nicht mehr dem Sonderwortschatz zuzurechnen ist. Lexeme des fachsprachlichen Sonderwortschatzes sind definiert, dienen vorzugsweise der eindeutigen Verständigung unter Fachleuten und sind deshalb als Fachlexeme monosem.

Eine Despezialisierung, auch **Determinologisierung** bis hin zur Umdeutung von Sonderlexik aus den Fach- und Gruppensprachen findet statt, wenn diese Lexeme unspezifisch verwendet werden. So wird gemeinsprachlich kaum zwischen *Arthrose* und *Arthritis* unterschieden. Für den Mediziner sind es verschiedene Begriffe. In der Medizin *Koronarinfarkt* bzw. *Myokardinfarkt* (gemeinsprachlich *Herzinfarkt*) werden durch Hyponyme eindeutiger und spezieller bezeichnet.

Auch bei gemeinsprachlicher Verwendung (d.h. umgangssprachlichem oder hochsprachlichem Gebrauch) von Lexik aus den Sonderwortschätzen sozialer Gruppen kann sie die spezielle Bedeutung verlieren oder sogar eine neue Bedeutung annehmen: *Stuss* im Rotwelsch (jidd. *Schtuss*) ist die jeweils erste zweier gezogener Spielkarten, die keinen Gewinn bringt. In der Umg. wird damit „Unsinn", „törichte Rede" bezeichnet. *Malochen* im Rotwelsch wird wertneutral in der Bedeutung „arbeiten" verwendet (zu jidd. *Maloche* „Arbeit"), hat aber in der dt. Umgangssprache die konnotierte Bedeutung „harte, monotone Arbeit" angenommen. In die Umg. eingeflossen sind mit veränderter oder neuer Bedeutung aus dem Rotwelsch bzw. der Gaunersprache unter vielen anderen Lexemen auch *Stromer* (Vagabund, heute zumeist „zu Streichen aufgelegtes Kind"), *Fleppe* (im Rotwelsch jede Art von Dokument), *Kohl reden* (zu „Kohl machen" »lügen, schwindeln«), *kess* (mit positiver Konnotation „klug, weise" aus jidd. *chess*), *kiebitzen* („durchsuchen, visitieren" zu jidd. *koiwesch*), *Kaff* (zu zigeunerisch *gaw* „Dorf").

Sonderlexik ist an bestimmte kommunikative Bereiche, spezielle Themen und Gesprächssituationen gebunden. Bei nichtspezifischer Verwendung tendiert sie zum Bedeutungswandel, wenngleich auch nicht alle Sonderlexeme eine veränderte bzw. unspezifische Bedeutung annehmen. In der Gemeinsprache weit verbreitet sind Lexeme aus den Berufssprachen, die eine syntaktische Bindung im Kontext von Phraseologismen angenommen haben und metaphorisch gebraucht werden.

Ich führe einige der gemeinsprachlichen Lexeme aus der Berufssprache der Fischer und Seeleute an:

> *am Ruder sein/ ans Ruder gelangen* (Führungsposition in Partei oder Politik), *aus dem Ruder laufen* (Führungsschwäche zeigen), *jetzt weht ein frischer Wind* (strenger Ton, mehr Ordnung), *jmd. den Wind aus den Segeln nehmen* (seine Absicht vereiteln), *ins Netz gegangen sein* (überlistet), *überall seine Netze auswerfen* (vieles unternehmen, planen), *sich im Netz seiner Lügen selbst fangen* (sich verraten, entlarven), *im Trüben fischen* (Vorteile aus einer unklaren Lage ziehen), *nur kleine Fische/ ein kleiner Fisch sein* (Kleinigkeit, Bedeutungsloses, unbedeutender Mensch).

Der **semantische Wandel infolge unspezifischen Gebrauchs** von Lexemen ist eine Erscheinung bzw. ein Aspekt der Dynamik und Flexibilität des Lexikons. Hervorzuheben ist allerdings die Einschränkung, dass der unspezifische Gebrauch den regulär spezifischen voraussetzt, also Sonderlexik zur Grundlage hat. Zu einer **Transferenz** in die Lexika der Umgangssprache oder der Standardsprache kommt es, wenn der semantisch veränderte Gebrauch (neben der auch noch sondersprachlich realisierten Bedeutung) im sozialen Bewusstsein der Sprachgemeinschaft als usuell empfunden wird. Das ist der Fall bei den oben angeführten Lexemen der Umg., die aus dem Rotwelsch und den Berufssprachen eingeflossen sind. Die „Aufnahme in den Bestand der sozialen Norm" führt nach K.-E. Sommerfeldt von der „Initialphase" über die „Verbreitungsphase" zur „Approbationsphase" (1988, 102). Werden Termini der Fachsprachen mit veränderter Semantik in der Gemeinsprache gebraucht, spricht man besser von Determinologisierung, z.B. die im Volksmund mit *Grippe* bezeichnete Erkältungskrankheit. Der Terminus *Grippe* in der Medizin bezeichnet speziell die (epidemische) akute Viruserkrankung.

Wie oben bereits angedeutet, sind Fachbezeichnungen in ihrer regulär terminologischen Bedeutung aus der Alltagskommunikation nicht wegzudenken, weil **Eindeutigkeit** im Ausdruck nicht nur wesensbestimmend für die Fachkommunikation ist, sie zeigt sich auch als **Tendenz zur verdeutlichenden Ausführlichkeit** in der Alltagskommunikation. Verwaltungssprachliche Termini (Begriff bei W. Fleischer/ G. Michel/ G. Starke 1993, 125) wie *Entsorgung, Verbeamtung, Gleichstellungsbeauftragte, Handwerkskammer, Obermeister, Magistrat, Wirtschaftskriminalität* und viele andere sind **monosemantische Lexeme** mit gemeinsprachlicher Extension, die uns helfen, uns in der Öffentlichkeit zu orientieren.

Das Bestreben des Sprechers/Schreibers, ein komplexes Designat in der Weise genau zu benennen, dass seine Hauptbestandteile für sich rezipierbar (d.h. morphematisch motiviert) sind, führt zur Bildung **polymorphemischer Komposita** (Begriff bei W. Fleischer/ I. Barz 1992, 97). In den Fachsprachen kann diese Motivationsstruktur mitunter zwingend sein, z.B. zur Bezeichnung chemischer Stoffe: *Äthylmorphinhydrochlorid.* Vier und mehr Grundmorpheme umfassende mehrgliedrige Komposita (bei W. Fleischer/ I. Barz 1992, 97 „quantitative Differenzierung") werden zunehmend auch gemeinsprachlich in vorwiegend schriftlichen Äußerungen gebraucht. Darauf machen auch W. Fleischer und I. Barz aufmerksam, sie betonen aber ihre geringe Neigung zur Lexikalisierung (ebenda, 98).

Die Bildung polymorphemischer Komposita folgt allerdings nicht nur der Tendenz zu verdeutlichender Ausführlichkeit (Begriff bei Th. Schippan 1992, 243), sie ist auch unter dem Aspekt der Usualisierung, z.B. *Donnerstagnachmittag* (Rechtschreib-Neuregelung zur älteren Schreibung *Donnerstag nachmittag*) und im Hinblick auf die Ausdrucksverdichtung unter dem Aspekt der Sprachökonomie zu sehen. Sie ersetzen Wortgruppen, aber auch Sätze und werden als lexikalische Einheiten wahrgenommen, z.B. *Titan-Verbund-*

werkstoff (für: Werkstoff aus Titan zur kraftschlüssigen Verbindung von Bauelementen).

Polymorphemische Fachkomposita werden in der gemeinsprachlichen Kommunikation weitgehend gemieden, ausgenommen einige verwaltungssprachliche Termini aus Parteien und Behörden (offizielle Vokabeln), auf die im Interesse einer eindeutigen Verständigung nicht gänzlich verzichtet werden kann, z.B. *Bundesrechtsanwaltskammer, Handwerkernotdienst, Lohnsteuerhilfeverein.* Aber selbst für die allgemeine Verständigung verzichtbare polymorphemische Bildungen werden schon einmal von der öffentlichen Diskussion aufgegriffen, wenn der Sprecher oder Schreiber die benannten Sachverhalte hervorheben möchte, z.B. *Parteispenden-Untersuchungsausschuss, Computerspiele-Hardware, Fallschirmsprungabzeichen.*

Während sich der allgemeine Zugriff auf polymorphemische Komposita noch in Grenzen hält, werden dreigliedrige Komposita in der Schriftsprache und in der öffentlichen Diskussion verhältnismäßig häufig gewählt. Auch mit ihrer Wahl zeigt sich nicht minder die **Tendenz zur verdeutlichenden Ausführlichkeit** im Ausdruck: *Fernsehöffentlichkeit* (im Unterschied zur *Saalöffentlichkeit*) in einer Diskussion über Fernsehaufnahmen bei Gerichtsverhandlungen (in: Nachrichtenmagazin „Focus" vom 20.11.2000, S. 84). Viele dieser Bildungen sind usualisiert oder als **verwaltungssprachliche Termini** verbreitet: *Bundeswehrsoldat, Betriebskindergarten, Fernsehkrimi, Landeskriminalamt, Bundesinnenminister, Landtagsabgeordneter.*

Als Bildungen mit eindeutiger Motivationsstruktur werden drei- und mehrgliedrige ad hoc gefügte Komposita auch zu dem Zweck hervorgebracht, an ihre Sachbedeutung Konnotate, speziell **Humor, Ironie** oder Sarkasmus zu binden. Dafür einige Beispiele: *Reichstagshausmeister* (für den Bundestagspräsidenten bei seinem Bemühen, Verstöße gegen die Hausordnung aufzuklären), *Spenden-Verschiebebahnhof* (rechtswidrige Spendenpraxis), *Schmiergeldsumpf, Weichspülgang* (für eine Rechtfertigung), *krankenhausreif, Rote-Socken-Peter, Besserwisserexpertisen, Versandhausdessous, Pillendreher-Club* (ein bekannter deutscher Fußballclub), *Nikolausbewegungsmelder* (alle Belege aus „Focus" vom 20.11.2000).

Die spontane Kompositionsfähigkeit der deutschen Sprache, die den Sprecher/ Schreiber in die Lage versetzt, Abbildstrukturen via sprachliche Kompositionen für den Rezipienten recht verdeutlicht zu vermitteln, wird auch in der künstlerischen Literatur produktiv genutzt. Auf humorvolle Weise die Sachinformationen zu vermitteln, kann eines der möglichen Intentionen sein: Sie wollte dem „Herrn keine Gelegenheit geben, seine *Kriegswinterliebeserinnerungen* aufzufrischen" (G. de Bruyn, Buridans Esel); ... drang „aus der Gastwirtschaft oben sonores *Männer-Wochenendgebrumm*"; Krohl – rotweingesichtiger Zigarrenraucher mit *Denkmaleinweihungsbewegungen* (aus: H. Böll, Billard um halb zehn).

Mehrgliedrige Komposita zu bilden sind nur eine der Methoden zur verdeutlichenden Ausführlichkeit vermittels Sprache. Eine andere Methode ist die der verdeutlichenden Differenzierung durch voran- und nachgestellte Attribute. Eine Häufung von Attributen (auch verschiedenen Grades) ist charakteristisch für den Nominalstil. Auf diese Form der syntaktischen Textorganisation gehe ich aber nicht weiter ein.

Nun wirken viele der drei- und mehrgliedrigen Kompositionen der Verwaltung, des Rechts, auch der Fachsprachen schwerfällig im Redefluss, und sie werden – jedenfalls in der mündlichen Kommunikation – häufig in verkürzter Form zum Ausdruck gebracht. Eltern geben ihre Kinder, d.h. ihre *Kids*, in der *Kita* (Kindertagesstätte) ab; der *PKW* (Personenkraftwagen), bzw. das *Kfz* (Kraftfahrzeug) muss 'mal wieder zum *TÜV* (Technischer Überwachungs-Verein) bzw. zur *HU*. (Die mit dem Aufkommen von Konkurrenz-Unternehmen in der Fachsprache gewählte neuere Abkürzung *HU* [Hauptuntersuchung] wird oft noch fälschlich in der Gemeinsprache mit *TÜV* bezeichnet).

Für viele Termini sind deren Kurzformen bereits standardisierte Fachbezeichnungen, die dann auch für die schriftliche Kommunikation gewählt werden. Der Tendenz zur verdeutlichenden Ausführlichkeit wirkt **die Tendenz zur Sprachökonomie entgegen**. Sie ist (wenn auch nicht nur) eine Reaktion auf den Informationsverarbeitungsaufwand, der abhängig ist sowohl von der semantischen Komplexität als auch von der morphemischen Struktur der Komposition bzw. von der syntaktischen Struktur der Wortgruppen-Termini. Wird allein die Langform angeboten, z.B. *Bundesaufsichtsamt für den Wertpapierhandel*, findet eine Art lexikalischer Dekomposition zu *BAWe* statt*. Anzunehmen ist hingegen, dass bei formal einfachen lexikalischen Einheiten, deren Semantik aus dem Langzeitgedächtnis sofort abgerufen werden kann, normalerweise keine lexikalische Dekomposition zu erwarten ist. Sie werden holistisch verarbeitet.

Nun aber sind Kurzformen, z.B. *BAWe*, ohne Kenntnis der Langform nicht verständlich. Der Wort- bzw. Wortgruppen-Inhalt der Langform muss also vorausgesetzt werden. Ist das der Fall, wird bei Rezipienten, die ständig den Begriff verwenden, die Kurzform zum Gebrauchsterminus, und im semantischen Verarbeitungsprozess findet auch keine lexikalische Dekomposition mehr statt. Der kognitive Aufwand wird geringer und mit ihm auch die Verstehens- bzw. Lesezeit. Kurzformen gehören heute zu unseren täglichen Gebrauchslexemen, und es kann sogar der Fall eintreten, dass die Langform

---

* vgl. dazu die Diskussion aktueller Forschungsergebnisse auf dem Gebiet der kognitiven Linguistik in: M. Schwarz 1992, Seiten 145 – 153

ganz und gar aus unserem mentalen Lexikon verdrängt ist. Wer weiß schon noch, dass *Bus* die Kurzform zu *Omnibus* ist.

Kurzformen können nicht ausnahmslos als sprachlich-kommunikative Rückwirkung zu den bisher beschriebenen Langformen bestimmt werden. Nicht auf jede Langform reagiert die sprachliche Kommunikation mit einer Kurzform. Sie kann ebenso auch eine Modeerscheinung sein oder aus noch anderen Gründen entstehen. Ein Beweis dafür ist die Vorliebe für **Eigennamenkürzungen** in der Umgangssprache. Neben den Kurzformen werden auch i-Derivate gebildet, die als Kosenamen zu verstehen sind: zu Wolfgang die gekürzten Formen *Wolf, Wölfi* und seltener *Wolfi.* Weitere Beispiele sind *Günthi* zu Günther, *Schumi* zu Schumacher, *Sigi* zu Siegfried oder Sieglinde.

Eine vergleichbare Entwicklung auch für Gattungsnamen beschränkt sich auf wenige Belege, z.B. *Pulli* (leichter Pullover). Nur in der Sprache der Jugend sind i-Derivate zu Kurzformen verbreitet: *Sponti* (spontan handelnder Mensch), *Depri* (zu Depressionen neigender Mensch), *Drogi* (von Drogen abhängiger Mensch).

Viele der Namenkürzungen werden heute auch als Vollnamen empfunden, ohne dass der Bezug zur ursprünglichen Langform allgemein bekannt ist. Zu Nicolaus sind unter vielen anderen die Vornamen entstanden: *Klaus, Nico, Nicola, Nicole, Nike, Nika.* Auch zahlreiche durch Kürzung entstandene Familiennamen gehen auf den Namen des katholischen Schutzheiligen Bischof Nikolaus von Myra zurück: *Nickel, Klaas, Klose, Clauß, Nitz, Nitsch, Nietzsche.*

Wie einerseits für Personen kurze Kosenamen zu offiziellen Rufnamen gewählt werden (*Johannes – Jo, Benjamin – Ben/ Beni, Ramona – Mona/ Moni*), tendiert auch die offizielle Namengebung zur Wahl kurzer ein- und zweigliedriger Formen: *Lisa, Maria, Sarah, Tina, Bea, Isa, Anne, Tom, Eric, Stefan, Paul, Wolf.*

Die Tendenz zur Kurzformbildung hat zur Folge, dass sich entlehnte kurze Formen gegenüber heimischen längeren Formen durchsetzen. Engl. „to trend" steht heute als *Trend* für „Grundrichtung, Modeerscheinung, Entwicklungsrichtung, Neigung" in vielen gesellschaftlichen Bereichen. *Trend* ist mit einem höheren Abstraktionsgrad von allgemeinerer Bedeutung. Beides: Die kürzere Form und die allgemeinere Gebräuchlichkeit geben dem Lexem gegenüber heimischen Wörtern den Vorzug. Bereits häufiger verwendet wird auch *trendy* für „hochmodern, modebewusst". Weitere extendierende entlehnte Lexeme mit kürzerer Form sind unter anderen: etwas ist *in* oder *out, sorry, kid, Fan, Pool, Shirt, Slip, Run, Team, Teen/ Teeny.*

Es liegt nahe, daraus zu schließen, dass die Entscheidung für kürzere Wortformen in der Kommunikation eine der Ursachen für die Eingliederung von

Entlehnungen in den verfügbaren Wortschatz der Sprache ist, denn auch das Deutsche hält Lexeme mit gleicher Bedeutung und gleichen oder annähernd gleichen Verwendungsmöglichkeiten bereit: Was *in* ist, ist *zeitgemäß/ modern*, man bittet um *Verzeihung* (*sorry* wird nicht mehr nur als salopp empfunden), man gehört einem *Team* an, meint aber *Kollegium* oder *Arbeitsgruppe* usw.

Auch allein für heimische Lexeme sind Verschiebungen innerhalb eines Synonymfeldes nicht ungewöhnlich. *Getümmel* wird heute nur selten gebraucht. Das annähernd gleichbedeutende, aber kürzere Wort *Tumult* hat den Platz im System eingenommen. So lassen sich viele der Form nach längere Lexeme finden, die nur noch sehr selten gewählt werden:

> *Verkehrsstockung* ≻ *Stau*; *Flugzeug* ≻ *Flieger*; *Fechtbruder* ≻ *Bettler*; *Weltraum* ≻ *All*.

Auch durch Wortbildung hervorgebrachte Kurzwörter, gebildet nach den Modellen der Suffigierung, der „Klammerform" (Begriff bei W. Fleischer, I. Barz 1992, 220), des Silbenwortes, Kopfwortes, Schwanzwortes, bereichern den Wortbestand:

> *Empfangsgerät* ≻ *Empfänger*; *Fernsehempfänger/ Fernsehapparat* ≻ *Fernseher*; *Lastwagen* ≻ *Laster*; *Eisenbahnnetz* ≻ *Bahnnetz*; *Highfidelity-Anlage* ≻ *Hi-Fi-Anlage*; *Baustelle* ≻ *Bau*; *Lokomotive* ≻ *Lok*; *Katalysator* ≻ *Kat*; *Fahrrad* ≻ *Rad*.

Die Beobachtung in der Gemeinsprache, dass sich entlehnte kurze Formen gegenüber heimischen längeren Formen durchsetzen, schließt Ausnahmen ein, weil Lexeme, die nicht alltäglich gebraucht werden, auch weniger geläufig sind. Wer an der See gern Schnecken und Muscheln sucht, kennt auch den *Einsiedlerkrebs*, aber selten das Synonym *Eremit*.*

Die Zunahme von integrierten Entlehnungen im lexikalisch-semantischen System des Deutschen ist natürlich nicht allein mit der Tendenz zur Kurzformbildung oder auch mit der Tendenz zur eindeutigen Bezeichnung in der Gemeinsprache zu erklären. Von Einfluss ist auch die **Tendenz zur Internationalisierung des Wortschatzes**. Zu allein Zeiten hat es Lehnschübe gegeben (vgl. Kapitel 2.2.4.), so dass auch unsere Gegenwart nicht frei ist von stets neu einfließenden Lexemen aus anderen Sprachen.

Aktuell (und oft auch beklagt) ist die „Vorliebe" für das Englische, die aber nichts mit besonderer Zuneigung zu tun hat, sondern aus verschiedenen

---

* Angemessenheitsentscheidungen, also pragmatische Aspekte können hier nicht berücksichtigt werden, weil sich Tendenzen in der Wortschatzentwicklung im lexikalisch-semantischen System niederschlagen, obwohl die Einflüsse auf das System von der gesellschaftlichen Kommunikation ausgehen. Wer statt *Dissens* das Lexem *Meinungsverschiedenheit* wählt, hat pragmatische Gründe, die aber ohne Wirkung auf das System bleiben.

Richtungen angeregt wird, beispielsweise von den Fachsprachen und auch von der Schulbildung her, da die Kenntnis des Englischen zur Allgemeinbildung gehört. Die Priorität basiert letztlich auf dem Status des Englischen als internationale Sprache in einer auf Globalisierung bedachten politischen und wirtschaftlichen Entwicklung.

Die Tendenz zur Internationalisierung des Wortschatzes zeigt sich aber nicht nur im Einfluss anderer Sprachen auf die Sprache e i n e s Volkes. Oft sind die gleichen Entlehnungsbedingungen verbreitet gegeben, so dass einzelne Lexeme gleicher Herkunft international entlehnt werden. Man denke nur an weltweit verbreitete Lexeme der Informationstechnik. Erfolge der technischen Entwicklung haben schon immer besondere Aufmerksamkeit gefunden und wurden, wenn die Bedingungen dafür gegeben waren, auch nationalübergreifend registriert. Ein Beispiel aus der Transporttechnik ist die Bezeichnung *Container*. Der heute so benannte standardisierte Transportbehälter fand in der Mitte des 20. Jh. Verbreitung, aber erst 1964 wurden die Standardgrößen mit internationaler Verbindlichkeit festgelegt. Sowohl diese Festlegung als auch die sprachliche Herleitung begünstigten die Entwicklung zur internationalen Bezeichnung.

Die lat. Präfixbildung *con-tineare* (zusammenhalten, umfassen, festhalten) wurde im 16. Jh. ins Engl. (*contain*) entlehnt, ist aber schon im Altfrz. (*contenir*) nachzuweisen. Heute wird das Lexem von nahezu allen europäischen Völkern gebraucht und ist auch gemeinsprachlich bekannt. Im Deutschen ist der Internationalismus *Container* Konstituente vieler Komposita: *Containersystem, Containerterminal*. Die zahlreichen hybriden Bildungen mit heimischen Lexemen zeugen von der Eingliederung in das lexikalisch-semantische System der deutschen Sprache: *Müllcontainer, Containerschiff, Containerlastzug, Containerhafen, Containerbahnhof* u.v.a.

Internationalismen, das heißt Lexeme, die ohne oder zumeist mit geringen formal-lautlichen Abweichungen in mehreren Sprachen verwendet werden, erfahren auch nur selten eine Lehn-Übersetzung in die jeweils heimische Sprache. Internationalismen sind unter vielen anderen die Lexeme *Medizin, Aggregat, Automat, Nation, Computer, Software, Musik, System*.

Dennoch ist die Tendenz zur Internationalisierung nicht frei von einer gegenläufigen Entwicklungsrichtung, hauptsächlich in der Gemeinsprache, weniger in der Fachsprache, weil Entlehnungen mit geringer Gebrauchshäufigkeit nicht allgemein verstanden werden. Die Konsequenz daraus sind **Lehnübersetzungen** und **Lehnübertragungen***. Viele der beispielsweise in der Medizin verwendeten gemeinsprachlichen Bezeichnungen (Berufsjargonis-

---

* gemeint sind wörtliche Übersetzungen (Lehnübersetzungen) und Übertragungen, die der wörtlichen Übersetzung in die aufnehmende Sprache annähernd entsprechen (Lehnübertragung) men) gehören dazu (vgl. Kapitel 2.2.3.2.; verwiesen sei auch auf Lehnübersetzungen bzw. -übertragungen aus dem Russischen [in Kapitel 2.2.2.] und dem Französischen [in Kapitel 2.2.4.]). Nicht für alle Übersetzungen bzw. Übertragungen werden heimische Lexeme gewählt, weil einige der entlehnten Formen gar nicht mehr als solche empfunden werden, z.B. *Parorexie = Appetitstörung, Neuritis = Nervenentzündung, Placebo = Scheinmedikament.*

Auch die Tendenz zur Internationalisierung hat einen sprachökonomischen Aspekt, sofern Defizite in den Bezeichnungsmöglichkeiten behoben oder Langformen durch entlehnte kürzere Formen ersetzt werden.

Bisher habe ich Tendenzen in sprachlichen Bewegungen des gemeinsprachlichen lexikalisch-semantischen Systems erörtert, die man auch als Grundrichtungen in den Veränderungen und Entwicklungen betrachten kann:
– Die allgemeine Tendenz zur Sprachökonomie und die sie einschließende spezielle Tendenz zur Kurzformbildung,
– die Tendenz zur verdeutlichenden Ausführlichkeit im Gegenzug zur Sprachökonomie,
– die Tendenz zur Internationalisierung des Wortschatzes.

Mit den Tendenzen in den Veränderungen und Entwicklungen reagiert das sprachliche System auf kommunikative Bedürfnisse, doch diese oben genannten Grundrichtungen spiegeln die Bedarfsentwicklung nicht ausreichend wider, denn wir beobachten mit der Zunahme an Synonymen, Antonymen, der Polysemie und Homonymie, mit den Verschiebungen in der Systematik von Wortfeldern, mit der Erweiterung des Wortschatzes überhaupt einen fortschreitenden inhaltlichen Ausbau der Lexik. Aber der inhaltliche Ausbau der Lexik folgt keiner bestimmten Tendenz, sondern entwickelt sich aus der immer reicher werdenden Thematik in der gesellschaftlichen Kommunikation.

Dennoch ist es vertretbar, im Rahmen der Wortschatzerweiterung von **speziellen Tendenzen** zu sprechen, d.h. von Tendenzen, die bestimmte sprachlich formale und inhaltliche Richtungen anzeigen. Genau genommen ist die Tendenz zur Kurzformbildung, beispielsweise zur Bildung von Initialwörtern, oder auch die Tendenz, in der Form längere Wörter durch kürzere zu ersetzen und in den Bestand des Lexikons aufzunehmen (vgl. *Stadtzentrum – City*) spezieller gegenüber der allgemeinen Tendenz zur Sprachökonomie.

Ebenso kann die Tendenz zur verdeutlichenden Ausführlichkeit in spezielle Entwicklungsrichtungen aufgespalten werden. Die oben erörterte Eingliederung drei- und mehrgliederiger Komposita in den gemeinsprachlichen Wortschatz ist ein solch spezieller Trend. Spezielle Tendenzen nehmen wir auch beim Ausbau einzelner Bezeichnungsfelder wahr, z.B. im Feld der

Farbbezeichnungen für modische Erzeugnisse. Die nachstehende (auch nur unvollständige) Übersicht über das Feld der adjektivischen Farbangaben zeigt Wortbildungstendenzen an (darin nicht aufgenommen sind Farbmischnamen, z.b. *gelbbraun*, und Hell-Dunkel-Differenzierungen, z.b. *hellblau, dunkelblau*):

Graufarben: *weiß – schwarz – grau*
Grund- und „klassische" Bundfarben: *blau – grün – rot – gelb # braun – beige – violett – lila – rosa – rosé – bleu*
„neue" Bundfarben (Entlehnungen): *ecru – pink*
Relationsfarben: *orange – ocker – khaki – cognac – honig – schilf – reseda – creme – camel – kamel – azurn – türkis – marine – aubergine – oliv – pistazie – tanne – flieder - fuchsia – rost – anthrazit weinrot (bordeaux) – karmesinrot – rostrot – weihnachtsrot – rehbraun – schokobraun – apfelgrün – kiwigrün – lindgrün – eisblau – himmelblau – indigoblau – zyanblau – silbergrau – wollweiß – perlweiß*

Das Bezeichnungsfeld nahm seine extensive Entwicklung mit dem schnell wachsenden Bedarf in der Mitte des 20. Jh.. Waren es anfangs noch Komposita mit dem Grundwort „-farben" (*rostfarben, cremefarben*), die auch heute noch im Alltag gewählt werden, setzte sich sehr bald die destruktive Tendenz des Verzichts auf die zweite Konstituente durch. Viele der Bezeichnungen für Relationsfarben sind nach unserem Verständnis heute Konversionen in Bezug auf Früchte (*orange*), Pflanzen und Blüten (*tanne, flieder*), Gesteinsvorkommen (*ocker, türkis*) u.a.

Aber auch durch eine Vielzahl von Vergleichsbildungen sind neue Farbbezeichnungen entstanden. Sowohl die Konversion als auch die Vergleichsbildung sind die bestimmenden Tendenzen zur Bildung neuer Farbbezeichnungen (vgl. auch W. Fleischer/ I. Barz 1992, 236). Bildungen mit intensivierender erster Konstituente dienen weniger der Farbbestimmung als vielmehr der Exponierung, z.B. *knallrot, knallpink, tiefschwarz, tiefblau*. Daneben auch Wortgruppen: *temperamentvolles Rot, frisches Grün, verführerisches Lila*.

Spezielle, aber gegenläufige Tendenzen des inhaltlichen Ausbaus lexischer Bezeichnungsfelder sind die **Tendenz zur semantischen Differenzierung in Bezeichnungsfeldern** und im Gegenzug die **Tendenz zur verallgemeinernden Bezeichnung**. Hintergrund ist einerseits das Bestreben, Designate (Objekte), deren Abbildstrukturen weitgehend übereinstimmen, aber nicht identisch sind, sememisch und folglich lexikalisch abzugrenzen, z.B. die Farbbezeichnungen *violett* (veilchenblau) und *lila* (hellviolett).

Andererseits ist das Bestreben zu beobachten, Designate in generalisierende Begriffe einzubinden und lexikalisch zu vermitteln, z.B. *uni* (einfarbig, nicht gemustert zu frz. „einfarbig, gleich"). Zahlreiche generalisierende Bezeichnungen enthält die Umgangssprache: *Ding, Sache, Zeug, machen, tun, gut, schön*, z.B. *ihn ganz schön getroffen haben, schön dumm sein, sich schön tun, hat sich schön 'rausgemacht.*

Eine zu den Farbbezeichnungen vergleichbare Entwicklung ist auch für die Benennung von so genannten Wohlgerüchen kosmetischer Artikel und Parfüme zu beobachten. Auch hier sind es wiederum kommerzielle Interessen, die differenzierende Bezeichnungen hervorbringen. Dufttöne zu bezeichnen ist zweifellos mit einem Problem behaftet, das nicht befriedigend aus erkenntnistheoretischer bzw. abbildtheoretischer Sicht und folglich auch nicht aus dem Verhältnis von Abbild und Sprache erklärt werden kann. Düfte werden aus ihrer unmittelbaren Wahrnehmung heraus (ihrem externen Zustand) nicht als Abbilder mental repräsentiert, sondern auf bereits mental gespeicherte Abbilder zu den Duftquellen bezogen oder metaphorisch vermittelt.

I. Köhler-Dressler (1992) hat das Bezeichnungsproblem erörtert und dann mit Sicht auf die Werbesprache häufiger gewählte Bezeichnungen für Dufttöne systematisiert. Für werbewirksame Duftbezeichnungen eignen sich besonders kurze adjektivische Formen, die Vorstellungen wecken und zur Fantasie anregen. Umschreibende Wortgruppen oder Sätze werden selten gebildet.

> Gewählt werden für positiv empfundene Geruchswirkungen
> *chaud, sensuel* (franz. „warm", „sinnlich"), *masculin, exotisch, belebend*
> ...
> für Wirkungen auf die Psyche
> *erogen, antierogen, stimulierend, exaltierend, muse* ...
> für einzelne Duftnoten und Duft-Bestandteile von Parfüms und Kosmetika
> *Cœr de roses, blumig, santal* (zu „Sandelholzöl"), *mimosa, chypré* (frz. Name für den Duft der Grünpflanzen auf „Zypern"), *fruchtig, würzig, zitrus* ...*; ambre* (zu „Ambrain" aus dem Darm des Pottwals), *pudrig, aldehyd* (aromatisch-chemische Verbindung) ...

Als syntaktische Mittel zur semantischen Differenzierung bzw. Konkretisierung werden häufig Attribute hinzugefügt: *leicht, schwer, schwül, angenehm, erfrischend, herb* u.a.

Es ist geradezu „Tradition", dass für Duftbezeichnungen und Duftwirkungen in der Werbesprache häufig Entlehnungen aus dem Französischen gewählt werden, denn Zeitgeschmack, Lebensart und Kultur der Franzosen (genauer: des französischen Adelsstandes seit des Absolutismus im 17. Jh.) hatten in Deutschland viele Nachahmer, so genannte Französlinge, gefunden. Wenn wir derzeit auch nicht mehr von Lehnschüben aus dem Französischen sprechen können, so hat sich doch die Tendenz erhalten, verhältnismäßig viele der neuen Kreationen des Modernen in Kosmetik, Parfüms, Kleidung mit Lexemen aus dem Wortschatz unserer Nachbarsprache zu bezeichnen. Manche der Entlehnungen gehören heute in unserem Sprachgebrauch zum allgemeinen Wortschatz des Deutschen: *Mode, Eau de Parfüm* (auch: *Parfum*), *Kosmetik, Flakon* (auch *Flacon*; Rückentlehnung aus dem Frz. zu ahd. *flasca,* „Flasche"), *Creme, Frisur, Etui, Maniküre, Jacke, Robe, Bluse, Blouson*.

Auch der Wortschatz im Bezeichnungsfeld für Oberbekleidung hat sich in den letzten drei Jahrzehnten in hohem Maße extensiv entwickelt. Hinzugekommen sind differenzierende Bezeichnungen, zu einem großen Teil aus englischer und französischer Herkunft. Die Entlehnung kann mit ihrem Platz im neuen System des Bezeichnungsfeldes auch eine neue Bedeutung annehmen. *Poncho* (aus dem Spanischen) bezeichnet sowohl einen ärmellosen Überwurf, mittig mit einem Kopfloch versehen, wie ihn die Indianer tragen, als auch einen Mantel mit Cape. Neu hinzugekommen ist die Bedeutung „Strickpullover mit viel Weite", der statt eines Mantels oder einer Jacke getragen wird.

Neuere oder semantisch erweiterte Lexeme im Bezeichnungsfeld für Oberbekleidung sind beispielsweise:

> *Cacheur* (Hüftumhang), *Dufflecoat* (kurzer, sportlicher Mantel), *Twinset* (Jacke und Pullover bzw. Top aus gleichem Material), *Chasuble* (Überkleid), *Parka* (knielanger Anorak, Eskimo-Sprache), *Kasack* (dreiviertellange Damenbluse, türk.), *Kittelett* (Hauskleid).

Die hier aufgenommenen, bereits lexikalisierten Bezeichnungen bilden nur eine sehr kleine Auswahl aus dem breit entwickelten Bezeichnungsfeld für Oberbekleidung.

Da Bezeichnungssysteme in sich nicht stabil sind, können einzelne Lexeme zu Hyperonymen aufsteigen. *Blazer* (engl. „Sport-, Klubjacke") wurde ins Deutsche mit der Bedeutung entlehnt „Klubjacke mit Ärmelabzeichen, aufgesetzten Taschen und sportlich-modischem Schnitt" (vgl. Wahrig, Deutsches Wörterbuch, Ausgabe 1994). In der Modebranche des Jahres 2000 ist *Blazer* allgemein die Bezeichnung für eine Jacke, die auch Teil eines Kostüms sein kann. Die sportliche Note ist nicht mehr zwingend. Es gibt *Nadelstreifen-Blazer, Blusenblazer, Blazer-Hemdjacke* u.a. Die begriffliche Abgrenzung zu Jacke oder Jackett ist nicht eindeutig.

Die wohl ergiebigste Quelle, aus der neuer Wortschatz „fließt", ist die Wortbildung. Sie benötigt lediglich eine begrenzte Zahl von Bildungsmodellen und fügbaren Elementen (Affixe, Grundmorpheme, Fugenelemente) für eine unbegrenzte Anzahl von Bildungsmöglichkeiten. Insofern ist sie beharrlich und innovativ zugleich und bestimmt hauptsächlich das dynamische Wesen des Lexikons. Charakteristisch für die Wortbildung sind Reihen. Eine Wortbildungsreihe ist (nach W. Fleischer/ I. Barz 1992, 69) „die Gesamtheit der Wortbildungsprodukte, die nach ein und demselben Modell gebildet sind."

Reihen sind zu allen Affixen, aber auch zu Grundmorphemen nachweisbar, z.B. Nomen agentis (*Lehrer, Böttcher, Handwerker*, ...), Bildungen mit gleichem Verbalpräfix, z.B. *auf-* (*aufgeben, aufnehmen, aufladen* ...), Bildungen von Kompositionen mit gleichem determinierendem Grundmorphem (*Arbeitsplatz, Arbeitsschutz, Arbeitsamt, Arbeitsrecht* ...).

Die Reihenbildung als Charakteristikum ist keine Tendenz in der Wortbildung, aber es kann zur „auffälligen B e v o r z u g u n g bestimmter Verfahren" und Modelle kommen, die als Tendenz aufgenommen wird und zeitweilig sehr produktiv ist (vgl. K.-E. Sommerfeldt 1988, 174). Dabei sind Modeerscheinungen niemals auszuschließen. Zum Beispiel ein einzelnes Morphem oder Lexem stimuliert nach einem Prototyp eine Reihe gleichartiger Bildungen.

Ein Beispiel dafür ist die Reihe mit dem Adjektiv „*-freudig*", die in den 60er Jahren des vergangenen Jahrhunderts expandierte. E. Mater griff sie auf und registrierte 18 Bildungen (1965, 154). Neue Bildungen kamen in den Folgejahren hinzu, einige von ihnen wurden als Neologismen nur kurzzeitig angenommen. Nur wenige sind in das Lexikon eingegangen, darunter

> *verantwortungsfreudig, spielfreudig, reformfreudig, sangesfreudig* (alle noch im Duden 2000 verzeichnet). Viele der registrierten Neubildungen blieben nicht erhalten: *bergfreudig* (-er PKW), *rieselfreudig* (-es Salz), *offensivfreudig* (-er Nachwuchs), *sportfreudig, konsumfreudig* und andere.

Bei derlei extensiven Serienbildungen kann das serielle Lexem bzw. Morphem eine Affixbedeutung annehmen, wie das bei ehemals selbstständigen Wörtern im historischen Verlauf geschehen ist (z.B. -lich, -sam, -bar) und noch immer geschieht (z.B. -mäßig, -werk, brand-, stock-).

Insofern ist es angemessen, von einer **Tendenz zur Entkonkretisierung** zu sprechen. Ein *farbenfreudiges* Kleid ist bunt, lebhaft in den Farben; es kann zu einer freudigen Stimmung passen, sie auch untermalen. „Freudig" in mehreren Komposita hat bereits eine übertragen-allgemeinere Bedeutung angenommen. Die extensive Reihenbildung (und nur diese) begünstigt eine Entkonkretisierung des seriellen Lexems. Bereits G. Wustmann führte mit *-froh* ein semantisch angrenzendes Lexem an und ordnete Bildungen wie *farbenfroh, sangesfroh* den Modewörtern zu, die „namentlich durch die Jugend und durch die Ungebildeten" verbreitet werden (1903, 355 und 360).

Eine oben bereits berücksichtigte Entwicklungsrichtung in der Wortbildung ist die Tendenz zur Bildung mehrgliedriger Komposita und im Gegenzug die Tendenz zur Kurzformbildung. Ein anderer Aspekt in der Entwicklungsbetrachtung der Wortbildung ist die sich verändernde Produktivität einzelner Modelle und Mittel. L. Götze und E. W. B. Hess-Lüttich führen an, dass Ableitungen auf *-ist, -(i)aner* und *-ismus* eine „geradezu inflationäre Entwicklung" erfahren haben (1993, 316): *Terrorist, Wagnerianer, Idiotismus*. Darauf verweist auch W. Jung (in der Neubearbeitung von G. Starke 1990, 423 ff.) und er führt weitere expandierende Bildungen an, unter anderen *ung*-Derivate (*Zwischenlagerung, Währungsumstellung*...), Komposita mit den Partizipien I und II als Grundwort (*hautschonend, länderübergreifend, leistungsorientiert* ...), explizite Derivate mit einer Wortgruppe als Basis (bei W. Jung „Zusammenbildung": *Nichtinanspruchnahme, Beitragszahler, Arbeitnehmer*...), Bildung desubstantivischer schwacher Verben (*texten, löhnen, punkten* ...).

Neben der erhöhten Produktivität einzelner Modelle können auch einzelne Mittel zeitweilig besonders bildungsaktiv werden. Mittel in dieser Hinsicht sind meistens Lexeme, die als häufig gewählte „Themawörter" kommunikative Handlungen thematisieren.

Das sind in Zeiten wirtschaftlichen Aufschwungs und globaler Konkurrenz z.B. *Leistung, Struktur, Markt, Zins* (und natürlich viele andere):

Leistungsfähigkeit, Leistungskomponente, Leistungsbilanz, Leistungsdruck, Leistungsabfall, leistungsgerecht, leistungsorientiert; strukturbestimmend, Strukturiertheit, Strukturpolitik, Strukturreform, Beschäftigungsstruktur, Vergütungsstruktur, Sozialstruktur; Marktkapitalisierung, marktführend, Marktlücke, Kapitalmarkt, Geldmarkt, Arbeitsmarkt; Zins-Stimulierung, Zinswende, Jahreszins, Hypothekenzinsen, festverzinslich, hochverzinslich, Anlagezinsen, Leitzinsen, Zinsprodukt, Zinspapier.

Die heute reguläre Wortbildung nach Modellen ist relativ stabil. Veränderungen, z.B. als Folge einer Orthografie-Reform können Wortbildungstypen betreffen (zur Unterscheidung von Typ und Modell vgl. W. Fleischer/ I. Barz 1992, 53 ff.), z.B. den Typ des verbalen Kompositums Infinitiv + Infinitiv (nach alter Rechtschreibung *sitzenbleiben, stehenlassen*, nach neuer Schreibung wird grundsätzlich getrennt), und die Regularitäten der Wortbildung ändern sich nicht.

Tendenzen, die Neues anzeigen, sind aber nicht auszuschließen. Ein Beleg dafür aus dem Innovationspotenzial der Werbebranche ist die graphische Hervorhebung von Bildungskomponenten durch Einfügen von Majuskeln in die Komposition, z.B. *InterCity, StadtExpress, InterCityNight, DaimlerChrysler*. Die Majuskel ersetzt den Bindestrich an der Morphemgrenze. Als reines Formativcharakteristikum gliedert und trennt der Bindestrich weniger gut erfassbare Kompositionen oder hebt Komponenten hervor, z.B. *StereoSystem*. Die Trennung lexikalischer Einheiten wird nun durch die Majuskelschreibung abgeschwächt und es werden über den „Effekt des Neuen" Inhalte der Fügung exponiert.

Zusammenfassung:

Es ist ein Werden und Vergehen im Lexikon der Sprache. Entlehnungen und Neubildungen fließen täglich hinein, und das Bedeutungspotenzial wird auch durch hinzukommende neue Sememe zu bereits lexikalisierten Formativen erweitert. Andererseits schwinden aus dem aktiven Sprachgebrauch Archaismen, Historismen und viele der nur kurzzeitig benötigten Neologismen.

Die Bewegungsintensität im lexikalisch-semantischen System hat Folgen. Wir registrieren Motivationsveränderungen, aber auch Entwicklungstendenzen. Bei grober Klassifikation können wir die Tendenzen nach generellen und speziellen gliedern. Solche übergreifenden Bewegungsrichtungen im Sprachgebrauch sind die generell wirkenden Tendenzen der Sprachökonomie und der Internationalisierung des Wortschatzes. Spezielle Tendenzen zeigen bestimmte sprachlich-formale und inhaltliche Richtungen an wie die Tendenz zur Kurzformbildung (z.B. die Extension der Initialwörter) aber auch die Tendenz zum intensiveren Ausbau einzelner Bezeichnungsfelder (z.B. das Feld der Farbbezeichnungen). Wir beobachten aber auch gegenläufige Tendenzen, z.B. einerseits der zunehmende Zufluss von Entlehnungen und Internationalismen (Tendenz der Internationalisierung) und im Gegenzug der Trend zu Lehnübersetzungen und Lehnübertragungen. Und eine andere Beobachtung: Die Tendenz zur verdeutlichenden Ausführlichkeit (z.B. *Bundesaufsichtsamt für den Wertpapierhandel*) und im Gegenzug die Ersetzung durch Initialwörter (*BAWe*). Entwicklungstendenzen sind Richtungen in der Bewegungsaktivität der Sprache.

Die beobachteten Trends werfen **Fragen** auf, z.B. nach den Ursachen für einzelne Entwicklungstendenzen aber auch nach dem Zusammenspiel von Sprache und Kommunikation.

7. DAS WORT ALS EINHEIT DER REDE

Wenden wir nun den Blick vom Lexem als Einheit des Lexikons hin zum Wort als Einheit der Rede. Eine nur auf das Lexikon beschränkte Betrachtung setzt uns Grenzen bei der Beschreibung der eigentlichen Leistung des Wortes, nämlich seiner Hauptfunktion, im sprachlichen wie auch im situativen Kontext elementarer Mittler in der Kommunikation zu sein. Gelegentlich wird deshalb zwischen **Textwort** und **Systemwort** unterschieden (vgl. T. Schippan 1992, 76). „Textwort", „aktuelle Bedeutung" (W. Schmidt 1967, 23), „Monosemierung" (u.a. bei O. Reichmann 1976, 31 ff.), „Äußerungsbedeutung" (P. R. Lutzeier 1985, 146 ff.) sind nur eine Auswahl an Begriffen, die auf die Bedeutung (den Sinn) des Wortes in seiner Gebrauchssphäre referieren.

Die Designation erinnert uns an den häufig diskutierten Ausspruch des späten L. Wittgenstein:

> *„Die Bedeutung des Wortes ist das, was die Erklärung der Bedeutung erklärt. D. h.: willst du den Gebrauch des Wortes ‚Bedeutung' verstehen, so sieh nach, was man ‚Erklärung und Bedeutung' nennt. (...) Man kann für eine große Klasse von Fällen der Benützung des Wortes ‚Bedeutung' – wenn auch nicht für alle Fälle seiner Benützung – dieses Wort so erklären: Die Bedeutung eines Wortes ist sein Gebrauch in der Sprache"* (1975, § 560 und § 43).

Aber ein Wort aus dem Arsenal des lexikalischen Systems unterliegt Gebrauchsbeschränkungen und bestimmten Gebrauchsbedingungen. Es muss dem genügen können, was es ausdrücken soll. Das Wort (Haus-)*Hund* bezeichnet ein vom Wolf abstammendes Säugetier, das dem Menschen in verschiedener Weise dienen kann. Bringt man die Rede eben auf diesen *Hund*, kann man ihn auch mit seinem Eigennamen nennen, als *Köter* oder *Kläffer* abwertend bezeichnen, ihn mit Bezug auf kindliche Umschreibungen *Wauwau* nennen, mit einem Pronomen auf ihn verweisen oder noch ganz anders bezeichnen. Das ist möglich, sofern der Hörer/Leser immer weiß, was gemeint ist und er die getroffene Wortwahl in der gegebenen Situation auch akzeptieren kann.

Selbst menschliches Verhalten kann abwertend oder aufwertend mit dem Verhalten eines Hundes verglichen werden. Doch die erzielte Äußerungsbedeutung ist letztlich abhängig von Bedingungen, z.B. von der Systembedeutung des Lexems, von seiner intentional angemessenen Verwendung in einem sprachlichen und situativen Kontext, von seiner Extensionalität* und von

---

* Termini können kaum anders verwendet werden als mit ihrer fachsprachlichen (System-)Bedeutung.

den Rezeptionsbedingungen. Der „Gebrauch in der Sprache" bringt eine einmalige, eine aktualisierte Bedeutung hervor mit einem aktuellen oder historischen Bezug zur Systembedeutung. Insofern ist L. Wittgensteins Definition der Bedeutung irreführend, weshalb er seine Aussage an anderer Stelle präzisiert: *„Jedes Zeichen scheint allein tot. Was gibt ihm Leben? – Im Gebrauch lebt es"* (ebenda, § 432). Zweifellos: Die Bedeutung entfaltet sich im Gebrauch.

Dem Wortformativ hängt eine oder mehr als nur eine sozial überlieferte Bedeutung an, die dem Sprecher/ Schreiber zunächst lediglich anzeigt, dass das zu vermittelnde Denotat treffend bezeichnet und mit ihm die Redeintention zum Ausdruck gebracht werden kann. In dem Dialog-Satz

(1) *Edeltraud feiert heute ihren Geburtstag*
präsupponiert das Verb *feiern*, dass Zeit und Ziel der mit dem Verb-Ausdruck gemeinten Handlung wahr sind und ein für die Handlung feierlicher Rahmen gegeben ist. Nach S. C. Levinson erfüllt das Verb *feiern* (so nehmen wir einmal an) die Wahrheitsbedingung und die (kulturell-)situative Bedingung seiner Verwendung. „Kulturell-situativ" insofern, als dass der Rahmen für eine Feier anlässlich eines Geburtstages an bestimmte Sitten und Gebräuche eines Volkes gebunden ist. Alle Bedingungen des Gebrauchs zusammengenommen bilden die „Angemessenheitsbedingungen" bzw. den Gebrauchskontext für ein Lexem (vgl. S. C. Levinson 1994, 25 ff.). Nun ist es denkbar, dass die „pragmatische Implikation" (ebenda) eines **Textwortes** aus der Sicht des Rezipienten diesen Bedingungen nicht genügt, das heißt, sie widerspricht der Erwartung für den vorgegebenen Gebrauchskontext. Wenn mich z.B. eine Person, die ich nicht kenne, auf einer Party mit den Worten begrüßt:

(2) *Hallo, auch hier?*
präsupponiert das Gruß-Lexem *hallo*, dass man sich gut kennt, es impliziert Freude, Überraschung, und es verlangt eine soziale Situation, in der die offen geäußerte Überraschung vom Begrüßten nicht als Peinlichkeit und von den Party-Gästen nicht als unangemessen empfunden wird. Teens wählen das Grußwort nahezu ohne Gebrauchsbeschränkungen, wenn sie unter sich sind. – Als ältere Person auf der Party unter vielen Gleichaltrigen müsste ich die Begrüßungs-Interjektion aus dem Mund eines sehr jungen Mannes als Verwechselung deuten oder als Beleidigung meiner Person empfinden. Aus Sicht der Pragmatik impliziert die Interjektion sozial-situative Bedingungen wie Alter und soziale Beziehung. Ihrer aktualisierten Semantik haften die Konnotationen Freude oder auch Überraschung an und der Sprecher kann mit seiner Äußerung Aufmerksamkeit intendiert haben.

Nicht immer ist (wie zum Lexem *hallo*) die pragmatische Implikation vorhersagbar. In einem Dialog zur Zeugenvernehmung kommt es zu folgenden Redebeiträgen:

(3) Richter: *Sie sind mit dem Angeklagten weder verwandt noch verschwägert?*
Zeugin: *Ja, zu meinem Glück nicht!*

Das Lexem *Glück* in seiner aktuellen Bedeutung bezeichnet einen aus subjektiver Sicht positiven Umstand, eine Bedeutung, die potenziell als Semem in der Systemsemantik angelegt ist. Aus den Satzbedeutungen der richterlichen Frage und der Antwort der Zeugin, die vom Rezipienten als Prämissen aufgenommen werden können, ergibt sich zwangsläufig die Konklusion, dass die Zeugin den Angeklagten näher kennt, ihn auch einschätzen kann und sich deshalb von ihm distanziert. Dieser Schluss ist der den Satz übergreifende S i n n (das real Gemeinte), der über die aktuelle Bedeutung von *Glück* vermittelt wird. Genauer: *Glück* als Textwort hat einen wesentlichen Anteil an der Sinngebung. Doch nur in der Konstellation aller lexikalischen und syntaktischen Elemente des Teiltextes im Kontext der Situation konstituiert sich letztlich der Sinn.

Die Beobachtung führt uns vor Augen, dass jede Systembedeutung für sich genommen vage bleibt. Auch ihr Gehalt an mehreren Sememen (die Fachlexik ist dabei auszunehmen) sagt uns lediglich vorher, dass ein Semem im Text zum Ausdruck kommt bzw. kommen kann*. Aber auch ein Semem und folglich jede aktuelle Bedeutung ist nicht gleichzusetzen mit dem Sinn, der aus dem Kontext hervorgeht. Der Sinn ist das unter bestimmten kommunikativen Bedingungen vom Sprecher/Schreiber wirklich Gemeinte. Ich verweise auch auf H. Weinrich (2000, 19): *„Die Semantik der Wörter im Text ist grundverschieden von der Semantik isolierter Einzelwörter, und die Wortsemantik ist zu ergänzen durch eine Textsemantik."*
Man kann in den Überlegungen noch weitergehen: Das Lexem ist eine Einheit des Lexikons, das Wort eine Einheit der Rede. An das Lexem sind ein oder mehrere Sememe gebunden, an die Rede der Sinn. In der Komplexion des Sinns ist das Wort nur noch formal isolierbar, denn es ist ein Teil dessen, was den Sinn ergibt. Es funktioniert so gesehen als „Sinnwort". Nur selten trägt es den Sinn allein, z.B., wenn es als Imperativ einen ganzen Satz bzw. einen ganzen Text ersetzt.

---

* Man denke nur an die Kreativität der Sprecher/Schreiber, die auch Bedeutungen zu realisieren vermögen, die als Neoseneme noch nicht in der Systembedeutung angelegt waren. Wer denkt schon daran, dass „Verkehr" (zum Verb „verkehren") auf die Bedeutung »verändern, wechseln« zurückgeht. Diese Bedeutung ist auch schlüssig, sie hat aber zu Autoverkehr, Geschlechtsverkehr keine einleuchtende Beziehung

Erst beim Gebrauch des Lexems als Textwort wird uns gewahr, wie weit Bedeuten und Meinen auseinander gehen können. Ein Beispiel liefert uns H. Böll:

(4) „ *Wer das Wort* Brot *hinschreibt oder ausspricht, weiß nicht, was er damit angerichtet, Kriege sind um dieses Wortes willen geführt worden, Morde geschehen, es trägt eine gewaltige Erbschaft auf sich ...* “ (H. Böll 1963, 109 ff.) Mit *Brot* bezeichnen wir unser wichtigstes Nahrungsmittel und wir gebrauchen es als Metapher für „Unterhalt", „Arbeit", „Arbeitserlös". Stets „sein Brot haben" bedeutet Leben, Sicherheit, Versorgtsein. *Brot* im Text H. Bölls steht für das Allmittel, das Leben spendet und Leben erhält. In seiner Bedeutung als *vitalitas* assoziiert es Existenzkämpfe, für die keine moralischen Grundsätze gelten. Diese textlich gebundene Assoziation bildet den Sinn, der vom Wort *Brot* ausgeht.

Für einzelne Lexeme, in der Mehrzahl Archaismen, ist die sprachlich-kontextuelle Bedeutung bereits im Lexikon festgelegt. Es sind unikale Komponenten in Phraseologismen (vgl. W. Fleischer 1997, 42 ff.), deren Sinn in gegenwartssprachlichen Texten durch eine stilistische Einbindung noch spezifiziert werden kann. Dazu wenige Belege:

(5) *Vergelt's ihm. Er hat das Zeitliche gesegnet.*
Das Substantiv *Zeitliches* (Synonym zu „Irdisches") kann nur mit seinem Kollokat *segnen* gewählt werden, so dass es angemessen ist, von „restringierter Kollokation" zu sprechen (vgl. auch R. Gläser 1990, 40). Die Wortgruppe ist zwar ein Archaismus, der aber den gegenwartssprachlichen Gebrauch nicht ausschließt. In dieser aktualisierten Verwendung nimmt er eine stilistische Markierung an und konnotiert eine verzeihend positive Wertbeimessung. Das ist auch der Sinn des phraseologisch gebundenen Formativs, der in nahezu allen denkbaren Kontexten als „lexikalisierter Sinn" realisiert wird.

Kollokationell restringierte Lexeme in der Gegenwartssprache sind beispielsweise *Anhieb* („auf Anhieb"), *Schindluder* („Schindluder treiben"), *Mütchen* („sein Mütchen kühlen"), *alters* („von/ seit alters her"), *hissen* („Fahne/ Flagge/ Segel hissen"), *fürbass* („fürbass schreiten/ gehen").*
Für den oben gleichfalls angeführten Beleg trifft zu, dass nicht das Lexem *vergelten* in seiner Extension, sondern nur die imperativische Ersatzform *vergelt's* zu „Gott <u>vergelte</u> es dir!" (der kategorische Indikativ des Präsens) sinnfixiert ist.

---

* Auf die derzeit aktuelle Diskussion zum Begriff „Kollokation" macht H. Burger aufmerksam und legt neuere Auffassungen dar (1998, 50 ff.).

(6) ... *schritten nun die acht falschen SS-Männer fürbass zum Wirtshaus. Tiroler Landwein ist etwas sehr Hübsches. (...) Die acht sahen gewisse Möglichkeiten* (Erich Kästner, Wahres Geschichtchen, 1949).

Erzählt wird, wie Komparsen in SS-Uniformen während einer Drehpause 1948 einen Reisebus stoppen, den Reisenden befehlen auszusteigen, die Pässe kontrollieren und mit einem „Da samma wieda!" verkünden, dass die SS und das Dritte Reich wiedergekehrt seien. Der bereits im Lexikon angelegte Sinn des Archaismus *fürbass schreiten* bleibt im gegenwartssprachlichen Kontext sowohl unter dem Einfluss seiner textlichen Einbindung wie seiner stilistischen Markierung nahezu unverändert, so dass die Möglichkeit zur Änderung des fixierten Sinns in der Gebrauchssphäre für diese konkrete Wortgruppe kaum anzunehmen ist. Die Sinnzuschreibung unter dem Einfluss des Stils variiert allenfalls von „humorig" bis „satirisch".

Zieht man ein Fazit, so lassen die Beobachtungen für einige Lexeme den Schluss zu, dass die Systemebene (das Bedeuten) und die Sinnebene (das Meinen) auch zusammenfallen können. Anzunehmen ist, dass es sich dabei ausschließlich um solche Lexeme handelt, deren Verwendung kollokationell restringiert ist. Festzuhalten bleibt aber auch, dass selbst die zeitliche Einordnung des sprachlichen Zeichens (ob archaisch, neu oder zeitindifferent) Sinngebung und Sinnrezeption beeinflussen.

Ein weiterer Aspekt, unter dem das Lexem als Textwort behandelt werden kann, ist sein Anteil am „Stil" des Textes; denn der Stil ist keine Eigenschaft des Lexikons, sondern entsteht erst im Prozess der Textgestaltung. Dazu vertrete ich die Auffassung, dass jede sinnvolle Äußerung Stil hat[*]. Bei der Stilgestaltung berücksichtigt der Sprecher/Schreiber die Textsortenbindung seiner Äußerung (der Textsorte angemessen), die kommunikative Situation in ihrer Komplexität von Sender-Empfänger-Verhältnis, Tätigkeitsbedingungen, Bedingungen des Umfeldes (der Situation angemessen); er setzt Stil zur Realisierung seiner Intention ziel- und wirkungsgerichtet ein.

Vornehmlich von künstlerischen Texten wird ein kreativer Umgang mit den Mitteln der Sprachstilgestaltung erwartet. Auch in anderen Tätigkeitsbereichen wie der Politik, der Werbung und Propaganda werden die Wirkungspotenzen des Stils bewusst genutzt. Ohne sie hätten Rede, Überredung und Argumentation nicht den gewünschten Erfolg. Berücksichtigt man all die Faktoren, die die Stilgestaltung beeinflussen, dann ist der Stilgestaltungsprozess auch ein Sinnbildungsprozess.

---

[*] Diese Auffassung wird keinesfalls allgemein geteilt. Stil kann ebenso als rhetorische, als allein ästhetische, als psychologische oder als poetisch-kommunikative Kategorie begriffen werden (vgl. dazu S. Heusinger 1995, 62 f.). Wenn man nur poetischen Texten Stil beimisst, bedarf es eines Terminus, der die Textgestalt beispielsweise von Sachtexten begrifflich fasst.

Das **Wort im Stil der Rede** kann den Stil nicht tragen, aber es kann ihn mit prägen. Dafür zwei Beispiele:

(7) *Christian*
  Leben mit Dir war.
  Leben war mit Dir.
  Mit Dir war Leben.
(Resi Chromik: „Christian", aus: Unterwegs Nordstrand. Hohenwehstedt 1990)

Aus der Polysemie des Lexems „Leben" wird das Semem „Gestaltungsweise des Lebens, Lebenswirklichkeit" aktualisiert. Über Veränderungen in der syntaktischen Folge bei gleich bleibender dreifach wiederholter Wortwahl wird das vergangene gemeinsame Leben mit Christian gewertet und die Wertbeimessung vermittels der stilistischen Figur der Klimax gesteigert. Dabei werden unter Nutzung der Rhematisierungsregel für Aktivsätze (Satzglied mit höchstem Mitteilungswert in Endstellung – vgl. K. E. Heidolph u.a. 1981, 741 ff.) die aktuellen Bedeutungen der Endwörter „war", „Dir", „Leben" in jedem Satz gesondert exponiert. Der so gestaltete Textstil verändert von Satz zu Satz die Wertbeimessung zum aktualisierten Semem des gewählten Lexems *Leben*:

– *Leben* mit Christian;
– das ausfüllende *Leben* mit Christian;
– das erfüllte *Leben* mit Christian.

Durch die sich jeweils ändernde Konnotierung von *Leben* wandelt sich der Sinn des Wortes.

In künstlerisch gestalteten Texten ist die Sinngebung durch den Autor oft nur eine „Sinnvorgabe", die eine „Sinndeutung" durch den Rezipienten provoziert. Dadurch ist jedes Unternehmen zur Sinnerschließung ein mitunter vages Unterfangen.

(8) *Der Rauch*
  Das kleine Haus unter Bäumen am See.
  Vom Dach steigt Rauch.
  Fehlte er,
  Wie trostlos dann wären
  Haus, Bäume und See.
(Bertolt Brecht 1953, aus: Buckower Elegien)

Das Denotat scheint eindeutig: Gemeint ist ein Gewölk, das vom Feuer aufsteigt und in der deutschen Sprache *Rauch* genannt wird. Es ist ein von Menschen erzeugter *Rauch*, ein Indiz für ihre Anwesenheit inmitten der Natur. *Haus* und *Rauch* in ihrer Verbindung stehen als Sinnbild für Menschen; *Bäume* und *See* werden als Sinnbilder für die umgebende Natur gewählt. Beide, Mensch und Natur, sind symbiotisch verbunden. Fehlte diese Einheit, wäre es für Mensch und Natur *trostlos*. Mögliche Synonyme zu *trostlos* sind „öde", „unerfüllt".

In dem Text werden Akzente gesetzt: Die symbolisierenden Wörter *Haus, Bäume, See* (stilistisch: Synekdochen) werden durch ihre Wiederholung herausgehoben. *Rauch* im zweiten Vers wird durch eine von der Norm abweichende Satzfolge (Anakoluth) exponiert. Das Stilelement der Inversion hebt das wertende Adjektiv *trostlos* hervor (statt: „wären dann ...; dann wären ..."). Die mit der Inversion erreichte Kontaktstellung von finiter Verbform („wären") und Subjekt („Haus, Bäume und See") dient gleichfalls der Hervorhebung der mit dem Subjekt vermittelten Sinnbilder.

Nicht jedes Wort fokussiert aus seiner textlichen und stilistischen Einbindung heraus den Sinn der Äußerung. Aber jedes Wort in der textlich und stilistisch organisierten Wortkette hat einen Anteil an der Sinngebung. Doch auch diese Aussage ist zu relativieren, wenn man sie auf Sachtexte bzw. auf Fach- und wissenschaftliche Texte bezieht. Fachbezeichnungen, also Termini, sind semantisch auf ein eindeutiges Verständnis unter Fachleuten angelegt. Sie realisieren in Fachtexten ihren Anteil am Textsinn, der ihnen bereits im lexikalisch-semantischen System als Bedeutung eigen ist. Auch in vielen sprachlich-kommunikativen Handlungen des Alltags, im Beruf, der öffentlichen oder privaten Auseinandersetzung ist das nicht anders. Auch hier folge ich E. Coseriu:

> *Denn „dieses Sich-einfach-auf-eine-empirische-Wirklichkeit-Beziehen, dieses Keinen-darüber-hinausgehenden-fiktiven-Sinn-Haben, ist eine Art von Sinn. Auch diese Textzeichen werden auf ihren Sinn hin interpretiert, meist dahingehend, dass der Sinn in solchen Fällen einfach objektiv ist"* (vgl. E. Coseriu 1981, 49 f.).

Mit der oben getroffenen Feststellung, dass „Stil" und „Sinn" als Textkategorien voneinander abhängig sind, müssen wir uns auch der in der linguistischen Literatur behandelten „Stilfärbung" von Lexemen zuwenden, da es sich um eine lexikalische Kategorie handelt. E. Riesel und E. Schendels nennen sie eine „dem Sprachsystem innewohnende linguistische Erscheinung", die den Kontext vorausbedingt und zusätzliche unentbehrliche Informationen der lexikalischen Bedeutung hinzufügt (1975, 29 f.).

Zugrunde liegt die Beobachtung, dass sprachliche Zeichen, darunter eben auch Lexeme, konventionellen Gebrauchsrestriktionen unterliegen können. *Bezug nehmend auf, zwecks, betreffs, schuldhaft verursacht* sind nur bestimmten kommunikativen Handlungen bzw. den daraus hervorgegangenen

Texten zuzuordnen. Der freien Wahl sprachlicher Zeichen sind Grenzen gesetzt durch stiltypologische Erwartungen, durch konventionelle Textmuster (Textsorten), durch ästhetische Ansprüche an die Sprachwahl, durch voraussetzende kommunikativ-pragmatische Bedingungen .*

Gewiss sind in ihrem Gebrauch restringierte Lexeme nicht ausschließlich „stilistisch markiert", obwohl **Stilfärbung** als hyperonymischer Terminus für Markierungen solcherart Lexeme gelegentlich angeführt wird. B. Sowinski gebraucht „Stilfärbung" und „Konnotation" synonym (vgl. 1991, 129). Auch B. Sandig (1986, 108) wählt den Terminus „Konnotation", gebraucht aber weit häufiger „Markierung". W. Fleischer, G. Michel, G. Starke (1993, 116 f.) sprechen von „Stilfärbung" nur bei emotional-wertenden Lexemen, z.B. *Pfarrer – Pfaffe.* Hingegen wird die so genannte stilistische Höhenlage (Stilschichten, Stilebenen) von „gehoben bis vulgär" als „Stilschicht-Markierung" bezeichnet.

Derlei Schicht-Markierungen werden in der linguistischen Literatur nicht einheitlich benannt, nochzumal eine wertende Bestimmung dessen, was „normalsprachlich" ist oder nicht mehr als normal gelten kann, einer klärenden Diskussion bedarf (vgl auch H. Peukert 1977, 37). In Anlehnung an vergleichbare Differenzierungen sei die folgende angeführt:

schwülstig (auch: poetisch)	*enteilen, entschwinden*
gehoben	*entfliehen, entweichen*
normal	*fliehen, flüchten*
salopp (auch: ungezwungen)	*abhauen, ausreißen, verduften, türmen*
vulgär (auch: derb)	*sich verpissen, Kurve kratzen*

Zweifellos sind *fliehen* und *enteilen* designativ synonym, aber sie sind durch ihre Bindung an soziale Normen nicht frei austauschbar. Das schließt ihre Wahl in einer sozialen Situation nicht aus, wo *fliehen* in der Gesprächssituation als angemessen zu erwarten ist, aber *enteilen* mit der Absicht gewählt wird, stilistische Effekte zu erzielen. Hingegen muss *türmen* nicht unbedingt als umgangssprachlich oder als salopp empfunden werden, wenn *türmen* gegenüber *fliehen* den zu bezeichnenden Vorgang ausdrucksverstärkend benennt.

Diese „stilistisch markierten" Lexeme (nach W. Schmidt auch „stilistische Synonyme", vgl. 1972, 65) sind genau genommen situativ markiert, denn es ist unstreitig, dass die jeweils reale kommunikative Situation die Sprachwahl beeinflusst. In einer Diskussion zu Themen aus den Tätigkeitsbereichen der Wissenschaft, der Justiz u.a. dominiert die Standardsprache, sie kann aber für

---

* An anderer Stelle habe ich in diesem Zusammenhang von Stilnormen, Textsortennormen, ästhetischen Erwartungen an die Textgestaltung gesprochen (vgl. S. Heusinger 1992, 11 – 18).

einen Kreis von Gesprächspartnern auch im Alltag angemessen sein. Meistens dominiert im Alltag die Umgangssprache, in der saloppe Ausdrücke mehr oder weniger häufiger vorkommen. In einer sozialen Gruppe Jugendlicher herrscht die so genannte Jugendsprache vor, in der auch derbe Ausdrücke keinesfalls selten sind. Die Kommunikationspartner treffen Entscheidungen für die jeweils angemessene Existenzform der Sprache unter den gegebenen situativen Bedingungen der Kommunikation, beispielsweise der sozialen Situation, der Tätigkeitssituation und der Umgebungssituation. Werden aber situativ bedingte Angemessenheitserwartungen bewusst missachtet, können daraus wirkungsvolle stilistische Effekte resultieren.

In der Regel enthalten Texte der mündlichen Kommunikation Elemente mehrerer Sprachebenen; in schriftlichen Texten ist es häufiger nur die Ebene der Standardsprache. Aber daraus lässt sich allenfalls auf einen Stilzug schließen, nicht jedoch auf die Stiltypik des Textes. Wir können aus der Beobachtung lediglich herleiten, dass Lexik, die bestimmte Merkmale der beschriebenen Sprachebenen angenommen hat, nicht von vornherein stilistisch markiert ist, aber sie ist an situative Bedingungen gebunden, so dass die Kennzeichnung „**situativ markiert**" das Problem einer Klassenzuordnung weniger vage löst.

Natürlich können wir eine Kennzeichnung „**stilistisch markiert**" aus dem Lexikon der Sprache nicht ausschließen. Die Grundlage für eine solche Klassenzuordnung ist nicht der Stil eines Textes, sondern ein Stiltyp. Bezogen auf die Lexik kann es sich also nur um Lexeme handeln, die für einen bestimmten Stiltyp bevorzugt verwendet werden. Die heute verbreitete Klassenbildung der so genannten Funktionalstile (Stiltypen) geht auf E. Riesel zurück (vgl. E. Riesel/ E. Schendels 1975, 19), und sie wurde mit variierender Terminologie beibehalten.

Es sind folgende Stiltypen:
(1) *Stil des Amtsverkehrs* (auch „Direktivstil" genannt)
(2) *Stil der Wissenschaft*
(3) *Stil des Journalismus*
(4) *Stil des Alltagsverkehrs* (vgl. J. Schildt 1983, 483 f.)

Die Klasse (5) bei E. Riesel „*Stil der schönen Literatur*" wurde aufgegeben, weil sich selbst bei grober Typisierung und Gliederung der Stile für die künstlerische Literatur keine Sprachgestalt feststellen lässt, die für sie typisch wäre. Wir haben es hier mit einer nicht zählbaren Fülle von Individualstilen zu tun, aus der sich das einen Typ bestimmende stilistisch Gemeinsame nicht ableiten lässt. Aus den oben angeführten „Funktionalstilen" lassen sich auch Subklassen bilden, beispielsweise im Alltagsverkehr der *Stiltyp der Jugendsprache*.

W. Fleischer, G. Michel, G. Starke haben den lange Zeit auch von ihnen vertretenen Begriff „Funktionsstil" nicht mehr beibehalten und sich für „Bereichsstil" entschieden, weil aus pragmalinguistischer Sicht Stiltypen mit ihren für sie charakteristischen gemeinsamen Stilmerkmalen unter v e r s c h i e d e n e n Aspekten betrachtet und nachgewiesen werden können.

Eines der Aspekte ist die von Kommunikationsbereichen (Tätigkeitsbereichen) beeinflusste Stilgestaltung und die daraus resultierende Stiltypologie. Die Kommunikation im Alltag, in der Journalistik, in der Wissenschaft, in Verwaltungseinheiten, in der Jurisprudenz und Rechtspraxis, aber auch der Gebrauch von Soziolekten, beispielsweise in Jugendgruppen, weist stiltypische Besonderheiten auf. Eine Stiltypologie für Kommunikationsbereiche setzt nicht nur konkrete Textstile, sondern auch Textsortenstile voraus. Andere Aspekte zur Bildung von Stiltypologien, auf die ich hier nicht näher eingehe, beziehen sich unter anderen auf Zeitstile, Gruppenstile.

Neben grammatischen und phonetischen Besonderheiten sind Lexeme durch ihre bevorzugte Verwendung in musterhaften Texten (Textsorten) eines Kommunikationsbereichs „stilhaft" geprägt. H. Peukert spricht von „Stilvalenzen", die als „Stileme" in der Systembedeutung des Lexems in Erscheinung treten (H. Peukert 1977, 43). Es sind stilistisch markierte Lexeme, z.B. in der Terminologie der Fach- und Berufssprachen. Dass eine Bereichsstiltypologie (oder vergleichsweise der Denkansatz für eine „Funktionalstiltypologie") in ihrer Annahme auch nur hypothesenhaft verstanden werden kann, liegt auf der Hand. Betrachten wir nur die Bandbreite an Texten, die wir „wissenschaftlich" nennen, Sie reicht von streng wissenschaftlichen Abhandlungen verschiedener Fachgebiete bis zur populärwissenschaftlichen Schrift, vom wissenschaftlichen Vortrag bis zum Fachgespräch in der Konferenzpause. Sie schließt Diskussionen in Hochschulseminaren und Lehrervorträge in Schulen ein. Sie verrät den Individualstil des Autors und fordert seine Fähigkeit heraus, im sozialen Verhalten Umgangssprachliches oder Mundartliches zweckvoll, aber maßvoll einzubeziehen.

Etwas „wissenschaftlich" darzulegen zwingt dazu, Verbindliches zu beachten. Das ist

- eine klar bestimmte, eindeutige Aussage unter Einschluss von Fachbegriffen, Anmerkungen und Literaturverweisen,
- eine Aussage mit bündigen Formulierungen, weitgehendem Verzicht auf emotionale bzw. expressive Ausdrucksmittel, Logik in Komposition und Anordnung der sprachlich gebundenen Gedanken, Eindeutigkeit in satzübergreifenden Beziehungen,
- Objektivität und Genauigkeit, unpersönliche Darstellung,
- sachbetonte Vermittlung, aber keine Übergewichtung des nominalen Ausdrucks, treffende Wortwahl,

• Verzicht auf markierte Lexik aus anderen Stilen

Nun zu einer knappen **Zusammenfassung**, die das Wort als Einheit der Rede (dem „Textwort") in seiner Beziehung zum Lexem als Einheit des Lexikons in das Zentrum der Betrachtung rückt. Lexem und Wort stehen für eine wechselhafte Beziehung zwischen Sprachmöglichkeit und Sprachwirklichkeit:

(1) In der Äußerung (Rede, Text) nimmt das Lexem eine Wortbedeutung an, die – wenn auch nicht in jedem Fall – (a) potenziell angelegt ist in der Systembedeutung des Lexems; die (b) sinnerfüllt ist durch ihre Einbindung in einen sprachlichen und einen situativen Kontext, die (c) unter bestimmten Rezeptionsbedingungen kommunikativ wirksam ist.

(2) Die Unterscheidung von Bedeuten und Meinen (z.B. in der anglo-amerikanischen Literatur) ist eine methodisch zweckvolle Hilfskonstruktion mit Verweis darauf, dass ein Semem innerhalb der potenziellen Lexembedeutung (das Bedeuten) Teil hat am Sinn (am „Meinen") des Textes. Lexeme der Gemeinsprache realisieren ihre intendierte Bedeutung (ihr „Meinen") erst im Text.

(3) Termini der Fachsprachen sind auf ein eindeutiges (und in der Regel definiertes) Verständnis unter Fachleuten angelegt. Sie „meinen", was sie bedeuten.

(4) Die Bedeutung, die ein Wort im Text annimmt, wird durch seine Einbindung in den Stil des Textes semantisch spezifiziert oder auch verändert (z.B. bei metaphorischem Gebrauch). Bei wiederholt gleichem und in der Folge lexikalisiertem stilistischem Gebrauch (beispielsweise in Phraseologismen) nimmt das Lexikonwort eine stilistische Markierung an, die seinen Gebrauch einschränkt (es ist restringiert in seinen Kollokationen).

(5) Lexeme mit konventionellen Kontextbindungen gelten als markiert und unterliegen folglich Gebrauchsrestriktionen. Unterschieden werden (a) situativ markierte, (b) stilistisch markierte, (c) sozial markierte und (d) regional markierte Lexeme. Lexeme in sozial markierten Sonderwortschätzen sind bei wiederholt gleicher Verwendung in Soziolekten häufig auch stilistisch markiert.

8. VOM DEIKTISCHEN LAUT ZUM SYSTEMGEBUNDENEN LEXEM

„Im Anfang war das Wort!" Hält diese Aussage mit Blick auf Menschwerdung und Sprachentstehung einer wissenschaftlichen Analyse stand? Gewiss nicht. Die Menschwerdung und die sich mit ihr herausbildende notwendige Humankommunikation haben in der Evolutionskette keinen Beginn, der sich punktuell bestimmen lässt. Vom deiktischen Laut unserer ältesten Vorfahren bis zum systemgebundenen Lexem („Wort") in seiner Einheit von Lautform und Bedeutung war es ein sehr langer Weg in einem Zeitraum von mehreren Millionen Jahren. Heute verfügen wir in den Sprachen über einen fein differenzierenden reichen Wortschatz, von dem der einzelne Mensch nur einen Bruchteil beherrscht. Sein Umfang hat aber erst seit etwa 150 Jahren vor allem über den Bedarf in der Fachkommunikation beträchtlich zugenommen. Unsere Lexik ist das immerfort sich entwickelnde und sich auch durch Neubildungen, Entlehnungen, Polysemie, Bedeutungswandel und Archaisierung verändernde Produkt sprachlich-kommunikativer Handlungen.

Was wir in der Gegenwartssprache vorfinden und vorgefunden haben ist aber auch Lexik einer internen sprachlichen Vielfalt, beispielsweise im Lexembestand der Standardsprache, der verschiedenen Dialekte, der vielen Fachsprachen, der Gruppen- und Randsprachen.

Schließlich vermögen wir es, mit unserer Lexik nicht nur das Sagbare, sondern in gewollt spezifischer grammatischer und stilistischer Fügung, und durch Intonation unterstützt, auch das eigentlich Unsagbare auszudrücken. Wir können mit ihr Ängste, Emotionen, auch Ironie, Anspielungen, Andeutungen zum Ausdruck bringen, die nicht direkt in der Semantik des Lexems angelegt sind. Sie leistet in solcher Verwendung Phänomenales

Mehr noch: Die Lexik jeder Sprachgemeinschaft vermittelt kulturelle Überlieferungen und sie gliedert die Welt nach ihrer Sicht und erfahrener Zweckmäßigkeit. So erfahren wir beispielsweise über die Etymologie des Lexems *Wand* (zu „winden") Wesentliches über die historische Technik zur Errichtung von Hauswänden durch unsere Urväter.

In unserer uns in deutscher Sprache überlieferten Sicht unterscheiden wir z.B. zwischen *Schloss* und *Burg*. Das Slowenische benennt die beiden Designate mit dem Lexem *grad*. Sollen aber der fürstliche Hofstaat, die damit einhergehende Repräsentation oder die prächtige Ausgestaltung des Gebäudes exponiert werden, dann wird die Bezeichnung *dvorec* (zu *dvor* „Hof") gewählt. Auch das Englische unterscheidet mit dem Lexem *castle* nicht zwischen beiden Designaten. Soll aber die Burg speziell als Feste gesehen werden, wird sie *fortress* genannt. Für einen prächtig ausgestatteten Repräsentationsbau, z.B. für ein Schloss, hält die englische Sprache das Lexem *palace* bereit. *Palast* im Deutschen oder *palais* im Französischen werden mit gleicher Bedeutung gewählt. Die Beispiele aus nur drei Sprachen demonstrieren unterschiedliche oder auch übereinstimmende Aspekte in der sprachlich vermittelnden Sicht auf die Welt.

9. LITERATURVERZEICHNIS

Admoni, Wladimir G. : Der deutsche Sprachbau. Leningrad 1966[2]

Agricola, Erhard/ Fleischer, Wolfgang/ Protze, Helmut (als Hrsg.): Kleine Enzyklopädie „Die deutsche Sprache". Leipzig (Bibliogr. Institut) 1969

Agricola, Erhard: Semantische Relationen im Text und im System. Halle/Saale (Niemeyer) 1975

Aitchison, Jean: Wörter im Kopf. – Eine Einführung in das mentale Lexikon. Aus dem Englischen von M. Wiese. Tübingen (Niemeyer) 1997

Albrecht, Erhard: Sprache & Philosophie. Berlin (Verlag d. Wissenschaften) 1975

Ammer, Karl: Einführung in die Sprachwissenschaft, Bd. 1, Halle/Saale (Niemeyer) 1958

Ammon, Ulrich: Dialekt, soziale Ungleichheit und Schule, Weinheim (Beltz) 1972

Ammon, Ulrich: Die deutsche Sprache in Deutschland, Österreich und der Schweiz. Berlin (de Gruyter) 1995

Arndt, Erwin/ Brandt, Gisela: Luther und die deutsche Sprache. Leipzig (Bibliogr. Institut) 1987[2]

Autorenkollektiv unter Ltg. v. Wolfgang Fleischer: Wortschatz der deutschen Sprache in der DDR. Leipzig (Bibliogr. Institut) 1987

Bartschat, Brigitte: Methoden der Sprachwissenschaft von H. Paul bis N. Chomsky. Berlin (Schmidt) 1996

Barz, Irmhild: Die Neuheit von Wörtern im Urteil der Sprecher. In: V. Hertel u.a. (als Hrsg.): Sprache und Kommunikation im Kulturkontext. Beiträge zum Ehrenkolloquium aus Anlaß des 60. Geburtstages von Gotthard Lerchner. Frankfurt/M. 1996, S. 299 – 314

Baumgärtner, Klaus: Die Struktur des Bedeutungsfeldes. In: Satz und Wort im heutigen Deutsch. Düsseldorf (Schwann) 1967

Becker-Mrotzek, Michael/ Brünner, Gisela: Linguistik für den Beruf studieren. In: Linguistische Berufe. forum Angewandte Linguistik, Bd. 37, Frankfurt/M. etc.. (Peter Lang) 2000, S. 9 – 24

Behagel, Otto: Die deutsche Sprache. Halle/Saale (Niemeyer) 1968[14]

Bernstein, Basil: Social Structure, Language and Learning. In: Educational Research 3, 1961, S. 163 – 176

Bernstein, Basil: Studien zur sprachlichen Sozialisation. Sprache und Lernen. Hrsg. v. W. Loch u. G. Priesemann. Düsseldorf (Schwann) 1972

Besson, Waldemar/ Jasper, Gotthard: Das demokratische Menschenbild. In: Aufrisse. Hrsg. v. Chr. Gieselmann u.a., Bd. 3, Paderborn (Schöningh) 1975, S. 35 – 38

Bierwisch, Manfred: Strukturelle Semantik. In: Deutsch als Fremdsprache. H. 2, 6. Jg., Leipzig (Herder-Institut) 1969, S. 66 – 74

Bierwisch, Manfred: Semantics. In: J. Lyons (als Hrsg.): New Horizons in Linguistics. Harmandsworth (Penguin Books) 1970, S. 166 – 184

Bloomfield, Leonhard: Language. New York (Holt) 1933

Bračič, Stojan: Kommunikative Funktion der gegenwärtigen deutschen Umgangssprache in Pressereiseerzählungen. Frankfurt/Main etc. (Peter Lang) 1993

Brekle, Herbert E. : Semantik. München (Fink) 1974/ 1992[3]

Bühler, Karl: Sprachtheorie. Die Darstellungsfunktion der Sprache. (Erstausgabe Jena 1934) Stuttgart (Fischer) 1965[2]

Burger, Harald: Phraseologie. Eine Einführung am Beispiel des Deutschen. Berlin (Schmidt) 1998

Buschmann, Matthias: Zur Jugendsprache in der Werbung. In: Muttersprache, H. 3, Wiesbaden 1994, S. 219 – 231

Coseriu, Eugenio: Textlinguistik. Eine Einführung. Tübingen (Narr) 1981[2]

Coseriu, Eugenio: Einführung in die Allgemeine Sprachwissenschaft. Tübingen (Francke) 1992[2]

Dieckmann, Walter: Sprache in der Politik. In: M. Greifenhagen (Hrsg.): Kampf um Wörter? Politische Begriffe im Meinungsstreit. München (Hanser) 1980, S. 61 ff.

Dietze, Joachim: Einführung in die Informationslinguistik. Reihe *Linguistische Studien*. Leipzig (Verlag Enzyklopädie) 1989

Dittmar, Norbert: Soziolinguistik. Exemplarische und kritische Darstellung ihrer Theorie, Empirie und Anwendung. Frankfurt/M. (Athenäum Fischer) 1973

Dittmar, Norbert: Soziolinguistik. In: Handbuch Fremdsprachenunterricht. Hrsg. v. K.-R. Bausch, H. Christ, W. Hüllen, H.-J. Krumm. Tübingen (Francke) 1991[2], S. 27 – 34

Ebert, Wolfgang: Linguistische Fragen des Wortschatzes. In: Sprachpflege, H. 11, Leipzig 1970, S. 227 – 231

Eco, Umberto: Im Labyrinth der Vernunft. Texte über Kunst und Zeichen. Leipzig (Reclam) 1989

Ehlich, Konrad: Medium Sprache. In: forum Angewandte Linguistik, hrsg. v. H. Strohner, L. Sichelschmidt, M. Hielscher. Bd. 34. Frankfurt/M. etc. (Peter Lang) 1998, S. 9 – 21

Engels, Friedrich: Anteil der Arbeit an der Menschwerdung des Affen (erste Veröffentlichung 1895). In: Marx/Engels: Werke, Bd. 20, Berlin 1962

Ehrhardt, Horst/ Fienhold, Renate: Lexikalische Netze in populärwissenschaftlichen Texten für junge Leser. In: Fachkommunikation, hrsg. v. B. Spillner. forum Angewandte Linguistik, Bd. 27, Frankfurt/M. etc. (Peter Lang) 1994, S. 98 – 101

Erdmann, Karl-Otto: Die Bedeutung des Wortes. Leipzig 1922[3]

Faulseit, Dieter/ Kühn, Gudrun: Die Sprache des Arbeiters im Klassenkampf. Berlin (Verlag Tribüne) 1974

Fellbaum, Christiane: English vers as a semantic net. In: International Journal of Lexicography, H. 3, Berlin, New York 1990, S. 278 – 301

Fichte, Johann Gottlieb: Gesamtausgabe, Bd. 3, hrsg. v. R. Lauth u. H. Jacob. Stuttgart/ Bad Cannstatt 1982

Filipec, Josef: Zur Theorie der lexikalischen Synonymie in synchronischer Sicht. In: Wiss. Zeitschrift d. Karl-Marx-Universität Leipzig, *Gesell. u. sprachw. Reihe*, 17. Jg., H. 2/3, Leipzig 1968, S. 189 ff.

Fleischer, Wolfgang: Die deutschen Personennamen. Berlin (Akademie-Verlag) 1964

Fleischer, Wolfgang: Konnotationen und Ideologiegebundenheit in ihrem Verhältnis zu Sprachsystem und Text. In: Wiss. Zeitschrift d. Karl-Marx-Universität Leipzig, *Gesell. u. sprachw. Reihe*, H. 5, Leipzig 1978

Fleischer, Wolfgang/ Barz, Irmhild: Wortbildung der deutschen Gegenwartssprache. Tübingen (Niemeyer) 1992

Fleischer, Wolfgang/ Michel, Georg/ Starke, Günter: Stilistik der deutschen Gegenwartssprache. Frankfurt/M. etc. (Peter Lang) 1993

Fleischer, Wolfgang: Phraseologie der deutschen Gegenwartssprache. Tübingen (Niemeyer) 1997[2]

Föllner, Ursula (Hrsg.): Niederdeutsch. – Sprache und Literatur der Region. Frankfurt/M. etc. (Peter Lang) 2001

Frege, F. L. Gottlob: Über Sinn und Bedeutung. In: Zeitschrift für Philosophie und philosophische Kritik, Bd. 100, Leipzig 1892

Girtler, Roland: Rotwelsch. – Die alte Sprache der Gauner, Dirnen und Vagabunden. Wien, Köln, Weimar (Verlag Böhlau) 1998

Gläser, Rosemarie: Phraseologie der englischen Sprache. Leipzig (Enzyklopädie) 1990[2]

Glück, Helmut/ Sauer, Wolfgang W.: Gegenwartsdeutsch. Stuttgart (Metzler) 1990

Goethes Werke in 10 Bänden. Hrsg. v. B. Buchwald, Weimar (Volksverlag) 1962

Götze, Lutz/ Hess-Lüttich, Ernest W.B.: Grammatik der deutschen Sprache. Gütersloh (Bertelsmann) 1993

Greule, Albrecht: „Ami", „Krimi", „Sponti" – Substantive auf -i im heutigen Deutsch. In: Muttersprache, Bd. XCIV, Wiesbaden 1984, S. 207 – 217

Grewendorf, Günther/ Hamm, Fritz/ Sternefeld, Wolfgang: Sprachliches Wissen. Eine Einführung in moderne Theorien der grammatischen Beschreibung. Frankfurt/M. (Suhrkamp) 1996[9]

Grimm, Hannelore: Psychologie der Sprachentwicklung. Bd. I und II, Stuttgart, Berlin etc. (Kohlhammer) 1977

Gringmuth-Dallmer, Götz: Das macht keinen Sinn. In: Das Sonntagsblatt Nr. 45 vom 10.11.1995, Hamburg, S. 29

Grosskopff, Rudolf: Überall Blähdeutsch. In: Sonntagsblatt Nr. 8 vom 23.02.1997. Hamburg 1997

Gruntar Jermol, Ada: Formale und semantische Strukturen in der deutschen Rechtssprache. Habilitationsdissertation, Philosophische Fakultät Ljubljana, Ljubljana 1999

Gysi, Klaus/ Böttcher, Kurt/ Albrecht, Günter/ Krohn, Paul G. (als Hrsg.): Geschichte der deutschen Literatur von den Anfängen bis zur Gegenwart. Bd. 5 (1600 – 1700), Berlin (Volk u. Wissen) 1962

Halliday, Michael A.K.: Beiträge zur funktionalen Sprachbetrachtung (Übersetzung aus dem Englischen). Hannover (Schroedel) 1975

Hartweg, Frédéric/ Wegera, Klaus-Peter: Frühneuhochdeutsch. Eine Einführung in die deutsche Sprache des Spätmittelalters und der frühen Neuzeit. Tübingen (Niemeyer) 1989

Heidolph, Karl E./ Flämig, Walter/ Motsch, Wolfgang (als Leiter eines Autorenkollektivs): Grundzüge einer deutschen Grammatik. Berlin (Akademie-Verlag) 1981

Heinemann, Margot: Bericht über die Arbeit der Sektion „Lexik und Grammatik". In: forum Angewandte Linguistik, Bd. 26, Frankfurt/M. etc. (Peter Lang) 1994, S. 161 – 167

Helbig, Gerhard: Geschichte der neueren Sprachwissenschaft. Leipzig (bibliogr. Institut) 1986

Henne, Helmut/ Objartel, Georg (als Hrsg.): Bibliothek zur historischen deutschen Studenten- und Schülersprache. 5 Bde., New York, Berlin (de Gruyter) 1984

Henne, Helmut: Jugend und ihre Sprache. Darstellung, Materialien, Kritik. Berlin, New York (de Gruyter) 1986

Henzen, Walter: Schriftsprache und Mundarten. Ein Überblick über ihr Verhältnis und ihre Zwischenstufen im Deutschen. Bern[2] 1954

Heusinger, Siegfried: Stilwandel – ein Thema für die Sprachwissenschaft? In: Znanstvena revija, H. 2, Maribor (Universitätsverlag) 1994, S. 227 – 236

Heusinger, Siegfried: Wie frei ist sprachliches Handeln? In: Linguistica, H. XXXII, II, Ljubljana (Universitätsverlag) 1992, S. 11 – 18

Heusinger, Siegfried (a): Pragmalinguistik. Ein Lehr- und Übungsbuch. Frankfurt/M. (Haag + Herchen) 1995

Heusinger, Siegfried (b): Muster in der sprachlichen Kommunikation. In: Acta Neophilologica, H. XXVIII, Ljubljana (Universitätsverlag) 1995, S. 97 – 103

Hillert, Dieter: Zur mentalen Repräsentation von Wortbedeutungen. Tübingen (Niemeyer) 1987

Hoffmann, Ludger: Kommunikationsmittel Fachsprache. Berlin (Akademieverlag) 1984[2]

Hoffmann, Joachim: Die Welt der Begriffe. Psychologische Untersuchungen zur Organisation des menschlichen Wissens. Berlin (Verlag d. Wissenschaften) 1986

Hudabiunigg, Ingrid: Redeberater in Wirtschaft und Politik: Die Bonn-Berlin-Debatte. In: GAL-Bulletin, H. 23, hrsg. v. D. Wolff, Wuppertal 1995, S. 37 – 42

Hudelja, Niko: Phraseologismen der wissenschaftlichen Fachsprache Geschichte. Magisterarbeit zum 2. akad. Grad. Universität Ljubljana 1997

von Humboldt, Wilhelm: Über das vergleichende Sprachstudium in Beziehung auf die verschiedenen Epochen der Sprachentwicklung (erster Druck 1820). In: Werke, Bd. III, Darmstadt 1963

von Humboldt, Wilhelm: Über die Verschiedenheit des menschlichen Sprachbaus und ihren Einfluß auf die geistige Entwicklung des Menschengeschlechts (erster Druck 1836) In: Werke, Bd. III. Darmstadt 1963

Iskos, Asja M./ Lenkowa, Ada F.: Deutsche Lexikologie. Leningrad (Staatsverlag) 1963

Jesenšek, Vida: Okkasionalismen. Ein Beitrag zur Lexikologie des Deutschen. Maribor (Zora) 1998

Jogschies, Rainer: Ein Essay über Wertewandel und Veränderungen in der Sprache. In: Das Sonntagsblatt, Nr. 45 vom 10.11.1995, Hamburg 1995

Jung, Walter: Deutsche Grammatik. Bearbeitet von G. Starke. Leipzig (Bibliograph. Institut) 1990[10]

Kayser, Wolfgang: Das sprachliche Kunstwerk. Bern 1960[6]

Kesselheim, Wolfgang: Interaktive Verfahren der Herstellung von Gruppen im Gespräch. – Freiheit und Grenzen. In: Sprachliche und soziale Stereotype. Hrsg. v. M. Heinemann, forum Angewandte Linguistik, Bd. 33, Frankfurt/M.etc. (Peter Lang) 1998, S. 129 -153

Kirchgässner, Werner: Probleme der Einheit von Rationalem und Emotionalem im Erkenntnisprozeß. Berlin (Akademie-Verlag) 1971

Klaus, Georg: Die Macht des Wortes. – Ein erkenntnistheoretischer-pragmatischer Traktat. Berlin (Verlag d. Wissenschaften) 1966

Klaus, Georg: Sprache der Politik. Berlin (Verlag d. Wissenschaften) 1971

Kleiber, Georges: Prototypensemantik. Eine Einführung. Tübingen (Narr) 1993

Klein, Josef: Linguistische Stereotypbegriffe. Sozialpsychologischer vs. semantiktheoretischer Traditionsstrang und einige frametheoretische Überlegungen. In: Sprachliche und soziale Stereotype. Hrsg. v. M. Heinemann, forum Angewandte Linguistik, Bd. 33, Frankfurt/M. etc. (Peter Lang) 1998, S. 25 – 46

Klemperer, Viktor: LTI. – Notizbuch eines Philologen (Erstausgabe 1946), Leipzig (Reclam) 1990

Klix, Friedhard: Gedächtnis, Wissen, Wissensnutzung. Berlin (Verlag d. Wissenschaften) 1984

Köhler-Dressler, Ingrid: Fachsprache der sensorischen Analyse. In: Albrecht, J./ Baum, I.: Fachsprache und Terminologie in Geschichte und Gegenwart. Tübingen (Niemeyer) 1992

König, Werner: dtv-Atlas zur deutschen Sprache. Tafeln und Texte. München (Taschenbuch-Verlag) 1991[8]

Langner, Helmut: Zur Umgangssprache in der Gegenwart. In: Deutschunterricht, H. 7/8, 43. Jg. (Volk und Wissen), Berlin 1990, S. 376 – 389

Levinson, Stephen C.: Pragmatik. (Ins Deutsche übersetzt v. U. Fries) Tübingen (Niemeyer) 1994[2]

Locke. John: Über den menschlichen Verstand. Bd. II, Berlin 1962

Lutzeier, Peter Rolf: Linguistische Semantik. Stuttgart (Metzler) 1985

Lutzeier, Peter Rolf: Wort und Feld. Wortsemantische Fragestellungen mit besonderer Berücksichtigung des Wortfeldbegriffes. Tübingen (Niemeyer) 1981

Lutzeier, Peter Rolf: Lexikalische Felder. – Was sie waren, was sie sind und was sie sein könnten. In: Die Ordnung der Wörter. Jahrbuch des Instituts für deutsche Sprache Mannheim, hrsg. v. G. Harras. Berlin (de Gruyter) 1994, S. 4 – 29

Lutzeier, Peter Rolf: Lexikologie. Ein Arbeitsbuch. Tübingen (Staufenberg) 1995

Lyons, John: Einführung in die moderne Linguistik. München (C.H. Beck) 1995[8]

Meier, Georg Friedrich/ Meier, Barbara: Handbuch der Linguistik und Kommunikationswissenschaft. Bd. 1, Berlin (Akademie-Verlag) 1979

Meyer, Paul Georg: Nichtfachliches Vokabular als konstitutives Element der Groß-Textsorte „wissenschaftlicher Text". In: Fachkommunikation. forum Angewandte Linguistik, Bd. 27, hrsg. v. B. Spillner, Frankfurt/M. etc. (Peter Lang) 1994, S. 79 – 84

Morris, Charles William: Signs. Language and Behavior. New York 1946

Motsch, Wolfgang: Gedanken zu einigen Fragen der Sprachkultur. In: Sprachpflege, 21. Jg., Leipzig (Bibliogr. Institut) 1972, S. 129 – 137

Motsch, Wolfgang/ Vieweger, Dieter (als Hrsg.): Richtungen der modernen Semantikforschung. Berlin (Akademie-Verlag) 1983

Muster-Čenčur, Nanika: Govorimo nemško. Ljubljana (Cankarjeva) 1993

Osman, Nabil: Kleines Lexikon untergegangener Wörter. München (C.H. Beck) 1993[7]

Pelster, Theodor: Der Sprachgebrauch in der BRD und in der DDR. In: Muttersprache 81, Mannheim/Zürich 1971

Pelz, Heidrun: Linguistik. Eine Einführung. Hamburg (Hoffmann und Campe) 1998[3]

Peukert, Herbert: Positionen einer Linguostilistik. Berlin (Akademie-Verlag) 1977

Pfeifer, Wolfgang: Geschichtliches und Kritisches zur Lexikographie an der Akademie. In: Erbe – Vermächtnis und Verpflichtung, hrsg. v. J. Schildt, Berlin (Akademie- Verlag) 1977

Pfeiffer, Herbert: Das große Schimpfwörterbuch. Über 10.000 Schimpf-, Spott- und Neck-wörter zur Bezeichnung von Personen. Frankfurt/M. (Eichborn) 1996

Porzig, Walter: Die Leistung der Abstrakta in der Sprache. In: Blätter für deutsche Philo-sophie. Bern 1930/31

Pottier, Bernhard: Vers une sémantique moderne. In: Travaux de linguistique et litterature de Strasbourg II (1964), H. 1, S. 107 – 137

Reichmann, Oskar: Germanistische Lexikologie. Stuttgart (Metzler) 1976[2]

Reiher, Ruth/ Läzer, Rüdiger (Hrsg.): Von Buschzulage und Ossinachweis. Berlin (Aufbau-Verlag, Taschenbuch) 1997

Riesel, Elise: Stilistik der deutschen Sprache. Moskau (Staatsverlag) 1963

Riesel, Elise/ Schendels, Efgeni: Deutsche Stilistik. Moskau (Hochschulverlag) 1975

Rösler, Dietmar: Deutsch als Fremdsprache. Stuttgart/ Weimar (Metzler) 1994

Ross, Werner: Vorbemerkung. In: Kleines Lexikon untergegangener Wörter. Hrsg. v. N. Osman. München (C.H. Beck) 1993[7], S. 7 – 9

Sandig, Barbara: Stilistik der deutschen Sprache. Berlin, New York (de Gruyter) 1986

Saussure, Ferdinand de: Grundfragen der allgemeinen Sprachwissenschaft (Erstausgabe 1916 in franz. Sprache; Erstübersetzung ins Deutsche 1931). Berlin (W. de Gruyter & Co.) 1967

Schaeder, Burkhard/ Knobloch, Clemens (Hrsg.): Wortarten. Beiträge zur Geschichte eines grammatischen Problems. Tübingen (Niemeyer) 1992

Schaeder, Burkhard: Fachsprachenvermittlung und Fachsprachendidaktik. In: Fachkom-munikation. Hrsg. v. B. Spillner. Frankfurt/M. etc. (Peter Lang) 1994, S. 127 -133

Schaff, Adam: Einführung in die Semantik. Berlin (poln. Originalausgabe 1960) 1966

Schildt, Joachim: Abriß der Geschichte der deutschen Sprache. Berlin (Akademie- Verlag) 1981[2]

Schilling H./ Hentzschel, R. (federführend für das Autorenkollektiv): Die deutsche Spra-che. Lehr- und Übungsbuch für Fachschulen und Erwachsenenbildung. Leipzig (Fach-buchverlag) 1955[2]

Schippan, Thea: „Endlösung" und „wohnungswürdig". In: Sprachpflege. Zeitschrift für gu-tes Deutsch. Leipzig (Bibliogr. Institut) 1974, H. 12, 23. Jg., S. 241 – 244

Schippan, Thea: Lexikologie der deutschen Gegenwartssprache. Tübingen (Niemeyer) 1992 (2002[2])

Šlamberger, Manica: Schock und Kreativität der deutschen und slowenischen Jugendspra-che. Diplomarbeit. Pädagogische Fakultät der Universität Maribor, 1998

Schmidt, Veronika: Die Streckformen des deutschen Verbums. Halle/Saale (Niemeyer) 1968

Schmidt, Wilhelm: Zum Grundwortschatz und Wortbestand der deutschen Sprache. In: Deutschunterricht, H. 9, 8. Jg., Berlin 1955, S. 530 – 540

Schmidt, Wilhelm: Lexikalische und aktuelle Bedeutung. Berlin (Akademie-Verlag) 1967

Schmidt, Wilhelm: Charakter und gesellschaftliche Bedeutung der Fachsprachen. In: Sprachpflege. Leipzig (Bibliogr. Institut) 1969, H. 1, 18. Jg., S. 10 – 21

Schmidt, Wilhelm: Deutsche Sprachkunde. Berlin (Volk und Wissen) 1972[7]

Schmidt, Wilhelm: Grundfragen der deutschen Grammatik. Eine Einführung in die funktionale Sprachlehre. Berlin (Volk und Wissen) 1977[5]

Schmidt, Wilhelm (als Leiter eines Autorenkollektivs): Funktional-kommunikative Sprachbeschreibung. Theoretisch-methodische Grundlegung. Leipzig (Bibliogr. Institut) 1981

Schneider, Edgar W.: Variabilität, Polysemie und Unschärfe der Wortbedeutung. Bd. 1: Theoretische und methodische Grundlagen (Habilitationsdissertation), Tübingen (Niemeyer) 1988

Schürmann, Thomas: „Adieu" und „tschüs" im Deutschen. In: Muttersprache, H. 3, Bd. CIV, Wiesbaden 1994, S. 260 – 270

Schwarz, Monika: Einführung in die Kognitive Linguistik. Tübingen (Francke) 1992

Sommerfeldt, Karl-Ernst: Valenztheorie und lexikalische Synonymie. In: Ztschr. für Phonetik, Sprachwissenschaft und Kommunikationsforschung, Bd. 28, H. 2, Berlin (Akademie-Verlag) 1975, S. 172 ff.

Sommerfeldt, Karl-Ernst: Entwicklungstendenzen in der deutschen Gegenwartssprache. Leipzig (Bibliogr. Institut) 1988

Sowinski, Bernhard: Stilistik. Stiltheorien und Stilanalysen. Stuttgart (Metzler) 1991

Starke, Günter: Grammatik des Textes. In: K.-E. Sommerfeldt/ G. Starke: Einführung in die Grammatik der deutschen Gegenwartssprache. Leipzig (Bibliogr. Institut) 1988, S. 294 – 311

Stepanowa, Marija D.: Methoden der synchronen Wortschatzanalyse (aus dem Russischen übersetzt v. G. Helbig). Halle/Saale (Niemeyer) 1973

Trier, Jost: Der deutsche Wortschatz im Sinnbezirk des Verstandes. Geschichte eines sprachlichen Feldes. Heidelberg (Carl Winter) 1931

Uesseler, Manfred: Soziolinguistik. Berlin (Verlag d. Wissenschaften) 1982

Viehweger, Dieter (als Leiter eines Autorenkollektivs): Probleme der semantischen Analyse. Berlin (Akademie-Verlag) 1977

Weinrich, Harald: Textgrammatik der deutschen Sprache. Mannheim, Leipzig etc. (Duden) 1993

Weinrich, Harald: Linguistik der Lüge. München (C.H. Beck) 2000[6]

Weisgerber, Leo: Grundzüge der inhaltsbezogenen Grammatik. Düsseldorf (Schwann) 1962[3]

Wichter, Sigurd: Experten- und Laienwortschätze. Umriß einer Lexikologie der Vertikalität. Tübingen (Niemeyer) 1994

Wiesinger, Peter (als Hrsg.): Das österreichische Deutsch. Wien 1988

Winogradow, W.W.: Über den Grundwortschatz und seine wortbildende Rolle in der Sprache. In: Beiträge aus der sowjetischen Sprachwissenschaft. Folge I, Berlin 1952, S. 129 ff.

Wittgenstein, Ludwig: Philosophische Untersuchungen (Erstveröffentlichung 1953). Frankfurt/M. (Suhrkamp) 1975

Wolff, Gerhard: Deutsche Sprachgeschichte. Tübingen und Basel (Francke) 1999[4]

Wotjak, Gerd: Untersuchungen zur Struktur der Bedeutung. Berlin (Akademie-Verlag) 1977[2]

Wotjak, Gerd: Semantikforschung in der DDR – Bilanz und Ausblick. In: Ztschr. für Phonetik, Sprachwissenschaft und Kommunikationsforschung, Bd. 42, H. 5, Berlin (Akademie-Verlag) 1989, S. 462 ff.

Wurzel, Wolfgang U.: Noch einmal: Widerspruch, Motiviertheit und Sprachveränderung. In: zeitschrift für germanistik. 5. Jg., H. 3, Leipzig (Verlag Enzyklopädie) 1984, S. 312 – 318

Wustmann, Gustav: Allerhand Sprachdummheiten. Kleine deutsche Grammatik des Zweifelhaften, des Falschen und des Häßlichen. Leipzig (F. W. Grunow) 1903

Zorman, Marina: Verbalsuffixe mit Liquida. In: Linguistica XXXV,2, Philosophische Fakultät Ljubljana, Ljubljana 1995, S. 135 – 170

10. QUELLENVERZEICHNIS

Agricola, Erhard (unter Mitwirkung v. H. Görner u. R. Küfer): Wörter und Wendungen. Wörterbuch zum deutschen Sprachgebrauch. Leipzig (Bibliogr. Institut) 1972
Agricola, Christiane/ Agricola, Erhard: Wörter und Gegenwörter – Antonyme der deutschen Sprache. Leipzig (Bibliogr. Institut) 1982[4]
Arp, Hans: wortträume und schwarze sterne, auswahl aus den geschichten der jahre 1911 – 1952. Wiesbaden (Limes) 1953

Bibel oder die ganze heilige Schrift des Alten und Neuen Testaments nach der deutschen Übersetzung D. Martin Luthers. New York 1816
Böll, Heinrich: Die Sprache als Hort der Freiheit. In: Hierzulande. Aufsätze zur Zeit. Köln/Berlin (Kiepenheuer u. Witsch) 1963, S. 109 – 115
Bußmann, Hadumod: Lexikon der Sprachwissenschaft. Stuttgart (Kröner) 1990[2] (2000[3])

Claus, Uta/ Kutschera, Rolf: Total tote Hose. 12 bockstarke Märchen. Frankfurt/M. (Eichborn) 1984
Conrad, Rudi (Hrsg.): Lexikon sprachwissenschaftlicher Termini. Leipzig (Biblogr. Institut) 1985

Dornseiff, Franz: Der deutsche Wortschatz nach Sachgruppen. Berlin (de Gruyter) 1965[6]

Ehmann, Hermann: affengeil. – Ein Lexikon der Jugendsprache. München (C.H. Beck) 1992
Ehmann, Hermann: oberaffengeil.- Ein Lexikon der Jugendsprache. München (C.H. Beck)

Glück, Helmut (Hrsg.): Metzler Lexikon Sprache. Stuttgart, Weimar (Metzler) 1993 (2000[2])
Görner, Herbert/ Kempcke, Günter (Hrsg.): Synonymwörterbuch. Leipzig (Bibliogr. Institut) 1973

Hegenbart, Rainer: Wörterbuch der Philosophie. München (Humboldt-Taschenbuch) 1984
Heine, Heinrich: Die Bäder von Lucca. In: Werke in fünf Bänden. Bd. III, Weimar (Volksverlag) 1961, S. 227 – 307
Heinemann, Margot: Kleines Wörterbuch der Jugendsprache. Leipzig (Bibliogr. Institut) 1990[2]
Heinemann, Wolfgang: Brautschau auf der Autobahn. In: Das Sonntagsblatt Nr. 14 vom 7.04.1995, Hamburg, S. 43
Herder, Johann Gottfried: Zur Philosophie und Geschichte. In: Sämtliche Werke, Bd. 28 (Ideen zur Geschichte der Menschheit), 8. u. 9. Buch, Stuttgart und Tübingen 1853 (Cotta), S. 290 – 435
Herder, Johann Gottfried: Verstand und Erfahrung, Vernunft und Sprache. In: Sämtliche Werke, Bd. 37, Stuttgart und Tübingen 1853, (Cotta), S. 1 – 364
Hermann, Ursula/ Götze, Lutz: Die neue deutsche Rechtschreibung. München (Bertelsmann) 1996

István, Kosaras: Grundwortschatz der deutschen Sprache Berlin (Volk und Wissen) 1980

Kafka, Franz: Erzählungen und andere ausgewählte Prosa. Frankfurt/M. (Fischer) 1996
Kempcke, Günter (als Leiter eines Autorenkollektivs): Handwörterbuch der deutschen
    Gegenwartssprache in zwei Bänden. Berlin (Akademie-Verlag) 1984
Kluge. Friedrich: Etymologisches Wörterbuch der deutschen Sprache. Berlin, New York
    (de Gruyter) 1999[23]
Küpper, Heinz: Wörterbuch der deutschen Umgangssprache. Stuttgart (Metzler) 1987

Mater, Erich: Rückläufiges Wörterbuch. Leipzig (Bibliogr. Institut) 1965
Meyers kleines Lexikon in drei Bänden. Leipzig (Bibliogr. Institut) 1967

Österreichisches Wörterbuch, hrsg. im Auftrag des Bundesministeriums für Unterricht,
    Kunst und Sport. Wien 1990[37]

Pfeifer, Wolfgang (als Leiter eines Autorenkollektivs): Etymologisches Wörterbuch des
    Deutschen. 3 Bände. Berlin (Akademie-Verlag) 1989
Schildt, Joachim/ Fleischer, Wolfgang/ Hartung, Wolfdietrich/ Suchsland, Peter (Hrsg.):
    Kleine Enzyklopädie Deutsche Sprache. Leipzig (Bibliogr. Institut) 1983
Schmidt, Arno: Ausgewählte Erzählungen. Frankfurt/M. (Fischer) 1998
Schülerzeitung „Radioaktiv" des Realgymnasiums Althofen. Ausgaben Nr. 1 vom Nov.
    1989 und Nr. 4 vom März 1991
Schwanitz, Dietrich: Der Campus. Roman. Frankfurt/M. etc. (Goldmann) 1996
Spiewok, Wolfgang (als Leiter eine Autorenkollektivs): Wörterbuch grammatischer Ter-
    mini. Greifswald (Universitätsverlag) 1976

Thieme, F.W.: Neues vollständiges kritisches Wörterbuch der englischen und deutschen
    Sprache. Leipzig (Gustav Mayer) 1846
Tomizza, Fulvio: Materada. München, Wien (Hanser Verlag) 1993
Träger, Claus (Hrsg.): Wörterbuch der Literaturwissenschaft. Leipzig (Bibliogr. Institut)
    1986

Ulrich, Winfried: Grundbegriffe des Deutschunterrichts. Wörterbuch. Kiel (Hirt) 1979
Universallexikon in fünf Bänden. Leipzig (Bibliogr. Institut) 1988/89[2]

Voss, Andreas: Das große PC-Lexikon 2000. Düsseldorf (data Becker) 1999

Wahrig, Gerhard: Deutsches Wörterbuch. Gütersloh/ München (Bertelsmann) 2000[7]
Wiese, Benno von (Hrsg.): Deutsche Geschichte. Düsseldorf (Cornelsen) 1990

11. VERZEICHNIS DER VERWENDETEN ABKÜRZUNGEN

aengl.	altenglisch	mnd.	mittelniederdeutsch
ahd.	althochdeutsch	m.W.	meines Wissens
altfrz.	altfranzösisch	nd./ niederdt.	niederdeutsch
anord.	altnordisch	niederrh.	niederrheinisch
arab.	arabisch	nordd.	norddeutsch
aslaw.	altslawisch	obd.	oberdeutsch
BGB	Bürgerliches Gesetzbuch	österr.	österreichisch
bzw.	beziehungsweise	omd.	ostmitteldeutsch
dt.	deutsch	pers.	persisch
engl.	englisch	poln.	polnisch
engl.-amerik.	englisch-amerikanisch	russ.	russisch
finn.	finnisch	sächs.	sächsisch
franz./ frz.	französisch	slaw.	slawisch
germ.	germanisch	slow.	slowenisch
got.	gotisch	span.	spanisch
griech.	griechisch	südd.	süddeutsch
ide.	indoeuropäisch	T.	Terminus
ital.	italienisch	tschech.	tschechisch
i.w.S.	im weitesten Sinne	türk.	türkisch
Jh.	Jahrhundert	umg.	umgangssprachlich
jidd.	jiddisch	u.v.a.	und viele andere
jmd.	jemand	vgl.	vergleiche
lat.	lateinisch	westgerm.	westgermanisch
md.	mitteldeutsch	Wz.	Wurzel
mhd.	Mittelhochdeutsch	z.B.	zum Beispiel
mlat.	mittellateinisch		

12. REGISTER DER AUSGEWÄHLTEN WORTLEXEME UND LEXEMGRUPPEN

13. SACHREGISTER